"十四五"职业教育国家规划教材

全国职业院校技能大赛资源教学转化成果

管理会计实务

（第二版）

GUANLI KUAIJI SHIWU

新准则 新税率

主　编　周　阅　丁增稳
副主编　单祖明　周婷婷

新形态教材

本书另配：Abook数字课程
　　　　　爱习题在线测试
　　　　　教学课件
　　　　　教　案
　　　　　课程标准
　　　　　微课视频

中国教育出版传媒集团

高等教育出版社·北京

内容提要

本书是"十四五"职业教育国家规划教材,是按照高等职业教育会计专业新专业教学标准编写而成的。

本书依托财政部近年来发布的《管理会计基本指引》和34项《管理会计应用指引》设置内容框架。全书共分九个项目:管理会计认知、战略管理、预算管理、成本管理、营运管理、投融资管理、绩效管理、风险管理、管理会计报告与管理会计信息系统。全书将知识内容和习题与实训融为一体,习题与实训按照任务进行编写,体现职业教育"教学做一体"的教学理念。为了利教便学,部分学习资源(如教学视频、爱习题平台在线测试)以二维码形式提供在相关内容旁,可扫描获取。此外,本书另配有教学课件、习题与实训答案等教学资源,供教师教学使用。

本书可作为高等职业院校财经类专业开设的"管理会计"课程教材,也可作为在职财会人员、管理人员等学习和研究管理会计的参考用书。

图书在版编目(CIP)数据

管理会计实务 / 周阅,丁增稳主编. —2版. —北京:高等教育出版社,2020.8(2024.1重印)
ISBN 978-7-04-054745-0

Ⅰ.①管… Ⅱ.①周…②丁… Ⅲ.①管理会计—教材 Ⅳ.①F234.3

中国版本图书馆 CIP 数据核字(2020)第 136133 号

| 策划编辑 | 毕颖娟 钱力颖 | 责任编辑 | 钱力颖 | 封面设计 | 张文豪 | 责任印制 | 高忠富 |

出版发行	高等教育出版社	网　址	http://www.hep.edu.cn
社　址	北京市西城区德外大街4号		http://www.hep.com.cn
邮政编码	100120	网上订购	http://www.hepmall.com.cn
印　刷	江苏德埔印务有限公司		http://www.hepmall.com
开　本	787mm×1092mm 1/16		http://www.hepmall.cn
印　张	19.75	版　次	2020年8月第2版
字　数	476千字		2018年8月第1版
购书热线	010-58581118	印　次	2024年1月第13次印刷
咨询电话	400-810-0598	定　价	42.00元

本书如有缺页、倒页、脱页等质量问题,请到所购图书销售部门联系调换
版权所有　侵权必究
物　料　号　54745-B0

新用户仅4步，即可轻松学起来！

01 注册　02 登录　03 绑定课程　04 进入课程

数字课程使用说明

与本书配套的数字课程资源发布在高等教育出版社 Abook 网站，请登录网站后开始课程学习。

一、注册/登录

访问 http://abook.hep.com.cn，点击"注册"，在注册页面输入用户名、密码及常用的邮箱进行注册。已注册的用户直接输入用户名和密码登录即可进入"我的课程"页面。

二、课程绑定

点击"我的课程"页面右上方"绑定课程"，正确输入教材封底防伪标签上的 20 位密码，点击"确定"完成课程绑定。

三、访问课程

在"正在学习"列表中选择已绑定的课程，点击"进入课程"即可浏览或下载与本书配套的课程资源。刚绑定的课程请在"申请学习"列表中选择相应课程点击"进入课程"。

如有账号问题，请发邮件至：abook@hep.com.cn。

数字课程

Abook

遇见更爱学习的自己

第二版 前言

本书是"十四五"职业教育国家规划教材。

2014年,财政部发布了《关于全面推进管理会计体系建设的指导意见》。2016年6月22日,财政部发布了《管理会计基本指引》,规范了管理会计的目标、原则、四大要素以及管理会计在七大领域内的应用工具和方法。2017年以来,财政部陆续发布了《关于印发〈管理会计应用指引第100号——战略管理〉等22项管理会计应用指引的通知》,以及其他几项"管理会计应用指引"(总共34项),进一步明确了包括战略管理、预算管理、成本管理、营运管理、投融资管理、绩效管理、风险管理以及管理会计报告和管理会计信息系统等领域所应用的各种工具和方法。这些文件的发布,标志着管理会计在我国已经进入了新的发展阶段。为了适应形势的发展,反映管理会计理论研究成果和管理会计工作的最新动态,满足管理会计教学的需要,推动会计专业由传统核算型向管理型转变,我们组织国内高等职业院校的专家学者编写了本书。本书依托《管理会计基本指引》和34项《管理会计应用指引》设置内容框架;全书体系完整、结构合理、层次清晰,逻辑严密。

本书深度融入课程思政,通过案例的形式强调我国管理会计的职业精神、职业素养、职业判断能力和职业道德,做到"守好一段渠,种好责任田",并根据课程思政"春风化雨、润物无声"的总体要求,宣传、贯彻和落实党的二十大关于守正创新、中国式现代化、创新驱动发展战略、建设现代化产业体系、推动绿色发展、人与自然和谐共生等精神。

本书的习题与实训分任务进行编写,学生在学习一个任务后可以进行练习,体现"教学做一体"的教学理念。每个项目中都安排了一个案例分析,通过案例分析,查阅相关资料,学生能更好地把握管理会计工具方法的应用;每个项目结束前增加了课程思政案例,以二维码形式展现,做到"守好一段渠,种好责任田",符合课程思政"春风化雨、润物无声"的总体要求。另外,每个项目结尾附有爱习题平台二维码,学生可扫描进行各项目的在线测试。

本书由安徽商贸职业技术学院丁增稳、重庆财经职业学院周阆担任主编,浙江工商职业技术学院单祖明、无锡商业职业技术学院周婷婷担任副主编,安徽商贸职业技术学院程四明、浙江工业职业技术学院赵砚、四川财经职业学院杨梅参与编写。本书由丁增稳拟定提纲,其具体编写分工如下:项目一、项目七和项目九由丁增稳执笔,项目二由杨梅执笔,项目三由周阅执笔,项目四由周婷婷执笔,项目五由单祖明执笔,项目六由程四明、丁增稳执笔,项目八由赵砚执笔。

  本书既可作为高等职业院校财经类专业开设的"管理会计"课程教材,又可作为在职财会人员、管理人员和其他对管理会计感兴趣的人员学习和研究管理会计的参考用书,还可作为全国职业院校管理会计技能大赛参考用书。

  由于作者水平有限,书中难免存在不足之处,敬请广大师生批评指正。

作　者

目录

项目一　管理会计认知　001

任务一　构建管理会计概念框架体系 ································ 002
任务二　构建管理会计职业道德体系 ································ 011
习题与实训 ·· 018

项目二　战略管理　025

任务一　战略管理认知 ··· 026
任务二　绘制战略地图 ··· 034
习题与实训 ·· 039

项目三　预算管理　045

任务一　预算管理认知 ··· 046
任务二　预算编制方法 ··· 049
任务三　全面预算编制 ··· 055
习题与实训 ·· 069

项目四　成本管理　085

任务一　成本管理认知 ··· 086
任务二　目标成本法 ·· 090
任务三　标准成本法 ·· 095
任务四　变动成本法 ·· 102

目　录

　　任务五　作业成本法 …………………………………………… 108
　　习题与实训 …………………………………………………… 114

项目五　营运管理　　　　　　　　　　　　　　134

　　任务一　营运管理认知 ………………………………………… 135
　　任务二　本量利分析 …………………………………………… 138
　　任务三　边际分析 ……………………………………………… 144
　　任务四　敏感性分析 …………………………………………… 147
　　任务五　内部转移定价 ………………………………………… 149
　　任务六　多维度盈利能力分析 ………………………………… 152
　　习题与实训 …………………………………………………… 155

项目六　投融资管理　　　　　　　　　　　　　　168

　　任务一　投融资管理认知 ……………………………………… 169
　　任务二　贴现现金流法 ………………………………………… 171
　　任务三　项目管理 ……………………………………………… 178
　　任务四　情景分析 ……………………………………………… 187
　　任务五　约束资源优化 ………………………………………… 189
　　习题与实训 …………………………………………………… 191

项目七　绩效管理　　　　　　　　　　　　　　　202

　　任务一　绩效管理认知 ………………………………………… 203
　　任务二　关键绩效指标法 ……………………………………… 209
　　任务三　经济增加值法 ………………………………………… 212
　　任务四　平衡计分卡 …………………………………………… 217
　　任务五　绩效棱柱模型 ………………………………………… 228
　　习题与实训 …………………………………………………… 232

项目八　风险管理　　　　　　　　　　　　　　　243

　　任务一　风险管理认知 ………………………………………… 244

任务二　风险矩阵 …… 248
任务三　风险清单 …… 253
习题与实训 …… 257

项目九　管理会计报告与管理会计信息系统 　263

任务一　管理会计报告编制 …… 264
任务二　管理会计信息系统 …… 276
习题与实训 …… 282

附　录　资金时间价值系数表 　290

附表一　复利终值系数表 …… 290
附表二　复利现值系数表 …… 292
附表三　年金终值系数表 …… 294
附表四　年金现值系数表 …… 296

参考文献　299

资源导航

教学视频

1-1	管理会计发展	003
3-1	预算编制方法	049
3-2	为何要进行预算管理	051
3-3	销售预算与生产预算	059
3-4	财务预算	067
4-1	标准成本法认知	089
4-2	作业成本法	109
6-1	净现值法	174
6-2	净现值率及现值指数	175
6-3	内含报酬率	176
7-1	绩效管理认知	202
7-2	从一杯烫手的星巴克谈何为绩效管理	206
7-3	关键绩效指标法	209
7-4	经济增加值法	212
7-5	经济增加值法的应用	215
7-6	平衡计分卡	218

课程思政案例

课程思政案例 1	深入推进会计强国战略,全面提升会计工作总体水平	18
课程思政案例 2	提高格局,放眼世界,展望未来	39
课程思政案例 3	搭建全面预算管理模型,提升精细化管理水平	68
课程思政案例 4	成本管理,我们一直在路上	114
课程思政案例 5	创新降本增效模式,注重生态文明建设	155
课程思政案例 6	彰显大国工匠精神,践行为民造福宗旨	191
课程思政案例 7	基于战略执行的全员绩效管理体系的构建	231
课程思政案例 8	内外合规多打粮,保驾护航赢未来	257
课程思政案例 9	南方摩托内部管理报告,助推企业价值创造再升级	282

在线测试

管理会计认知　在线测试	24
战略管理　在线测试	44
预算管理　在线测试	84
成本管理　在线测试	133
营运管理　在线测试	167
投融资管理　在线测试	201
绩效管理　在线测试	242
风险管理　在线测试	262
管理会计报告与管理会计信息系统　在线测试	289

大赛真题

2019年高职会计技能大赛——管理会计环节试题（节选）	289

项目一 管理会计认知

知识学习目标

- 熟悉和理解西方对管理会计所作的定义；
- 掌握我国管理会计的定义；
- 熟悉中西方管理会计的产生和发展历程，充分认识经济越发展，管理会计越重要的含义；
- 熟悉我国管理会计体系建设的步骤；
- 掌握我国管理会计指引体系的内容。

能力学习目标

- 通过学习管理会计的产生与发展，充分认识管理会计的重要性，积极宣传和推动管理会计工作；
- 通过学习中西方对管理会计的定义，能领会经济发展对管理会计的影响；
- 通过学习我国管理会计指引体系，熟悉管理会计概念体系，为以后从事管理会计工作提供理论保障；
- 通过学习管理会计职业道德，能树立正确的职业道德观，为以后从事管理会计工作奠定素质基础。

工作任务

- 构建管理会计概念框架体系；
- 构建管理会计职业道德体系。

项目引例

管理会计培训四人谈

某集团公司拟组织本系统财会人员进行管理会计职业道德培训。为了使培训工作更具针对性，公司财会部就管理会计职业道德的概念、管理会计职业道德规范的内容等问题，分别与会计人员甲、乙、丙、丁4人进行了座谈。现对4人回答的主要观点摘录如下：

（1）关于管理会计内容。甲认为，我国管理会计刚刚起步，应用环境在很多方面达不到西方国家的要求，只能采取"摸着石头过河"的策略，边学、边做、边总结。

（2）关于管理会计适用范围问题。乙认为，管理会计的方法只能适用于大中型制造业企业,其他单位和企业无法适用这些方法。而且这些方法晦涩难懂,不容易理解和应用。

(3) 关于管理会计职业道德与会计法律制度的关系问题。丙认为,管理会计职业道德与会计法律制度两者在性质、表现形式上都一样。

(4) 关于管理会计职业道德规范的内容。丁认为,管理会计职业道德规范的全部内容归纳起来有两条:一是廉洁自律,二是客观公正。对于"廉洁自律"来说,管理会计整天与钱、财、物打交道,因此,管理会计人员必须做到"常在河边走,就是不湿鞋"。

提出问题:
(1) 管理会计是如何产生和发展的?
(2) 我国的管理会计概念框架体系涉及哪些内容?
(3) 我国管理会计实践状况如何?
(4) 管理会计人员有哪些职业道德需要遵循?
带着这些问题,让我们进入本项目的学习。

任务一　构建管理会计概念框架体系

一、管理会计的概念与目标

(一) 管理会计的概念

1. 西方学者的观点

管理会计的萌芽可以追溯到 20 世纪初。第一次世界大战后美国许多企业推行泰勒的科学管理理论,借此来提高企业的生产效率与工作效率。为了配合科学管理,"标准成本""差异分析"和"预算控制"等方法开始引进到会计中来,成为成本会计的一个组成部分。当时有学者提出了"管理的会计"这个词汇,并主张将管理的重心放在加强内部管理上,但当时没有受到会计界的普遍重视。到了 20 世纪 40 年代,特别是第二次世界大战以后,为了应付激烈的市场竞争,企业广泛实行职能管理与行为科学管理,借以提高产品质量,降低产品成本,扩大企业利润。与此相适应,"责任会计"与"成本—业务量—利润分析"等专门方法也应运而生,并加入会计方法体系。1952 年,世界会计学会年会正式通过了"管理会计"这个名词,标志着"管理会计"正式形成。于是,"传统会计"被认为是"财务会计"。这就产生了现代会计的两大分支——财务会计和管理会计。

财务会计主要对单位已经发生的经济业务采用专门的方法进行确认、计量、记录和报告,为单位信息使用者提供决策有用信息,并如实反映受托责任的履行情况。管理会计作为会计的重要分支,主要服务于单位内部,是通过利用财务会计提供的相关信息,以及非财务信息,进行事前的分析和预测、事中的控制以及事后的评价,是为单位管理者提供决策依据和建议的管理活动。财务会计通常被称为对外会计。管理会计则被称为内部会计。

尽管管理会计的理论和实践最先起源于西方社会,但迄今为止在西方尚未形成一个统一的管理会计的概念。

美国会计学会(American Accounting Association,AAA)对管理会计的定义是:管理会计是一种深度参与管理决策、制订计划与绩效管理系统、提供财务报告与控制方面的专业知识以及帮助管理者制定并实施组织战略的职业。

英国特许管理会计师公会对管理会计的定义是：管理会计是为组织创造价值和保值而收集、分析、传递和使用与决策相关的财务与非财务信息的职业。

国际会计师联合会对管理会计的定义是：管理会计是指在组织内部，对管理当局用于规划、评价和控制的财务和运营信息进行确认、计量、积累、分析、处理、解释和传输的过程，以确保其资源利用并对它们承担经营责任。管理会计是管理活动的组成部分，关注在动态竞争环境中运用各种技术有效地利用资源，来增加组织价值。

加拿大管理会计师协会对管理会计的定义是：管理会计是会计专业的一个分支，是提供企业管理计划、指挥、决策所需要的信息，以及企业各个管理层级如何有效利用信息进行最有效决策的过程。

2. 我国对管理会计的定义

改革开放以来，特别是社会主义市场经济体制建立以来，我国会计工作紧紧围绕经济财政工作大局进行服务，会计改革与发展取得显著成绩。但是，我国管理会计发展相对滞后，迫切要求继续深化会计改革，切实加强管理会计工作。同时，党的十八届三中全会对全面深化改革作出了总体部署，建立现代财政制度、推进国家治理体系和治理能力现代化已经成为财政改革的重要方向；建立和完善现代企业制度、增强价值创造力已经成为企业的内在需要；推进预算绩效管理、建立事业单位法人治理结构已经成为行政事业单位的内在要求。这就要求财政部门顺时应势，大力发展管理会计。

为全面贯彻落实党的十八大和十八届三中全会精神，全面提升会计工作总体水平，推动经济更有效率、更加公平、更可持续发展，根据《会计改革与发展"十二五"规规划纲要》，财政部于2014年10月印发了《关于全面推进管理会计体系建设的指导意见》（以下简称《指导意见》），明确提出了全面推进管理会计体系建设的指导思想、基本原则、主要目标、主要任务和措施及工作要求，为我国管理会计发展规划了蓝图、指明了方向。

财政部在《指导意见》中，为管理会计下了定义：管理会计是会计的重要分支，主要服务于单位（包括企业和行政事业单位，下同）内部管理需要，是通过利用相关信息，有机融合财务与业务活动，在单位规划、决策控制和评价等方面发挥重要作用的管理活动。

（二）管理会计的目标

2016年6月，财政部印发了《管理会计基本指引》（以下简称《基本指引》），总结提炼了管理会计的目标、原则、要素等内容，以指导单位管理会计实践。《基本指引》指出：管理会计的目标是通过运用管理会计工具方法，参与单位规划、决策、控制、评价活动并为之提供有用信息，推动单位实现战略规划。

二、管理会计的产生与发展

（一）管理会计在西方的产生与发展

在西方，管理会计萌芽于20世纪初，随着经济社会环境的变化、企业生产经营模式的转型、管理科学和科技水平的不断发展而逐步演进，至今大致经历了三个阶段。

1. 成本决策与财务控制阶段（20世纪20—50年代）

20世纪初，由于生产专业化、社会化程度的提高以及竞争的日益激烈，使得企业强烈地意识到，要想在竞争中生存和发展，就必须加强内部管理，提高生产效率，以降低成本、费用，获取最大限度的利润。适应该阶段社会经济发展的客观要求，产生了泰勒的科学管理理论。

1922年,奎因坦斯在其《管理会计:财务管理入门》一书中首次提出"管理会计"的名称。

2. 管理控制与决策阶段(20世纪50—80年代)

随着信息经济学、交易成本理论和不确定性理论被广泛引进到管理会计领域中,加上新技术(如电子计算机)大量应用于企业流程管理,管理会计向着精密的数量化技术方法方向发展。一批计划决策模型得到发展,流程分析、战略成本管理等理论与方法体系纷纷建立,极大地推动了管理会计在企业中的有效应用,管理会计职能转为向内部管理人员提供企业计划和控制信息。但由于管理会计对高新技术发展重视不足,其依旧局限于传统责任范围。为改变这一状况,管理会计学者对新的企业经营环境下管理会计的发展进行了探索。质量成本管理、作业成本法、价值链分析以及战略成本管理等创新的管理会计方法层出不穷,初步形成了一套新的成本管理控制体系。管理会计完成了从"为产品定价提供信息"到"为企业经营管理决策提供信息"的转变,由成本计算、标准成本制度、预算控制发展到管理控制与决策阶段。

3. 强调价值创造阶段(20世纪90年代至今)

随着经济全球化和知识经济的发展,世界各国经济联系和依赖程度日益增强,企业之间分工合作日趋频繁,准确把握市场定位、客户需求等尤为重要。在此背景下,管理会计越来越容易受到外部信息以及非财务信息对决策相关性的冲击,企业内部组织结构的变化也迫使管理会计在管理控制方面有新的突破,需要从战略、经营决策、商业运营等各个层面掌握并有效利用所需的管理信息。为此,管理会计以强调价值创造为核心,发展了一系列新的决策工具和管理工具。一些国家尝试将管理会计引入公共部门管理,并随着新公共管理运动的兴起,在全世界范围内推广。

(二) 管理会计理论在我国的发展

我国从20世纪70年代末开始向发达国家学习引进有关管理会计的理论,其过程大致经历了以下发展阶段。

1. 宣传介绍阶段

这段时期大致经过了3~5年时间。在这个阶段,我国会计理论工作者积极从事外文管理会计教材的翻译、编译工作。1979年,机械工业部组织翻译出版了第一本《管理会计》。1982年,国家有关部门委托国内著名专家、教授编写的用于各种类型财经院校教学使用的两本《管理会计》教材先后与读者见面。此后,又大量出版了有关管理会计的普及性读物。财政部、原国家教委先后在厦门大学、上海财经大学和原大连工学院等高校举办全国性的管理会计师资格培训班和有关讲座,聘请外国学者来华主讲管理会计课程。

2. 吸收消化阶段

从1983年前后起,我国会计学界多次掀起学习管理会计、应用管理会计、建立具有中国特色的管理会计体系的热潮。在全国范围内,许多会计工作者积极参与"洋为中用,吸收消化管理会计"的活动,有的单位成功地运用管理会计的方法解决了一些实际问题,初步尝到了甜头。但是,由于当时我国经济体制改革的许多措施尚未到位,尤其是我国财务会计管理体制仍沿用计划经济模式的那套办法,到后期,管理会计中国化的问题实际上难以取得重大突破,甚至出现了"管理会计能否在中国行得通?"的疑问,管理会计的发展出现了滑坡。

3. 改革创新阶段

从党中央作出大力发展我国社会主义市场经济的决策,特别是1993年财务会计管理体制转轨变型时起,会计界开始与国际惯例接轨,管理会计在中国的发展出现了新的契机。迅速掌握能够适应市场经济发展需要的经济管理知识,借鉴发达国家管理会计的成功经验来指导新形势下的会计工作,不仅是广大会计工作者的迫切要求,而且已变成他们的自觉行动。社会主义市场经济的大环境,现代企业制度的建立、健全,以及新的宏观会计管理机制,为管理会计开辟了前所未有的用武之地。目前,许多有识之士不再满足于照搬、照抄外国书本上现成的结论,而是从我国实际出发,通过开展调查研究管理会计在我国企业应用的案例等方式,积极探索一条在实践中行之有效的"中国式管理会计之路",以便切实加强企业内部管理机制,提高经济效益。从此,我国进入了管理会计改革创新和良性循环的新发展阶段。

4. 全面推进阶段

进入 21 世纪的第二个 10 年,管理会计在我国得到全面推进,相关理论研究与推广进入了黄金期。党的十八届三中全会对全面深化改革作出了总体部署,在会计领域贯彻落实全面深化改革要求,非常重要的一项内容就是要大力加强管理会计工作,强化管理会计应用。财政部作为国家的会计主管部门为此做了大量工作,并取得丰硕成果。

2012 年 2 月召开的全国会计管理工作会议,提出建设"会计强国"的宏伟目标。2013 年《企业产品成本核算制度》的发布,拉开了管理会计体系建设的序幕。2014 年 1 月,根据《会计改革与发展"十二五"规划纲要》,并在总结我国管理会计理论发展与实践经验的基础上,财政部印发《关于全面推进管理会计体系建设的指导意见(征求意见稿)》。经过广泛征求意见和修订,该指导意见于 2014 年 10 月正式发布,在全国范围内部署推进。2014 年 3 月,财政部启动了管理会计咨询专家选聘工作;2016 年 6 月,又公开选聘第二届管理会计咨询专家。为指导单位管理会计实践应用和加强管理会计体系建设,制定发布《管理会计基本指引》的任务被纳入财政部《会计司 2016 年工作要点》。该指引于 2016 年 6 月正式发布。2016 年 10 月,财政部制定发布《会计改革与发展"十三五"规划纲要》,明确了推进管理会计广泛应用的三大具体任务:① 加强管理会计指引体系建设;② 推进管理会计广泛应用;③ 提升会计工作管理效能,确立了"2018 年年底前基本形成以管理会计基本指引为统领、以管理会计应用指引为具体指导、以管理会计案例示范为补充的管理会计指引体系"的目标。到目前为止,这项目标已经基本达到。

(三) 管理会计实践在我国的发展

在我国,虽然管理会计理论引入较晚,但相关实践早已有之,不乏成功探索和有益尝试。例如,中华人民共和国成立之初以成本为核心的内部责任会计,包括班组核算、经济活动分析和资金成本归口分级管理等;20 世纪 70 年代末期至 80 年代末期的以企业内部经济责任制为基础的责任会计体系;90 年代后的成本性态分析、盈亏临界点与本量利依存关系、经营决策经济效益的分析评价等;河北邯郸钢铁公司实行的"模拟市场,成本否决";宝钢集团于 1993 年起推行标准成本制度;等等。这些都属于管理会计的实践内容。如今,包括全面预算管理、平衡计分卡等绩效评价方法,作业成本法、标准成本法等成本管理方法在内的管理会计工具陆续在我国企业中运用,单位对管理会计的应用意识有所增强,应用水平有所提高。国家开发银行、中国电信、北汽福田、三一重工等一批企业专门设置了管理会计机构或岗位,积极开展管理会计工作,取得了较好的成效。同时,管理会计在行政事业单位预算编制、执行、决算分析和评价等工作中也得到了一定应用。一些行政事业单位建立了适应单位内部财务和业务部门畅通联系的信息平台,及时掌控预算执行和项目进度,深入开展决算分析与评价，及时发现预算执行中存在的问题并提出改进意见和建议，财务管理水平和资金使用效益不断提高。

（四）管理会计形成与发展的原因

通过回顾管理会计产生与发展的历史，我们不难得出以下结论：

1. 管理会计的产生和发展必然与会计发展相联系

社会生产力的进步、市场经济的繁荣及其对经营管理的客观要求，是导致管理会计形成与发展的内在原因。管理会计作为企业会计的一个组成部分或是一个子系统，属于会计本身的进化和发展。会计和管理都不是从来就有的，它们都是社会生产力发展到一定阶段的产物，并随着社会生产力的进步而不断发展。由于社会生产力的进步对经济管理不断提出新的要求，会计作为经济管理的组成部分，必然要适应这种要求，不断完善与进步。因此，从本质上看，生产力的进步是管理会计产生与发展的根本原因。

同时，管理会计的产生与发展又必然与一定时期的社会历史条件密切相关。进入21世纪以来，世界经济形势的变化，尤其是信息社会条件下的现代化大生产，为现代会计发挥预测、决策、规划、控制、责任考核评价职能创造了物质基础。高度繁荣的商品经济，特别是全球范围内市场经济的迅速发展为管理会计开辟了用武之地。但是社会制度并不是管理会计产生和发展的决定性因素。虽然管理会计最初诞生于西方资本主义社会，但它本身绝非西方资本主义制度或资本主义经济的必然产物。

2. 现代电子计算机技术的进步加速了管理会计的完善与发展

在现代经济条件下，通过管理会计进行企业内部价值管理，不借助电子计算机手段是根本无法实现的。现代科学技术的发展，尤其是现代电子计算机技术的进步加速了管理会计的完善与发展。

3. 在管理会计形成与发展的过程中，现代管理科学理论起到了促进作用

作为管理会计实践的理论总结和知识体系，管理会计学的形成与现代管理科学的完善过程密切相关。现代管理科学不仅奠定了管理会计学的理论基础，而且为其不断充实内容提供了理论依据，从而使管理会计学逐步成为一门较为科学的学问，能够更好地用于指导管理会计实践。因此，管理科学的发展为管理会计形成与发展创造了有利的外部条件。从客观内容上看，管理会计工作是一项实践活动，而并非纯粹抽象的理论。理论来源于实践又服务于实践，但实践绝对不会是理论的产物。

三、我国管理会计体系建设的任务和措施

根据《指导意见》，中国特色的管理会计体系是一个由"理论、指引、人才、信息化加咨询服务构成的 4+1"的管理会计有机体系。建设我国管理会计体系的主要任务和措施有：

（一）推进管理会计理论体系建设

推动加强管理会计基本理论、概念框架和工具方法研究，形成中国特色的管理会计理论体系。一是整合科研院校、单位等优势资源，推动形成管理会计产、学、研联盟，协同创新，支持管理会计理论研究和成果转化。二是加大科研投入，鼓励科研院校、国家会计学院等建立管理会计研究基地，在系统整合理论研究资源、总结提炼实践做法经验、研究开发管理会计课程和案例、宣传推广管理会计理论和先进做法等方面，发挥综合示范作用。三是推动改进现行会计科研成果评价方法，切实加强管理会计理论和实务研究。四是充分发挥有关会

团体在管理会计理论研究中的组织、推动作用,及时宣传管理会计理论的研究成果,提升我国管理会计理论研究的国际影响力。

(二) 推进管理会计指引体系建设

形成以管理会计基本指引为统领、以管理会计应用指引为具体指导、以管理会计案例示范为补充的管理会计指引体系。一是在课题研究的基础上,组织制订管理会计指引体系,推动其有效应用。二是建立管理会计专家咨询机制,为管理会计指引体系的建设和应用等提供咨询。三是鼓励单位通过与科研院校合作等方式,及时总结、梳理管理会计实践经验,组织建立管理会计案例库,为管理会计的推广和应用提供示范。

(三) 推进管理会计人才队伍建设

推动建立管理会计人才能力框架,完善现行会计人才评价体系。一是将管理会计知识纳入会计人员和注册会计师继续教育、大中型企事业单位总会计师素质提升工程和会计领军(后备)人才培养工程。二是推动改革会计专业技术资格考试和注册会计师考试内容,适当增加管理会计专业知识的比重。三是鼓励高等院校加强管理会计课程体系和师资队伍建设,加强管理会计专业方向建设和管理会计高端人才培养,与单位合作建立管理会计人才实践培训基地,不断优化管理会计人才培养模式。四是探索管理会计人才培养的其他途径。五是推动加强管理会计国际交流与合作。

(四) 推进面向管理会计信息系统建设

指导单位建立面向管理会计的信息系统,以信息化手段为支撑,实现会计与业务活动的有机融合,推动管理会计功能的有效发挥。一是鼓励单位将管理会计信息化需求纳入信息化规划,从源头上防止出现"信息孤岛",做好组织和人力保障,通过新建、整合、改造现有系统等方式,推动管理会计在本单位的有效应用。二是鼓励大型企业和企业集团充分利用专业化分工和信息技术优势,建立财务共享服务中心,加快会计职能从"重核算"到"重管理决策"的转变,促进管理会计工作的有效开展。三是鼓励会计软件公司和有关中介服务机构拓展管理会计信息化的服务领域。

上述体系各部分既相互独立,又彼此关联;既自成一体,又彼此促进。其中,"理论体系"是基础,解决目前对管理会计认识不一、缺乏公认的定义和框架等问题;"指引体系"是保障,与时俱进地拓展和开发管理会计工具方法,为管理会计的实务应用提供指导示范;"人才队伍"是关键,是该体系中发挥主观能动性的核心,是体现"坚持人才带动,整体推进"原则的重点;"信息系统"是支撑,通过现代化的信息手段,充分实现会计和业务的有机融合,支撑管理会计的应用和发展。为确保四大任务顺利实施推进,还需有相关的咨询服务来进行外部支持,为单位提供更为科学、规范的管理会计实务解决方案。

四、管理会计指引体系

管理会计指引体系是在管理会计理论研究成果的基础上,形成的可操作的系列标准。管理会计指引体系包括基本指引、应用指引和案例库,用以指导单位管理会计实践。管理会计指引体系中,基本指引是对管理会计普遍规律的总结提炼,解决对管理会计的基本认识问题。管理会计既具有普遍规律,又具有差异化特点,需要考虑不同性质、特殊行业等的需求。因此,有必要形成应用指引,依据基本指引,明确管理会计的多种工具方法,具体指导实务操作。管理会计为单位提供内部管理服务,制定案例标准,建立管理会计案例库。大量总结实践中好的经验、做法，并提炼为典型案例，更好地为单位提供具体示范。

(一) 管理会计基本指引

1. 管理会计基本指引的定位和作用

管理会计基本指引在管理会计指引体系中起统领作用，是制订应用指引和建设案例库的基础。基本指引是将管理会计普遍规律上升到标准，是对管理会计基本概念、基本原则、基本方法、基本目标等内容的总结、提炼。但是，不同于企业会计准则的基本准则，管理会计基本指引只是对管理会计普遍规律和基本认识的总结升华，并没有对应用指引中未作出描述的新问题提供处理依据。

2. 管理会计应用原则和应用主体

单位应用管理会计，应当遵循以下原则：

(1) 战略导向原则。管理会计的应用应以战略规划为导向，以持续创造价值为核心，促进单位可持续发展。

(2) 融合性原则。管理会计应嵌入单位相关领域、层次、环节，以业务流程为基础，利用管理会计工具方法，将财务和业务等有机融合。

(3) 适应性原则。管理会计的应用应与单位应用环境和自身特征相适应。单位自身特征包括单位性质、规模、发展阶段、管理模式、治理水平等。

(4) 成本效益原则。管理会计的应用应权衡实施成本和预期效益，合理、有效地推进管理会计应用。

管理会计应用主体视管理决策主体确定，可以是单位整体，也可以是单位内部的责任中心。

3. 管理会计要素

单位应用管理会计，应包括应用环境、管理会计活动、工具方法、信息与报告四项管理会计要素。这四项要素构成了管理会计应用的有机体系，单位应在分析管理会计应用环境的基础上，合理运用管理会计工具方法，全面开展管理会计活动，并提供有用信息，生成管理会计报告，支持单位决策，推动单位实现战略规划。

(1) 应用环境。

管理会计应用环境是单位应用管理会计的基础。单位应用管理会计，首先应充分了解和分析其应用环境，包括外部环境和内部环境。外部环境主要包括国内外经济、社会、文化、法律、技术等因素，内部环境主要包括与管理会计建设和实施相关的价值创造模式、组织架构、管理模式、资源、信息系统等因素。

① 价值创造模式。单位应准确分析和把握价值创造模式，推动财务与业务等的有机融合。

② 组织架构。单位应根据组织架构特点，建立、健全能够满足管理会计活动所需的由财务、业务等相关人员组成的管理会计组织体系。有条件的单位可以设置管理会计机构，组织开展管理会计工作。

③ 管理模式。单位应根据管理模式确定责任主体，明确各层级以及各层级内的部门岗位之间的管理会计责任权限，制订管理会计实施方案，以落实管理会计责任。

④ 资源。单位应从人力、财力、物力等方面做好资源保障工作，加强资源整合，提高资源利用效率，确保管理会计工作顺利开展。单位应注重管理会计理念、知识培训，加强管理会计人才培养。

⑤ 信息系统。单位应将管理会计信息化需求纳入信息系统规划,通过信息系统整合改造或新建等途径,及时、高效地提供与管理相关的信息,推进管理会计的实施。

(2) 管理会计活动。

管理会计活动是单位管理会计工作的具体开展,是单位利用管理会计信息,运用管理会计工具方法,在规划、决策、控制、评价等方面服务于单位管理需要的相关活动。在了解和分析其应用环境的基础上,单位应将管理会计活动嵌入规划、决策、控制、评价等环节,形成完整的管理会计闭环。

在规划环节,单位应用管理会计,应做好相关信息支持,参与战略规划拟定,从支持其定位、目标设定、实施方案选择等方面,为单位合理制定战略规划提供支撑。

在决策环节,单位应用管理会计,应融合财务和业务等活动,及时、充分地提供和利用相关信息,支持单位各层级根据战略规划作出决策。

在控制环节,单位应用管理会计,应设定定量和定性标准,强化分析、沟通、协调、反馈等控制机制,支持和引导单位持续高质、高效地实施单位战略规划。

在评价环节,单位应用管理会计,应合理设计评价体系,基于管理会计信息等,评价单位战略规划的实施情况,并以此为基础进行考核,完善激励机制;同时,对管理会计活动进行评估和完善,以持续改进管理会计的应用。

(3) 工具方法。

管理会计工具方法是实现管理会计目标的具体手段,是单位应用管理会计时所采用的战略地图、滚动预算管理、作业成本管理、本量利分析、平衡计分卡等模型、技术、流程的统称。管理会计工具方法具有开放性,随着实践发展不断地丰富、完善。

管理会计工具方法主要应用领域有:战略管理、预算管理、成本管理、营运管理、投融资管理、绩效管理、风险管理等。

① 战略管理领域应用的管理会计工具方法包括但不限于战略地图、价值链管理等。

② 预算管理领域应用的管理会计工具方法包括但不限于全面预算管理、滚动预算管理、作业预算管理、零基预算管理、弹性预算管理等。

③ 成本管理领域应用的管理会计工具方法包括但不限于目标成本管理、标准成本管理、变动成本管理、作业成本管理、生命周期成本管理等。

④ 营运管理领域应用的管理会计工具方法包括但不限于本量利分析、敏感性分析、边际分析、标杆管理等。

⑤ 投融资管理领域应用的管理会计工具方法包括但不限于贴现现金流法、项目管理、资本成本分析等。

⑥ 绩效管理领域应用的管理会计工具方法包括但不限于关键指标法、经济增加值、平衡计分卡等。

⑦ 风险管理领域应用的管理会计工具方法包括但不限于单位风险管理框架、风险矩阵模型等。

单位应用管理会计,应结合自身实际情况,根据管理特点和实践需要选择适用的管理会计工具方法,并加强管理会计工具方法的系统化、集成化应用。

(4) 信息与报告。

管理会计信息包括管理会计应用过程中所使用和生成的财务信息和非财务信息,是管理会计报告的基本元素。单位应充分利用内外部各种渠道，通过采集、转换等多种方式，获得相关、可靠的管理会计基础信息。单位应有效利用现代信息技术，对管理会计基础信息进行加工、整理、分析和传递，以满足管理会计应用的需要。单位生成的管理会计信息应是相关、可靠、及时、可理解的。

管理会计报告是管理会计活动成果的重要表现形式，旨在为报告使用者提供满足管理需要的信息，是管理会计活动开展情况和效果的具体呈现。管理会计报告按期间可以分为定期报告和不定期报告，按内容可以分为综合性报告和专项报告等类别。单位可以根据管理需要和管理会计活动性质设定报告期间。一般应以公历期间作为报告期间，也可以根据特定需要设定报告期间。

(二) 管理会计应用指引

在管理会计指引体系中，应用指引居于主体地位，是对单位管理会计工作的具体指导。为切实提高科学性和可操作性，管理会计应用指引既要遵循基本指引，也要体现实践特点；既要形成一批普遍适用、具有广泛指导意义的基本工具方法，如经济增加值（EVA）、本量利分析、平衡计分卡、作业成本法等，又要针对一些在管理会计方面可能存在独特要求的行业和部门，研究制订特殊行业的应用指引；在企业层面，还要兼顾不同行业、不同规模、不同发展阶段等特征，坚持广泛的代表性和适用性；既考虑企业的情况，又考虑行政事业单位的情况。

应用指引是开放性的，随实践发展而不断发展完善。应用指引的实施更注重指导性，由各单位根据管理特点和实践需要选择相应的工具方法。财政部将在充分征求意见的基础上，科学总结我国先进的企业管理会计实务经验，充分借鉴发达市场经济国家或地区的有效做法，研究确定一系列应用指引。本着先急后缓、先一般业务后特殊业务、"成熟一批，发布一批"等原则，逐步发布系列管理会计应用指引，并随着实践的发展而不断丰富和完善。

截至2018年12月，财政部已经先后发布3批共34项管理会计应用指引。

(三) 管理会计案例库

案例库是对国内外管理会计经验的总结提炼，是对如何运用管理会计应用指引的实例示范。建立管理会计案例库，为单位提供直观的参考借鉴，是管理会计指引体系指导实践的重要内容和有效途径，也是管理会计体系建设区别于企业会计准则体系建设的一大特色。

在国外，管理会计在发展过程中，历来强调案例的重要示范作用。例如，美国管理会计师协会发布的管理会计公告中，就包含了一系列案例，为企业应用该公告提供了借鉴。

在我国，总结实践经验，形成典型案例，予以宣传推广，是推动管理会计应用的有效方式。将单位的成功经验上升为案例并嵌入指引体系，能够帮助单位更好地理解和掌握应用指引，增强管理会计指引体系的应用效果，达到提升单位价值创造力的目标。

案例库建设坚持典型性和广泛性相结合的原则，在统一框架结构、基本要素、质量特征等案例标准，形成案例规范格式文本的基础上，分不同性质、不同行业、不同规模、不同发展阶段等情况，逐步提炼若干管理会计案例，并不断予以丰富和完善。同时，既提炼总结管理会计整体应用案例，也针对管理会计的某些领域和应用指引中的相关工具方法提炼专项应用案例，总结、提炼出了一批覆盖多领域、多行业、多种工具方法的案例，构建内容丰富、示范性强的管理会计案例库。首批管理会计案例已正式出版。

五、管理会计的特点

与财务会计相比,管理会计有以下三个特点:

一是在服务对象方面,管理会计主要是为了强化单位内部经营管理、提高经济效益服务,属于"对内报告会计";而财务会计主要侧重于对外部相关单位和人员提供财务信息,属于"对外报告会计"。

二是在职能定位方面,管理会计侧重于"创造价值",其职能是解析过去、控制现在与筹划未来的有机结合;而财务会计侧重于"记录价值",通过确认、计量、记录和报告等程序提供并解释历史信息。

三是在程序与方法方面,管理会计采用的程序与方法灵活多样,具有较大的可选择性;而财务会计有填制凭证、登记账簿、编制报表等较为固定的程序与方法。

任务二　构建管理会计职业道德体系

一、管理会计职业道德的概念和特征

(一) 管理会计职业道德的概念

管理会计职业道德是指在管理会计职业活动中应当遵循的、体现管理会计职业特征的、调整管理会计职业关系的职业行为准则和规范。

(二) 管理会计职业道德的特征

管理会计作为社会经济活动中的一种特殊职业,其职业道德也具有其自身的特点。

1. 职业性和实践性

管理会计的职业道德,具有明显的职业性和实践性,与其所从事的职业密切相关。管理会计的目标是通过运用管理会计工具方法,参与单位规划、决策、控制、评价活动并为之提供有用信息,推动单位实现战略规划。管理会计的职业道德是在管理会计的职业过程中,在管理的工作实践中表现出来的。

2. 与公众利益的符合性

管理会计的职业道德,根植于人类社会的道德体系。管理会计师作为管理会计目标的实践者,通常是单位管理活动的参与者,在这个过程中必然会涉及各种管理关系、利益关系。而管理会计的职业道德,就是为从业者提供思考和行为的方向,使得管理会计师所参与的管理活动,既要帮助所服务的机构达成上述目标,又要使得所服务的机构的管理活动符合国家利益和社会公众利益。

二、管理会计职业道德的作用

管理会计职业道德具备以下作用。

(一) 对管理会计师个体的作用

1. 对管理会计师的指导作用

管理会计职业道德是规范管理会计师行为的基础,指导管理会计师行为的方向。在管理会计的工作中,职业道德为其行为提出要求、指明方向,以此帮助所服务的机构更好地达成管理会计职业的目标,是实现管理会计目标的重要保证。

2. 对管理会计师遵守职业道德的促进和评价作用

通过对管理会计职业道德的制订、推广、教育、监督、检查、评价等活动,能够对管理会计师的言行进行客观的评价,进而促进从业者遵守管理会计职业道德。

(二) 对实施管理会计的单位的作用

1. 是单位实现管理会计目标的重要保障

管理会计体系的贯彻实施是单位实现战略的重要保障之一,而管理会计的职业道德是管理会计体系实施者的从业要求,是他们能够做好本职工作的重要推手,通过认真学习和遵从管理会计职业道德,促进管理会计体系的落实,进而促进管理会计目标的实现。

2. 是单位总体道德价值观的重要组成部分

管理会计的职业道德,通常属于道德规范在具体职业领域的表现,通过管理会计人员对职业道德的遵守,反过来也会对单位总体道德和价值观产生积极正面的影响。

(三) 对职业规范体系的作用

管理会计职业道德是会计相关法律法规的重要补充。

管理会计职业道德不属于法律法规,但是职业道德体系与法律法规体系共同作用,将在不同层面形成对职业规范的完整要求。

三、管理会计职业道德与会计法律制度的关系

(一) 管理会计职业道德与会计法律制度之间的协同关系

1. 两者的目标相同

会计法律制度体系和管理会计职业道德体系所要达到的目标是相同的。

2. 管理会计职业道德以会计法律制度为基础

管理会计职业道德是对会计法律制度体系无法或不宜覆盖到的内容,提出要求并进行归纳总结与推广教育的。其与法律制度相得益彰,共同构成管理会计职业人员的职业规范体系。

3. 管理会计职业道德是相关法律法规的重要补充

管理会计的主要工作中,绝大多数工作属于对所服务机构的内部管理和决策支持。管理会计的职业道德要求,成为引导管理会计师做好工作的重要指引,是会计法律制度体系的重要补充。

4. 法律法规将成为管理会计职业道德工作的方向指引

财政部关于全面推进管理会计体系建设的指导意见以及其他会计法律制度,是形成中国管理会计职业道德的重要指引和基础。

(二) 管理会计职业道德与会计相关法律制度的区别

1. 两者性质不同

会计法律制度,是国家法律体系的一部分,具有强制性,代表的是国家意志。一旦所服务的机构或个人违反了会计法律制度的相关规定和要求,国家会依法进行制裁,以保证所有机构和个人都能够在法律制度所规范的环境内公平竞争。

而管理会计职业道德,没有国家行政司法体系作为保障,是管理会计师的自律性要求,代表的是管理会计职业群体以及社会公众的要求或期待,其执行的要求和监督来自社会或

自律性组织。

2. 两者作用范围不同

会计法律制度，只对实际表现出来的行动和进而产生的实际结果进行约束。

管理会计职业道德，则从一个人的思想深处，包括行为的动机出发，教育和约束从业者，使得管理会计人员在行动之前就受到职业道德的影响，从而选择职业道德所引导的方向，进而付诸正确的实际行动。

3. 两者表现形式不同

会计法律制度由国家立法部门或行政管理部门制定和颁布，并负责解释，有明确的法律条款、实施细则。而管理会计职业道德可以形成文字，也可以不形成文字，是一种思想深处的自律意识。

四、管理会计职业道德体系的主要内容

（一）职业认知与价值观念

作为一名优秀的管理会计从业者，首先要端正职业认知和树立正确的价值观，包括爱岗敬业、诚信从业、客观公正、保守秘密和廉洁自律五个方面。

1. 爱岗敬业

爱岗敬业就是要求管理会计人员热爱管理会计工作，安心于本职岗位，忠于职守、尽心尽力、尽职尽责。爱岗就是管理会计人员热爱自己的管理会计岗位，安心于本职岗位，恪尽职守地做好本职工作。爱岗是会计人员的一种意识活动，是敬业精神在其职业活动方式上的有意识的表达，具体表现为会计人员对自己应承担的责任和义务所表现出的一种责任感和义务感。如果管理会计从业人员对其所从事的会计工作不热爱，就很难在工作中做到尽心尽力、尽职尽责。敬业就是会计人员应该充分认识本职工作在社会经济活动中的地位和作用，充分认识本职工作的社会意义和道德价值，具有会计职业的荣誉感和自豪感，在职业活动中具有高度的劳动热情和创造性，以强烈的事业心、责任感从事会计工作。爱岗敬业是管理会计职业道德的基础。爱岗和敬业互为前提、相互支持、相辅相成。"爱岗"是"敬业"的基石，"敬业"是"爱岗"的升华。具体表现在：

（1）正确认识管理会计职业，认识管理会计的职业特点。正如管理会计基本指引所指出的，管理会计的目标是通过运用管理会计工具和方法，参与所服务机构的规划、决策、控制、评价活动并为之提供有用信息，推动单位实现战略规划。这些管理工作，都是难度较大、要求较高的，甚至需要一定程度创新和具有挑战性的管理工作。

（2）热爱管理会计职业，通过做好管理会计工作创造价值。在正确认识管理会计工作的性质、特点和挑战的基础上，要发自内心热爱这个工作，才会产生真正做好该工作的内在驱动力，才能克服困难。通过做好管理会计工作，为所服务的机构创造价值。

2. 诚信从业

诚信就是诚实、守信。诚实守信要求会计人员做老实人，说老实话，办老实事，执业谨慎，信誉至上，不为利益所诱惑，不弄虚作假，不泄露秘密。诚实是指言行跟内心思想一致，不弄虚作假，不欺上瞒下，做老实人、说老实话、办老实事。守信就是遵守自己所作出的承诺，讲信用、重信用、信守诺言、保守秘密。诚实守信是做人的基本准则，是人们在古往今来在交往中产生的最根本的道德规范，也是管理会计职业道德的精髓。中国现代会计之父潘

序伦先生认为,"诚信"是会计职业道德的重要内容。他终身倡导"信以立志,信以守身,信以处事,信以待人,毋忘'立信',当必有成",并将其作为立信会计学校的校训。

人无信不立,国无信不强。在现代市场经济中,"诚信"尤为重要。市场经济是"信用经济""契约经济",注重的就是"诚实守信"。可以说,信用是维护市场经济步入良性发展轨道的前提和基础,是市场经济赖以生存的基石。具体表现在:

(1) 不弄虚作假,不为利益或其他目的而造假。做老实人,要求会计人员言行一致、表里如一、光明正大、实事求是,如实反映单位经济业务的情况,不为个人和小集团的利益伪造账目、弄虚作假,损害国家和社会公众的利益。

(2) 实事求是,无隐瞒,不为谋取私利或其他目的人为地选择信息或者选择性地工作。管理会计师在参与管理的过程中,应实事求是、无隐瞒。在实际管理工作中,当其他参与者享有知情权的时候,我们不能对其有所隐瞒或有所选择地提供信息,这样会使参与者不能够得到完整的管理或决策依据,从而使得管理的科学性受到损害。更不能为了个人利益或小团体的利益或其他目的,人为地选择信息和报告信息,或有选择性地做自己喜欢或擅长的工作,而把自己职责范围内难度高的或不擅长的工作抛开。

3. 客观公正

客观公正要求管理会计人员端正态度,依法办事,实事求是,不偏不倚,保持应有的独立性。客观是指按事物的本来面目去反映,不掺杂个人的主观意愿,也不为他人意见所左右。公正就是平等、公平、正直,没有偏失。客观公正是会计职业道德所追求的理想目标。在会计职业活动中,由于涉及对多方利益的协调处理,因此公正就是要求各企、事业单位管理层和会计人员不仅应当具备诚实的品质,而且应公正地开展会计核算和会计监督工作,即在履行会计职能时,摒弃单位、个人私利、公平公正、不偏不倚地对待相关利益各方。

具体表现在:

(1) 从主观上,客观公正推进工作。管理工作不能带有偏向特定利益方的倾向,但可以带有个人的管理特点。作为管理会计师,因其所参与的管理工作往往会涉及不同的参与方和利益团体,如一个工程项目涉及单位内不同的部门参与、一个投资计划涉及不同的投资人等,在推进管理会计工作的过程中,应该秉承客观公正的态度。如果所服务的机构是企业,就应以企业的利益为出发点;如果所服务的机构是行政事业单位,则应以国家利益为出发点。管理会计师不得偏向特定的利益方,不能在管理会计工作中有所偏颇,但这不妨碍管理会计师在管理工作中带有自己的管理特点。

(2) 从客观上,顶住各种不正当压力。因为利益的关系,在管理会计师以管理会计的专业方式工作时,很可能内、外部利益方或利益团体会以各种不同的方式对其施加压力,企图通过施压甚至给予利益,获得偏向自己的支持。此时,管理会计师需要顶住压力,客观公正地从事自己的工作。

(3) 遵守国家法律法规,推动单位向政策和法律法规所鼓励和引导的方向发展。基于对眼前利益的考量或其他因素,单位的某些利益方甚至所有的利益团体可能会有通过违规行为获得利益的冲动或要求,但从长远来看,这样做对单位而言一定是弊大于利的。国家制定法律法规的出发点是为所有企业构建公平的经营环境,或依据政策引导企业向国家期望的方向发展,比如用税收优惠、补贴政策进行引导。

4. 保守保密

管理会计师,由于工作的关系,必然会掌握企业诸多经营管理信息,甚至包括战略决策方面的信息,这些信息都是企业的商业机密。作为管理会计师,对于工作中获取或知晓的企业机密信息,必须秉承保密的原则,未经单位许可,不得向他人泄露。同时主动提高警惕性,防止在无意中不经意泄露所在单位的机密。

5. 廉洁自律

廉洁自律要求管理会计人员公私分明、不贪不占、遵纪守法、清正廉洁。廉洁就是不贪污钱财,不收受贿赂,保持清白。自律是指自律主体按照一定的标准,自己约束自己、自己控制自己的言行和思想的过程。廉洁自律是会计职业道德的前提,也是会计职业道德的内在要求,这是由管理会计工作的特点决定的。具体表现在:

(1) 不利用职务之便谋取私利或行贿受贿。管理会计师参与企业管理和决策活动,手中握有一定的权力,也有利用权力谋取私利甚至受贿的便利或可能。虽然管理会计师受贿有法律层面的约束,但同时也有职业道德的规范,不得利用职务之便谋取私利或收受贿赂。此外,管理会计师可能是重大事项的主要责任人,在执行项目时,管理会计师会承受很大的管理压力,此时作为项目责任人往往为了快速推进项目或其他原因,产生行贿的冲动并付诸实施。这种行为从长远来看,对单位和个人乃至对整个社会都是有危害的。职业道德要求管理会计师在日常工作中不得有行贿行为。

(2) 不支持他人行贿受贿或谋取私利,并推动单位的监控体系进行防范。管理会计活动包含单位的风险管理,控制单位的经济活动和管理活动是管理会计的重要工作内容,管理会计师不得支持他人行贿,更不得支持他人受贿或谋取私利。

(3) 推动积极正面的价值观。管理会计师要在企业中以身作则,在工作中秉承公正的态度,通过建立、健全监控防范体系等手段,在单位中推进积极正面的文化氛围和价值观。

(二) 能力准备与自我提高

管理会计师作为管理的参与者,具备相应能力的同时更要不断提高自己的能力,包括专业能力、职业技能,以及对业务、行业和宏观政策的把握能力三个方面。具备了优秀的能力,才能在职业认知和价值观的引导下,真正为所服务的机构作出应有的贡献。

1. 充足的专业技能准备

作为管理会计师,由于其从事的工作层次较高,因此对其要求也高。为了能够更好地满足工作的要求,管理会计师必须具备充足的专业技能。这就要求管理会计师必须:

(1) 熟悉法律法规、财税法规及规则。熟悉国家相关法律法规、财税法规,以及所属行业的其他主管部门的行业管理规定和实施办法,保障企业运行在法律法规所允许的轨道上。

(2) 具备管理能力,利用财务的工具和思维参与企业管理。管理会计工作,是通过运用管理会计工具方法,参与企业规划、决策、控制、评价活动并为企业提供有用信息,推动企业实现战略规划的。管理会计工作的工具、方法,如预算、成本管理、分析报告、绩效支持,都是具有一定难度的专业工具和方法,管理会计师需要熟练掌握和运用这些工具、方法,久而久之,形成管理会计思维,并将这种思维长期应用到工作中。

(3) 战略决策支持,投融资支持与管理。企事业单位的管理决策、投融资活动、其他战略活动等,也是管理会计的重要工作内容。相比于财务会计,企事业单位对管理会计师的能力要求更高,而很多从财务会计转型过来的管理会计师,对这部分知识相对陌生,这就要求管理会计师要迅速学习这些方面的知识，提升这些方面的能力。

2. 充足的职业技能准备

（1）具有领导力。管理会计的很多工作属于管理工作，有大部分的工作是需要管理会计师牵头的，比如牵头推动企业的预算工作、成本费用管控工作、风险管理和控制体系建设工作。在上述工作中，除了需要管理会计师具备专业技能之外，还需要管理会计师在相关活动中起领导作用，这就对其领导力提出了要求。有相当数量的管理会计师在以往的工作中领导力相对欠缺，有的甚至在认知上都有问题，认识不到自己在相关工作中的领导角色，导致工作定位出现问题，进而影响了工作的效果。

（2）计划、总结能力。管理会计师需要有领导力，同样需要对工作进行科学的计划，按照计划推进自己牵头的工作，并适时总结，不断提高后续工作的效果。

"现代管理之父"法约尔认为，计划是管理工作的先导，对于任何工作的推动，计划都是成功的关键。管理工作通常都有不同层级、不同部门的管理者参加，这些管理者都有属于自己的本职工作，要让他们尽快融入并提高效率，管理会计师的计划性至关重要。

（3）沟通协调能力。沟通协调能力包括把工作布置清楚、解答他人的疑问、协调处理相关的困难环节等。

（4）监督和执行能力。任何工作都需要通过执行，才能达到其目的，在执行过程中，随时监督工作进度，检查工作效果，协调有关各方尽可能走在一个方向、一个进度上，应对和处理执行中的各种问题，让管理会计工作真正落地，是执行力在管理会计领域的体现。管理会计师需要提高自己的执行力，鼓励自己克服各种困难，为达成单位的战略目标奉献自己的力量。

3. 熟悉业务、行业、宏观政策

除了专业能力和职业能力外，为了做好管理工作，管理会计师还需要学习和关注相关知识和信息。

（1）对业务的深度认知。很难想象一名管理会计师如果不了解业务，该如何才能参与到具体的管理工作中。作为管理团队的一员，做预算、管成本、支持决策等工作的前提是：必须深入了解本单位的业务。了解业务，包括了解业务的流程、业务的模式、业务的关键节点、业务的管理规律等各个方面，如研发工作的关键节点和管理规律、生产工作的关键节点和管理规律。只有把握了业务的关键节点，才能在绩效管理、风险控制、决策支持等工作中把管理会计工作做深入，做到实处。

（2）对行业的深度认知。当前，企业之间竞争激烈。行业内的运作方式、规律不断发生创新和变化，而且变化的速度在加快。任何单位在运营中，都无法脱离行业的大环境而独善其身。企业的经营管理工作和决策工作也必须把行业因素纳入进来。管理会计师作为管理的深度参与者，需要对行业情况和变化有更多的了解。例如，有些企业在管理中采用与行业标杆企业对比的方法，那么除了了解标杆企业的各种管理标杆值外，更应该去分析标杆企业是如何做到的，在细节上进行论证与调整，这样才能减小与标杆企业的差距。

（3）对宏观环境政策的深度认识。宏观环境对几乎所有的企业都有深远影响。法律法规的要求是什么，政策引导和鼓励的是什么，宏观环境发生了什么变化，等等，这些问题都对企业的管理和战略决策产生了巨大影响。所有的管理参与者，包括管理会计师都需要关注并了解相关的政策和变化，才能带领企业逐步实现战略目标。

4. 不断提高开拓意识、创新意识、学习意识

（1）具有不断学习提高技能的意识和愿望。一方面，管理会计工作所使用的各种工作方法都比较难，道理比较深。不能说只要通过"管理会计师（初级）"专业能力考试就完全把握相关技能，而是需要不断在工作和学习中加深认识，才能越用越好。在熟练把握的基础上，慢慢就会有或大或小的创新，更加适合企业的需要。另一方面，法律政策调整、环境变化时时都在发生，也需要管理会计师保持高度警惕和关注。上述这些因素，都需要管理会计师有强烈的、通过学习提高的意识和愿望，不能故步自封，满足于现状。

（2）掌握科学的学习和提升方法。管理会计的工具方法，职业技能，业务、行业与宏观环境的学习和理解，内容非常多，同时具有一定的深度和难度。管理会计师需要不断总结科学的学习和提升方法。例如，采用自学、听课学习、考试或工作中学习总结，与他人讨论等不同的学习方式，合理安排不同方式的学习时间。

（三）努力工作与恪尽职守

管理活动动员具有比较高的难度和挑战性。因此仅仅具备前两个方面还不够，必须做到恪尽职责、努力奋斗。不仅要应用管理会计的工具方法为科学管理作出自己应有的贡献，还要敢于承担责任，敢于坚持正确的观点。管理会计师应在本单位用恰当的方法和方式来推进管理会计工作，不可过于超前或拖后。有了正确的职业认知和价值观念，具备了相应的能力和技能，还要在工作中努力工作、恪尽职守，才能真正把管理会计工作落到实处。

1. 为企业利益尽最大努力

克服各种困难，执着前行。首先，管理会计人员要克服职业与专业上的困难。管理工作的难点是对职业技能要求高和管理目标高，也包括以往财会工作性质和习惯的不同所带来的转型困难。其次，克服管理冲突带来的困难。单位的管理工作，通常会遭受各种管理与业务的冲突或时间上的冲突。管理与业务的冲突可能是为了抓业务，不重视管理，或者过分依赖个人以往的经验，拍脑袋决策而不愿意走科学程序进行决策。时间上的冲突可能是有些管理者因为没有时间而把预算做得非常粗糙。这些情形，都需要管理会计师尽职尽责，通过沟通、说服、推动单位使用科学管理方法来进行管理和决策。最后，克服显性或隐性利益冲突带来的工作困难，协调各方利益冲突，为企业的最大利益而努力。在企业管理中，在大大小小的决策和判断中，各利益相关方往往为了自身的利益，使得管理工作充满冲突而难以推进。管理会计师需要努力推进科学的管理和决策方法，协调各方使用这些方法，促进企业进行科学决策，而不是陷入利益纷争的困扰中。

2. 用专业的方法和工具为企业工作，提供深入有效的管理支持

（1）管理会计师最大限度地利用管理会计的工具，提供深入有效的管理支持。在企事业单位的管理和决策过程中，内部会有不同的参与方，比如市场领域、人力资源领域、技术领域等各方面的管理者参与其中，而各方也都应从自己的领域和视角为管理和决策作分析和支持。作为管理会计师，应推进单位在管理和决策中应用管理会计的工具和方法，使得管理和决策科学化，提高工作效率，提升工作效果，而不是泛泛而论、人云亦云，脱离本职的专业和特色去工作。

（2）结合管理会计的工作特点，在不同工作上做好相应的角色，使管理支持深入、有效。管理会计工作并不是单一的。例如，在风险管理和内部控制方面，主要是做好控制工作；在

决策支持和战略支持方面,主要是做好服务工作,应该尽可能为决策者提供更多决策所需要的信息;在预算控制和成本控制方面,需要以管理会计师为主进行专项的、细节上的决策,此时管理会计师自身成为一名决策者。

3. 敢于承担责任,敢于坚持正确的观点

(1) 参与管理和决策,要敢于承担责任。在履行管理会计职责的过程中,管理会计应通过专业的工具、方法和判断,深度参与管理和决策,而不是躲避或被动接受。管理会计应在参与中影响管理和决策,并为自己的建议和行动负责。

(2) 要有观点,并且敢于坚持正确的观点。管理会计在管理和决策中,依据专业的工具和方法,要提出自己的判断和建议,并且要学会把这种判断和建议传递给其他管理者。对于自己认为正确的事情,如决策风险过高、内控力度过小,要敢于坚持自己的观点,这可能引发更加深入的讨论或其他管理者相应的改善措施。这正是管理会计师的作用,体现管理会计师工作的价值。管理会计师面对工作不能逃避,也不能浅尝辄止。

4. 综合企业各种情况,推进管理会计工作,不能过于超前或拖后

(1) 分析企业内部和外部环境,设计和推进管理会计。管理会计师所在单位的管理措施,往往因为单位所属的行业不同、投资者的要求不同而不同,需要选用的工具和方法及其深度也不同。所以,管理会计师推进管理会计工作需要结合企业的实际情况,根据企业自身的管理特点,选择适用的管理会计依据和方法,并按照适当的进度推进。

(2) 结合管理会计原则,设计和推进管理会计工作。管理会计师在所服务的企事业单位推进管理会计工作,必须结合以下这些管理会计原则来进行:第一,在推进管理会计工作的过程中,需要使用科学的方法、现代化的工具,需要有所投入。第二,需要让管理会计的工具和方法适应单位的性质、规模、发展阶段、管理模式、治理水平等。第三,推进管理会计工作,必须以单位的战略为导向,将管理会计融合、嵌入到单位的相关领域、相关层次、相关环节以及业务流程中。

习 题 与 实 训

任务一　构建管理会计概念框架体系

一、判断题

1. 管理会计主要服务于单位内部,所以管理会计也被称为内部会计。（　　）

2. 管理会计只利用财务会计提供的相关信息,进行事前的分析和预测、事中的控制以及事后的评价。（　　）

3. 社会生产力的进步、市场经济的繁荣及其对经营管理的客观要求,是导致管理会计形成与发展的内在原因。（　　）

4. 管理会计基本指引在管理会计指引体系中起统领作用,是制定应用指引和建设案例库的基础。（　　）

5. 管理会计应用主体视管理决策主体而定,可以是单位整体,也可以是单位内部的责任中心。（　　）

6. 管理会计应用环境是单位应用管理会计的核心。（　　）

7. 管理会计工具方法具有开放性,随着实践发展不断丰富和完善。（   ）
8. 管理会计工具方法是实现管理会计目标的具体手段。（   ）
9. 管理会计只适用于应用环境良好的企业单位。（   ）
10. 管理会计的服务功能是帮助单位实现管理效益。（   ）

二、单项选择题

1. 管理会计的萌芽可以追溯到（   ）。
   A. 19世纪初   B. 19世纪中叶   C. 20世纪初   D. 20世纪中叶
2. "管理会计"这个名词的正式通过是在（   ）年。
   A. 1949   B. 1952   C. 1984   D. 2008
3. 根据《指导意见》,中国特色的管理会计体系是一个（   ）的管理会计有机体系。
   A. "2+1"   B. "3+1"   C. "4+1"   D. "5+1"
4. 管理会计指引体系不包括（   ）。
   A. 基本指引   B. 应用指引   C. 制度解释   D. 案例库
5. 下列各项中属于管理会计内部环境的是（   ）。
   A. 价值创造模式   B. 法律环境   C. 文化环境   D. 经济环境
6. 管理会计起源于西方的（   ）。
   A. 资金管理   B. 成本管理   C. 预算管理   D. 绩效管理
7. 明确我国管理会计概念框架的法律法规是（   ）。
   A. 会计法
   B. 企业会计准则
   C. 管理会计基本指引
   D. 管理会计应用指引
8. 管理会计在我国应用的最早领域是（   ）。
   A. 资金管理   B. 成本管理   C. 预算管理   D. 绩效管理
9. 管理会计实施的基本条件是（   ）。
   A. 管理会计工具和方法
   B. 管理会计应用环境
   C. 管理会计信息与报告
   D. 管理会计活动

三、多项选择题

1. 2016年6月,财政部印发了《管理会计基本指引》,明确指出管理会计目标,其内容包括（   ）。
   A. 参与单位规划、决策、控制、评价活动
   B. 提供单位规划、决策、控制、评价活动的有用信息
   C. 正确编制管理会计报告
   D. 推动单位实现战略规划
2. 在西方,管理会计随着经济社会环境、企业生产经营模式以及管理科学和科技水平的不断发展而逐步演进,至今大致经历了（   ）。
   A. 成本决策与财务控制阶段
   B. 管理控制与决策阶段
   C. 强调价值创造阶段
   D. 改革创新阶段
3. 我国管理会计理论的发展阶段大致可以分为（   ）。
   A. 宣传介绍阶段   B. 吸收消化阶段   C. 全面推进阶段   D. 改革创新阶段
4. 财政部制定发布《会计改革与发展"十三五"规划纲要》,明确了推进管理会计广泛应

用的具体任务包括（　　　　）。
　　A. 加强管理会计指引体系建设　　　B. 推进管理会计广泛应用
　　C. 提升管理会计工作效果　　　　　D. 加强管理会计核算与监督
5. 单位应用管理会计，应当遵循的原则包括（　　　　）。
　　A. 战略导向原则　B. 融合性原则　C. 适应性原则　D. 成本效益原则
6. 下列各项中，属于管理会计要素的有（　　　　）。
　　A. 应用环境　　B. 管理会计活动　C. 工具方法　　D. 信息与报告
7. 管理会计与财务会计的主要区别有（　　　　）。
　　A. 服务对象不同　B. 程序方法不同　C. 职能作用不同　D. 管理目标不同
8. 下列各项中，属于我国《管理会计基本指引》明确的管理会计领域的有（　　　　）。
　　A. 战略管理　　B. 成本管理　　　C. 生产管理　　D. 绩效管理
9. 下列各项中，属于成本管理工具和方法的有（　　　　）。
　　A. 目标成本管理　B. 标准成本管理　C. 变动成本管理　D. 作业成本管理
10. 下列各项中，属于预算管理工具和方法的有（　　　　）。
　　A. 滚动预算管理　B. 作业预算管理　C. 零基预算管理　D. 弹性预算管理

任务二　构建管理会计职业道德体系

一、判断题

1. 管理会计作为社会经济活动中的一种特殊职业，其职业道德具有其自身的特点。
（　　）
2. 管理会计具有职业性、实践性、与公众利益的符合性特征。（　　）
3. 管理会计职业道德是会计法律法规的重要补充。（　　）
4. 会计法律制度体系和管理会计职业道德体系所要达到的目的是不同的。（　　）
5. 管理会计职业道德是国家法律体系的一部分，具有强制性，代表的是国家意志。
（　　）
6. 管理会计职业道德可以形成文字，也可以不形成文字，是一种思想深处的自律意识。
（　　）
7. 诚实守信是做人的基本准则，是人们在古往今来的交往中产生的最根本的道德规范，也是会计职业道德的精髓。（　　）
8. 客观公正要求管理会计人员端正态度，依法办事，实事求是，不偏不倚，保持应有的独立性。（　　）
9. 管理会计师应具备专业能力、规划能力和决策能力。（　　）
10. 管理会计师应最大限度地利用管理会计工具，提供深入有效的管理支持。（　　）

二、单项选择题

1. 下列各项中，不属于管理会计职业道德与会计法律制度的区别的是（　　）。
　　A. 两者目的不同　　　　　　　B. 两者性质不同
　　C. 两者作用范围不同　　　　　D. 两者表现形式不同
2. 下列各项中，表述不正确的是（　　）。
　　A. 会计法律制度具有强制性，而管理会计职业道德具有自律性

B. 会计法律制度具有明确的法律条款,而管理会计职业道德是一种思想深处的自律意识

C. 管理会计职业道德是对管理会计人员的最低要求,而会计法律制度是最高要求

D. 管理会计职业道德以会计法律制度为基础

3. 下列各项中,关于管理会计职业道德的作用的表述,不正确的是(　　)。

A. 管理会计职业道德是规范管理会计师行为的基础

B. 管理会计职业道德是指导管理会计师行为的方向

C. 管理会计职业道德通常属于道德规范在具体职业领域的表现

D. 管理会计职业道德属于法律制度的范畴

4. 作为管理会计师,应具备相应的能力并不断地提高自己的能力,这里的"能力"不包括(　　)。

A. 专业能力　　　　　　　　　B. 职业技能

C. 对业务、行业和宏观政策的把握能力　　D. 团队创新能力

5. 管理会计在决策支持、战略支持等方面,主要从事的工作是(　　)。

A. 控制工作　　B. 核算工作　　C. 服务工作　　D. 预算工作

6. 管理会计师行业自律组织是(　　)。

A. 中国注册会计师协会　　　　B. 中国总会计师协会

C. 中国注册资产评估师协会　　D. 中国管理会计师协会

7. 管理会计师除了专业能力和职业能力外,还需要学习和关注相关知识和信息。下列各项中,不属于管理会计师学习和关注的相关领域的是(　　)。

A. 对业务的深度认知　　　　　B. 对行业的深度认知

C. 对微观环境政策的深度认知　D. 对宏观环境政策的深度认知

8. 管理会计职业道德是指在管理会计职业活动中应当遵循的、体现管理会计职业特征的、调整管理会计(　　)的职业行为准则和规范。

A. 职业标准　　B. 职业规范　　C. 职业关系　　D. 行为特征

三、多项选择题

1. 下列各项中,属于管理会计职业道德特征的有(　　)。

A. 具有职业性和实践性　　　　B. 具有与公众利益的符合性

C. 具有多样性　　　　　　　　D. 具有超前性

2. 下列各项中,属于管理会计职业道德的有(　　)。

A. 诚信从业　　B. 客观公正　　C. 保守秘密　　D. 廉洁自律

3. 作为管理会计师,必须有充足的专业技能准备。这里的专业技能包括(　　)。

A. 熟悉法律法规、财税法规及规则

B. 具备管理能力,利用财务的工具和思维参与企业管理

C. 战略决策支持、投融资支持与管理

D. 计划、总结能力

4. 廉洁自律,要求管理会计人员(　　)。

A. 公私分明　　B. 不贪不占　　C. 遵纪守法　　D. 清正廉洁

5. 下列各项中,关于管理会计职业道德的作用表述不正确的有(　　)。

A. 管理会计职业道德是管理会计师所遵循的法律保障
B. 管理会计职业道德是社会道德价值观的重要组成部分
C. 管理会计职业道德通常属于道德规范在会计职业领域中的表现
D. 管理会计职业道德属于法律制度的范畴

四、实训题

实训一

（一）实训目的

通过案例分析，掌握管理会计人员应具备的职业道德。

（二）实训资料

新时代集团是一家上市公司，主要从事药品的生产和销售。为了贯彻落实《财政部关于全面推进管理会计体系建设的指导意见》，公司组织全体中层管理人员进行管理会计知识培训。培训完成后，为了加强管理会计职业道德建设，更好地落实管理会计各种工具和方法的应用，促进管理会计各项工作顺利开展，公司专门为会计人员举行了一次务虚会，请大家谈谈对管理会计建设及管理会计职业道德的认识。现就主要观点摘录如下：

（1）关于管理会计职业道德与会计职业道德关系的问题。A观点认为，国家已经颁布的会计职业道德既适用于会计人员，也适用于注册会计师，更适用于管理会计人员。也就是说，会计职业道德包括了管理会计职业道德，没有必要再另设一套内容。

（2）关于管理会计职业道德规范的问题。B观点认为，管理会计主要为企业、事业单位内部的管理服务，不存在、也没有必要遵守诚实守信原则。

（3）关于管理会计职业技能的问题。C观点认为，管理会计师要有观点，并且敢于坚持正确的观点。

（4）关于管理会计职业道德廉洁自律的问题。D观点认为管理会计人员只要不行贿、不利用职务之便来谋取私利就行了。

（5）关于管理会计职业道德教育建设、组织和实施的问题。E观点认为管理会计职业道德教育建设、组织目前处于无人监管状态，实施起来非常难。

（三）实训要求

从管理会计建设或管理会计职业道德建设角度出发，分别分析判断这五种观点是否正确，并简要说明正确或错误的理由。

实训二

（一）实训目的

通过案例分析，熟悉管理会计工具方法的综合应用。

（二）实训资料

宝钢金属有限公司（以下简称宝钢金属）是宝钢集团的全资子公司。该公司管理层认为，有机整合多项工具，而不是采取单一管理会计工具，才能全面提升企业绩效，创造价值，打造真正的管理"冠军"。

对企业而言，面对众多的价值管理工具，选哪一个能更好、更有效地提升经济增加值（economic value added，简称EVA）呢？宝钢金属给出的答案是：选其一，不如有机整合多项工具，这样才能全面提升EVA，创造价值，打造真正的管理"冠军"。2015年1月16日，宝钢金属荣获CGMA 2014年度最佳管理会计实践奖，公司的副总经理、财务总监范松林介绍,作为宝钢集团的全资子公司,自 2007 年成立以来,宝钢金属已对提升 EVA 进行了 5 个阶段的实践,并通过整合运用提高效率、实施关键绩效指标(key performance indicators,简称 KPI)、应用商业智能(business intelligence,简称 BI)、引入阿米巴模式等 4 项管理会计工具,为企业创造了价值,即通过整合运用多种管理会计工具推进企业的价值管理,公司的利润复合增长率已达到 46%。宝钢金属在运用这 4 种管理会计工具上有着内在逻辑,这其中,提高资产效率是基础,然后通过实施 KPI 挖掘关键价值因素,再通过运用 BI 和引入阿米巴模式,最终达到提升 EVA 的目的。

1. 提高效率:提升经济增加值(EVA)

首先,财务要转型成为价值整合者,有两个要点:一是整合效率,二是提高洞察力。其次,在财务转型成为价值整合者后,如何具体提高效率、提升 EVA?根据经济增加值的计算公式(经济增加值=税后净营业利润-调整后资本×平均资本成本率)可以看出,要提高经济增加值可以通过提高"税后净营业利润",或者降低"调整后资本""平均资本成本率"来实现。对于提高税后净营业利润,企业可以提高运营效率、加大研发投入、拓展新业务;对于降低调整后资本,企业可以压缩投资规模、改变支付方式(多用票据支付)、保持"低库存、高周转"策略、把握在建工程节奏;对于降低平均资本成本率,企业可以尽量使用无息负债、拓展低成本的融资渠道和新型的融资方式(短期融资券、中期票据)、提高资金运作效率等。2009—2011 年,宝钢金属降低平均资本成本率的效果明显:通过内部委托贷款,压缩银行贷款,节约了资本成本 749 万元;通过票据融资,节约了资本成本 623 万元。

2. 实施 KPI:挖掘价值驱动因素

通过实施 KPI 提升 EVA 的作用也非常明显:一是企业可以借助 KPI 体系,挖掘关键价值驱动因素,明确管理的关键点,分析诊断经营的状态,发现改善的机会,通过对标引导和激励持续进步;二是企业可以对一线业务操作人员直接考核,调动其积极性;三是企业可以对需要创造性工作的中高层管理人员,发挥一种参考、提醒、参谋的作用,并明确管控关键点,提高工作效率。

3. 应用 BI:提高效率与准确率

作为如"仪表板"一样的工具,BI 不仅能够通过数据实时监测来反映企业的运作状态,还能提供智能预警、预测,帮助公司寻找价值驱动因素。宝钢金属应用 BI 的主要功能在于可以建立统一的企业数据仓库,并对相关的 KPI 指标进行分析,为决策提供支持;每周形成库存周报,报告库存状态,提示风险;在投资与经营资金的运用中,及时平衡余缺,控制营运周期,提升资金使用效率;等等。在 2011 年,宝钢金属降低财务费用 3 000 万元,节约资本成本 202 万元。

4. 引入阿米巴:点燃激情

在推进几年时间的价值管理后,企业与员工难免会进入"疲劳期"。为此,宝钢金属引入了阿米巴模式,以点燃企业与员工的激情。一方面,阿米巴的实质在于划小核算单元,企业可以通过授权、赋权把权责下移至最小单元,不仅可以使每个阿米巴带有动力,承担责任,同时企业还可以每天计算出每个阿米巴每人每小时赚多少钱,让金钱给阿米巴带来视觉冲击。另一方面,阿米巴每天、每周、每月都可以计算横向比、纵向比赚多少钱,通过竞赛提高竞争力。此外,阿米巴通过每天揭示差异、分析原因,会主动提出改进措施,这样可以使员工能够自主管理,成为自主型员工,点燃公司内每一个阿米巴的动力和激情。

（三）实训要求

思考并回答下列问题：

（1）什么是"阿米巴模式"，它的主要特点是什么？

（2）宝钢金属有限公司采用了哪些工具方法进行企业管理才成为真正的管理"冠军"？

（3）作为一个管理会计工作者，应该具备哪些知识和能力才能为企业作贡献？

﹛资料来源：于跃.宝钢金属：合力"冠军"[J].新理财，2015(02)﹜

管理会计认知
在线测试

项目二 战略管理

知识学习目标

- 掌握企业战略、战略管理的定义;
- 掌握战略的层次;
- 了解战略管理的特点;
- 掌握战略管理的应用程序;
- 掌握战略地图的定义。

能力学习目标

- 通过企业战略的学习,熟悉企业战略的层次;
- 通过战略管理的学习,理清战略管理的基本程序;
- 通过战略地图的学习,读懂企业战略地图,并逐步学会绘制战略地图。

工作任务

- 战略管理认知;
- 绘制战略地图。

项目引例

海王星辰的业务布局

海王星辰围绕"持续强化连锁零售药店的领先地位"这样的战略目标进行业务布局。在2006年之前,海王星辰是在持续亏损的情况下实现营业收入的增长的。作为药品零售企业,扩大收入规模首先需要在销售量上花大力气,同时还必须保证一定的定价能力。海王星辰曾着手优化公司的资本结构,于2004年引入高盛投资,总计4 000万美元,并于2007年在纽约上市,融资3.34亿美元。

海王星辰依靠其规模庞大、实时更新的数据库继续在非处方药、处方药、保健品和草药制品四个大类上深耕细作。为了方便顾客体验,海王星辰还大力提升门店数量,方便客户体验。海王星辰门店的药品能不能卖出好价钱,取决于它如何来创造客户价值。首先,在门店选址上,海王星辰充分考虑交通、顾客便利性等因素。这种独特的选址策略,因为其"便利"的特性而为客户带来价值。其次,为了完善客户服务,海王星辰推行了"顾客忠诚计划",即会员制。

海王星辰制定了门店选址流程，进行快速复制，提升门店数量。在配送方面，海王星辰在深圳建有全国配送中心，并在各地设立了 11 个区域性配送中心，制定了配送相关流程制度。

海王星辰建立了一支优秀人才队伍。在提升组织能力方面，海王星辰引入了有着二十年零售业经验的人才，引入了零售行业的大量经营和管理经验。在信息平台建设方面，海王星辰与国际知名 ERP 软件公司 SAP 达成协议，一次性投入巨额资金，启动 SAP 全新信息系统，方便与供应商分享销售信息。在上岗前，海王星辰的员工必须先经过产品和顾客沟通方面的培训。针对店员和住店药师，海王星辰定期举行药品信息、健康和保健信息以及销售技巧等各方面的培训。

提出问题：

(1) 海王星辰的战略目标是什么？

(2) 海王星辰为了实现总体战略目标，选择了何种管理会计工具？

(3) 海王星辰为了实现总体战略目标，分别从哪些方面进行了业务布局？

带着这些问题，让我们进入本项目的学习。

任务一　战略管理认知

一、战略的定义

（一）战略的定义

"战略"一词源于希腊语 strategos，意为军事将领、地方行政长官，后来演变成军事术语，指军事将领指挥军队作战的谋略。在中国，战略一词历史久远，"战"指战争，略指"谋略""施诈"。春秋时期孙武的《孙子兵法》被认为是中国最早对战略进行全局筹划的著作。

20 世纪 60 年代，战略思想开始运用于商业领域。美国哈佛大学教授波特对战略的定义堪称公司战略传统定义的典型代表。他认为战略是公司为之奋斗的某些目标与公司为达到这些目标而寻求的途径的结合物。波特的定义概括了 20 世纪 60 年代和 70 年代对公司战略的普遍认识。它强调了公司战略的属性——计划性、全局性和长期性。加拿大学者明茨伯格在 1989 年提出，以计划为基点将企业战略视为理性计划的产物是不正确的，企业中许多成功战略是在事先无计划的情况下产生的。他将战略定义为"一系列或整套的决策或行动方式"，这套方式包括刻意安排（计划性）的战略和任何临时出现（非计划性）的战略。美国学者汤姆森 1998 年指出，战略既是预先性的（预谋战略），又是反应性的（适应性战略）。

我国《管理会计应用指引第 100 号——战略管理》指出，战略是企业从全局作出的长远性谋划。它既包括竞争战略，又包括营销战略、发展战略、品牌战略、融资战略、技术开发战略、人才开发战略、资源开发战略等。企业战略虽然有多种，但基本属性是相同的，都是对企业的谋略，都是对企业整体性、长期性、基本性问题的计谋。

（二）战略的层次

企业战略一般分为三个层次，包括选择可竞争的经营领域的总体战略、某经营领域具体竞争策略的业务单位战略和涉及各职能部门的职能战略。

1. 总体战略

总体战略又称公司战略，是企业最高层次的战略，是企业整体的战略总纲。在存在多个经营单位或多种经营业务的情况下，企业总体战略主要是指集团母公司或者公司总部的战略。总体战略的目标是确定企业未来一段时间的总体发展方向，协调企业下属的各个业务单位和职能部门之间的关系，合理配置企业资源，培育企业核心能力，实现企业总体目标。它主要强调两个方面的问题：一是"应该做什么业务"，即从公司全局出发，根据外部环境的变化及企业的内部条件，确定企业的使命与任务、产品与市场领域；二是"怎样管理这些业务"，即在企业不同的战略事业单位之间如何分配资源以及采取何种成长方向等，以实现公司整体的战略意图。

2. 业务单位战略

业务单位战略也称竞争战略。现代大型企业一般都同时从事多种经营业务，或者生产多种不同的产品，有若干个相对独立的产品或市场部门，这些部门即事业部或战略经营单位。由于各个业务部门的产品或服务不同，所面对的外部环境（特别是市场环境）也各不相同，企业能够对各项业务提供的资源支持也不同。因此，各部门在参与经营过程中所采取的战略也不尽相同，各经营单位有必要制定指导本部门产品或服务经营活动的战略，即业务单位战略。

业务单位战略是企业战略业务单元在公司战略的指导下，经营管理某一特定的战略业务单元的战略计划，具体指导和管理经营单位的重大决策和行动方案，是企业的一种局部战略，也是公司战略的子战略，它处于战略结构体系中的第二层次。业务单位战略着眼于企业中某一具体业务单元的市场和竞争状况，相对于总体战略有一定的独立性，同时又是企业战略体系的组成部分。业务单位战略主要回答在确定的经营业务领域内，企业如何展开经营活动；在一个具体的、可识别的市场上，企业如何构建持续优势等问题。其侧重点在于以下几个方面：贯彻使命、业务发展的机会和威胁分析、业务发展的内在条件分析、业务发展的总体目标和要求等。对于只经营一种业务的小企业，或者不从事多元化经营的大型组织，业务单位战略与公司战略是一回事。所涉及的决策问题是在既定的产品与市场领域，在什么样的基础上来开展业务，以取得顾客认可的经营优势。

3. 职能战略

职能战略是为贯彻、实施和支持公司战略与业务单位战略而在企业特定的职能管理领域制定的战略。职能战略主要回答某职能的相关部门如何卓有成效地开展工作的问题，重点是提高企业资源的利用效率，使企业资源的利用效率最大化。其内容比业务单位战略更为详细、具体，其作用是使总体战略与业务战略的内容得到具体落实，并使各项职能之间协调一致，通常包括营销战略、人事战略、财务战略、生产战略、研发战略等方面。

公司层战略倾向于总体价值取向，以抽象概念为基础，主要由企业高层管理者制定；业务层战略主要就本业务部门的某一具体业务进行战略规划，主要由业务部门领导层负责；职能层战略主要涉及具体执行和操作问题。

公司层战略、业务层战略与职能层战略一起构成了企业战略体系。在企业内部，企业战略管理各个层次之间是相互联系、相互配合的。企业每一层次的战略都为下一层次战略提供方向，并构成下一层次的战略环境；每层战略又为上一层战略目标的实现提供保障和支持。所以，企业要实现其总体战略目标，必须将三个层次的战略有效地结合起来。

二、战略管理的内涵

（一）战略管理的定义

1976 年，安索夫最初在其出版的《从战略规划到战略管理》一书中提出了"企业战略管理"的概念。他认为，企业的战略管理是指将企业的日常业务决策同长期计划决策相结合而形成的一系列经营管理业务。1982 年，斯坦纳在他出版的《企业政策与战略》一书中则认为，企业战略管理是确定企业使命，根据企业外部环境和内部经营要素确定企业目标，保证目标的正确落实并使企业使命最终得以实现的一个动态过程。

我国《管理会计应用指引第 100 号——战略管理》指出：战略管理，是指对企业全局的、长远的发展方向、目标、任务和政策，以及资源配置作出决策和管理的过程。

从这些表述中，我们可以看出，战略管理是指企业确定其使命，根据组织外部环境和内部条件设定企业的战略目标，为保证目标的正确落实和实现进行谋划，并依靠企业内部能力将这种谋划和决策付诸实施，以及在实施过程中进行控制的一个动态管理过程。

（二）战略管理的特点

战略管理具有如下特点：

1. 战略管理具有全局性

企业的战略管理是以企业的全局为对象，根据企业总体发展的需要而制定的。它所管理的是企业的总体活动，所追求的是企业的总体效果。虽然这种管理也包括企业的局部活动，但是这些局部活动是作为总体活动的有机组成在战略管理中出现的。具体地说，战略管理不是强调企业某一事业部或某一职能部门的重要性，而是通过制定企业的使命、目标和战略来协调企业各部门自身的表现，是它们对实现企业使命、目标、战略的贡献大小。这样也就使战略管理具有综合性和系统性的特点。

2. 战略管理的主体是企业的高层管理人员

由于战略决策涉及一个企业活动的各个方面，虽然它也需要企业上、下层管理者和全体员工的参与和支持，但企业的最高层管理人员介入战略决策是非常重要的。这不但是由于他们能够统揽企业全局，了解企业的全面情况，而且更重要的是他们具有对战略实施所需资源进行分配的权力。

3. 战略管理涉及企业大量资源的配置问题

企业的资源，包括人力资源、实体财产和资金，或者在企业内部进行调整，或者从企业外部来筹集。在任何一种情况下，战略决策都需要在相当长的一段时间内致力于一系列的活动，而实施这些活动需要有大量的资源作为保证。因此，这就需要为保证战略目标的实现，对企业的资源进行统筹规划、合理配置。

4. 战略管理从时间上来说具有长远性

战略管理中的战略决策是指对企业未来较长时期内，就企业如何生存和发展等进行统筹规划。虽然这种决策以企业外部环境和内部条件的当前情况为出发点，并且对企业当前的生产经营活动有指导、限制作用，但是这一切是为了更长远的发展，是长期发展的起步。从这一点上来说，战略管理也是面向未来的管理，战略决策要以经理人员所期望或预测将要发生的情况为基础。在迅速变化和竞争性的环境中，企业要取得成功必须对未来的变化采取预应性的态势，这就需要企业作出长期性的战略计划。

5. 战略管理需要考虑企业外部环境中的诸多因素

现今的企业都存在于一个开放的系统中，它们影响着这些因素，但更通常地是被这些不能由企业自身控制的因素所影响。因此在未来的竞争环境中，企业要使自己占据有利地位并取得竞争优势，就必须考虑与其相关的因素，这包括竞争者、顾客、资金供给者、政府等外部因素，以使企业的行为适应不断变化中的外部力量，企业能够继续生存下去。

（三）战略管理的原则

企业进行战略管理，一般遵循四项原则，如表2-1所示。

表2-1　　　　　　　　　　　　企业战略管理原则

原则名称	原则说明
目标可行原则	战略目标的设定，应具有一定的前瞻性和适当的挑战性，使战略目标通过一定的努力可以实现，并能够使长期目标与短期目标有效衔接
资源匹配原则	企业应根据各业务部门与战略目标的匹配程度进行资源配置
责任落实原则	企业应将战略目标落实到具体的责任中心和责任人，构成不同层级彼此相连的战略目标责任圈
协同管理原则	企业应以实现战略目标为核心，考虑不同责任中心业务目标之间的有效协同，加强各部门之间的协同管理，有效提高资源使用的效率和效果

（四）战略管理的工具

战略管理领域应用的管理会计工具方法，一般包括战略地图、价值链管理等。战略管理工具方法，可单独应用，也可综合应用，以加强战略管理的协同性。

1. 战略地图

战略地图由卡普兰和诺顿提出。战略地图的核心内容包括：企业通过运用人力资本、信息资本和组织资本等无形资产（学习与成长），创新和建立战略优势和效率（内部流程），进而使公司把特定价值带给市场（客户），从而实现股东价值（财务）。

2. 价值链管理

"价值链"这一概念由波特于1985年提出，每一个企业都是在设计、生产、销售、发送和辅助其产品的过程中进行种种活动的集合体。所有这些活动可以用一个价值链来呈现。企业的价值创造是通过一系列活动构成的，这些互不相同但又相互关联的生产经营活动，构成了一个创造价值的动态过程，即价值链。

价值链管理就是怎样将企业的生产、营销、财务、人力资源等方面有机地整合起来，做好计划、协调、监督和控制等各个环节的工作，使它们形成相互关联的整体，真正按照价值链的特征实施企业的业务流程，使得各个环节既相互关联，又具有处理资金流、物流和信息流的自组织和自适应能力，使企业的供、产、销形成一条珍珠般的价值链。

（五）战略管理的应用环境

1. 应关注企业内外部环境

企业应关注宏观环境（包括政治、经济、社会、文化、法律及技术等因素）、产业环境、竞争环境等对其影响长远的外部环境因素，尤其是可能发生重大变化的外部环境因素，确认企业所面临的机遇和挑战;同时应关注本身的历史及现行战略、资源、能力、核心竞争力等内部环境因素,确认企业具有的优势和劣势。

2. 应设置专门机构或部门

企业一般应设置专门机构或部门,牵头负责战略管理工作,并与其他业务部门、职能部门协同制定战略目标,做好战略实施的部门协调,保障战略目标得以实现。

3. 应建立健全科学的制度体系

企业应建立健全战略管理有关制度及配套的绩效激励制度等,形成科学有效的制度体系,切实调动员工的积极性,提升员工的执行力,推动企业战略的实施。

三、战略管理的应用程序

企业应用战略管理工具方法,一般按照战略分析、战略制定、战略实施、战略评价和控制、战略调整等程序进行,如图2-1所示。

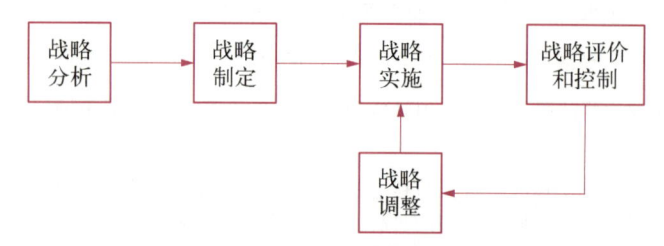

图2-1 战略管理的应用程序

(一)战略分析

战略分析包括外部环境分析、内部环境分析和态势分析。

1. 外部环境分析

外部环境分析可以从企业所面对的宏观环境、产业环境和市场需求状况几个方面展开。从公司战略角度分析企业的外部环境,是要把握环境的现状及变化趋势,利用有利于企业发展的机会,避开环境可能带来的威胁,这是企业谋求生存发展的首要问题。

(1)宏观环境分析。一般说来,宏观环境分析可以概括为以下四类,即:政治因素(political factors)、经济因素(economical factors)、社会因素(social factors)、技术因素(technological factors)。这四个因素英文的第一个字母组合起来是PEST,所以宏观环境分析也被称为PEST分析。

(2)产业环境分析。波特定义"一个产业是由一群生产相似替代品的公司组成的"。产业要经过四个阶段:导入期、成长期、成熟期和衰退期。当产业走过它的生命周期时,竞争性质会改变。并且波特认为,在每一个产业中都存在五种基本竞争力量,即现有竞争者的竞争能力、潜在竞争者进入的能力、替代品的替代能力、供应商的讨价还价能力和购买者的讨价还价能力。将五种竞争力量作为竞争主要来源形成的分析方法,就是波特五力分析法。

(3)竞争环境分析。竞争环境分析的重点集中在与企业直接竞争的每一个企业。竞争环境分析包括两个方面:一是从个别企业视角去观察分析竞争对手的实力;二是从产业竞争结构视角去观察分析企业所面对的竞争格局。

2. 内部环境分析

内部环境分析可以从企业的资源与能力、企业的核心竞争力等几个方面展开。通过内部环境分析，企业可以了解自身所处的相对地位，具有哪些资源以及战略能力。

（1）企业资源分析。企业资源是指企业所拥有或控制的有效因素的总和。企业资源分析的目的在于识别企业的资源状况、企业资源方面所表现出来的优势和劣势及其对未来战略目标制定和实施的影响。

（2）企业能力分析。企业能力是指配置资源，发挥其生产和竞争作用的能力，主要由研发能力、生产管理能力、营销能力、财务能力和组织管理能力等组成。企业能力来源于企业有形资源、无形资源和组织资源的整合，是企业各种资源有机组合的结果。

（3）业务组合分析。对于多元化经营的公司来说，还需要将企业的资源和能力作为一个整体来考虑。因此，公司战略能力分析的另一个重要部分就是对公司业务组合进行分析，保证业务组合的优化是公司战略管理的主要责任。波士顿矩阵分析就是公司业务组合分析的主要方法。

波士顿矩阵分析法，是指在坐标图上，以纵轴表示企业销售增长率，横轴表示市场占有率，将坐标图划分为四个象限，依次为"明星类产品""问题类产品""金牛类产品""瘦狗类产品"，如图 2-2 所示。明星类产品是指销售增长率和市场占有率"双高"的产品群；问题类产品是指销售增长率高、市场占有率低的产品群；瘦狗类产品是指销售增长率和市场占有率"双低"的产品群；金牛类产品是指销售增长率低、市场占有率高的产品群。波士顿矩阵分析法的目的在于通过产品所处不同象限的划分，使企业采取不同对策，以保证其不断地淘汰无发展前景的产品，保持"问题""明星""金牛"产品的合理组合，实现产品及资源分配结构的良性循环。

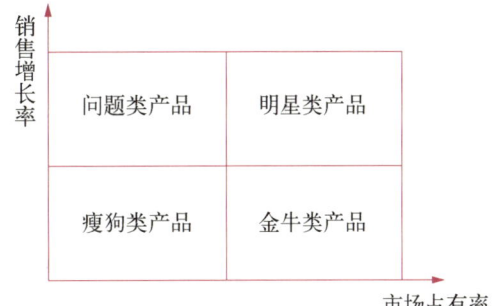

图 2-2 波士顿矩阵分析示意图

3. 态势分析

态势分析法是一种综合考虑企业内部条件和外部环境的各种因素，进行系统评价，从而选择最佳经营战略的方法。态势分析法也叫 SWOT 分析法，这里 S 是指企业内部的优势（strength），W 是指企业内部的劣势（weakness），O 是指企业外部环境的机会（opportunity），T 是指企业外部环境的威胁（threat）。SWOT 分析是将与研究对象密切相关的各种主要内部优势、劣势和外部的机会和威胁等，通过调查列举出来，并依照矩阵形式排列，然后用系统分析的思想，把各种因素相互匹配起来加以分析，从中得出相应结论。该结论通常带有一定的决策性，对制定相应的发展战略、计划以及对策起到支撑作用。按照态势分析法，战略目标应是一个企业"能够做的"（即企业的强项和弱项）和"可能做的"（即环境的机会和威胁）之间的有机组合。

工作实例 2-1

拼多多的战略分析

拼多多成立于 2015 年 9 月，是一家专注于 C2B（Customer to Business，即消费者到企

业)拼团的第三方社交电商平台。用户通过发起和朋友、家人、邻居等的拼团,可以以更低的价格,拼团购买优质商品,旨在凝聚更多人的力量,用更低的价格买到更好的东西,体会更多的实惠和乐趣。其中,通过沟通分享形成的社交理念,形成了拼多多独特的新社交电商思维。上线未满一年,拼多多的单日成交额即突破1 000万元,付费用户数突破2 000万人。值得注意的是,2016年拼多多的活跃用户数和交易笔数已经超过唯品会。这意味着,拼多多用不到一年的时间就走完了老牌电商三四年走的路。下面通过PEST分析、波特五力分析和SWOT分析,来探索拼多多"社交+电商"的经营模式。

1. 拼多多的宏观环境分析(PEST分析)

拼多多的宏观环境分析如表2-2所示。

表2-2　　　　　　　　　　　　　拼多多的宏观环境分析

因素	分析
P(政治)	政府在电商行业方面出台相关政策较少,给了其自由发展的空间
E(经济)	如今电商行业是符合互联网发展趋势的,是经济的巨大推车之一
S(社会)	社会对团购处于很容易接受的程度,有了美团、大众点评、聚划算等先例在前,消费者对团购抱有较多理性和热情
T(技术)	目前智能手机APP市场正是各种技术的集中领域,APP的开发和维护都有不同的服务企业。 团购技术也由美团、大众点评等企业完善了,因此可以说拼多多是在市场技术市场环境很好的情况下诞生的

2. 拼多多的产业环境分析(波特五力分析)

拼多多的产业环境分析如表2-3所示。

表2-3　　　　　　　　　　　　　拼多多的产业环境分析

因素	分析
现有竞争者的竞争能力	京东有"京东拼购"。尽管京东的企业背景和电商经验相对更加丰富,但它的团购只是基于京东整个APP下的功能之一,没有拼多多专业
潜在竞争者进入的能力	淘宝的聚划算下也可以推出类似的项目,并且依托于淘宝巨大的流量平台,会吸引更多的人
替代品的替代能力	美团、糯米等团购软件,它们的商业形式不同,拼多多与之相比,消费者的消费力度更加持久
供应商的讨价还价能力	供应商是拼多多自行寻找的有降价空间的生产商,对于大批的订单来说,供应商议价能力较弱
购买者的讨价还价能力	拼多多购买者的议价能力取决于他们的人数,由于相对透明的团购价格,相对的议价能力虽然受限,但较大

3. 拼多多的态势分析(SWOT分析)

拼多多的态势分析如表2-4所示。

表 2-4　　　　　　　　　　　　　拼多多的态势分析

因　素	分　析
S(优势)	传统的团购 APP 如美团、百度糯米、拉手网等号称低价且没有人数的限制,但是否真的低价,消费者也无从知晓。简单来说,就是一种长期的折扣销售。拼团买家人数达到一定的数量优势,卖家价格有足够吸引力,买家和卖家双向吸引,最终成交。 消费者为达到拼单人数,会形成一个自媒体,自觉帮助商家推广,形成一种病毒式传播,这种效果是传统团购所不具备的。 拼多多选择的入驻商家大部分是商品源头,开设有淘宝店的商家,这样可以取得价格上的最大优势。在购买界面引导用户分享,通过分享来完成拼团,在分享的过程中实现了平台的营销。 目前的拼多多依附于微信(社交)吸引上游卖家(低价),恰好具备这两点条件
W(劣势)	长久来看,拼团的购物模式并不符合用户的购买习惯,且增加了购物成本。 "微信(社交)+拼团(电商)"更适用于小金额高频次的商品交易。其商品多数为水果、干果、化妆品、日常生活的易耗品等。 拼团的商品也只适用于这一类商品,因为金额小所以更容易产生订单。 拼团最后很有可能走到已经将身边熟人都分享过之后无人配合的境地
O(机会)	开辟了团购的新形式,至少在这一领域它处于领先地位
T(威胁)	依托于微商这一平台,受限制较大。 经过一段时间流量高峰以后很难再进步。 商业模式极易模仿,尤其是一旦互联网巨头插手,它不得不受压制

(二) 战略制定

战略制定,是指企业根据确定的愿景、使命和环境分析情况,选择和设定战略目标的过程。企业可根据对整体目标的保障、对员工积极性的发挥以及企业各部门战略方案的协调等实际需要,选择自上而下、自下而上或上下结合的方法,制定战略目标。企业设定战略目标后,各部门需要结合企业战略目标设定本部门战略目标,并将其具体化为一套关键财务及非财务指标的预测值。为各关键指标设定的目标(预测)值,应与本企业的可利用资源相匹配,并有利于执行人积极有效地实现既定目标。

(三) 战略实施

战略实施,是指将企业的战略目标变成现实的管理过程,即"化战略为行动"。企业应加强战略管控,结合使用战略地图、价值链管理等多种管理会计工具方法,将战略实施的关键业务流程化,并落实到企业现有的业务流程中,确保企业高效率和高效益地实现战略目标。

(四) 战略评价和控制

战略评价和控制,是指企业在战略实施过程中,通过检测战略实施进展情况,评价战略执行效果,审视战略的科学性和有效性,不断调整战略举措,以达到预期目标。企业主要应从以下几个方面进行战略评价:战略是否适应企业的内外部环境;战略是否达到有效的资源配置;战略涉及的风险程度是否可以接受;战略实施的时间和进度是否恰当。

(五) 战略调整

战略调整,是指根据企业情况的发展变化和战略评价结果,与时俱进对所制定的战略及时进行调整,以保证战略有效指导企业经营管理活动。战略调整一般包括调整企业的愿景、长期发展方向、战略目标以及战略举措等。

任务二　绘制战略地图

一、战略地图的定义

战略地图,是指为描述企业各维度战略目标之间因果关系而绘制的可视化的战略因果关系图。战略地图通常以财务、客户、内部流程、学习与成长这四个维度为主要内容,通过分析各维度之间的相互关系,绘制战略因果关系图。

企业可根据自身情况对各维度的名称、内容等进行修改和调整。

企业应用战略地图工具方法,应注重通过战略地图的有关路径设计,有效使用有形资源和无形资源,高效实现价值创造;应通过战略地图实施将战略目标与执行有效绑定,引导各责任中心按照战略目标持续提升业绩,服务企业战略实施。

企业应用战略地图工具方法,一般按照战略地图设计和战略地图实施等程序进行。

二、战略地图的设计

企业设计战略地图,一般按照设定战略目标、确定业务改善路径、定位客户价值、确定内部业务流程优化主题、确定学习与成长主题、进行资源配置、绘制战略地图七个程序进行。

(一)设定战略目标

战略目标的设定,同时也是企业宗旨的展开和具体化,是企业宗旨中确认的企业经营目标、社会使命的进一步阐明和界定,也是企业在既定的战略经营领域展开战略经营活动所要达到的水平的具体规定。

战略目标实际上表现为战略期内的总任务,决定着战略重点的选择、战略阶段的划分和战略对策的制定。可以说,战略目标的确定是制定发展战略的核心。

(二)确定业务改善路径

企业应根据已设定的战略目标,对现有客户(服务对象)和可能的新客户以及新产品(新服务)进行深入分析,寻求业务改善和增长的最佳路径,提取业务和财务融合发展的战略主题。在财务维度,战略主题一般可划分为两个层次:第一层次一般包括生产率提升和营业收入增长等;第二层次一般包括创造成本优势、提高资产利用率、增加客户机会和提高客户价值等。业务维度的战略主题主要表现为增加客户体验、改善营销关系、提升品牌形象等。

(三)定位客户价值

企业应对现有客户进行分析,从产品(服务)质量、技术领先、售后服务和稳定标准等方面确定、调整客户价值定位。在客户价值定位维度,企业一般可设置客户体验、双赢营销关系、品牌形象提升等战略主题。

(四)确定内部业务流程优化主题

企业应首先根据业务提升路径和服务定位,梳理业务流程及其关键增值(提升服务形象)活动,分析行业关键成功要素和内部营运矩阵,再从内部业务流程的管理流程、创新流程、客户管理流程、遵循法规流程等角度确定战略主题,并将业务战略主题进行分类归纳,制定战略方案。

(五)确定学习与成长主题

企业应根据业务提升路径和服务定位,分析创新和人力资本等无形资源在价值创造中的作用,识别学习与成长维度的关键要素,并相应确立激励制度创新、信息系统创新和智力资本利用创新等战略主题,为财务、客户、内部业务流程维度的战略主题和关键业绩指标(key performance indicator,简称 KPI)提供有力支撑。

(六)进行资源配置

根据各维度战略主题,企业应分析其有形资源和无形资源的战略匹配度,对各主题进行战略资源配置。同时应关注企业人力资源、信息资源、组织资源等在资源配置中的定位和价值创造中的作用。

(七)绘制战略地图

企业可应用平衡计分卡的四维度划分绘制战略地图,以图形方式展示企业的战略目标及实现战略目标的关键路径。具体绘制程序如下:

1. 确立战略地图的总体主题

总体主题是对企业整体战略目标的描述,应清晰表达企业愿景和战略目标,并与财务维度的战略主题和 KPI 对接。

2. 根据企业的需要,确定四维度的名称

把确定的四维度战略主题对应画入各自战略地图内,每一个主题可以通过若干 KPI 进行描述。

3. 将各个战略主题和 KPI 用路径线链接,形成战略主题和 KPI 相连的战略地图

在绘制过程中,企业应将战略总目标(财务维度)、客户价值定位(客户维度)、内部业务流程主题(内部流程维度)和学习与成长维度与战略 KPI 链接,形成战略地图。

企业所属的各责任中心的战略主题、KPI 相应的战略举措、资源配置等信息一般无法全部绘制到一张图上,一般采用绘制对应关系表或另外绘制下一层级责任中心的战略地图等方式来展现其战略因果关系。

工作实例 2-2

ZL 医院的战略地图统计

ZL 医院是一家肿瘤专科医院,也是亚洲地区的一家肿瘤防治研究中心,在肿瘤预防诊断方面,尤其是综合治疗方面的研究在国内外享有较高的信誉和威望。近十年来,随着学科建设的发展,该院通过手术、化疗、放疗及生物治疗等综合治疗后病人的生存率逐年提高,因而全国各地慕名而来就诊、转诊和会诊病人明显增加。为进一步发挥医院临床医疗优势,方便病人的就医,确定治疗方案,提高医疗质量,缩短病人的就医时间,等等,肿瘤医院经批准成立了具有高级技术职称、临床经验丰富的专家教授出诊团队。医院根据使命与愿景并结合自身具体情况的 SWOT 分析,制定了提升肿瘤专科诊疗水平并最大化经济效益和社会效益的战略目标,并将战略目标从财务、客户、内部流程、学习与成长四个维度呈现出来。

1. 财务维度

医疗卫生事业是以提高人民群众健康水平为宗旨的社会公益性事业,不应以经济效益增加为目的,但从医院的长远发展来看,只有夯实医院的财务基础,不断开发新的经济增长点,开展医疗服务新项目,拓展医院服务领域,才能减轻患者负担,促使医院实现经济效益和社会效益最大化的战略目标。反映在财务方面,就是在确保医疗质量安全的前提下实现增加收入、减少支出和实现可持续发展这三个战略目标。

2. 客户维度

医院最主要的客户是来院就诊的患者,因此客户维度战略目标的设定应从患者的需求出发,以提高患者满意度和市场占有率作为医院的战略目标。通过对病种的详细分类,推出更有针对性的诊疗方案及护理方案,建立完善的农村医疗合作和医疗联合体县乡转诊机制,提高门诊业务量;扩大健康体检项目种类,以良好的体检质量和细心周到的检查服务吸引患者;完善远程网络诊疗业务水平,提高诊断与医疗水平、降低医疗开支、满足广大人民群众的保健需求;与中国红十字会、中国癌症基金会等社会福利机构合作,救助更多的重病患者,扩大医院的市场占有率,提高医院的社会影响力。另外,由于公立医院是政府举办的纳入财政预算管理的单位,因此优质高效地完成政府相关部门指令也应作为客户维度的战略目标。

3. 内部流程维度

内部流程维度涉及医院内部管理的方方面面,是与提供诊疗服务密切相关的医院内部各项管理工作,医院将实现经济效益和社会效益最大化的战略目标细化到内部流程维度,就是以提高运营效率和临床诊疗效率、降低运营风险为战略目标,着力做好内部流程优化再造。首先,要提高医院运营效率。医院应着重从提高资产利用效率、简化内部工作流程、及时催要医保返还款等方面提高运营效率;着力落实核心制度,创新质量管理工具,提高经常性医疗项目的标准化和同质化水平。其次,提高诊疗效率。规范临床诊疗操作流程,建设具有优势特色的科室,引进先进的治疗设备;组建医疗专科团队,开展高精尖的治疗方案,提高治愈效率,缩短住院天数。再次,降低运营风险。医院在进行大型设备、仪器、基建等项目投资前,应组织相关专家团队对投资项目进行可行性分析及论证,严禁对利用率低、收益差的项目投资,以提升医院投资的效益。最后,在医院经济运行过程中,应合理规划筹资、融资结构,完善业务审批流程,优化内部控制工作,加强内外部审计监管,降低医院的运营风险。

4. 学习与成长维度

医院战略目标细化落实到学习与成长维度,应设立增强医院向心力、提高职工专业技术水平、建立健全信息系统这三个战略目标。首先,增强医院向心力。医院应建立起具有自身特色并能够凝聚全院职工的医院文化,通过横幅、海报、宣传手册等丰富多彩的形式加以宣传。从改善职工工资待遇、工作环境和提供更好的职业发展前景等方面发力,提升全院职工的满意度。其次,提高职工专业技术水平。医院应建立一支专业型、研究型、综合型的医疗技术人才队伍,形成多层次各领域的人才培训体系,制定技术人员培训制度,不断提高职工的医疗技术水平,使职工不断更新知识、拓展技能,改进工作动机、态度和行为,使其适应新的要求,更好地胜任现在的工作或担任更高级别的职务;还应增加职工的专业培训数量和质量,大力推动职工研发医疗新技术、新科研项目,着力开展具有成熟科研平台且前景良好的科研项目,积极引进国内外高技术人才。最后,建立健全信息系统。医院应进一步提升医院信息系统、电子病历系统、医院资源计划等系统的功能,将上下层软件数据对接,建立起医院一体化信息共享平台,实现事前事中事后全过程管控,推动体制机制创新、提升医疗服务水平,从而实现医院的战略目标。在上述分析的基础上,绘制出该医院战略地图,如图2-3所示。

任务二　绘制战略地图

```
财务维度                    提升肿瘤专科诊疗水平
                        促进经济效益和社会效益最大化

                增加收入          减少支出          可持续发展

客户维度        提高市场占有率      提高患者满意度        完成政府指令

            打通医联  完善医保   美化院容，简化患者   完成政府  减免特困
            体患者转  农合报销   院貌，病 就诊办理    指定卫生  患者医疗
            诊通道   直通车    房诊室   流程       项目任务   费用

内部流程维度     提高运营效率        提高临床诊疗效率        降低运营风险
            ·提高资产利用效率      ·规范临床诊疗操作流程    ·大型投资项目可行性分析
            ·简化内部工作流程      ·建设优势特色科室       ·优化筹资融资结构
            ·及时催要医保返还款    ·配备先进的治疗设备      ·完善内部控制制度及流程

学习与成长维度    健全信息系统        提高专业技术水平        增强向心力
            ·提升系统功能        ·引进与培养高技术人才    ·建设具有特色的医院文化
            ·完善电子病历数据库    ·增加职工专业培训数量    ·提高职工满意度
            ·完善远程网络诊疗     ·大力开展新技术，新科技项目
```

图 2-3　ZL 医院战略地图

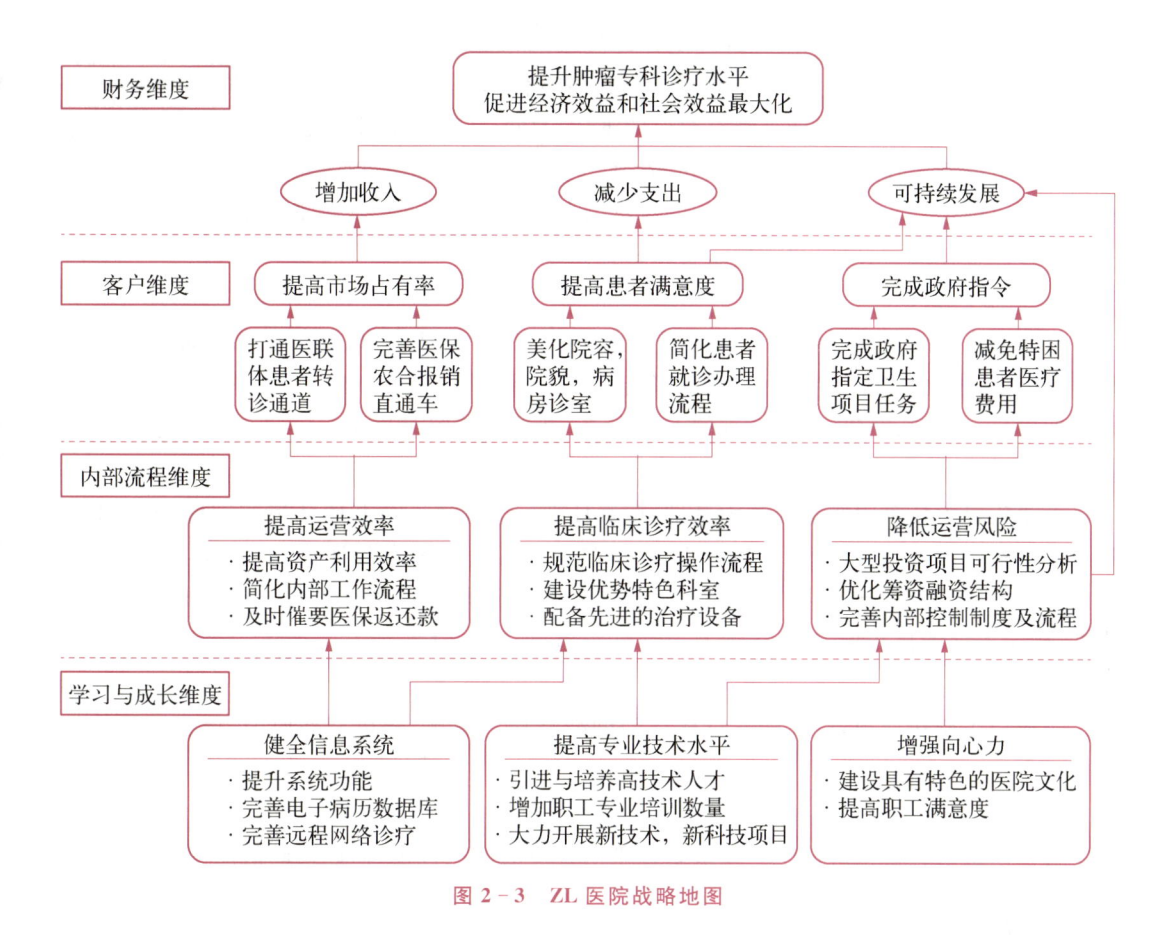

战略地图可以直观地将医院制定的战略目标展示给医院全体职工，强调职工在战略目标实施过程中的重要性，使每一位职工都能清楚地了解组织的发展战略，也更进一步了解自己所从事的工作对实现医院战略目标的作用。

三、战略地图的实施

战略地图实施，是指企业利用管理会计工具方法，确保企业实现既定战略目标的过程。战略地图实施一般按照战略 KPI 设计、战略 KPI 责任落实、战略执行、执行报告、持续改进、评价激励等程序进行，如图 2-4 所示。

```
战略KPI设计 → 战略KPI责任落实 → 战略执行 → 执行报告 → 持续改进 → 评价激励
```

图 2-4　战略地图的实施

（一）战略 KPI 设计

企业应用战略地图，应设计一套可以使各部门主管明确自身责任与战略目标相联系的考核指标，即进行战略 KPI 设计。

（二）战略 KPI 责任落实

企业应对战略 KPI 进行分解，落实责任并签订责任书。具体可按以下程序进行：

037

1. 将战略 KPI 分解为责任部门的 KPI

企业应从最高层开始,将战略 KPI 分解到各责任部门,再分解到部门内责任团队。每一个责任部门、责任团队或责任人都有对应的 KPI,且每一个 KPI 都能找到对应的具体战略举措。企业可编制责任表,描述 KPI 中的权、责、利和战略举措的对应关系,以便实施战略管控和形成相应的报告。每一个责任部门的负责人可根据上述责任表,将 KPI 在本部门进行进一步分解和责任落实,层层建立战略实施责任制度。

2. 签订责任书

企业应在分解明确各责任部门 KPI 的基础上,签订责任书,以督促各执行部门落实责任。责任书一般由企业领导班子(或董事会)与执行层的各部门签订。责任书应明确规定一定时期内(一般为一个年度)要实现的 KPI 任务、相应的战略举措及相应的奖惩机制。

(三)战略执行

企业应以责任书中所签任务为基础,按责任部门的具体人员和团队情况,对任务和 KPI 进一步进行分解,并制定相应的执行责任书,进行自我管控和自我评价。同时,以各部门责任书和职责分工为基础,确定不同执行过程的负责人及协调人,并按照设定的战略目标实现日期,确定不同的执行指引表,采取有效战略举措,保障 KPI 实现。

(四)执行报告

企业应编制执行报告,反映各责任部门的战略执行情况,分析偏差原因,提出具体管控措施。

1. 提交

每一层级责任部门应向上一层级责任部门提交战略执行报告,以反映战略执行情况,制定下一步战略实施举措。

2. 战略执行报告一般可分为三个层级

(1)战略层(如董事会)报告,包括战略总体目标的完成情况和原因分析。
(2)经营层报告,包括责任人的战略执行方案中相关指标的执行情况和原因分析。
(3)业务层报告,包括战略执行方案下具体任务的完成情况和原因分析。

3. 纠偏

企业应根据战略执行报告,分析责任人战略执行情况与既定目标是否存在偏差,并对偏差进行原因分析,形成纠偏建议,作为责任人绩效评价的重要依据。

(五)持续改进

企业应在对战略执行情况进行分析的基础上,进行持续改进,不断提升战略管控水平。

1. 与既定目标相比,发现问题并进行改善

企业应根据战略执行报告,将战略执行情况与管控目标进行比对,分析偏差,及时发现问题,提出解决问题的具体措施和改善方案,并采取必要措施。

企业在进行偏差分析时,一般应关注以下问题:
(1)所产生的偏差是否为临时性波动。
(2)战略 KPI 分解与执行是否有误。
(3)外部环境是否发生重大变化,从而导致原定战略目标脱离实际情况。

企业应在分析这些问题的基础上,找出发生偏差的根源,及时进行纠正。

2. 达成既定目标时，考虑如何提升

达成战略地图上所列的战略目标时，企业一般可考虑适当增加执行难度，提升目标水平，按持续改善的策略与方法进入新的循环。

（六）评价激励

企业应按照《管理会计应用指引第 100 号——战略管理》中对战略评价的有关要求，进行战略实施情况的评价，并按照《管理会计应用指引第 600 号——绩效管理》的有关要求进行激励，引导责任人自觉地、持续地积极工作，有效利用企业资源，提高企业绩效，实现企业战略目标。

四、战略地图的优缺点

主要优点：能够将企业的战略目标清晰化、可视化，并与战略的关键绩效指标和战略举措建立明确联系，为企业战略实施提供了有力的可视化工具。

主要缺点：需要多维度、多部门的协调，实施成本高，并且需要与战略管控相融合，才能真正实现战略实施。

战略地图的设计与实施堪称"业财融合"的典范，需要企业各个责任中心的通力合作。企业在实施战略地图时务必充分评估战略地图的利弊。

课程思政案例 2
提高格局，放眼世界，展望未来

习 题 与 实 训

任务一　战略管理认知

一、判断题

1. 战略一词源于军事。（   ）
2. 战略是企业从全局考虑作出的长远性谋划。（   ）
3. 公司战略的制定者主要是董事长或者首席执行官。（   ）
4. 公司战略管理的起点是战略分析。（   ）
5. 公司战略的实施过程是在企业中层管理者的监督和指导下，由基层管理人员组织实施的。（   ）
6. 战略管理是一个包括方向选择、目标制定、战略制定以及战略落实和战略评价等在内的动态系统。（   ）
7. 分析环境的目的在于发现机会与威胁。（   ）
8. 可行性原则只要求长期目标与短期目标的有效衔接即可。（   ）
9. 在协同性原则下，需要管理者在考虑不同责任者具体目标之间有效协同的基础上，加强各部门之间的协同管理，有效提高资源使用的效率和效果。（   ）
10. 企业战略管理涉及企业大量资源的配置问题。（   ）

二、单项选择题

1. 战略是指从（   ）考虑作出的长远性谋划。
   A. 局部　　　　　　B. 全局　　　　　　C. 静态　　　　　　D. 动态
2. 战略管理，是指对企业全局的、长远的发展方向、目标任务和政策，以及（   ）作出决

策和管理的过程。
　　A. 人事管理　　　　B. 财务管理　　　　C. 资源配置　　　　D. 外部环境
3. 业务单位战略又称为(　　　)。
　　A. 总体战略　　　　B. 蓝海战略　　　　C. 红海战略　　　　D. 竞争战略
4. 按照波士顿矩阵分析法,应该予以淘汰的产品是(　　　)。
　　A. 明星类产品　　　B. 问题类产品　　　C. 瘦狗类产品　　　D. 金牛类产品
5. 战略管理的资源匹配原则要求企业应根据(　　　)的匹配程度进行资源配置。
　　A. 各业务部门之间　　　　　　　　　B. 各职能部门之间
　　C. 各业务部门与战略目标　　　　　　D. 各职能部门与战略目标
6. 企业根据确定的愿景、使命和环境情况,选择和设定战略目标的过程称为(　　　)。
　　A. 战略实施　　　　B. 战略调整　　　　C. 战略制定　　　　D. 战略评价和控制
7. 战略管理的协同管理原则要求企业应以(　　　)为核心。
　　A. 实现战略目标　　B. 制定战略目标　　C. 分析战略目标　　D. 调整战略目标
8. 下列各项中,属于战略实施层面内容的是(　　　)。
　　A. 分解战略目标　　B. 环境分析　　　　C. 纠正偏差　　　　D. 战略管控
9. 下列关于战略资源匹配性的说法中,正确的是(　　　)。
　　A. 有充足的资源　　　　　　　　　　B. 需对资源统筹规划
　　C. 与各业务匹配　　　　　　　　　　D. ABC 均正确
10. 通过分析企业的外部因素可以确定企业面临的(　　　)。
　　A. 机会与优势　　　B. 优势与劣势　　　C. 机会与威胁　　　D. 威胁与劣势

三、多项选择题

1. 企业战略一般遵守的原则有(　　　)。
　　A. 目标可行原则　　B. 资源匹配原则　　C. 责任落实原则　　D. 协同管理原则
2. 利用 SWOT 分析,可以分析企业内部环境的(　　　)。
　　A. 劣势　　　　　　B. 机会　　　　　　C. 威胁　　　　　　D. 优势
3. 战略调整一般包括(　　　)。
　　A. 企业愿景　　　　B. 长期发展方向　　C. 战略目标　　　　D. 战略举措
4. 企业战略的三个层次一般包括(　　　)。
　　A. 总体战略　　　　B. 竞争战略　　　　C. 蓝海战略　　　　D. 职能战略
5. 战略管理领域应用的管理会计工具方法一般包括(　　　)。
　　A. 全面预算　　　　B. 战略地图　　　　C. 战略目标　　　　D. 价值链管理
6. 下列各项中,属于战略管理特点的有(　　　)。
　　A. 管理对象和效果的全局性　　　　　B. 管理主体的特定性
　　C. 资源的充足性　　　　　　　　　　D. 时间的长远性
7. 明确的战略有助于企业(　　　)。
　　A. 节约成本　　　　B. 更好地定位自身　　C. 设置目标　　　D. 资源配置决策
8. 下列各项中,不属于战略管理原则的有(　　　)。
　　A. 精简流程　　　　B. 资源匹配　　　　C. 强化管控　　　　D. 协同管理
9. 下列各项中,属于战略制定方法的有(　　　)。

A. 自上而下　　　　　　　　　　B. 自下而上
C. 上下结合　　　　　　　　　　D. 高层管理者直接制定

10. 战略评价的具体内容主要包括（　　）。

A. 战略是否适应企业内外部环境　　B. 战略是否达到有效的资源配置
C. 战略涉及的风险程度是否可以接受　D. 战略实施的时间和进度是否恰当

四、实训题

（一）实训目的

通过案例分析，熟悉SWOT分析的运用。

（二）实训资料

中国消费市场潜力巨大，世界各大珠宝品牌都觊觎中国庞大的消费市场。全球最大的钻石经销商戴比尔斯，有150多年历史的法国著名珠宝钟表巨头卡地亚，大溪地珍珠国际宣传协会以及中国香港知名珠宝首饰品牌周大福、谢瑞麟等，国际国内众多的珠宝巨头均已进入北京国际珠宝城。珠宝城内参与经营的企业主要有三大类企业：外资和港资企业、内地国企或上市公司、民营企业。

它们的基本特点和状况如下：

外资和港资企业通常具有雄厚的经济实力，拥有宝石资源，具备开拓的国际视野，并且有一套规范的运作流程，但对国内的文化和制度不熟悉，运营成本相对较高。内地国企和上市公司经济实力雄厚，有一定规模的销售网络、技术积累和人才优势，但体制不灵活，缺少激励，正处于痛苦的转型阶段，竞争压力大，分化严重。民营企业的显著特点是适应性强，经营灵活多变，家族经营具有强大的凝聚力，营销手段灵活，整体实力不断增强，但还处于单打独斗阶段，个体实力单薄，方向感不强，管理混乱，机会丛生却力不从心，处于蓄势待发的状态。这些企业可以分为原料厂商和奢侈品厂商。珠宝产业的原材料如贵金属、宝石（钻石、翡翠、红蓝宝石等）都是稀有资源，原料厂商是资源的拥有者或垄断者，为了获得更多的利润空间，有向产业下端延伸的强烈动机。珠宝消费是一种奢侈品消费，奢侈品厂商在其他奢侈品行业建立了强大的品牌后，都会向珠宝产业发展，来扩大品牌的产品线。珠宝行业整体机遇大于风险，从超速发展向波动性发展过渡，从区域性、行业性垄断向市场化竞争过渡。

LD珠宝公司在1996年成立，是国内最具时尚和设计价值的珠宝首饰企业之一，是集设计、研发、生产及销售为一体的股份制企业。公司主要从事珠宝首饰的品牌运营管理和产品设计、研发、生产及销售，主要产品为珠宝、钻石、铂及铂镶嵌饰品、黄金及黄金镶嵌饰品、工艺美术品、收藏品等。LD珠宝公司秉承"时尚弄潮，奢华近人"的理念，以"打造中高端时尚消费"为中长期战略目标，旗下拥有时尚、传统两大系列产品。近期，公司准备进驻北京市场。通过对内外部环境的分析，LD珠宝公司得到以下对自身的评价：

A. 周大福等知名品牌在珠宝城经营已久，有较高的知名度和信誉度。

B. 北京是政治经济文化中心，行业地位显著。

C. 地理位置优越，有广阔的市场。

D. 由于地理、文化等因素，消费者对于珠宝替代品的青睐程度有上升趋势。

E. 员工缺乏企业认同感和责任心，员工容易抱怨，无法为企业发展提供动力。

F. 公司管理体制不够完善，缺乏能够贯彻落实的、强有力的管理制度。

G. 市场竞争激烈，缺乏领军的民族企业。

H. 行业信誉好,有畅通的融资渠道,为珠宝销售提供强有力的保障。
I. 商品的价格相对低于市场价格。
J. 北京市消费者对于奢侈品消费需求高,市场潜力巨大。
K. 作为北京珠宝城新加入的企业,其他区域名牌在北京的品牌知名度不够。
L. 公司机构庞大臃肿,致使运营成本过高。

(三) 实训要求

根据 LD 珠宝公司对自己的评价,用 SWOT 分析法将资料中的 A—L 填入表 2-5 中。

表 2-5　　　　　　　　　　　SWOT 分析表

项　目	序　号
优势(S)	
劣势(W)	
机会(O)	
威胁(T)	

任务二　绘制战略地图

一、判断题

1. 战略地图,是指为描述企业各维度战略目标之间因果关系而绘制的可视化战略因果关系图。(　　)
2. 战略地图通常以财务、员工、内部业务流程、学习与成长四个维度为主要内容,通过分析各维度的相互关系来绘制。(　　)
3. 企业管理部门通常采取自上而下、自下而上或上下结合的方法,制定企业层的战略目标。(　　)
4. 业务维度的战略主题主要表现为增加客户机会、提高顾客价值等。(　　)
5. 企业可应用平衡计分卡的四个维度划分战略地图。(　　)

二、单项选择题

1. 下列各项中,不属于战略地图的四个维度的是(　　)。
   A. 客户　　　　B. 财务　　　　C. 员工　　　　D. 学习与成长
2. 在确定战略地图总体主题时,应清晰表达(　　),与财务维度的战略主题和 KPI 对接。
   A. 企业愿景和战略目标　　　　B. 企业愿景和企业使命
   C. 企业愿景和企业使命　　　　D. 企业愿景和企业目的
3. 属于战略地图最底层,主要反映企业无形资产整合性的维度是(　　)维度。
   A. 财务　　　　B. 客户　　　　C. 内部流程　　　　D. 学习与成长
4. 企业应根据已设定的战略目标,对客户进行深入分析,寻求业务改善和增长的最佳路径,提取(　　)融合发展的战略主题。
   A. 机会与优势　　　　B. 业务与财务
   C. 战略管理与战略地图　　　　D. 企业价值与客户价值

5. 下列各项中,属于战略地图设计首要环节的是( )。
   A. 确定业务改进路径   B. 确定客户价值
   C. 设定战略目标   D. 确定内部业务流程
6. 将战略 KPI 分解为责任部门的 KPI,企业应从( )开始。
   A. 最低层   B. 最高层   C. 中间层   D. 以上都不对
7. 下列各项中,不属于客户维度战略主题的是( )。
   A. 增强客户体验   B. 双赢营销关系   C. 增加营业收入   D. 提升品牌形象
8. 分解 KPI 时,领导层与执行层签订的责任书要明确的责任时期一般为( )。
   A. 一个月   B. 一个季度   C. 半年   D. 一个年度
9. 下列各项中,属于学习与成长维度战略主题的是( )。
   A. 营业收入增长   B. 品牌形象提升
   C. 遵循法规和社会责任流程   D. 信息系统创新
10. 下列各项中,属于内部业务流程维度战略主题的是( )。
    A. 生产率提升   B. 品牌形象提升
    C. 营运管理流程更新   D. 激励制度创新

三、多项选择题

1. 下列各项中,属于战略地图维度的有( )。
   A. 财务   B. 客户   C. 内部业务流程   D. 学习与成长
2. 下列各项中,可以作为客户维度战略主题的有( )。
   A. 增强客户体验   B. 改善营销关系   C. 提升品牌形象   D. 提高资本回报率
3. 下列各项中,属于业务层面战略主题的有( )。
   A. 经营管理   B. 业务创新   C. 客户管理   D. 社会责任
4. 在财务维度,战略主题划分的第一层次一般包括( )。
   A. 生产率提升   B. 提高资产利用率   C. 创造成本优势   D. 营业收入增长
5. 在财务维度,战略主题划分的第二层次一般包括( )。
   A. 生产率提高   B. 提高资产利润率
   C. 创造成本优势   D. 营业收入增长
6. 战略执行报告一般可分为( )。
   A. 执行层报告   B. 战略层报告   C. 经营层报告   D. 业务层报告
7. 企业设计战略地图,一般按照设定战略目标、( )、进行资源配置、绘制战略地图等程序进行。
   A. 确定业务改善路径   B. 定位客户价值
   C. 确定内部业务流程优化主题 D. 确定学习与成长主题
8. 在资源配置环节,企业应关注( )。
   A. 人、财、物资源   B. 服务定位
   C. 客户定位   D. 价值创造中的作用
9. 根据各维度战略主题,企业应分析其( )的战略匹配度,对各主题进行战略资源配置。
   A. 有形资源   B. 无形资源   C. 人力资源   D. 信息资源

10. 战略地图的主要优点有（　　　　）。

A. 将企业的战略目标清晰化、可视化

B. 需要多维度、多部门的协调

C. 与战略 KPI 和战略举措建立明确联系

D. 为企业战略实施提供了有力的可视化工具

战略管理
在线测试

项目三 预算管理

知识学习目标

- 熟悉预算管理的含义、原则、工具方法、应用环境等基本知识；
- 掌握预算的类型及编制的方法；
- 认识预算管理的重要意义和作用。

能力学习目标

- 通过学习预算管理基本知识，充分认识预算管理的重要作用；
- 通过学习预算管理基本知识，能基本胜任预算管理机构设置和体系构建的工作；
- 通过学习预算的编制，能正确地收集资料并科学地编制预算。

工作任务

- 预算管理认知；
- 预算编制方法认知；
- 全面预算编制。

项目引例

宝钢实施全面预算管理

上海宝钢集团公司（以下简称"宝钢"）是经国务院批准的国家授权投资机构和国家控股公司。宝钢立足钢铁主业，坚持精品战略，发展拳头产品和著名品牌，在汽车、石油钢管、造船钢板、不锈钢、民用建筑用钢和电磁钢六大类产品上形成大规模、高档次的基地，成为我国钢铁行业新工艺、新技术及新材料开发的重要基地。

宝钢一、二期工程全面建成后，为适应计划经济向市场经济的转轨、提升企业市场竞争能力，迫切需要建立与市场经济相适应的经营管理体制。宝钢于1993年开始进行"全面预算管理"这一全新经营管理体制的探索。

宝钢从全面预算推行至今经历了三个阶段：1993—1994年是宝钢预算管理体系的初步形成阶段。公司设置了经营预算管理部门，并编制了第一年度预算。1994—2002年为其预算管理的规范完善阶段，这一阶段通过完善相关预算管理制度和预算管理技术，推出了月度执行预算，形成了规范的预算管理模式。2002年以后，公司预算管理在原有基础上进一步深化发展，以六年经营规划为指导，进行季度滚动预算，以每股盈余作为预算编制的起点，强调资本预算管理，逐步完善预算信息化平台。至此,宝钢形成了以战略目标、经营规划为导向,以年度预算为控制目标,以滚动执行预算为控制手段,覆盖宝钢生产、销售、投资、研发的全面预算管理体系。

提出问题:

(1) 预算的含义和作用是什么?

(2) 预算管理涉及哪些内容?

(3) 预算编制有哪些方法?

(4) 如何编制全面预算?

带着这些问题,让我们进入本项目的学习。

任务一 预算管理认知

一、预算管理的含义

预算管理,是指企业以战略目标为导向,通过对未来一定期间内的经营活动和相应的财务结果进行全面预测和筹划,科学、合理地配置企业各项财务和非财务资源,并对执行过程进行监督和分析,对执行结果进行评价和反馈,指导经营活动的改善和调整,进而推动企业战略目标实现的管理活动。

通过预算管理领域与管理会计其他领域应用的管理会计工具方法的整合,预算管理将发挥巨大的作用,有效提升企业的经营管理水平和经营业绩效益。

(一) 预算管理与战略目标

企业通过整合预算与战略管理领域的管理会计工具方法,强化预算对战略目标的承接分解,对企业战略目标的实现提供有力的保障。

(二) 预算管理与战略执行

企业通过整合预算与成本管理、风险管理领域的管理会计工具方法,强化预算对战略执行的过程控制,有利于企业战略执行得到有效的贯彻落实。

(三) 预算管理与经营过程

企业通过整合预算与营运管理领域的管理会计工具方法,强化预算对生产经营的过程监控,及时把握预算目标实现的进度,对经营决策的执行与调整提供有效的支撑。

(四) 预算管理与绩效考评

企业通过整合预算与绩效管理领域的管理会计工具方法,强化预算对战略目标的标杆引导,依据预算完成情况,考评业绩、查找差距、分析原因、解决问题,从而引导和促使各预算责任主体聚焦战略、专注执行、达成绩效。

二、预算管理的内容

预算管理的内容主要包括经营预算、专门决策预算和财务预算。

(一) 经营预算

经营预算,也称业务预算,是指与企业日常业务直接相关的一系列预算,包括销售预算、生产预算、采购预算、费用预算、人力资源预算等。

(二) 专门决策预算

专门决策预算,是指企业重大的或不经常发生的、需要根据特定决策编制的预算,包括投融资决策预算等。

(三) 财务预算

财务预算,是指与企业资金收支、财务状况或经营成果等有关的预算,包括资金预算、预计资产负债表、预计利润表等。

三、预算管理的原则

企业进行预算管理,一般应遵循以下原则。

(一) 战略导向原则

预算管理应围绕企业的战略目标和业务计划有序开展,引导各预算责任主体聚焦战略、专注执行、达成绩效。

(二) 过程控制原则

预算管理应通过及时监控、分析等,把握预算目标实现的进度并实施有效的评价,对企业经营决策提供有效支撑。

(三) 融合性原则

预算管理应以业务为先导、以财务为协同,将预算管理嵌入企业经营管理活动的各个领域、层次、环节。

(四) 平衡管理原则

预算管理应平衡长期目标与短期目标、整体利益与局部利益、收入与支出、结果与动因等关系,促进企业可持续发展。

(五) 权变性原则

预算管理应注意刚性与柔性相结合,既强调预算对经营管理的刚性约束,又可根据内外环境的重大变化调整预算,并针对例外事项进行特殊处理。

四、预算管理的应用环境

企业实施预算管理的基础环境包括战略目标、业务计划、组织架构、内部管理制度、信息系统等。企业应按照战略目标,确立预算管理的方向、重点和目标。企业应将战略目标和业务计划具体化、数量化作为预算目标,促进战略目标落地。为了保障预算目标的达成,预算管理各环节应协调衔接、畅通高效。为此,企业可设置专门的组织机构,监督、执行预算管理工作。

健全企业预算组织领导与运行体制,是为了防止预算管理松散、随意。预算编制、执行、考核等各环节流于形式,是预算管理的作用得不到有效发挥的关键。企业应当加强预算工作的组织领导,明确预算管理体制以及各预算执行单位的职责权限、授权批准程序和工作协调机制。企业在构建预算管理体制、设置预算管理机构时,应遵循合法科学、高效有力、经济适度、全面系统、权责明确等基本原则,一般应具备预算管理决策机构、预算管理工作机构和预算执行单位三个层次的基本架构。

(一) 预算管理决策机构

企业应当设立预算管理委员会,作为专门履行预算管理职责的决策机构。预算管理委员会成员由企业负责人及内部的相关部门负责人组成,总会计师或分管会计工作的负责人应当协助企业负责人负责企业预算管理工作的组织领导。具体而言,预算管理委员会一般由企业负责人(董事长或总经理)任主任,总会计师(或财务总监、分管财会工作的副总经理)任副主任,其成员一般还包括各副总经理、主要职能部门(财务、战略发展、生产、销售、投资、人力资源等部门)负责人和分(子)公司负责人等。

预算管理委员会的主要职责一般包括:

(1) 制定颁布企业全面预算管理制度,包括预算管理的政策、措施、办法、要求等。

(2) 根据企业战略规划和年度经营目标,拟定预算目标,并确定预算目标分解方案、预算编制方法和程序。

(3) 组织编制、综合平衡预算草案。

(4) 下达经批准的正式年度预算。

(5) 协调解决预算编制和执行中的重大问题。

(6) 审议预算调整方案,依据授权进行审批。

(7) 审议预算考核和奖惩方案。

(8) 对企业全面预算总的执行情况进行考核。

(9) 其他全面预算管理事宜。

(二) 预算管理工作机构

由于预算管理委员会一般为非常设机构,企业应当在该委员会下设立预算管理工作机构,由其履行预算管理委员会的日常管理职责。预算管理工作机构一般设在财会部门,其主任一般由总会计师(或财务总监、分管财会工作的副总经理)兼任,工作人员除了财务部门人员外,还应有计划、人力资源、生产、销售、研发等业务部门人员参加。

预算管理工作机构的主要职责一般包括:

(1) 拟订企业各项全面预算管理制度,并负责检查落实预算管理制度的执行。

(2) 拟定年度预算总目标分解方案及有关预算编制程序、方法的草案,报预算管理委员会审定。

(3) 组织和指导各级预算单位开展预算编制工作。

(4) 预审各预算单位的预算初稿,进行综合平衡,并提出修改意见和建议。

(5) 汇总编制企业全面预算草案,提交预算管理委员会审查。

(6) 跟踪、监控企业预算执行情况。

(7) 定期汇总、分析各预算单位预算执行情况,并向预算管理委员会提交预算执行分析报告,为委员会进一步采取行动拟定建议方案。

(8) 接受各预算单位的预算调整申请,根据企业预算管理制度进行审查,集中制订年度预算调整方案,报预算管理委员会审议。

(9) 协调解决企业预算编制和执行中的有关问题。

(10) 提出预算考核和奖惩方案,报预算管理委员会审议。

(11) 组织开展对企业二级预算执行单位[企业内部各职能部门、所属分(子)公司等,下同]预算执行情况的考核,提出考核结果和奖惩建议,报预算管理委员会审议。

(12) 预算管理委员会授权的其他工作。

(三) 预算执行单位

预算执行单位是指根据其在企业预算总目标实现过程中的作用和职责划分的,承担一定经济责任,并享有相应权利的企业内部单位,包括企业内部各职能部门、所属分(子)公司等。企业内部预算责任单位的划分应当遵循分级分层、权责利相结合、责任可控、目标一致的原则,并与企业的组织机构设置相适应。根据权责范围,企业内部预算责任单位可以分为投资中心、利润中心、成本中心、费用中心和收入中心。预算执行单位在预算管理部门(指预算管理委员会及其工作机构,下同)的指导下,组织开展本部门或本公司全面预算的编制工作,严格执行批准下达的预算。

各预算执行单位的主要职责一般包括:
(1)提供编制预算的各项基础资料。
(2)负责本单位全面预算的编制和上报工作。
(3)将本单位预算指标层层分解,落实至各部门、各环节和各岗位。
(4)严格执行经批准的预算,监督检查本单位预算执行情况。
(5)及时分析、报告本单位的预算执行情况,解决预算执行中的问题。
(6)根据内外部环境变化及企业预算管理制度,提出预算调整申请。
(7)组织实施本单位内部的预算考核和奖惩工作。
(8)配合预算管理部门做好企业总预算的综合平衡、执行监控、考核奖惩等工作。
(9)执行预算管理部门下达的其他预算管理任务。

各预算执行单位负责人应当对本单位预算的执行结果负责。

企业全面预算管理组织体系的基本架构如图3-1所示。

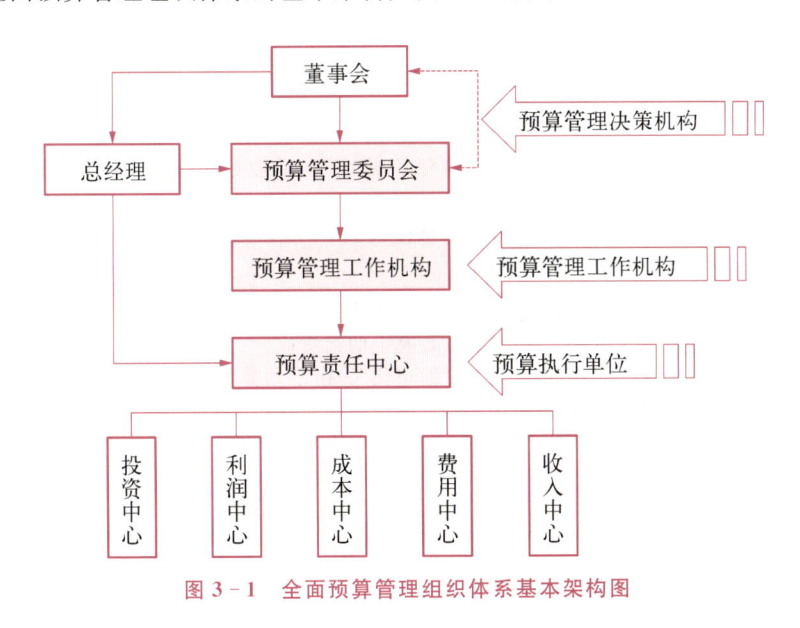

图3-1 全面预算管理组织体系基本架构图

任务二 预算编制方法

一、预算编制要求

企业应建立和完善预算编制的工作制度,明确预算编制依据、编制内容、编制程序和编制方法,确保预算编制依据合理、内容全面、程序规范、方法科学,确保形成各层级广泛接受的、符合业务假设的、可实现的预算控制目标。

二、预算管理工具方法

预算管理领域应用的管理会计工具方法,一般包括零基预算、弹性预算、滚动预算、作业预算等。

企业可根据其战略目标、业务特点和管理需要,结合不同工具方法的特征及适用范围,选择恰当的工具方法综合运用。

(一) 增量预算和零基预算

按预算编制的基础不同,有增量预算和零基预算之分。

1. 增量预算

(1) 增量预算的概念。增量预算,是指以历史期实际经济活动及其预算为基础,结合预算期经济活动及相关影响因素的变动情况,通过调整历史期经济活动项目及金额形成预算的预算编制方法。

(2) 增量预算方法的假定。增量预算方法源于以下假定:① 企业现有的业务活动是合理、必需的,不需要进行调整;② 企业现有各项业务的开支水平是合理的,在预算期予以保持;③ 以现有的业务活动和各项活动的开支水平,确定预算期内各项活动的预算数。

(3) 增量预算的优缺点。增量预算的优缺点如表 3-1 所示。

表 3-1　　　　　　　　　　　增量预算的优缺点

项　目	主　要　内　容
主要优点	① 预算编制工作量较少,可以避免各项生产经营业务和日常各级各部门的各项管理工作产生剧烈的波动; ② 预算是稳定和上升的,容易实现协调预算,管理难度小; ③ 系统相对容易操作和理解
主要缺点	① 可能导致保护落后,造成浪费。由于该方法对原有项目不需要进行调整,使原来不合理的费用支出继续存在,导致预算上的浪费; ② 滋长预算中的"平均主义"和"简单化"。由于预算只增不减,不利于调动各部门降低费用的积极性,产生争预算搞大锅饭的问题; ③ 对创新创造预算不予考虑,不利于企业未来的发展

工作实例 3-1　某加油站人员包括站长、加油员、计量员、核算员和后勤员。加油站 2020 年编制职工薪酬预算,其职工薪酬支出按照固定工资加奖金提成计算,具体人员编制和职工薪酬增量预算编制如表 3-2 所示。

表 3-2　　　　　　　　　　　人员编制及薪酬预算表

项　目	编制数量	2019 年人工薪酬实际数/元	2020 年人工薪酬预算数/元	涨幅说明
站　长	1	100 000	104 000	每年共计上涨 4 000 元
加油员	6	400 000	420 000	每年共计上涨 20 000 元

续　表

项　目	编制数量	2019年人工薪酬实际数/元	2020年人工薪酬预算数/元	涨幅说明
计量员	1	70 000	73 000	每年共计上涨3 000元
核算员	1	60 000	62 500	每年共计上涨2 500元
后勤员	1	50 000	52 500	每年共计上涨2 500元
合　计	10	680 000	712 000	每年合计上涨32 000元

2. 零基预算

（1）零基预算的概念。零基预算是相对于增量预算的一种预算编制方法。零基预算，是指企业不以历史期经济活动及其预算为基础，以零为起点，从实际需要出发分析预算期经济活动的合理性，经综合平衡，形成预算的预算编制方法。

（2）零基预算的应用程序。企业应用零基预算工具方法编制预算，一般按照明确预算编制标准、制定业务计划、编制预算草案、审定预算方案等程序进行。

首先，企业应搜集和分析对标单位、行业等外部信息，结合内部管理需要形成企业各预算项目的编制标准，并在预算管理过程中根据实际情况不断分析评价、修订完善预算编制标准。

其次，预算编制责任部门应依据企业战略、年度经营目标和内外环境变化等安排预算期经济活动，在分析预算期各项经济活动合理性的基础上制定详细、具体的业务计划，作为预算编制的基础。

再次，预算编制责任部门应以相关业务计划为基础，根据预算编制标准编制本部门相关预算项目，并报预算管理责任部门审核。

最后，预算管理责任部门应在审核相关业务计划合理性的基础上，逐项评价各预算项目的目标、作用、标准和金额等，按战略相关性、资源限额和效益性等进行综合分析和平衡，汇总形成企业预算草案，上报企业预算管理委员会等专门机构审议后报董事会等机构审批。

（3）零基预算的优缺点。零基预算的优缺点如表3-3所示。

表3-3　　　　　　　　　　零基预算的优缺点

项　目	主　要　内　容
主要优点	① 以零为起点编制预算，不受历史期经济活动中的不合理因素影响，能够灵活应对内外环境的变化，预算编制更贴近预算期企业经济活动需要； ② 有助于增加预算编制透明度，有利于进行预算控制
主要缺点	① 预算编制工作量较大、成本较高； ② 预算编制的准确性受企业管理水平和相关数据标准准确性影响较大

工作实例3-2　某企业开展增收节支活动，拟对历年超支严重的业务招待费、劳动保护费、办公费、广告宣传费、保险费等费用按照零基预算方法编制预算。经过多次讨论研究，预算编制人员确定2020年预算开支水平，如表3-4所示。

表 3-4　　　　　　　　　　2020 年度预算项目及开支情况表

序 号	费用项目	开支金额/元
1	业务招待费	180 000
2	劳动保护费	150 000
3	办公费	110 000
4	广告宣传费	300 000
5	保险费	140 000
6	合　计	880 000

经过充分论证,表 3-4 中劳动保护费、办公费、保险费属于不可避免的约束性固定成本,应列为第一层次予以全额保证,金额 400 000 元。业务招待费和广告宣传费属于酌量性固定成本,可根据企业的财务状况适当调整,列为第二层次。根据成本—效益分析,业务招待费的成本/效益比为 1∶4,广告宣传费的成本/效益比为 1∶6,广告宣传费优先于业务招待费予以考虑。

假定企业对上述费用可动用的财力资源只有 720 000 元,根据以上排列的层次和顺序分配资源,最终落实的预算金额如下:

确定不可避免项目的预算金额＝150 000＋110 000＋140 000＝400 000(元)

确定可分配的资金数额＝720 000－400 000＝320 000(元)

按成本/效益比重将可分配的资金数额在业务招待费和广告宣传费之间进行分配:

业务招待费可分配的预算金额＝320 000×4÷(4＋6)＝128 000(元)

广告宣传费可分配的预算金额＝320 000×6÷(4＋6)＝192 000(元)

(二) 固定预算和弹性预算

按预算与业务量的关系不同,有固定预算和弹性预算之分。

1. 固定预算

固定预算又称为静态预算,是根据预算期内正常的、可实现的某一固定的业务量水平作为唯一基础来编制的预算。

固定预算是最传统、最基本的预算编制方法,其优点是简便易行,但过于机械呆板、可比性较差。一般来说,固定预算只适用于业务量水平较为稳定的企业或非营利组织。

工作实例 3-3　某公司只生产一种产品,销售单价为 200 元,预算年度内 4 个季度的销售量分别为 300 件、600 件、400 件和 450 件。根据以往经验,销货款在当季可收到 70%,其余部分在下一个季度收到。预计预算年度第 1 季度可收回上年第 4 季度的应收账款 18 000 元。根据以上资料,首先编制销售预算表,如表 3-5 所示。

表 3-5　　　　　　　　　　　　销售预算表

2020 年　　　　　　　　　　　　　　　　　　　　单位:元

项　　目	第 1 季度	第 2 季度	第 3 季度	第 4 季度	全　年
预计销售量/件	300	600	400	450	1 750
销售单价	200	200	200	200	200
预计销售额	60 000	120 000	80 000	90 000	350 000

根据销售预算、前期应收账款的收回及预计收到当期销货款的情况,编制出的预计现金收入计算表如表3-6所示。

表 3-6 预计现金收入计算表

2020年　　　　　　　　　　　　　　　　　　　　　　　　　单位:元

项　　目	第1季度	第2季度	第3季度	第4季度	全　年
预计销售额	60 000	120 000	80 000	90 000	350 000
收到上季应收账款	18 000	18 000	36 000	24 000	96 000
收到本季应收账款	42 000	84 000	56 000	63 000	245 000
现金收入小计	60 000	102 000	92 000	87 000	341 000

2. 弹性预算

弹性预算又称为动态预算,是依据业务量、成本和利润之间的依存关系,按照预算期可预见的一系列业务量水平编制的预算。在企业经营过程中,由于市场等因素的影响,预算期尚未确定各项指标,如销售量、售价以及各种变动成本费用等,都可能发生变化,固定预算就失去了适用的土壤。

弹性预算是充分考虑预算期各预定指标可能发生的变化而编制的能适应各预定指标不同变化情况的预算,从而使得预算对企业在预算期内实际情况的把握更加具有针对性。

弹性预算一方面能够适应不同经营活动情况的变化,扩大了预算的业务量范围,能更好地发挥预算的控制作用,避免了在实际情况发生变化时频繁地调整预算;另一方面能够使预算对实际执行情况的评价与考核建立在更加客观、可比的基础上。但弹性预算在评价和考核实际成本时,实际业务量预算成本的计算工作量大且较为麻烦。一般来说,弹性预算比较适用于随业务量变化而变化的各预算项目,如成本预算和利润预算。

工作实例 3-4　某公司生产A种产品,销售单价为200元,单位变动成本为80元,固定成本总额为46 600元。公司充分考虑预算期产品销售量变动发生变化的可能情形,因而分别编制出销售量为1 550件、1 650件、1 750件、1 850件和1 950件时的弹性利润预算表,如表3-7所示。

表 3-7 利润预算表

2020年　　　　　　　　　　　　　　　　　　　　　　　　　单位:元

项　　目	情形1	情形2	情形3	情形4	情形5
销售量/件	1 550	1 650	1 750	1 850	1 950
销售收入	310 000	330 000	350 000	370 000	390 000
减:变动成本总额	124 000	132 000	140 000	148 000	156 000
边际贡献	186 000	198 000	210 000	222 000	234 000
减:固定成本总额	46 600	46 600	46 600	46 600	46 600
营业利润总额	139 400	151 400	163 400	175 400	187 400

(三) 定期预算和滚动预算

按预算期间是否变动,有定期预算和滚动预算之分。

1. 定期预算

定期预算是以固定不变的会计期间(如年度、季度、月度)作为预算期间而编制的预算。其优点是保证预算期间与会计期间在时期上配比,便于依据财务报告的数据与预算进行比较,考核和评价预算的执行结果。但因预算期间固定不变,不利于前后各个期间的预算衔接,定期预算不能适应连续不断的业务活动过程的预算管理。

2. 滚动预算

滚动预算又称为连续预算或永续预算,是指企业根据上一期预算执行情况和新的预测结果,按既定的预算编制周期和滚动频率,对原有的预算方案进行调整和补充,逐期滚动、持续推进的预算编制方法。

滚动频率,是指调整和补充预算的时间间隔,一般以月度、季度、年度作为滚动频率。

预算编制周期,是指每次预算编制所涵盖的时间跨度,它一般包括中期滚动预算和短期滚动预算。

中期滚动预算的编制周期通常为3年或5年,以年度作为预算滚动频率。

短期滚动预算通常以1年为预算编制周期,以月度、季度作为预算编制频率。

企业应研究外部环境变化,分析行业特点、战略目标和业务性质,结合企业管理基础和信息化水平,确定预算编制的周期和预算的滚动频率。

滚动预算的主要优点:通过持续滚动预算编制、逐期滚动管理,实现动态反映市场、建立跨期综合平衡,从而有效指导企业营运,强化预算的决策与控制职能。

滚动预算的主要缺点:一是预算滚动的频率越高,对预算沟通的要求越高,预算编制的工作量越大;二是过高的滚动频率容易增加管理层的不稳定感,导致预算执行者无所适从。

工作实例 3-5 某公司滚动预算期为1年,每执行完1个月后,就要将这个月的经营成果与预算数相比,从中找出差距及原因,并据此对剩余11个月的预算进行调整,同时增加1个月的预算,使新的预算期仍旧保持为1年。该滚动预算的示例如图3-2所示。

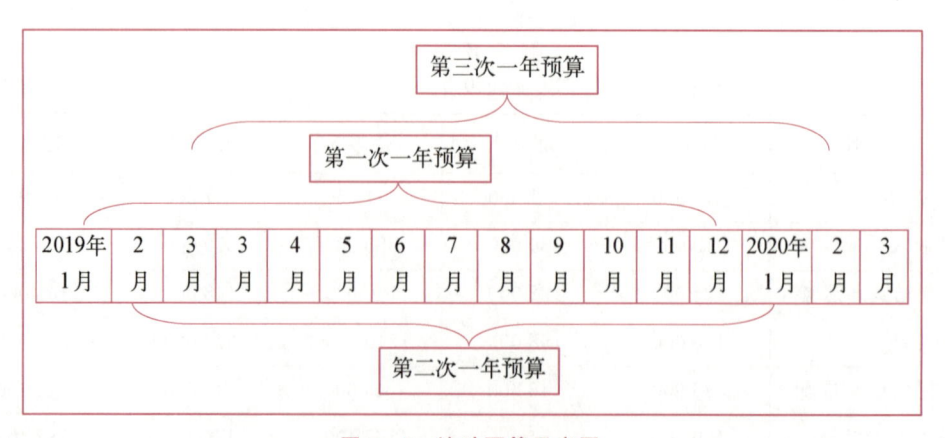

图 3-2 滚动预算示意图

(四)作业预算

1. 作业预算的概念和适用范围

作业预算,是指基于"作业消耗资源、产出消耗作业"的原理,以作业管理为基础的预算管理方法。

作业预算主要适用于具有作业类型较多且作业链较长、管理层对预算编制的准确性要求较高、生产过程多样化程度较高,以及间接或辅助资源费用所占比重较大等特点的企业。

2. 作业预算的应用程序

企业编制作业预算一般按照确定作业需求量、确定资源费用需求量、平衡资源费用需求量与供给量、审核最终预算等程序进行。

(1)企业应根据预测期销售量和销售收入预测各相关作业中心的产出量(或服务量),进而按照作业与产出量(或服务量)之间的关系,分别按产量级作业、批别级作业、品种级作业、客户级作业、设施级作业等计算各类作业的需求量。企业一般应先计算主要作业的需求量,再计算次要作业的需求量。

(2)企业应依据作业消耗资源的因果关系确定作业对资源费用的需求量。

(3)企业应检查资源费用需求量与供给量是否平衡,如果没有达到基本平衡,需要通过增加或减少资源费用供给量或降低资源消耗率等方式,使两者的差额处于可接受的区间内。资源费用供给量,是指企业目前经营期间所拥有并能投入作业的资源费用数量。

(4)作业预算初步编制完成后,企业应组织相关人员进行预算评审。预算评审小组一般应由企业预算管理部门、运营与生产管理部门、作业及流程管理部门、技术定额管理部门等组成。评审小组应从业绩要求、作业效率要求、资源效益要求等多个方面对作业预算进行评审,评审通过后上报企业预算管理决策机构进行审批。

3. 作业预算的优缺点

作业预算的优缺点如表 3-8 所示。

表 3-8　　　　　　　　　　　　作业预算的优缺点

项　目	主　要　内　容
主要优点	① 基于作业需求量配置资源,避免了资源配置的盲目性; ② 通过总体作业优化实现最低的资源费用耗费,创造最大的产出成果; ③ 作业预算可以促进员工对业务和预算的支持,有利于预算的执行
主要缺点	预算的建立过程复杂,需要详细地估算生产和销售对作业和资源费用的需求量,并测定作业消耗率和资源消耗率,数据收集成本较高

任务三　全面预算编制

一、全面预算的含义

全面预算是指企业对一定期间的经营活动、投资活动、财务活动等作出的预算安排。全面预算作为一种全方位、全过程、全员参与编制与实施的预算管理模式,凭借其计划、协调、控制、激励、评价等综合管理功能,整合和优化配置企业资源,提升企业运行效率,成为促进企业实现发展战略的重要工具。

二、全面预算基本业务流程

企业全面预算业务的基本流程一般包括预算编制、预算执行和预算考核三个阶段。

（一）预算编制阶段

1. 预算编制方式

企业一般按照分级编制、逐级汇总的方式，采用自上而下、自下而上、上下结合或多维度相协调的流程编制预算。预算编制流程与编制方法的选择应与企业现有的管理模式相适应。

2. 预算编制要求

企业应建立和完善预算编制的工作制度，明确预算编制依据、编制内容、编制程序和编制方法，确保预算编制依据合理、内容全面、程序规范、方法科学，确保形成各层级广泛接受的、符合业务假设的、可实现的预算控制目标。

3. 预算编制审批

预算编制审批包括预算内审批、超预算审批、预算外审批等。预算内审批事项，应简化流程，提高效率；超预算审批事项，应执行额外的审批流程；预算外审批事项，应严格控制，防范风险。

4. 预算批准与下达

预算编制完成后，应按照相关法律法规及企业章程的规定报经企业预算管理决策机构审议批准，以正式文件形式下达执行。企业应将预算目标层层分解至各预算责任中心。预算分解应按各责任中心权、责、利相匹配的原则进行，既公平合理，又有利于企业实现预算目标。

（二）预算执行阶段

预算执行一般按照预算控制、预算调整等程序进行。

1. 预算控制

预算控制，是指企业以预算为标准，通过预算分解、过程监督、差异分析等促使日常经营不偏离预算标准的管理活动。

企业应建立预算授权控制制度，强化预算责任，严格控制预算；建立预算执行的监督、分析制度，提高预算管理对业务的控制能力；通过信息系统展示、会议、报告、调研等多种途径及形式，及时监督、分析预算执行情况，找出预算执行差异的原因，提出对策建议。

2. 预算调整

年度预算经批准后，原则上不作调整。企业应在制度中严格明确预算调整的条件、主体、权限和程序等事宜，当内外战略环境发生重大变化或突发重大事件，导致预算编制的基本假设发生重大变化时，可进行预算调整。

（三）预算考核阶段

预算考核主要针对定量指标进行考核，是企业绩效考核的重要组成部分。具体包括：

（1）企业应按照公开、公平、公正的原则实施预算考核。

（2）企业应建立健全预算考核制度，并将预算考核结果纳入绩效考核体系，切实做到有奖有惩、奖惩分明。

（3）预算考核主体和考核对象的界定应坚持上级考核下级、逐级考核、预算执行与预算考核职务相分离的原则。

（4）预算考核以预算完成情况为考核核心，通过预算执行情况与预算目标的比较，确定差异并查明产生差异的原因,进而据以评价各责任中心的工作业绩,并通过与相应的激励制度挂钩,促使其与预算目标相一致。

如前所述,全面预算是企业加强内部控制、实现发展战略的重要工具和手段,但同时也是企业内部控制的对象。企业应当参照如图 3-3 所示的基本流程,结合自身情况及管理要求,制订具体的全面预算业务流程。

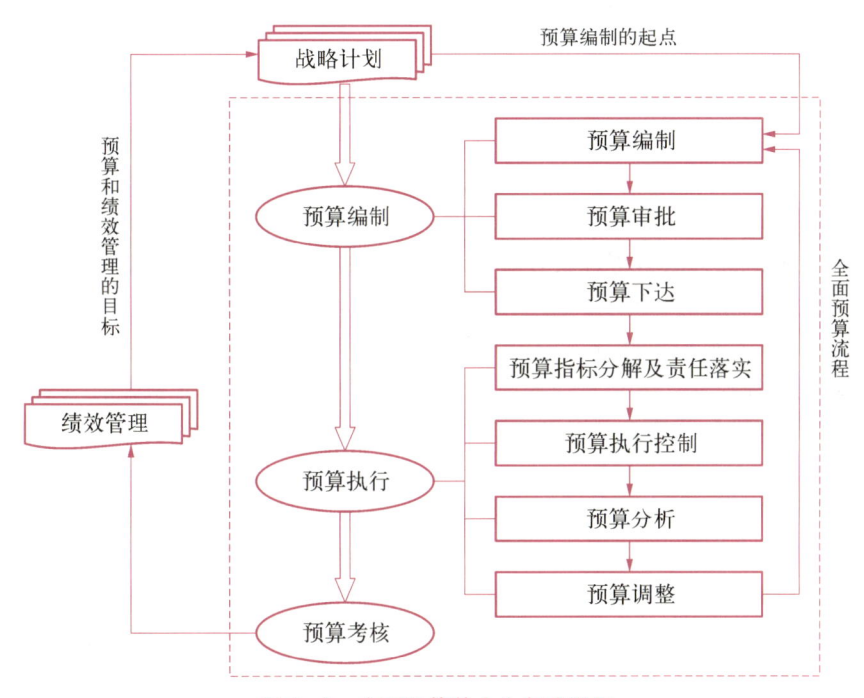

图 3-3 全面预算基本业务流程图

三、预算编制风险及控制措施

(一) 预算编制风险

预算编制是企业实施全面预算管理的起点。预算编制环节的主要风险有:

(1) 预算编制以财务部门为主,业务部门参与度较低,可能导致预算编制不合理,预算管理责、权、利不匹配;预算编制范围和项目不全面,各个预算之间缺乏整合,可能导致全面预算难以形成。

(2) 预算编制所依据的相关信息不足,可能导致预算目标与战略规划、经营计划、市场环境、企业实际等相脱离;预算编制基础数据不足,可能导致预算编制准确率降低。

(3) 预算编制程序不规范,横向、纵向信息沟通不畅,可能导致预算目标缺乏准确性、合理性和可行性。

(4) 预算编制方法选择不当,或强调采用单一的方法,可能导致预算目标缺乏科学性和可行性。

(5) 预算目标及指标体系设计不完整、不合理、不科学,可能导致预算管理在实现发展战略和经营目标、促进绩效考评等方面的功能难以有效发挥。

(6) 编制预算的时间太早或太晚,可能导致预算准确度不高,或影响预算的执行。

(二) 主要控制措施

针对预算编制环节存在的各风险点,企业应采取有效的措施予以控制。

1. 全面性控制

一是明确企业各个部门、单位的预算编制责任,使企业各个部门、单位的业务活动全部纳入预算管理;二是将企业经营、投资、财务等各项经济活动的各个方面、各个环节都纳入预算编制范围,形成由经营预算、投资预算、筹资预算、财务预算等一系列预算组成的相互衔接和勾稽的综合预算体系。

2. 编制依据和基础控制

一是制订明确的战略规划,并依据战略规划制订年度经营目标和计划,作为制订预算目标的首要依据,确保预算编制真正成为战略规划和年度经营计划的年度具体行动方案;二是深入开展企业外部环境的调研和预测,包括对企业预算期内客户需求、同行业发展等市场环境的调研,以及宏观经济政策等社会环境的调研,确保预算编制以市场预测为依据,与市场、社会环境相适应;三是深入分析企业上一期间的预算执行情况,充分预计预算期内企业资源状况、生产能力、技术水平等自身环境的变化,确保预算编制符合企业生产经营活动的客观实际;四是重视和加强预算编制基础管理工作,包括历史资料记录、定额制订与管理、标准化工作、会计核算等,确保预算编制以可靠、翔实、完整的基础数据为依据。

3. 编制程序控制

企业应当按照上下结合、分级编制、逐级汇总的程序,编制年度全面预算。其基本步骤及其控制为:一是建立系统的指标分解体系,并在与各预算责任中心进行充分沟通的基础上分解下达初步预算目标;二是各预算责任中心按照下达的预算目标和预算政策,结合自身特点以及预测的执行条件,认真测算并提出本责任中心的预算草案,逐级汇总上报预算管理工作机构;三是预算管理工作机构进行充分协调、沟通,审查平衡预算草案;四是预算管理委员会应当对预算管理工作机构在综合平衡基础上提交的预算方案进行研究论证,从企业发展全局角度提出进一步调整、修改的建议,形成企业年度全面预算草案,提交董事会;五是董事会审核全面预算草案,确保全面预算与企业发展战略、年度生产经营计划相协调。

4. 编制方法控制

企业应当本着遵循经济活动规律,充分考虑符合企业自身经济业务特点、基础数据管理水平、生产经营周期和管理需要的原则,选择或综合运用固定预算、弹性预算、滚动预算等方法编制预算。

5. 目标及指标体系设计控制

一是按照"财务指标为主体、非财务指标为补充"的原则设计预算指标体系;二是将企业的战略规划、经营目标体现在预算指标体系中;三是将企业产、供、销、投融资等各项活动的各个环节、各个方面的内容都纳入预算指标体系;四是将预算指标体系与绩效评价指标体系协调一致;五是按照各责任中心在工作性质、权责范围、业务活动特点等方面的不同,设计不同的或各有侧重的预算指标体系。

6. 编制时间控制

企业可以根据自身规模大小、组织结构和产品结构的复杂性、对预算编制工具的熟练程度、全面预算开展的深度和广度等因素,确定合适的全面预算编制时间,并应当在预算年度开始前完成全面预算草案的编制工作。

四、经营预算和财务预算的编制

(一)经营预算的编制

经营预算也称业务预算,是指与企业日常业务直接相关的一系列预算,包括销售预算、生产预算、采购预算、费用预算等。

1. 销售预算

销售预算是以市场需求为基础,根据"以销定产"的原则,对预算期内产品的销售数量、销售单价、销售收入进行科学合理规划、测算而编制的预算。销售预算是全面预算体系的关键基础,是总预算的起点,是其他预算编制的基础。

销售预算的主要内容包括预计销售量、预计销售单价、预计销售收入。为了提供编制现金预算所需资料,销售预算还应包括依据收款政策预计的销售现金收入数据。销售量是根据市场预测、销售合同、企业产能等确定的;销售单价是由价格政策确定的。在实际应用中,销售预算通常要分品种、月份、销售区域、销售团队(人员)来编制。

工作实例3-6 盛隆公司预计2020年销售A产品7 750件,第1—4季度依次分别销售A产品1 800件、1 850件、2 000件、2 100件。销售单价为450元。收款条件为当季现收占销售额的70%,余款在后两个季度依次分别收回10%和20%。不考虑坏账影响,2019年第3、4季度的销售额分别为350 000元、450 000元。

根据上述资料,编制盛隆公司2020年度销售预算,如表3-9所示。

表3-9　　　　　　　　　　盛隆公司2020年度销售预算表　　　　　　　　　　单位:元

项　目		第1季度	第2季度	第3季度	第4季度	全　年
预计销售量/件		1 800	1 850	2 000	2 100	7 750
预计销售单价		450	450	450	450	450
预计销售收入		810 000	832 500	900 000	945 000	3 487 500
预计现金收入	期初应收账款	115 000	90 000			205 000
	第1季度销售收入	567 000	81 000	162 000		810 000
	第2季度销售收入		582 750	83 250	166 500	832 500
	第3季度销售收入			630 000	90 000	720 000
	第4季度销售收入				661 500	661 500
	现金收入合计	682 000	753 750	875 250	918 000	3 229 000

编制说明:

预计销售收入=预计销售量×预计销售单价

某季度现金收入合计=该季预计现金收入+该季收回以前季度应收账款

2. 生产预算

生产预算是根据销售预算编制的,用于计划为满足预算期的销售量以及期末存货所需的资源。预算期除必须有足够的产品以供销售之外,还必须考虑到预算期期初和期末存货的预计水平,以避免存货太多形成积压,或存货太少影响下期销售。因此,生产预算的主要内容包括预计销售量、预计期初存货、预计期末存货、预计生产量。各预算期预计生产量可按下列公式计算：

$$预计生产量＝预计销售量＋预计期末存货－预计期初存货$$

工作实例 3-7 接工作实例 3-6，盛隆公司经测算，预计每季度末保有产品库存量为下一季度销售量的 20%（延续 2019 年度的政策）。

根据上述资料，编制盛隆公司 2020 年度生产预算，如表 3-10 所示。

表 3-10　　　　　　　　　　　盛隆公司 2020 年度生产预算表　　　　　　　　　　　单位：件

项　目	第 1 季度	第 2 季度	第 3 季度	第 4 季度	全　年
预计销售量	1 800	1 850	2 000	2 100	7 750
减：预计期初存货	360	370	400	420	360
加：预计期末存货	370	400	420	380	380
预计生产量	1 810	1 880	2 020	2 060	7 770

编制说明：

预计销售量来源于表 3-9 销售预算表

预计期末存货＝下季预计销售量×20%

预计期初存货＝上季度期末存货

3. 直接材料预算

直接材料预算又称直接材料采购预算，是指在预算期内，以生产预算为基础所编制的材料采购数量和材料采购金额的计划。

编制直接材料预算的依据主要是生产预算的预计生产量、单位产品的材料消耗定额、预算期的期初和期末存料量、材料的计划单价以及采购材料的付款条件等。为了满足现金预算编制所需资料，还应提供依据付款条件预计的采购现金支出数据。

工作实例 3-8 接工作实例 3-7，盛隆公司假定生产 A 产品只耗用一种材料，预计 2020 年年末材料库存量为 700 千克。2019 年年末材料库存量为 600 千克。产品的材料消耗定额为 4 千克/件，材料单价为 40 元/千克。每一季度的期末材料库存量为下一季度的生产耗用量的 10%。材料采购货款当季付现 70%，余款在下一季度付清。2019 年年末应付账款为 60 000 元。

根据上述资料，编制盛隆公司 2020 年度直接材料预算，如表 3-11 所示。

表 3-11　　　　　　　　　盛隆公司 2020 年度直接材料预算表

项　目	第 1 季度	第 2 季度	第 3 季度	第 4 季度	全　年
预计生产量/件	1 810	1 880	2 020	2 060	7 770
单耗定额/（千克/件）	4	4	4	4	4
预计材料需用量/千克	7 240	7 520	8 080	8 240	31 080

续 表

项 目	第1季度	第2季度	第3季度	第4季度	全 年
加：预计期末材料库存量/千克	752	808	824	700	700
减：预计期初材料库存量/千克	600	752	808	824	600
预计材料采购量/千克	7 392	7 576	8 096	8 116	31 180
预计采购单价/(元/千克)	40	40	40	40	40
预计采购金额/元	295 680	303 040	323 840	324 640	1 247 200
预计现金支出 期初应付账款/元	60 000				60 000
预计现金支出 第1季度采购支出/元	206 976	88 704			295 680
预计现金支出 第2季度采购支出/元		212 128	90 912		303 040
预计现金支出 第3季度采购支出/元			226 688	97 152	323 840
预计现金支出 第4季度采购支出/元				227 248	227 248
现金支出合计/元	266 976	300 832	317 600	324 400	1 209 808

编制说明：

预计生产量来源于表3-10生产预算表

预计材料需用量＝预计生产量×单耗定额

预计期末材料库存量＝下季预计材料需用量×10%

预计期初材料库存量＝上季预计期末材料库存量

预计材料采购量＝预计材料需用量＋预计期末材料库存量－预计期初材料库存量

预计采购金额＝预计材料采购量×预计采购单价

某季度采购现金支出合计＝该季采购现金支出＋该季支付上季应付账款

4. 直接人工预算

直接人工预算是以生产预算为基础，对直接生产产品的人工耗费的计划，用来规划预算期内各产品、各工种的人工消耗水平和人工成本。

直接人工预算的主要内容有预计生产量、单位产品工时、人工总工时、每小时人工成本和人工总成本。预计生产量数据来自生产预算，单位产品人工工时和每小时人工成本数据来自标准成本资料。

工作实例3-9 盛隆公司假定生产A产品只有一个工种，根据劳动定额、历史资料等测算的标准成本资料为：直接人工小时工资为20元，单位产品工时定额为2小时/件。

根据上述资料，编制盛隆公司2020年度直接人工预算，如表3-12所示。

表3-12　　　　　　　　盛隆公司2020年度直接工人预算表

项 目	第1季度	第2季度	第3季度	第4季度	全 年
预计生产量/件	1 810	1 880	2 020	2 060	7 770
工时定额/(小时/件)	2	2	2	2	2

续 表

项　　目	第1季度	第2季度	第3季度	第4季度	全　年
人工总工时/小时	3 620	3 760	4 040	4 120	15 540
小时工资/元	20	20	20	20	20
人工总成本/元	72 400	75 200	80 800	82 400	310 800

编制说明：

预计生产量来源于表3-10生产预算表

人工总工时＝预计生产量×工时定额

人工总成本＝人工总工时×小时工资

5. 制造费用预算

制造费用预算是为规划预算期内除直接人工预算和直接材料预算以外的所有应计入产品成本的间接费用而编制的预算。根据制造费用与业务量的依存关系，应将制造费用划分为变动制造费用和固定制造费用，并据此两个部分的内容分别编制。

固定制造费用可在上年的基础上根据预期变动加以适当修正进行预计；变动制造费用根据预计业务量乘以单位产品预定分配率进行预计。为了给现金预算提供资料，在制造费用预算中应包括费用方面预计的现金支出。需要注意的是，由于固定资产折旧费是非付现项目，在计算时应予剔除。

工作实例3-10 盛隆公司通过对成本习性和历史资料的分析，发现变动制造费用与人工工时密切相关。变动制造费用分配率为9元/小时，其中：间接材料为1元/小时，间接人工为2元/小时，水电费为2元/小时，变动维修费为1元/小时，其他变动制造费用为3元/小时。假定固定制造费用各季均衡，全年预计为500 000元，其中：人员工资200 000元，折旧费120 000元，维修费40 000元，保险费60 000元，其他费用80 000元。预计所有费用均需当季支付。

根据上述资料，编制盛隆公司2020年度制造费用预算，如表3-13所示。

表3-13　　　　　　　　　盛隆公司2020年度制造费用预算表

项　目		小时费用率/(元/小时)	第1季度	第2季度	第3季度	第4季度	全　年
变动制造费用	间接材料	1	3 620	3 760	4 040	4 120	15 540
	间接人工	2	7 240	7 520	8 080	8 240	31 080
	水电费	2	7 240	7 520	8 080	8 240	31 080
	维修费	1	3 620	3 760	4 040	4 120	15 540
	其他费用	3	10 860	11 280	12 120	12 360	46 620
	小　计	9	32 580	33 840	36 360	37 080	139 860
固定制造费用	人员工资/元		50 000	50 000	50 000	50 000	200 000
	折旧费/元		30 000	30 000	30 000	30 000	120 000
	维修费/元		10 000	10 000	10 000	10 000	40 000

续 表

项　目		小时费用率/(元/小时)	第1季度	第2季度	第3季度	第4季度	全　年
固定制造费用	保险费/元		15 000	15 000	15 000	15 000	60 000
	其他费用/元		20 000	20 000	20 000	20 000	80 000
	小　计/元		125 000	125 000	125 000	125 000	500 000
制造费用合计/元			157 580	158 840	161 360	162 080	639 860
减：折旧费/元			30 000	30 000	30 000	30 000	120 000
预计现金支出/元			127 580	128 840	131 360	132 080	519 860

编制说明：

人工总工时来源于表3－12直接人工预算表

季度各项变动制造费用预算额＝季度人工总工时×该项变动制造费用率

预计现金支出＝制造费用合计－折旧费

6. 产品成本预算

产品成本预算，是指为规划一定预算期内每种产品的单位产品成本、生产成本、销售成本等内容而编制的一种日常业务预算。产品成本预算是生产预算、销售预算、直接材料预算、直接人工预算、制造费用预算的汇总，即产品成本预算主要依据生产预算、直接材料预算、直接人工预算、制造费用预算等汇总编制。产品成本预算的主要内容是产品的总成本与单位成本。其中，总成本又分为生产成本、销售成本和期末产品库存成本。

工作实例3－11　盛隆公司2020年产品成本预算所需资料如表3－9至表3－13所示，根据资料获知，2019年A产品单位成本为215元，2020年A产品单位成本为218元。

根据上述资料，编制盛隆公司2020年度产品成本、销售成本预算，如表3－14至表3－16所示。

表3－14　　　　　　　　盛隆公司2020年度单位产品生产成本预算表

项　目	定额（标准）	单　价	单位变动成本/元
直接材料	4千克/件	40元/千克	160
直接人工	2小时/件	20元/小时	40
变动制造费用	2小时/件	9元/小时	18
合　计			218

编制说明：

定额和单价分别来源于表3－11至表3－13

单位变动成本＝定额（标准）×单价

表3－15　　　　　　　　盛隆公司2020年度期末库存产成品成本预算表

季　度	期末库存量/件	单位成本/元	库存产品成本/元
第1季度	370	218	80 660
第2季度	400	218	87 200

续表

季　度	期末库存量/件	单位成本/元	库存产品成本/元
第3季度	420	218	91 560
第4季度	380	218	82 840

编制说明：

期末库存量、单位成本分别来源于表3－10、表3－14

库存产品成本＝期末库存量×单位成本

表3－16　　　　　　　盛隆公司2020年度生产成本及销售成本预算表　　　　　单位：元

项　目	第1季度	第2季度	第3季度	第4季度	全　年
直接材料	289 600	300 800	323 200	329 600	1 243 200
直接人工	72 400	75 200	80 800	82 400	310 800
变动制造费用	32 580	33 840	36 360	37 080	139 860
生产成本合计	394 580	409 840	440 360	449 080	1 693 860
加：期初库存产品成本	77 400	80 660	87 200	91 560	77 400
减：期末库存产品成本	80 660	87 200	91 560	82 840	82 840
销售成本合计	391 320	403 300	436 000	457 800	1 688 420

编制说明：

直接材料＝预计材料需用量×预计采购单价(表3－11)

直接人工＝人工总工时×小时工资(表3－12)

变动制造费用来源于表3－13制造费用预算表

生产成本合计＝直接材料＋直接人工＋变动制造费用

期初、期末库存产品成本＝预计期初、期末存货(表3－10)×产品单位生产成本

销售成本合计＝生产成本合计＋期初库存产品成本－期末库存产品成本

7. 销售及管理费用预算

销售及管理费用预算又称营业费用预算，是指为组织产品销售活动和一般行政管理活动以及有关的经营活动的费用支出而编制的一种业务预算。编制销售及管理费用预算的主要依据是预算期全年和各季度的销售量及各种有关的标准耗用量和标准价格资料。为了便于编制现金预算，在编制销售及管理费用预算的同时，还要编制与销售及管理费用有关的现金支出计算表。

销售费用预算是指为了实现销售预算所需支付的费用。预算时以销售预算为基础，同时综合分析销售收入、销售费用和销售利润的相互关系，力求实现销售费用的最有效使用。在预计销售费用时，应利用本量利分析方法，考察其支出的必要性和效果，并且与销售预算相配合，按品种、地区、用途来具体确定预算数额。

管理费用是指企业日常生产经营中开展一般行政管理业务所必需的费用。在编制管理费用预算时，应分析企业的经营业绩和一般经济状况，务必做到合理化。管理费用项目比较复杂，大多属于固定成本，且各期支出比较均衡。因此，各季的管理费用预计支出可以简化为平均列支。

工作实例 3-12　盛隆公司预计单位变动销售费用为 14 元,预计固定销售及管理费用为每季 75 000 元(其中含每季折旧费 14 500 元)。

根据上述资料,编制盛隆公司 2020 年度销售及管理费用预算,如表 3-17 所示。

表 3-17　　　　　　　　盛隆公司 2020 年度销售及管理费用预算表　　　　　　　　单位:元

项　　目	第 1 季度	第 2 季度	第 3 季度	第 4 季度	全　年
预计销售量/件	1 800	1 850	2 000	2 100	7 750
单位变动销售费用	14	14	14	14	14
预计变动销售费用	25 200	25 900	28 000	29 400	108 500
预计固定销售及管理费用	75 000	75 000	75 000	75 000	300 000
预计销售及管理费用合计	100 200	100 900	103 000	104 400	408 500
减:折旧费	14 500	14 500	14 500	14 500	58 000
预计现金支出	85 700	86 400	88 500	89 900	350 500

编制说明:

预计销售量来源于表 3-9 销售预算表

预计变动销售费用 = 预计销售量 × 单位变动销售费用

预计现金支出 = 预计销售及管理费用合计 − 折旧费(非付现费用)

(二) 财务预算的编制

财务预算,是指与企业资金收支、财务状况或经营成果等有关的预算,包括现金预算、预计利润表、预计资产负债表等。

1. 现金预算

现金预算是详细反映企业预算期内现金收支、余缺及其筹集和运用的预算。这里所指的现金是广义的现金,包括库存现金、银行存款、其他货币资金等。掌控并优化企业的现金流量,是保障足够支付能力的关键。企业应科学地预算现金,合理地调度资金,既要规避因现金短缺而面临的财务风险,也要避免因现金冗余而造成的闲置浪费。

现金预算是在有关经营预算的基础上汇总编制的,由现金收入、现金支出、现金余缺、资金的筹集和运用四个部分组成。现金收入部分包括期初现金余额和预算期现金收入,现金主要来源是销售收入。现金支出部分包括预算的各项现金支出,其中直接材料、直接人工、制造费用、销售及管理费用的数据分别来自前述有关经营预算,所得税、购置设备、股利分配等现金支出的数据分别来自有关专门决策预算。现金余缺是现金收入合计与现金支出合计的差额。若收入大于支出,则现金多余,可用于偿还借款或用于短期投资,以避免资金闲置浪费;若支出大于收入,则现金短缺,就需要筹集资金,以弥补资金缺口,规避财务风险。

工作实例 3-13　盛隆公司 2019 年年末现金余额为 110 000 元,每季季末最低现金余额为 100 000~150 000 元。预计 2020 年 4 月添置一套价值 600 000 元的设备,当季支付 50%,第 3、4 季度分别支付 20% 和 30%。企业现有未到期长期借款 400 000 元,年利率 8%,每年年末付息。另获得银行 3 月期贷款授信额度 500 000 元,年利率 10%,贷款额为 10 000 的倍数,每季季初借入,下季季初还本付息。预计第 4 季度以现金 300 000 元对外投资入股。预计每季缴纳所得税 45 000 元(假定不考虑其他税费)。

根据上述资料,编制盛隆公司 2020 年度现金预算,如表 3-18 所示。

表 3-18　　　　　　　　　　　盛隆公司 2020 年度现金预算表　　　　　　　　　　　单位:元

项　　目	第 1 季度	第 2 季度	第 3 季度	第 4 季度	全　年
期初现金余额	110 000	194 344	101 822	101 562	110 000
加:销售现金收入	682 000	753 750	875 250	918 000	3 229 000
可供使用的现金	792 000	948 094	977 072	1 019 562	3 339 000
减:现金支出					
直接材料	266 976	300 832	317 600	324 400	1 209 808
直接人工	72 400	75 200	80 800	82 400	310 800
制造费用	127 580	128 840	131 360	132 080	519 860
销售及管理费用	85 700	86 400	88 500	89 900	350 500
购置设备		300 000	120 000	180 000	600 000
对外投资				300 000	300 000
缴纳税费	45 000	45 000	45 000	45 000	180 000
现金支出合计	597 656	936 272	783 260	1 153 780	3 470 968
现金余缺	194 344	11 822	193 812	−134 218	−131 968
向银行贷款		90 000		270 000	360 000
归还贷款本金			90 000		90 000
支付贷款利息			2 250	32 000	34 250
期末现金余额	194 344	101 822	101 562	103 782	103 782

编制说明:

期初现金余额编制预算时预计的销售现金收入来源于表 3-9 销售预算表

可供使用的现金=期初现金余额+销售现金收入

直接材料来源于表 3-11 直接材料预算表

直接人工来源于表 3-12 直接人工预算表

制造费用来源于表 3-13 制造费用预算表

销售及管理费用来源于表 3-17 销售及管理费用预算表

现金余缺=可供使用的现金-现金支出合计

期末现金余额=现金余缺+向银行贷款-归还贷款本金-支付贷款利息

2. 预计利润表

预计利润表是以货币形式综合反映预算期内企业经营成果计划水平的一种财务预算。它是在经营预算、专门决策预算以及现金预算的基础上编制的。预计利润表遵循权责发生制要求,按照变动成本法的原理进行编制。通过编制预计利润表预算,可以了解企业预期的盈利水平。如果预计利润与企业战略管理中的目标利润有较大的不一致,就需要调整部门预算,设法达到目标,或者经企业管理当局同意后调整目标利润。

工作实例 3-14 根据前述各预算资料,编制盛隆公司 2020 年度利润预算,如表 3-19 所示。

表 3-19　　　　　　　　　　　盛隆公司 2020 年度预计利润表　　　　　　　　　　　单位:元

项　　目	第 1 季度	第 2 季度	第 3 季度	第 4 季度	全　年
销售收入	810 000	832 500	900 000	945 000	3 487 500
变动成本:					
销售成本	391 320	403 300	436 000	457 800	1 688 420
销售费用	25 200	25 900	28 000	29 400	108 500
小　　计	416 520	429 200	464 000	487 200	1 796 920
边际贡献	393 480	403 300	436 000	457 800	1 690 580
固定成本:					
制造费用	125 000	125 000	125 000	125 000	500 000
销售及管理费用	75 000	75 000	75 000	75 000	300 000
小　　计	200 000	200 000	200 000	200 000	800 000
营业利润	193 480	203 300	236 000	257 800	890 580
减:利息	8 000	10 250	8 000	14 750	41 000
税前利润	185 480	193 050	228 000	243 050	849 580
减:所得税	45 000	45 000	45 000	45 000	180 000
净利润	140 480	148 050	183 000	198 050	669 580

编制说明:
销售收入来源于表 3-9 销售预算表
销售成本来源于表 3-16 生产成本及销售成本预算表
销售费用和销售及管理费用来源于表 3-17 销售及管理费用预算表
制造费用来源于表 3-13 制造费用预算表
利息依据工作实例 3-13 和表 3-18 现金预算表中提供的数据计算
边际贡献=销售收入-变动成本
营业利润=边际贡献-固定成本
税前利润=营业利润-利息
净利润=税前利润-所得税

3. 预计资产负债表

预计资产负债表是用于综合反映企业预算期期末资产、负债、所有者权益等财务状况的一种财务预算。它是依据当前的实际资产负债表和全面预算中的其他预算所提供的资料编制而成的总括性预算表格,为企业管理当局提供企业预期财务状况的信息,有助于管理当局预测未来期间的经营状况,并采取适当的改进调整措施。

工作实例 3-15 盛隆公司 2019 年度资产负债表(简表)如表 3-20 所示。

表 3-20　　　　　　　　　　　　　资产负债表(简表)
编制单位：盛隆公司　　　　　　　2019 年 12 月 31 日　　　　　　　　　　　　　　　单位：元

资产	金额	负债及所有者权益	金额
流动资产：		负债：	
库存现金	110 000	应付账款	60 000
应收账款	205 000	长期借款	400 000
原材料	24 000	负债小计	460 000
产成品	77 400	所有者权益：	
流动资产小计	416 400	股本	700 000
非流动资产：		留存收益	106 400
固定资产	850 000	所有者权益小计	806 400
资产总计	1 266 400	负债及所有者权益总计	1 266 400

根据上述资料，编制盛隆公司 2020 年度预计资产负债表(简表)，如表 3-21 所示。

表 3-21　　　　　　　　　　　盛隆公司 2020 年度预计资产负债表(简表)
编制单位：盛隆公司　　　　　　　2020 年 12 月 31 日　　　　　　　　　　　　　　　单位：元

资产	金额	负债及所有者权益	金额
流动资产：		负债：	
库存现金	103 782	应付账款	97 392
应收账款	463 500	短期借款及利息	276 750
原材料	28 000	长期借款	400 000
产成品	82 840	负债小计	774 142
流动资产小计	678 122	所有者权益：	
非流动资产：		股本	700 000
固定资产	1 272 000	留存收益	775 980
长期投资	300 000	所有者权益小计	1 475 980
资产总计	2 250 122	负债及所有者权益总计	2 250 122

编制说明：

库存现金、长期投资、短期借款及利息依据工作实例 3-13 和表 3-18 现金预算表中提供的数据计算

应收账款依据表 3-9 销售预算表和收款政策计算

原材料依据表 3-11 直接材料预算表计算

产成品来源于表 3-15 库存产成品成本预算表

固定资产依据 2019 年年末固定资产金额＋预算期购置设备－前述预算表中折旧费计算

应付账款依据表 3-11 直接材料预算表和付款政策计算

留存收益＝2019 年年末留存收益＋预计利润表年度净利润(表 3-19)

习题与实训

任务一 预算管理认知

一、判断题
1. 预算管理应围绕企业的战略目标和业务计划有序开展。（ ）
2. 预算管理委员会是作为专门执行预算管理职责的执行机构。（ ）
3. 预算控制目标应在可实现的基础上略有拔高。（ ）
4. 预算是对经营管理的刚性约束，不得调整。（ ）
5. 企业预算管理与经营过程、绩效考评等无关。（ ）

二、单项选择题
1. 专门反映企业未来一定预算期内财务状况、经营成果和现金收支的一系列预算是指（ ）。
   A. 全面预算　　　B. 经营预算　　　C. 财务预算　　　D. 资本预算
2. 预算管理的工作机构一般设在（ ）。
   A. 董事会办公室　B. 总经理办公室　C. 财会部门　　　D. 销售部门
3. 企业预算管理的非常设机构是（ ）。
   A. 预算管理委员会　　　　　　　B. 预算管理工作机构
   C. 预算执行单位　　　　　　　　D. 其他预算机构
4. 企业编制全面预算时，各个预算都是由（ ）细化和分解而来的。
   A. 资本预算　　　B. 现金预算　　　C. 生产预算　　　D. 企业战略
5. 将预算管理嵌入企业经营管理活动的各个领域、层次、环节是遵循了（ ）原则。
   A. 过程控制　　　B. 融合性　　　　C. 平衡管理　　　D. 战略导向

三、多项选择题
1. 全面预算的内容包括（ ）。
   A. 业务预算　　　B. 财务预算　　　C. 专门决策预算　D. 综合预算
2. 财务预算是一系列专门反映企业未来一定预算期内预计财务状况和经营成果，以及现金收支等价值指标的各种预算的总称，具体包括（ ）。
   A. 预计资产负债表　B. 预计利润表　　C. 现金收支预算　D. 销售收入预算
3. 下列关于全面预算管理的说法中，正确的有（ ）。
   A. 全面预算管理应该覆盖整个企业
   B. 全面预算管理涉及生产经营的所有活动
   C. 全面预算不局限于事前控制和事后控制，也不局限于财务部门
   D. 全面预算是一种管理制度和控制方略
4. 企业进行预算管理一般应遵循的原则包括（ ）原则。
   A. 过程控制　　　B. 融合性　　　　C. 平衡管理　　　D. 权变性
5. 预算管理委员会的主要职责一般包括（ ）。
   A. 制定颁布企业全面预算管理制度　B. 定期汇总、分析各预算单位预算执行情况

C. 拟订预算目标　　　　　　　　　D. 提供编制预算的各项基础资料

任务二　预算编制方法

一、判断题

1. 增量预算以过去为基础，需要在预算期作较大的调整。（　　）
2. 滚动预算要根据上期预算和实际情况修订调整，因此编制工作量大。（　　）
3. 成本预算和利润预算不宜采用弹性预算编制。（　　）
4. 企业可采用自上而下、自下而上、上下结合或多维度相协调的流程编制预算。（　　）
5. 作业预算是对组织预期作业的数量表达，涉及各种财务、非财务资源需求。（　　）

二、单项选择题

1. 编制成本费用预算时，不考虑以往会计期间所发生的费用项目、数额的是（　　）。
   A. 固定预算　　　B. 弹性预算　　　C. 滚动预算　　　D. 零基预算
2. 有利于发挥各个编制部门主观能动性的预算编制程序是（　　）。
   A. 自上而下式　　B. 自下而上式　　C. 上下结合式　　D. 上下并行式
3. 从内容上看，下列各项中，不属于财务预算的是（　　）。
   A. 投资预算　　　　　　　　　　　B. 现金预算
   C. 预计资产负债表　　　　　　　　D. 预计利润表
4. 在基期成本费用水平基础上，结合预算期业务量及有关影响因素，通过调整有关原有成本费用项目而编制的预算是（　　）。
   A. 固定预算　　　B. 弹性预算　　　C. 增量预算　　　D. 零基预算
5. 按照规定，预算编制完成后经审议批准，应以（　　）形式下达执行。
   A. 通知　　　　　B. 告示　　　　　C. 通告　　　　　D. 正式文件

三、多项选择题

1. 固定预算的主要缺点有（　　）。
   A. 可比性较差　　B. 机械呆板　　　C. 计算量大　　　D. 灵活性差
2. 预算编制的方法包括（　　）。
   A. 固定预算与弹性预算　　　　　　B. 零基预算与增量预算
   C. 财务预算与资本预算　　　　　　D. 滚动预算与定期预算
3. 下列关于预算管理委员会的说法中，不正确的有（　　）。
   A. 是预算管理决策机构　　　　　　B. 一般为常设机构
   C. 是预算执行机构　　　　　　　　D. 一般设在财会部门
4. 全面预算管理的主要功能有（　　）。
   A. 明确目标　　　B. 配置资源　　　C. 控制业务　　　D. 考评业绩
5. 作业预算的关键要素包括（　　）。
   A. 将要做的工作类型　　　　　　　B. 将要做的预算目标
   C. 将要做的工作数量　　　　　　　D. 将要做的工作成本

四、实训题

（一）实训目的
掌握滚动预算的编制方法。

（二）实训资料

某公司第一车间采用滚动预算方法编制制造费用预算。已知2020年分季度的制造费用预算如表3-22所示（其中间接材料费用忽略不计）。

表3-22　　　　　　　　　　2020年全年制造费用预算金额　　　　　　　　　　单位：元

项目	2020年 第1季度	第2季度	第3季度	第4季度	合计
直接人工预算总工时/小时	11 400	12 000	12 360	12 600	48 360
变动制造费用					
间接人工费用	50 160	53 064	54 384	55 440	213 048
水电和维修费用	41 040	43 416	44 496	45 360	174 312
小计	91 200	96 480	98 880	100 800	387 360
固定制造费用					
设备租金	38 600	38 600	38 600	38 600	154 400
管理人员工资	17 400	17 400	17 400	17 400	69 600
小计	56 000	56 000	56 000	56 000	224 000
制造费用合计	147 200	152 480	154 880	156 800	611 360

2020年3月31日，公司在编制2020年第2季度至2021年第1季度的滚动预算时，发现未来的4个季度中将出现以下情况：

(1) 间接人工费用预算工时分配率将上涨50%。

(2) 原设备租赁合同到期，公司新签订的租赁合同中设备年租金将降低20%。

(3) 预计直接人工总工时如表3-23所示。假定水电和维修费预算工时分配率等其他条件不变。

（三）实训要求

(1) 以直接人工工时为分配标准，计算下一滚动期间的如下指标：

① 间接人工费用预算工时分配率。

② 水电和维修费用预算工时分配率。

(2) 根据有关资料计算下一滚动期间的如下指标：

① 间接人工费用总预算额。

② 每季度设备租金预算额。

(3) 计算并填列表3-23中用字母表示的项目。

表3-23　　　　　　　　　　2020年全年制造费用预算金额　　　　　　　　　　单位：元

项目	2020年 第2季度	第3季度	第4季度	2021年 第1季度	合计
直接人工预算总工时/小时	12 100	（略）	（略）	11 720	48 420
变动制造费用					

续表

项　　目	2020 年 第 2 季度	2020 年 第 3 季度	2020 年 第 4 季度	2021 年 第 1 季度	合　计
间接人工费用	A	（略）	（略）	B	（略）
水电和维修费用	C	（略）	（略）	C	（略）
小　　计	（略）	（略）	（略）	（略）	493 884
固定制造费用					
设备租金	E	（略）	（略）	（略）	（略）
管理人员工资	F	（略）	（略）	（略）	（略）
小　　计	（略）	（略）	（略）	（略）	（略）
制造费用合计	171 700	（略）	（略）	（略）	687 004

任务三　全面预算编制

一、判断题

1. 预算考核是企业全面预算业务基本流程的最终环节。（　　）
2. 预算编制是企业实施全面预算管理的起点，不会面临风险。（　　）
3. 销售预算是全面预算体系的起点，是其他预算编制的基础。（　　）
4. 现金预算由现金收入、现金支出、现金余缺、资金的筹集和运用四个部分组成。（　　）
5. 现金预算是全面预算编制的最终环节。（　　）

二、单项选择题

1. 编制全面预算的关键和起点是（　　）。
   A. 产品成本预算　　B. 生产预算　　C. 销售费用预算　　D. 销售预算

2. 某企业预计 2020 年第 3、4 季度销售产品分别为 1 500 件、1 650 件，单价为 350 元，各季度销售收现率为 60%，其余部分在下个季度收回，则该企业第 4 季度现金收入为（　　）元。
   A. 556 500　　B. 546 000　　C. 661 500　　D. 1 102 500

3. 不需要另外预计现金支出和收入，直接参加现金预算汇总的预算是（　　）。
   A. 直接材料预算　　　　　　B. 直接人工预算
   C. 销售预算　　　　　　　　D. 销售及管理费用预算

4. 只使用实物量计量单位的预算是（　　）。
   A. 产品成本预算　　B. 生产预算　　C. 直接材料预算　　D. 销售预算

5. 某企业预计第 4 季度期初存量 456 千克，季度生产需用量 2 120 千克，预计期末存量为 350 千克，材料单价为 10 元/千克，若材料采购货款有 50% 在本季度内付清，另外 50% 在下季度付清，则该企业年末预计资产负债表"应付账款"项目为（　　）元。
   A. 11 130　　B. 14 630　　C. 10 070　　D. 13 560

6. 编制生产预算的基础是（　　）。
   A. 采购预算　　B. 制造费用预算　　C. 财务预算　　D. 销售预算

7.变动性制造费用预算的编制基础是( )。
A. 生产预算　　　　　　　　　B. 现金预算
C. 制造费用预算　　　　　　　D. 销售预算

8.编制制造费用预算时,预计现金支出时应予剔除的项目是( )。
A. 间接材料　　　　　　　　　B. 间接人工
C. 管理人员工资　　　　　　　D. 折旧费

三、多项选择题

1.与生产预算有直接联系的预算有( )。
A. 直接材料预算　　　　　　　B. 变动制造费用预算
C. 直接人工预算　　　　　　　D. 销售及管理费用预算

2.下列关于本期采购付现金额的计算公式中,正确的有( )。
A. 本期采购付现金额＝本期采购金额＋期初应付账款＋期末应付账款
B. 本期采购付现金额＝本期采购金额＋期初应付账款－期末应付账款
C. 本期采购付现金额＝本期采购本期付现金额＋前期赊购本期付现金额
D. 本期采购付现金额＝本期采购金额－期初应付账款＋期末应付账款

3.编制直接人工预算时需要考虑的因素有( )。
A. 标准工资率　　　　　　　　B. 预计销售量
C. 预计生产量　　　　　　　　D. 人工定额工时

4.销售预算的主要内容有( )。
A. 销售数量　　B. 销售单价　　C. 销售收入　　D. 销售费用

5.下列关于预算管理环境的说法中,不正确的有( )。
A. 企业实施预算管理的基础环境包括战略目标、业务计划、组织架构、内部管理制度、信息系统等
B. 企业在构建预算管理体制、设置预算管理机构时,应遵循合法科学、高效有力、经济适度、全面系统、权责明确等基本原则
C. 企业应当设立预算管理委员会,作为专门履行预算管理职责的决策机构
D. 预算管理委员会一般为常设机构

四、实训题

实训一

(一)实训目的
掌握销售预算的编制方法。

(二)实训资料
某公司只生产销售一种产品,销售单价为75元。2019年期末应收账款余额为24 000元,该余额包含属于第3、4季度的销售收入各12 000元。公司计划2020年度销售6 000件,其中第1季度1 000件、第2季度1 500件、第3季度2 000件、第4季度1 500件。公司每季度销售在当季度收到货款的60%,在次季度回收货款的30%,其余部分在第三个季度收讫。

(三)实训要求
(1)编制2020年度销售预算。
(2)编制2020年度各季度的现金收入预算表。

实训二

(一)实训目的

掌握现金预算的编制方法。

(二)实训资料

某公司1月、2月销售额各为20万元,自3月起月销售额增长至30万元。公司当月收款30%,次月收款70%。公司在销售前一个月购买材料,并且在购买后的下一个月支付货款,原材料成本占销售额的60%,其他费用如表3-24所示。

表3-24　　　　　　　　　　其他费用资料　　　　　　　　　　单位:元

月份	工资	租金	其他费用	税金
3月份	30 000	12 000	3 000	—
4月份	30 000	12 000	4 000	90 000

该公司2月底的现金余额为50 000元,且每月现金余额不少于50 000元。

(三)实训要求

根据以上资料编制3月、4月的现金预算表,如表3-25所示。请把表格中的数据填写完整。

表3-25　　　　　　　　　　现金预算表　　　　　　　　　　单位:元

项目	3月份	4月份
期初现金余额	50 000	( )
加:销售现金收入	( )	( )
减:现金支出	—	—
购买材料	180 000	180 000
工资	30 000	30 000
租金	12 000	12 000
其他费用	3 000	4 000
税金	—	90 000
支出合计	( )	( )
现金多余或不足	( )	( )
从银行借款	—	( )
期末现金余额	( )	( )

实训三

(一)实训目的

掌握全面预算的编制方法。

(二)实训资料

(1)康达企业预计2020年销售A产品10 200件,第1—4季度分别为2 000件、2 250

件、3 000 件、2 950 件,销售单价为 500 元。收款条件为当季现收占销售额的 60%,余款在后两个季度分别收到 30% 和 10%,不考虑坏账影响,2019 年第 3、4 季度的销售额分别为 1 400 000 元和 1 350 000 元。

(2) 经测算,预计在每季度末保有产品库存量为下一季度销售量的 20%(延续 2019 年度的政策)。2019 年产品单位成本为 260 元,预计 2021 年第 1 季度销售量为 1 900 件。

(3) 假定生产 A 产品只耗用一种材料,预计 2020 年年末材料库存量为 1 600 千克。2019 年年末材料库存量为 1 400 千克。产品的材料消耗定额为 3 千克/件,材料单价为 50 元/千克。每一季度的期末材料库存量为下一季度的生产耗用量的 10%。材料采购货款当季付现 70%,余款在下一季度付清。2019 年年末应付账款为 80 000 元。

(4) 直接人工小时工资率为 15 元/小时,单位产品工时定额为 4 小时/件。

(5) 变动制造费用与人工工时密切相关。变动制造费用分配率为 10 元/小时,其中:间接材料为 2 元/小时,间接人工为 1 元/小时,水电费为 3 元/小时,变动维修费用为 1.5 元/小时,其他变动制造费用为 2.5 元/小时。假定固定制造费用各季均衡,全年预计为 600 000 元,其中:人员工资 200 000 元,折旧费 140 000 元,维修费 60 000 元,保险费 80 000 元,其他费用 120 000 元。预计所有费用均需当季支付。

(6) 采用变动成本法,变动制造费用的产品工时定额为 4 小时/件。

(7) 预计单位变动销售费用为 15 元/件。预计固定销售及管理费用为每季 106 000 元(其中含每季折旧费 12 500 元)。

(8) 2019 年年末现金余额为 125 000 元,每季季末最低现金余额为 300 000~400 000 元。预计 4 月全款购置一套价值 500 000 元的设备。企业现有未到期长期借款 500 000 元,年利率 8%,每年年末付息。另获得银行 3 月期贷款授信额度 600 000 元,年利率 10%,每季季初借入,下季季初还本付息。预计第 2 季度贷款 120 000 元,第 4 季度贷款 400 000 元。预计第 4 季度以现金 900 000 元对外投资入股。预计每季缴纳所得税 80 000 元(假定不考虑其他税费)。

(9) 康达企业 2019 年度资产负债表(简表)如表 3-26 所示。

表 3-26　　　　　　　　　　　　　资产负债表(简表)
单位:康达企业　　　　　　　　　　2019 年 12 月 31 日　　　　　　　　　　　　　单位:元

资　　产	金　　额	负债及所有者权益	金　　额
流动资产:		负债:	
库存现金	125 000	应付账款	80 000
应收账款	680 000	长期借款	500 000
原材料	70 000	负债小计	580 000
产成品	104 000	所有者权益:	
流动资产小计	979 000	股本	1 000 000
非流动资产:		留存收益	116 000
固定资产	717 000	所有者权益小计	1 116 000
资产总计	1 696 000	负债及所有者权益总计	1 696 000

项目三 预算管理

（三）实训要求

康达企业为编制 2020 年度预算，企业预算编制部门收集了有关资料，请根据资料编制康达企业 2020 年度各项预算（表 3-27 至表 3-38）。

表 3-27　　　　　　　　　　康达企业 2020 年度销售预算表　　　　　　　　　　单位：元

项　　目		第 1 季度	第 2 季度	第 3 季度	第 4 季度	全　年
预计销售量/件						
预计销售单价						
预计销售额						
预计现金收入	期初应收账款					
	第 1 季度销售收入					
	第 2 季度销售收入					
	第 3 季度销售收入					
	第 4 季度销售收入					
	现金收入合计					

表 3-28　　　　　　　　　　康达企业 2020 年度生产预算表　　　　　　　　　　单位：件

项　　目	第 1 季度	第 2 季度	第 3 季度	第 4 季度	全　年
预计销售量					
减：预计期初存货					
加：预计期末存货					
预计生产量					

表 3-29　　　　　　　　　　康达企业 2020 年度直接材料预算表

项　　目	第 1 季度	第 2 季度	第 3 季度	第 4 季度	全　年
预计生产量/件					
单耗定额/千克					
材料用量/千克					
加：预计期末材料库存量/千克					
减：预计期初材料库存量/千克					
预计材料采购量/千克					
采购单价/（元/千克）					
预计采购金额/元					

续 表

项 目		第1季度	第2季度	第3季度	第4季度	全 年
预计现金支出	期初应付账款/元					
	第1季度购料款/元					
	第2季度购料款/元					
	第3季度购料款/元					
	第4季度购料款/元					
	现金支出合计/元					

表 3-30　　　　　　　　　　康达企业 2020 年度直接人工预算表

项 目	第1季度	第2季度	第3季度	第4季度	全 年
预计生产量/件					
工时定额/小时					
人工总工时/小时					
小时工资/元					
人工总成本/元					

表 3-31　　　　　　　　　　康达企业 2020 年度制造费用预算表　　　　　　　　　　单位：元

项 目		小时费用率	第1季度	第2季度	第3季度	第4季度	全 年
	人工总工时/小时						
变动制造费用	间接材料						
	间接人工						
	水电费						
	维修费						
	其他费用						
	小 计						
固定制造费用	人员工资						
	折旧费						
	维修费						
	保险费						
	其他费用						
	小 计						
	制造费用合计						

077

续 表

项　目	小时费用率	第1季度	第2季度	第3季度	第4季度	全　年
减：折旧费						
预计现金支出						

表3-32　　　　　　　　康达企业2020年度单位产品生产成本预算表

项　目	定额(标准)	单价/元	单位变动成本/元
直接材料			
直接人工			
变动制造费用			
合　计			

表3-33　　　　　　　　康达企业2020年度期末库存产品成本预算表

季　度	期末库存量/件	单位成本/元	库存产品成本/元
第1季度			
第2季度			
第3季度			
第4季度			

表3-34　　　　　　康达企业2020年度生产成本及销售成本预算表　　　　　　单位：元

项　目	第1季度	第2季度	第3季度	第4季度	全　年
直接材料					
直接人工					
变动制造费用					
生产成本合计					
加：期初库存产品成本					
减：期末库存产品成本					
销售成本合计					

表3-35　　　　　　　康达企业2020年度销售及管理费用预算表　　　　　　　单位：元

项　目	第1季度	第2季度	第3季度	第4季度	全　年
预计销售量/件					
单位变动销售费用					

续　表

项　目	第 1 季度	第 2 季度	第 3 季度	第 4 季度	全　年
变动销售费用小计					
固定销售及管理费用					
销售及管理费用合计					
减：折旧费					
预计现金支出					

表 3－36　　　　　　　　　康达企业 2020 年度现金预算表　　　　　　　　　单位：元

项　目	第 1 季度	第 2 季度	第 3 季度	第 4 季度	全　年
期初现金余额					
加：销售现金收入					
可供使用的现金					
减：现金支出					
直接材料					
直接人工					
制造费用					
销售及管理费用					
购置设备					
对外投资					
缴纳税费					
现金支出合计					
现金余缺					
向银行贷款					
归还贷款本金					
支付贷款利息					
期末现金余额					

表 3－37　　　　　　　　　康达企业 2020 年度预计利润表　　　　　　　　　单位：元

项　目	第 1 季度	第 2 季度	第 3 季度	第 4 季度	全　年
销售收入					
变动成本：					
销售成本					

续 表

项　　目	第1季度	第2季度	第3季度	第4季度	全　年
销售费用					
小　计					
边际贡献					
固定成本：					
制造费用					
销售及管理费用					
小　计					
营业利润					
减：利息					
税前利润					
减：所得税					
净利润					

表3-38　　　　　　　　　　　　**康达企业2020年度预计资产负债表**　　　　　　　　　　　　单位：元
2020年12月31日

资　　产	金　额	负债及所有者权益	金　额
流动资产：		负债：	
库存现金		应付账款	
应收账款		短期借款及利息	
原材料		长期借款	
产成品		负债小计	
流动资产小计		所有者权益：	
非流动资产：		股本	
固定资产		留存收益	
长期投资		所有者权益小计	
资产总计		负债及所有者权益总计	

实训四

（一）实训目的

通过案例分析，充分认识全面预算对企业管理的重要性。

（二）实训资料

重庆长江电工工业集团有限公司（以下简称长江电工）的全面预算管理体系是建立在业务运营系统上的规划控制体系，以业务计划为源头，以业务预算为基础，以薪酬预算和资本预算作为重要支撑,最终以财务预算的形式将特定周期的运营过程预先反映出来。

长江电工是国家特品产品的定点企业,其产品主要有特品、汽车零部件、金属材料、高强度螺栓、紧固器材五大系列共60余个品种。近年来,随着内外部运营环境的一系列变化,长江电工各项管理工作的复杂性和不确定性日益提升,企业管理不再拘泥于传统模式,事前对经营活动进行科学规划预测、事中对运营过程进行有效控制、事后对运营效果进行合理评价显得越来越重要。在此背景下,长江电工以实现企业价值增值为目标,以推进管理会计工具运用为切入点,用了三年时间分五大步骤逐步建立起业务与财务的交汇融合,有利于落实战略、前瞻规划、过程控制、评价标杆等的全面预算管理体系,有效提升了企业管控决策的质量。

1. 长江电工全面预算管理的整体框架

长江电工的全面预算管理体系是建立在业务运营系统上的规划控制体系,其源头是业务计划,基础是业务预算,薪酬预算和资本预算是其重要支撑,最终以财务预算的形式将特定周期的运营过程预先反映出来。企业通过业务计划提前规划各职能单位将要做什么事;通过编制业务预算、薪酬预算和资本预算明确特定作业所需要的资源支撑;在预算委员会牵头组织"三上三下"的沟通和审核过程中完成对作业活动的效果评估及资源配置方案;最后通过监控各项预算的执行实现对运营过程的及时管理控制。

2. 长江电工建立全面预算管理体系的"五步法"实践

在开展全面预算管理实践过程中,长江电工立足实际,注重建立长效机制,充分考虑管理革新与企业的接受程度,兼顾新旧管理模式间的平稳过渡,探索出由易到难、循序渐进的"五步法"。

(1) 第一步:从无到有,做实费用预算。

第一步的主要目标是导入工具,以费用预算编制作为预算工具的导入点,达到"树意识、立规矩、控费用"的目的,为深入推行成本项目预算打下基础。

① 设立预算管理委员会。设立全面预算管理委员会,作为预算管理的最高权力机构。预算管理委员会下设预算管理办公室,由财务部负责人任主任,战略、市场、人力、生产、质量、组干等业务部门负责人为办公室成员,各单位指定一名兼职预算员负责本部门责任预算的编制与分析,从人员组成机制上保证业务部门的参与。

② 坚持"先业务预算后经费预算"。强调预算的编制依据是部门职责及业务活动,依据业务活动逐项匹配经费预算,初步体现预算与业务的结合。对各类费用细化至最小项目,避免因漏报项目而调整预算。制订每类费用标准,以标准编制预算,每项费用透明化。上下严格执行预算,将费用指标录入计算机系统,无预算就无法制作凭证,利用计算机进行刚性控制。

③ 严格控制预算调整,维护预算的权威。统一预算调整表单,申请预算调整的单位必须以附件形式说明调整事项理由。制订相对烦琐的预算调整流程,预算调整不论金额大小,必须经业务主管部门和预算办公室审核通过后,逐级报批,最终由预算委员会主任或预算管理委员会批准后才能予以调整。

(2) 第二步:从有到全,夯实业务基础。

制造企业的管控重点在于组织生产及成本管理,只有做实与生产相关的业务预算与成本预算,预算工作才能有效融入其中。

① 运用经营预测工具,科学编制销售预算。销售预算编制以对当前的市场状况、竞争对手和产品销售渠道的销售预测为基础,结合前期销售订单的执行情况、生产能力评估等,将销售预算按照发生的概率进行细分。已签订的合同、订单直接计入销售收入预算;有意向的订单或订货需求信息,根据剩余产能及历史经验,结合企业固定资产投资计划,预测销售收入,最终形成分解到客户、品种、单价及交货期的销售收入预算。在销售收入预算的基础上对销售大纲进行压力测试,预测因经营环境变化导致变动的销售大纲对年度经营目标完成的支撑度,形成高、中、低压力不同方案的销售计划供决策层参考。

② 做实生产大纲,将生产大纲作为其他业务预算编制的纲领。以销售预算及产能为起点编制各月生产大纲预算。生产管理部门应充分考虑企业现有生产能力、技术瓶颈、原材料供给、在制品结存情况,在保证产品满足销售交付期的前提下,合理调控月度生产计划,均衡生产,确保生产目标完成。生产大纲是全年预算的中枢神经,物料需求预算、物资采购预算、仓储物流预算、用工计划及薪酬预算、工具生产及消耗预算、能源预算及成本中心生产成本预算等均以生产大纲作为编制基础。

③ 以定额为基础,全面开展车间的成本预算编制。定额数据依据产品工艺质量等实际数据测算,易为成本中心所接受,已有定额数据的材料、工装和人工以定额数据编制预算成本。无完整定额数据的能源和制造费用则参照三年平均历史成本编制预算成本,其修正要剔除受不可控因素影响的历史数据,结合企业投资情况、技术革新、生产熟练程度等进行微调确定。

④ 强调预算的业务属性,实行费用归口管理。业务部门负责对各自分管板块的预算编制、审核、执行及考核配置资源,实行谁负责谁控制、谁节约谁受奖励、谁超支谁受惩罚的政策,形成人人关心预算、全员保障完成预算的局面。

⑤ 将部分预算指标纳入绩效考核,以考核促进预算。编制靠定额,执行靠考核。通过预算指标考核,能使被考核人看到具体差距,调动企业全员的积极性、主动性和创造性。先将部分指标纳入绩效考核易于企业上下转变观念,逐步接受。

⑥ 明晰编制流程,提升预算编制水平。一是将全面预算分为业务预算、财务预算、薪酬预算、资本预算、资金预算五大部分,分别由财务部、人力资源部、战略规划部等部门牵头编制,真正实现部门之间联合协作编制预算。二是绘制公司的全面预算结构框架,使全面预算的编制、审核、结构分析更加清晰并有据可依。三是预算编制原则以工艺改进计划作为牵引,以设备投资经营数据效果体现作为落脚点,使全面预算、成本工程与绩效考核更加深入融合。四是编制预算时以销售计划倒序排产,使主要经济指标细分到月度,为预算执行情况分析和滚动调整打下基础。

(3)第三步:从全到深,细化成本预算。

① 及时修订优化各项定额。每年年中,依据工艺改进调整材料消耗定额、产品工时定额、工装消耗及部件良品率等指标;补充制定制造费用中与产量、工时、人数相关度较高的项目定额,如制造费用中的办公费、印刷费,根据多年积累的历史数据,补充制定能源定额;将标准成本及定额成本同时作为预算编制的参照标准。

② 细化各类生产保障性预算的编制。编制以工艺进步和质量提升为目标的工艺科研预算,以保障生产为目标的安全、物流预算,以解决生产瓶颈为目的的维修维护预算,支撑成本预算的科学合理性。在工艺科研预算方面,企业为改进工艺、产能、质量、效率和成本进行

的设备、人力、技术等投资在全面预算编制中通过工艺改进计划反映,如产品良品率提高、材料消耗量降低、专用工具使用量降低、操作工人减少。

③ 新增投资预算,细化投资对成本的影响。战略部门根据企业规划和对行业未来发展的预测,参照《投资决策手册》设计投资预算表单,编制固定资产投资计划和产权投资方案,各相关职能部门初审后经预算管理委员会专题审议通过确定。同时,在成本预算中体现投资行为对成本或经营指标的影响,如产能扩大、成本下降或效率提升对成本和效益的影响。

④ 以零基方式编制费用类预算。除人员薪酬和折旧外,编制费用类预算不再以历史数据为依据,通过开展零基预算,避免以前年度非常规业务对预算编制准确性的影响。

⑤ 深化全面预算与日常经营考核的有机统一。用基于全面预算的业绩评价体系取代基于核算的评价体系,设置明确的评价标准,有奖有罚、权责对等,预算执行差异直接量化为工资奖惩。将目标收入预算纳入考核;对经济增加值驱动路径敏感的指标(如科研投入等)纳入考核;将预算执行考核与中层领导干部个人薪酬挂钩,调动中层管理人员主动参与预算管理的积极性。

(4) 第四步:从深到准,打造预算平台。

① 用标准成本取代定额成本作为预算编制的参照标准。一是编制产品成本预算时,只编制因年度生产安排、技术路线变动等因素导致的与标准成本有差异的预算项目,并对每个项目附上专项差异说明。二是审核成本预算时,重点审核差异。依据差异分析的合理性,结合实际确定当年产品成本预算。

② 划分成本性态,夯实动态预算的基础。制造费用是成本中较为复杂的项目,长江电工按成本性态将制造费用分为变动和固定两大类。变动部分以产量、人数、工时等动因分析编制。例如,实验检验费、机物料消耗以产量为动因编制,低值易耗品以工时为动因编制。固定费用以专项分析编制,如厂房和机器设备的折旧。

③ 细化考核指标,实现预算执行、反馈与改进机制的统一。每月将考核执行差异的奖惩情况以书面形式通知被考核单位,及时让被考核单位了解因预算执行差异被奖惩的具体金额、差异事项及原因,并对需改进问题作出必要的提示和督促。同时加大业务指标的权重,如对材料消耗指标和良品率两个指标权重和考核政策由70%调整为100%。

(5) 第五步:从准到先,落实战略牵引。

① 增加业务与战略的相关度分析,以目标牵引业务。所有业务计划纳入全面预算后,部分业务计划与企业经营目标相关度不大,资源占用与目标实现关联度不紧密,编制预算时需增加业务计划部分与企业战略的关系描述、对年度经营目标支撑度评价两部分的内容,审核预算时先审业务计划的真实性,再审业务计划与战略的关系和对经营目标的支撑度,全方位平衡配置资源。调整预算时新增和调减预算必须符合调整后的企业经营目标。

② 开展以资金预算为主线的动态预算管理。将利润作为预算的主线,对分月资金预算进行动态调整,将资金预算作为静态与动态的纽带。从生产大纲追溯用工、采购等各种生产耗费资源对经营现金的影响,逐月编制月度滚动资金预算,实现资金预算对生产情况的动态支持。

③ 固化流程,编写《全面预算编制指南》。针对预算管理工作无统一标准和规范、编制效率不高的情况,编写全面预算编制流程及各类表单,固化前期工作成果,强化成果运用。

④ 重视工具运用成果的输出和利用,编报内部管理会计报告。企业逐步建立起以月度

预算执行分析为基础,包含三张管理会计报表和多个专项业务分析的内部报告体系。内容包括：每月编制经济增加值路径分析表等三张内部管理报表；收入、成本、利润、经营现金流、应收账款、存货六个财务报表的主要指标预算执行度对比分析；收入结构对比、重点产品成本预算执行、应收应付账款对比、资金收支计划完成情况分析等。

（三）实训要求

思考并回答下列问题：

(1) 长江电工全面预算"五步法"包括哪些步骤？

(2) "先业务预算后经费预算"体现的管理思想是什么？

(3) 长江电工全面预算管理的整体框架是什么？

(4) 长江电工全面预算管理对企业管理有什么作用？

｛资料来源：张德勇,潘锡睿,龚华萍.长江电工的全面预算"五步法"[J].财务与会计,2015(02)｝

预算管理
在线测试

项目四　成　本　管　理

知识学习目标

- 熟悉成本的概念，了解成本的不同分类；
- 理解成本管理的概念及成本管理的基本原则；
- 熟悉成本管理领域应用的工具方法；
- 掌握常用工具方法的应用。

能力学习目标

- 通过对成本相关概念的学习，充分理解从不同角度进行的成本划分；
- 通过学习成本管理的概念和原则，能够理解成本管理的具体内涵；
- 通过学习成本管理领域应用的工具方法，使学生了解在不同内外部环境下可选择的成本管理工具方法；
- 通过掌握常用的成本管理工具方法，学会结合企业的具体情况进行熟练的应用。

工作任务

- 成本管理认知；
- 目标成本法认知；
- 标准成本法认知；
- 变动成本法认知；
- 作业成本法认知。

项目引例

某家电企业的成本管理模式

某家电生产企业充分结合中国国情和当时经济环境的特点，利用人力、土地廉价的优势，采取给别人代工的方式换取生产线，然后通过内部挖潜，充分利用生产线的剩余生产能力为自己生产产品。这种使用权的虚拟扩张方式迅速构造了竞争力的成本动因。

该企业于2017年投产某家电产品，为提高市场占有率，开始在全国进行大规模的降价活动，通过规模的扩大带动成本下降。同时，该家电产品售价下降又直接扩大了市场容量，企业资金回流相应增加，规模再次扩大，进而又带动成本下降。如此循环，引起了该家电产品一轮又一轮的价格战，销量和市场占有率不断提高。传统的规模扩张方式往往要增加固

项目四　成本管理

定资产的投资,导致企业的现金流减少和价格竞争力下降。但该企业并没有动用自有资金投资固定资产,而是将国外企业的生产线搬到中国,走了一条虚拟联合规模扩张的道路,实现了资本和市场的同步扩张,获得了无可比拟的成本优势。

提出问题:
(1) 什么是成本管理,成本管理的好坏对企业有何影响?
(2) 企业成本管理一般运用哪些工具方法进行管理?
(3) 该企业在生产经营中是如何进行成本管理的?
(4) 如何判断一个企业成本管理的水平高低?
带着这些问题,让我们进入本项目的学习。

任务一　成本管理认知

一、成本的概念

管理会计中的成本是指企业生产经营过程中以货币表现的、为达到一定目的而消耗的各种经济资源的价值。

管理会计中的成本概念较财务会计和经济学中的成本概念要宽泛很多,它们的区别表现在:

(1) 不仅包括已经发生的各项费用支出,而且还包括某项经济业务将要发生的和可能发生的各项费用消耗。

(2) 仅仅考虑与某项经济业务相关的成本,剔除了已经发生但与当前业务无关的成本。

(3) 不仅可以按产品归集成本,还可以根据需要按不同经济管理目的和用途确定成本归集对象。

值得注意的是,管理会计中的成本内涵并不是一成不变的,而是随着管理需要不断丰富和发展的。例如,变动成本法下的产品成本包括直接材料、直接人工和变动制造费用,而完全成本法下的产品成本除上述内容外,还包含固定制造费用。管理会计在履行预测、决策、规划控制和业绩评价职能时,其所需成本信息各不相同,可以依据不同标准对成本进行多种分类。

成本是管理会计的核心对象,在管理会计中具有十分重要的作用。在决策方案的评价过程中,评价有关方案的优劣无非是两个标准:成本最低或收益最大。成本往往对收益起着制约作用,因此,在决策会计中,对有关方案的相关成本的预计是决策程序中的重要环节。例如,在定价决策中,无论是成本加成定价法,还是最优价格定价法,都需要计算成本或边际成本;在零部件自制与外购决策中,需要比较自制成本和外购成本;在固定资产更新决策中,需要比较新旧设备的年使用成本。在对经营活动实施控制的过程中,主要的控制内容就是对经营过程中发生的成本进行控制,如执行会计中的标准成本控制、存货成本控制和责任成本控制。可以看出,成本在管理会计中自始至终都处于中心地位。

二、成本的分类

按照企业管理的不同要求,可以按不同的依据将成本划分为不同的类型。

（一）按经济用途分为生产成本和非生产成本

生产成本（亦称制造成本）是指将材料转变为产成品而发生的成本，通常细分为直接材料、直接人工、制造费用三大成本项目。其中：直接材料是指在产品制造过程中直接用来构成产品实体的材料耗用；直接人工是指产品制造过程中对材料进行直接加工使之形成产品所发生的生产工人的人工成本。这些人员的工作与产品生产直接相关，可追溯到产品上。制造费用是指那些在产品制造过程中发生的，但又不能归为直接材料或直接人工的所有支出。

非生产成本（称非制造成本）是指生产成本以外的成本。在西方财务会计中包括推销成本和一般行政管理成本，两者常常合称为推销及行政管理成本。推销成本是指在流通领域中为推销产品而发生的各项成本，又称推销费用（它相当于我国工业企业的销售费用），包括广告宣传费、销售佣金、销售人员工资以及销售部门的其他费用（办公费、差旅费、修理费）；一般行政管理成本是指企业行政部门为组织企业生产所发生的成本（它相当于我国工业企业的管理费用和财务费用）。

这是西方财务会计学上的传统分类方法。区分生产成本和非生产成本是财务会计组织传统成本核算的重要基础。

（二）按可辨认性分为直接成本和间接成本

成本的可辨认性是指成本的发生与特定的归集对象之间的联系，又称为可追溯性。成本的发生与特定的归集对象之间的联系越紧密，成本的可辨认性越强，成本计算的准确性就越高。

直接成本是指那些与特定的归集对象有直接联系，能够明确判断其归宿的成本，又称可追溯成本。

间接成本是指那些与特定的归集对象并无直接联系或无法追踪其归宿的成本，又称不可追溯成本。

区分直接成本和间接成本有助于确定成本归集和成本分配时的计算对象，提高成本计算的准确性，为企业管理提供更加有用的成本信息。需要说明的是，直接成本与间接成本是一对相对概念，有时一项成本可能同时是直接成本又是间接成本，这完全取决于考察成本的角度。

（三）按可控性分为可控成本和不可控成本

成本的可控性是指责任单位对其成本的发生是否可以在事先预计并落实责任、在事中施加影响以及在事后进行考核的性质。

可控成本是指责任单位可以进行事先预计，事中计量、施加影响，并在事后落实责任考核的那部分成本；反之，则属于不可控成本。

区分可控成本和不可控成本可以分清各部门的责任，确定相应的责任成本，考核各部门的工作业绩。

（四）按实际发生的时态分为历史成本和未来成本

历史成本是指以前时期已经发生或本期刚刚发生的成本，也就是财务会计中的实际成本。

未来成本是指预先测算的成本，又称预计成本，如估算成本、计划成本、预算成本和标准成本。未来成本实际上是一种目标成本和控制成本。

区分历史成本和未来成本有助于合理组织事前的预决策、事中成本的控制和事后成本的计算、分析、考核。

(五) 按相关性分为相关成本和无关成本

相关成本是指与某一特定方案相联系,直接影响该方案预期效益及决策方向的成本。对于相关成本,决策者必须着重予以考虑,并将其纳入相应的决策分析过程。

无关成本是指不与某一特定方案相联系,不会对方案的预期效益及决策方向构成影响的成本。因此,对于无关成本,决策者无须加以考虑,也不必将其纳入相应的决策分析过程。

区分相关成本和无关成本有助于成本预测和成本决策,有利于正确开展对未来成本的规划。

(六) 按成本性态分为固定成本、变动成本和混合成本

固定成本是指成本总额在一定时期和一定业务量范围内,不受业务量增减影响而变动的成本。也就是说,固定成本的固定性是有条件的——一定范围和一定业务量,如果业务量的变动超过这个范围,固定成本就会发生变动。

变动成本是指在特定的产量范围内其总额随产量变动成正比例变动的成本。

混合成本是指除固定成本和变动成本之外的成本。它们总额因产量变动而变动,但不是成正比例变动。

成本性态也称成本习性,是指成本与业务量之间的相互依存关系。以成本性态为基础将成本划分为不同种类,有助于考察成本与业务量之间的规律性联系,可以为企业经营决策提供许多有用的信息。

三、成本管理的含义与原则

(一) 成本管理的含义

成本管理,是指企业在营运过程中实施成本预测、成本决策、成本计划、成本控制、成本核算、成本分析和成本考核等一系列管理活动的总称。

成本预测是以现有条件为前提,在历史成本资料的基础上,根据未来可能发生的变化,利用科学的方法,对未来的成本水平及发展趋势进行描述和判断的成本管理活动。

成本决策是在成本预测及有关成本资料的基础上,综合经济效益、质量、效率和规模等指标,运用定性和定量的方法对各个成本方案进行分析并选择最优方案的成本管理活动。

成本计划是以营运计划和有关成本数据、资料为基础,根据成本决策所确定的目标,通过一定的程序,运用一定的方法,针对计划期企业的生产耗费和成本水平进行的具有约束力的成本管理活动。

成本控制是成本管理者根据预定的目标,对成本发生和形成的过程以及影响成本的各种因素条件施加主动的影响或干预,把实际成本控制在预期目标内的成本管理活动。

成本核算是根据成本核算对象,按照国家统一的会计制度和企业管理要求,对营运过程中实际发生的各种耗费按照规定的成本项目进行归集、分配和结转,取得不同成本核算对象的总成本和单位成本,向有关使用者提供成本信息的成本管理活动。

成本分析是利用成本核算提供的成本信息及其他有关资料,分析成本水平与构成的变动情况,查明影响成本变动的各种因素和产生的原因,并采取有效措施控制成本的成本管理活动。

成本考核是对成本计划及有关指标实际完成情况进行定期总结和评价,并根据考核结果和责任制的落实情况,进行相应的奖励和惩罚,以监督和促进企业加强成本管理责任制,

提高成本管理水平的成本管理活动。

(二) 成本管理的原则

企业进行成本管理,一般应遵循以下原则:

1. 融合性原则

成本管理应以企业业务模式为基础,将成本管理嵌入业务的各领域、各层次、各环节,实现成本管理责任到人、控制到位、考核严格、目标落实。

2. 适应性原则

成本管理应与企业生产经营特点和目标相适应,尤其要与企业发展战略或竞争战略相适应。

3. 成本效益原则

成本管理应用相关工具方法时,应权衡其为企业带来的收益和付出的成本,避免获得的收益小于其投入的成本。

4. 重要性原则

成本管理应重点关注对成本具有重大影响的项目,对于不具有重要性的项目可以适当简化处理。

四、成本管理的工具方法

(一) 目标成本法

目标成本法,是指企业以市场为导向,以目标售价和目标利润为基础确定产品的目标成本,从产品设计阶段开始,通过各部门、各环节乃至与供应商的通力合作,共同实现目标成本的成本管理方法。

目标成本法一般适用于制造业企业成本管理,也可在物流、建筑、服务等行业应用。

当企业的销售价格、销售额(份额)受外界(市场)的限制而难以掌控,通过内部挖潜来控制成本成为必然选择时,目标成本法是检验企业各项工作对企业盈利贡献大小的有效工具。

企业的目标成本应分解、细化为其各分支机构的成本目标,才便于系统地、事前性地控制成本,否则可能因责任不清而流于形式。因此,目标成本往往用于企业(成本)预算或(成本)竞争战略规划的场合。

(二) 标准成本法

标准成本法,是指企业以预先制定的标准成本为基础,通过比较标准成本与实际成本,计算和分析成本差异,揭示成本差异动因,进而实施成本控制、评价经营业绩的一种成本管理方法。

标准成本法一般适用于产品及其生产条件相对稳定,或生产流程与工艺标准化程度较高的企业。

通过调查、分析与技术测定而制定的,在有效经营条件下应控制与实现的产品正常成本,可作为对生产部门的实际成本、控制成本支出的效率与综合成果进行评价的基本依据或尺度。相对而言,定额成本更侧重于基层的作业及其技术角度,而标准成本更应被理解为一种对生产部门或车间的管理工具。

4-1 标准成本法认知

(三) 变动成本法

变动成本法,是指企业以成本性态分析为前提条件,仅将生产过程中消耗的变动生产成本作为产品成本的构成内容,而将固定生产成本和非生产成本作为期间成本,直接由当期收益予以补偿的一种成本管理方法。

某项成本若能随业务量的变动而变动,则称为变动成本;否则称为固定成本。因此,划分变动成本和固定成本是为了识别和认清各成本项目的变动规律。这种基础性信息对于企业的成本管理及基于此的各方面经营决策而言都是相当重要的。

另外,无论是变动成本还是固定成本都不能绝对而论,即任何变动规律都是在一定的时期、一定的业务量范围、一定的管理制度条件下才适用的。超出了这个限定,固定成本也会发生变化,变动成本的变化形态也会改变。

(四) 作业成本法

作业成本法,是指以"作业消耗资源、产出消耗作业"为原则,按照资源动因将资源费用追溯或分配至各项作业,计算作业成本,然后再根据作业动因,将作业成本追溯或分配至各成本对象,最终完成成本计算的一种成本管理方法。

作业,是指企业基于特定目的重复执行的任务或活动,是连接资源和成本对象的桥梁。一项作业既可以是一项非常具体的任务或活动,也可以泛指一类任务或活动。它揭示了一种新型的成本计量与管理的思路与方法,即:实现某成本对象(可以是产品,也可以是服务、工程、订单、顾客等)需要发生哪些生产活动(制造业中的搬运、车、铣、磨、切割等;餐饮业中的烹、焖、炒等),以及这些生产活动各自(需要)发生或消耗多少成本或资源(物料、人工等)。其逻辑关系如图 4-1 所示。

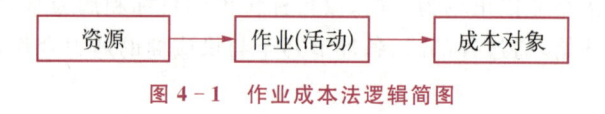

资源 → 作业(活动) → 成本对象

图 4-1 作业成本法逻辑简图

五、成本管理的应用程序

企业应用成本管理工具方法,一般按照事前管理、事中管理、事后管理等阶段进行。

(一) 事前成本管理阶段

事前成本管理阶段,主要是对未来的成本水平及其发展趋势所进行的预测与规划,一般包括成本预测、成本决策和成本计划等步骤。

(二) 事中成本管理阶段

事中成本管理阶段,主要是对营运过程中发生的成本进行监督和控制,并根据实际情况对成本预算进行必要的修正,即成本控制步骤。

(三) 事后成本管理阶段

事后成本管理阶段,主要是在成本发生之后进行的核算、分析和考核,一般包括成本核算、成本分析和成本考核等步骤。

任务二 目标成本法

一、目标成本法的含义及适用要求

(一) 目标成本的含义

目标成本是保证企业目标利润实现所必须达到的成本水平,它是企业经营目标的重要组成部分,是指为获取预定的市场份额所需的、顾客愿意支付的竞争性价格(即目标价格)与企业要求达到的目标利润之间的差额。目标成本计算是致力于产品总生命周期成本降低的综合性成本管理工具,是在保证产品功能前提下的全面性成本降低管理,包括产品研发与设计阶段,生产、营销与客户服务阶段,回收与处置阶段所发生的总成本的降低。目标成本计算公式如下:

单位产品目标成本＝单位产品预计售价－单位产品应纳税费－单位产品目标利润

在科技蓬勃发展的今天,企业间的竞争不外乎市场份额的竞争,而市场份额的竞争主要表现为产品功能和价格的竞争。产品功能竞争表现为新产品开发能力的竞争,价格竞争的实质是成本水平的竞争,不断降低成本是提升企业竞争力的根本保证。

(二) 目标成本法的含义

目标成本法,是指企业以市场为导向,以目标售价和目标利润为基础确定产品的目标成本,从产品设计阶段开始,通过各部门、各环节乃至与供应商的通力合作,共同实现目标成本的一种成本管理方法。

目标成本法起源于欧美,20世纪60年代被丰田汽车制造公司所运用并且发扬光大。目前在日本的各行各业的生产链中都存在熟练的目标成本法运用。一些日本企业对产品的成本设计、产品的零部件成本控制以及产品售后的成本都有很系统、很详细的研究,这促进了日本企业的发展和进步,使得日本企业在国际上的竞争力显著加强。

(三) 目标成本法的适用要求

目标成本法一般适用于制造业企业成本管理,也可适用于物流、建筑、服务等行业。一般来说,在企业管理过程中应用目标成本法,应遵循以下要求:

(1) 企业应用目标成本法,要求其处于比较成熟的买方市场环境中,且产品的设计、性能、质量、价值等需呈现较为明显的多样化特征。

(2) 企业应以创造和提升客户价值为前提,以成本降低或成本优化为主要手段,谋求竞争中的成本优势,保证目标利润的实现。

(3) 企业应成立由研究与开发、工程、供应、生产、营销、财务、信息等有关部门组成的跨部门团队,负责目标成本的制定、计划、分解、下达与考核,并建立相应的工作机制,有效协调有关部门之间的分工与合作。

(4) 企业能及时、准确地取得目标成本计算所需的产品售价、成本、利润以及性能、质量、工艺、流程、技术等方面的各类财务和非财务信息。

二、目标成本法的应用

(一) 目标成本法应用的一般程序

企业应用目标成本法,一般按照确定应用对象、成立跨部门团队、收集相关信息、计算市场容许成本、设定目标成本、分解可实现目标成本、落实目标成本责任、考核成本管理业绩以及持续改善目标成本等程序进行。

1. 确定应用对象

企业应根据目标成本法的应用目标及其应用环境和条件,综合考虑产品的产销量和盈利能力等因素,确定应用对象。企业一般应将拟开发的新产品作为目标成本法的应用对象,或选择那些功能与设计存在较大的弹性空间、产销量较大且处于亏损状态或盈利水平较低、对企业经营业绩具有重大影响的老产品作为目标成本法的应用对象。

2. 成立跨部门团队

在企业负责目标成本管理的跨部门团队之中,可以建立成本规划、成本设计、成本确认、成本实施等小组,各小组根据管理层授权协同合作完成相关工作。

3. 收集相关信息

目标成本计算是从销售部门对销售价格的详细测定开始的,即从产品在市场上被承认接受的价格开始,一个工序接一个工序地剖析其潜在的效益,从后向前核定。比如,公司在现有汽车上添加功能,生产出新型汽车,新型汽车的市场价格决定了在原有汽车售价基础上的价格增量部分。因此,采用目标成本法就需要收集原有的成本资料、生产工艺的改进对成本的影响、人力资源成本的升降等信息。

4. 计算市场容许成本

市场容许成本,是指目标售价减去目标利润之后的余额。企业一般采取价值工程、拆装分析、流程再造、全面质量管理、供应链全程成本管理等措施和手段,寻求消除当前成本或设计成本偏离容许成本差异的措施,使容许成本转化为可实现的目标成本。

5. 设定目标成本

企业应将容许成本与新产品设计成本或老产品当前成本进行比较,确定差异及成因,设定可实现的目标成本。应用目标成本法一般需经过目标成本的设定、分解、达成再设定、再分解、再达成多重循环,以持续改进产品方案。

6. 分解可实现目标成本

企业应按主要功能对可实现的目标成本进行分解,确定产品所包含的每一个零部件的目标成本。在分解时,首先应确定主要功能的目标成本,然后寻求实现这种功能的方法,并把主要功能和主要功能级的目标成本分配给零部件,形成零部件级目标成本。同时,企业应将零部件级目标成本转化为供应商的目标售价。

7. 落实目标成本责任

企业应将设定的可实现目标成本、功能级目标成本、零部件级目标成本和供应商目标售价进一步量化为可控制的财务和非财务指标,落实到各责任中心,形成各责任中心的责任成本和成本控制标准,并辅之以相应的权限,将达成的可实现目标成本落到实处。

8. 考核成本管理业绩

企业应依据各责任中心的责任成本和成本控制标准,按照业绩考核制度和办法,定期进行成本管理业绩的考核与评价,为各责任中心和人员的激励奠定基础。

9. 持续改善目标成本

企业应定期将产品实际成本与设定的可实现目标成本进行对比,确定其差异及其性质,分析差异的成因,提出消除各种重要不利差异的可行途径和措施,进行可实现目标成本的重新设定、再达成,推动成本管理的持续优化。

(二)目标成本法实际应用——价值工程法

目标成本控制经常采用"拆卸分析""价值工程"和"再造工程"等方法,其中"价值工程"是评价设计方案最基础的方法,下面简单加以介绍。

1. 价值工程的含义

价值工程是以功能分析为核心,用最低成本实现产品或作业必要功能的一项有组织的活动,具有如下三个方面的特征:

(1) 价值工程以最低成本实现某种产品或作业应具备的必要功能,使产品或作业达到最佳价值。这里的功能指产品和作业的必要功能,即产品和作业必须具备的用途,以满足消费者需求为前提,避免功能过剩和功能不足。这里的成本指产品寿命周期成本,包括生产成本(设计成本、开发成本、制造成本和非制造成本)和使用成本(运行成本、维修成本和保养成本)。

(2) 价值工程的核心是对产品或作业进行功能分析。产品或作业设计的核心是功能分析,确定实现必要功能的最优方案。价值分析可以发现哪些功能是消费者需要的、存在哪些过剩和不足的功能,通过改进方案使产品或作业的功能结构更加合理。

(3) 价值工程是一项有组织的活动。价值工程需要用最低成本达到必要功能,需要由各部门专业人员联手,发挥集体智慧来实现,因此是一项有计划、有组织的活动。

2. 价值工程法实施步骤

价值工程包括计划阶段、执行阶段、检查评价阶段和处理阶段。目标成本的制定发生在计划阶段,通过功能分析选择最佳方案,在此基础上确定某一功能的目标成本,并将其分解到各个零部件。具体步骤如下:

(1) 选择价值分析对象。企业不可能对所有产品或作业都进行价值分析,只能针对薄弱环节,选择重点对象进行分析。实践中通常选择成本高于同类产品或高于功能相近产品的产品作为研究对象。

(2) 收集信息。根据选定对象的性质、范围和要求,了解和把握本企业与国内外同行业同类产品的成本构成及成本水平,包括材料费、加工费、外购件成本等。

(3) 功能评价。实现某一功能可以有多个方案,功能评价就是通过比较不同方案的最低成本和目前成本,确定实现该功能的目前最优方案。该方案是目前条件下相对而言比较合理的一个方案。功能评价通常采用"功能价值"和"成本降低幅度"作为评价标准,其计算公式如下:

$$功能价值 = \frac{实现某一功能的最低成本}{实现某一功能的目前成本}$$

$$成本降低幅度 = 实现某一功能的目前成本 - 实现某一功能的最低成本$$

功能价值越大,说明该方案目前成本越接近最低成本,该方案相对较优。成本降低幅度越小,说明该方案改进的潜力越小,该方案相对较优。

(4) 制订方案。在功能分析基础上,选择实现该功能的目前最优方案。对选定方案提出进一步的改进对策,包括提出改进方案、评价改进方案和选定最优改进方案三个步骤。

(5) 确定目标成本。首先,针对选择的最优改进方案,运用"目标成本=目标售价-目标利润"原理,确定产品目标成本。其次,计算各个零部件的"功能评价系数"。其步骤为:
① 在作业成本法分析基础上,找出成本比重较大的零部件,按顺序排列起来,依据功能重要

程度一一对比,重要零件得 1 分,次要零件得零分;② 将各零件得分加以累计,再除以全部零件总分数,即可求得各零件的"功能评价系数";③ 采用"功能评价系数"将产品目标成本分配给各零部件,计算出零部件的目标成本,作为事前控制的依据;④ 将产品目标成本乘以各个零部件的功能评价系数,即可得到各个零部件的目标成本。

三、目标成本法的优缺点

(一)目标成本法的主要优点

(1)突出从原材料到产品出货全过程的成本管理,有助于提高成本管理的效率和效果。

(2)强调产品寿命周期成本的全过程和全员管理,有助于提高客户价值和产品市场竞争力。

(3)谋求成本规划与利润规划活动的有机统一,有助于提升产品的综合竞争力。

(二)目标成本法的主要缺点

目标成本法在实际应用中不仅要求企业具有各类所需要的人才,更需要各有关部门和人员的通力合作,对管理水平要求较高,其实施有一定的难度。

工作实例 4-1 某公司是一家生产多媒体音箱的企业。该公司 2019 年销售额为 11 310 万元,2019 年生产成本中的直接材料为 6 202 万元,直接人工为 918 万元,制造费用为 1 923 万元(其中制造工程部 390 万元,喇叭生产车间 460 万元,音箱车间 1 073 万元),管理费用为 1 105 万元,销售费用为 71 万元,财务费用为 135 万元。实现利润 964 万元。

经董事会决定,2020 年在全公司实行目标成本法,努力降低成本,并提出以下措施:

(1)由于市场竞争日益激烈,在音箱市场价格会下跌 25% 的情况下,销售量保持不变。

(2)确保目标利润总额不低于 880 万元。

(3)直接材料、直接人工和制造费用均下降 25%。

(4)制造费用中制造工程部负担部分下降 20%,喇叭生产车间负担部分下降 25%,其余费用由音箱车间负担。

(5)销售费用保持上年水平。

(6)管理费用和财务费用兜底,按同等比例下降。

任务处理如下:

(1)计算预算年度的销售额=11 310×(1-25%)=8 482.5(万元)

(2)市场容许成本=8 482.5-880=7 602.5(万元)

(3)直接材料成本=6 202×(1-25%)=4 651.5(万元)

(4)直接人工 918×(1-25%)=688.5(万元)

(5)制造费用 1 923×(1-25%)=1 442.25(万元)

其中:

制造工程部制造费用=390×(1-20%)=312(万元)

喇叭生产车间制造费用=460×(1-25%)=345(万元)

音箱车间负担制造费用=1 442.25-312-345=785.25(万元)

(6)销售费用保持上年水平,即为 71 万元。

(7) 管理费用和财务费用总额＝7 602.5－4 651.5－688.5－1 442.25－71＝749.25（万元）

其中：

管理费用＝749.25×1 105÷(1 105＋135)＝667.68(万元)

财务费用＝749.25×135÷(1 105＋135)＝81.57(万元)

任务三　标准成本法

一、标准成本法的含义及适用要求

(一) 标准成本的含义

标准成本管理的核心是确定标准成本。企业制定成本控制标准时，选择何种水平的成本目标作为标杆是标准成本先进性和现实性的关键。通常可供选择的标准成本包括：历史标准成本、理想标准成本和正常标准成本三种。

1. 历史标准成本

历史标准成本，是根据过去若干时期实际成本资料的平均值，并结合未来企业内外的变动因素而制定的标准成本。由于该标准的制定基础是以前若干会计期间实际成本的平均值，其中包含了实际成本中的浪费和低效率，因而不具有先进性。虽说该标准成本一般较易达到，但不能有效实现成本控制的目标。

2. 理想标准成本

理想标准成本，是指在现有的生产能力、技术装备、经营管理水平和生产工人技术发挥均达到最佳状态时，能够达到的最低成本。这种标准成本是在排除一切浪费和失误的基础上，由熟练工人在最佳状态下分毫无差完成的成本。换言之，它是整个生产过程材料无浪费、机器设备无故障、生产工人无窝工，从而生产效率达到最高、成本达到最低时的成本水平。这一标准的优点是具有激励作用，但一般很难达到，易使责任单位丧失信心，因而缺乏现实的可操作性。一般企业很少采用理想的标准成本。

3. 正常标准成本

正常标准成本，是指在现有的生产能力、技术装备水平下，以合理的工作效率、有效的管理水平所能达到的成本水平。该标准成本考虑了生产过程中不可避免的合理范围内的损失和低效率，它是正常情况下的消耗水平，是应该发生的成本。该标准充分体现了标准成本先进性与可操作性的统一，因而比理想标准成本更具现实性。一般而言，正常标准成本大于理想标准成本。由于理想标准成本要求异常严格，一般很难达到，而正常标准成本具有客观性、现实性和激励性等特点，所以，正常标准成本在实践中得到了广泛应用。

标准成本的制定既要充分发挥标准成本的控制作用，又要充分调动广大职工的积极主动性。标准成本的制定既要考虑成本目标的实现又要具有激励作用。标准太低缺乏激励作用，标准太高又往往会挫伤员工的积极性。所以，标准成本制定的原则是：标准的制定要贯彻企业的成本目标，同时要使各责任单位和责任人通过努力就能达到。

(二) 标准成本法的含义

标准成本法，是指企业以预先制定的标准成本为基础，通过比较标准成本与实际成本，计算和分析成本差异、揭示成本差异动因，进而实施成本控制、评价经营业绩的一种成本管理方法。

这里的标准成本，是指在正常的生产技术水平和有效的经营管理条件下，企业经过努力应达到的产品成本水平。成本差异是指实际成本与相应标准成本之间的差额。当实际成本高于标准成本时，形成超支差异；当实际成本低于标准成本时，形成节约差异。

（三）标准成本法的适用要求

企业应用标准成本法的主要目标，是通过标准成本与实际成本的比较，揭示与分析标准成本与实际成本之间的差异，对不利差异予以纠正，以提高工作效率，不断改善产品成本。

标准成本法一般适用于产品及其生产条件相对稳定，或生产流程与工艺标准化程度较高的企业。

一般来说，在企业管理过程中应用标准成本法，应遵循以下要求：

（1）企业应用标准成本法，要求处于较稳定的外部市场经营环境中，且市场对产品的需求相对平稳。

（2）企业应成立由采购、生产、技术、营销、财务、人力资源、信息等有关部门组成的跨部门团队，负责标准成本的制定、分解、下达、分析等。

（3）企业能够及时、准确地取得标准成本制定所需要的各种财务和非财务信息。

二、标准成本法的具体应用

（一）标准成本法的实施步骤

企业应用标准成本法，一般按照确定应用对象、制定标准成本、实施过程控制、计算成本差异与分析动因，以及修订与改进标准成本等程序进行。

（1）为了实现成本的精细化管理，企业应根据标准成本法的应用环境，结合内部管理要求，确定应用对象。标准成本法的成本对象可以是不同种类、不同批次或不同步骤的产品。

（2）企业制定标准成本，可由跨部门团队采用"上下结合"的模式进行，经企业管理层批准后实施。

在制定标准成本时，一般应结合经验数据、行业标杆或实地测算的结果，运用统计分析、工程试验等方法，按照以下程序进行：

① 就不同的成本或费用项目，分别确定消耗量标准和价格标准。

② 确定每一成本或费用项目的标准成本。

③ 汇总不同成本项目的标准成本，确定产品的标准成本。

（3）企业应在制定标准成本的基础上，将产品成本及其各成本或费用项目的标准用量和标准价格层层分解，落实至部门及相关责任人，形成成本控制标准。各相关部门（或成本中心）应根据相关成本控制标准，控制费用开支与资源消耗，监督、控制成本的形成过程，及时分析偏离标准的差异及其成因，并及时采取措施加以改进。

（4）在标准成本法的实施过程中，各相关部门（或成本中心）应对其所管理的项目进行跟踪分析。生产部门一般应根据标准用量、标准工时等，实时跟踪和分析各项耗用差异，从操作人员、机器设备、原料质量、标准制定等方面寻找差异原因，采取应对措施，控制现场成本，并及时反馈给人力资源、技术、采购、财务等相关部门，共同实施事中控制。

(5) 企业应定期将实际成本与标准成本进行比较和分析,确定差异数额及性质,揭示差异形成的动因,落实责任中心,寻求可行的改进途径和措施。

(二) 标准成本法的相关计算

1. 制定标准成本

产品标准成本通常由直接材料标准成本、直接人工标准成本和制造费用标准成本构成。每一个成本项目的标准成本应分为用量标准(包括单位产品消耗量、单位产品人工小时等)和价格标准(包括原材料单价、小时工资率、小时制造费用分配率等)两个部分。

(1) 直接材料成本标准,是指直接用于产品生产的材料成本标准,包括标准用量和标准单价两个方面。

直接材料标准成本的计算公式如下:

$$直接材料标准成本 = 单位产品的标准用量 \times 材料的标准单价$$

制定直接材料的标准用量,一般由生产部门负责,会同技术、财务、信息等部门,按照以下程序进行:

① 根据产品的图纸等技术文件进行产品研究,列出所需的各种材料以及可能的替代材料,并说明这些材料的种类、质量以及库存情况。

② 在对过去用料经验记录进行分析的基础上,采用过去用料的平均值、最高与最低值的平均数、最节省数量、实际测定数据或技术分析数据等,科学地制定标准用量。

制定直接材料的标准单价,一般由采购部门负责,会同财务、生产、信息等部门,在考虑市场环境及其变化趋势、订货价格以及最佳采购批量等因素的基础上综合确定。材料按计划成本核算的企业,材料的标准单价可以采用材料计划单价。

工作实例 4-2 亚华公司生产 NH-1 型产品需要 A、B 两种材料,NH-1 型产品耗用的直接材料标准成本如表 4-1 所示。

表 4-1　　　　　　　　　NH-1 产品直接材料标准成本

标　　准	A　材　料	B　材　料
价格标准/(元/千克):		
购买单价	36	54
运杂费	2	4
正常损耗	2	2
合　　计	40	60
用量标准/千克:		
实际用量	4	2
允许损耗量	1	0.5
合　　计	5	2.5
标准成本/元	40×5=200	60×2.5=150
直接材料的标准成本/元	200+150=350	

(2) 直接人工成本标准,是指直接用于产品生产的人工成本标准,包括标准工时和标准工资率。

直接人工标准成本的计算公式如下:

$$直接人工标准成本 = 单位产品的标准工时 \times 小时标准工资率$$

制定直接人工的标准工时,一般由生产部门负责,会同技术、财务、信息等部门,在对产品生产所需作业、工序、流程工时进行技术测定的基础上,考虑正常的工作间隙,并适当考虑生产条件的变化,生产工序、操作技术的改善,以及相关工作人员主观能动性的充分发挥等因素,合理确定单位产品的工时标准。

制定直接人工的标准工资率,一般由人力资源部门负责,根据企业薪酬制度等制定。

工作实例 4-3 亚华公司生产 NH-1 型产品实行计时工资制,该产品的直接人工标准成本如表 4-2 所示。

表 4-2　　　　　　　　　　　NH-1 型产品直接人工标准成本

标　　　准	工　序　一
工资率标准:	
单位小时工资率/元	8
附加福利工资/元	2
直接人工工资率标准	10
工时标准:	
必要时间/小时	2.2
调整设备时间/小时	0.3
工间休息/小时	0.3
其他/小时	0.2
合计/小时	3
直接人工标准成本/元	10×3=30

(3) 制造费用成本标准,应区分变动制造费用项目和固定制造费用项目分别确定。

① 变动制造费用,是指通常随产量变化而成正比例变化的制造费用。变动制造费用项目的标准成本计算公式如下:

$$\frac{变动制造费用}{项目标准成本} = \frac{变动制造费用}{项目的标准用量} \times \frac{变动制造费用}{项目的标准价格}$$

变动制造费用的标准用量可以是单位产量的燃料、动力等标准用量,也可以是产品的直接人工标准工时,或者是单位产品的标准机器工时。标准用量的选择需考虑用量与成本的相关性,制定方法与直接材料的标准用量以及直接人工的标准工时类似。

变动制造费用的标准价格可以是燃料、动力、辅助材料等标准价格,也可以是小时标准工资率等。制定方法与直接材料的价格标准以及直接人工的标准工资率类似。

② 固定制造费用,是指在一定产量范围内,其费用总额不会随产量的变化而变化,始终保持固定不变的制造费用。固定制造费用一般按照费用的构成项目实行总量控制;也可以根据需要,通过计算标准分配率,将固定制造费用分配至单位产品,形成固定制造费用的标准成本。

固定制造费用标准成本相关计算公式如下:

固定制造费用总成本 = $\sum$ 各固定制造费用构成项目的标准成本

固定制造费用标准分配率 = 单位产品的标准工时 ÷ 预算总工时

固定制造费用标准成本 = 固定制造费用总成本 × 固定制造费用标准分配率

其中,预算总工时,是指由预算产量和单位工时标准确定的总工时。单位工时标准可以依据相关性原则在直接人工工时或者机器工时之间作出选择。

工作实例 4-4 亚华公司生产 NH-1 型产品,该企业采用完全成本计算法,NH-1 型产品的制造费用标准成本如表 4-3 所示。

表 4-3　　　　　　　　　NH-1 型产品制造费用标准成本

标　　　准	第 一 车 间
直接人工标准总工时	5 280
变动制造费用预算:	
间接材料费用	10 400
间接人工费用	10 000
水电费	6 000
合计/元	26 400
变动制造费用分配率标准	5
工时用量标准	3
变动制造费用标准成本	5×3=15
固定制造费用预算:	
折旧费	2 200
管理人员工资	2 400
其他费用	680
合计/元	5 280
固定制造费用分配率标准	1
工时用量标准	3
固定制造费用标准成本	1×3=3
制造费用标准成本/元	15+3=18

工作实例 4-5 承工作实例 4-2 至工作实例 4-4,亚华公司 NH-1 型产品的标准成本构成如表 4-4 所示。

表 4-4　　　　　　　　　　　　NH-1 型产品的单位标准成本

成本项目	价格标准	用量标准	标准成本
直接材料：			
A 材料	40 元/千克	5 千克	200 元
B 材料	60 元/千克	2.5 千克	150 元
合　计			350 元
直接人工：	10 元/小时	3 小时	30 元
变动制造费用：	5 元/小时	3 小时	15 元
固定制造费用：	1 元/小时	3 小时	3 元
制造费用合计			18 元
单位产品标准成本	350+30+18=398(元)		

2. 计算成本差异

（1）直接材料成本差异，是指直接材料实际成本与标准成本之间的差额，该项差异可分解为直接材料价格差异和直接材料数量差异。

直接材料成本差异相关计算公式如下：

直接材料成本差异＝实际成本－标准成本
　　　　　　　　＝实际耗用量×实际单价－标准耗用量×标准单价
直接材料成本差异＝直接材料价格差异＋直接材料数量差异
直接材料价格差异＝实际耗用量×（实际单价－标准单价）
直接材料数量差异＝（实际耗用量－标准耗用量）×标准单价

工作实例 4-6　以表 4-4 中 NH-1 型产品的标准成本资料为准，已知 2019 年 12 月该企业实际生产 NH-1 型产品 125 件，实际耗用 A 材料 500 千克，其实际单价是 36 元/千克；实际耗用 B 材料 450 千克，其实际单价是 64 元/千克。计算并分析 NH-1 型产品的直接材料成本差异如下：

A 材料成本差异＝36×500－40×5×125＝－7 000(元)
　其中：A 材料价格差异＝(36－40)×500＝－2 000(元)
　　　　A 材料数量差异＝40×(500－5×125)＝－5 000(元)
B 材料成本差异＝64×450－60×2.5×125＝10 050(元)
　其中：B 材料价格差异＝(64－60)×450＝1 800(元)
　　　　B 材料数量差异＝60×(450－2.5×125)＝8 250(元)
NH-1 型产品的直接材料成本差异＝－7 000＋10 050＝3 050(元)

以上计算结果表明，NH-1 型产品直接材料成本形成了 3 050 元的不利差异。其中，A 材料发生了 7 000 元的有利差异，这是 A 材料实际价格下降而降低 2 000 元成本以及耗用量减少而节约 5 000 元成本共同作用的结果；B 材料发生了 10 050 元的不利差异，这是由 B 材料实际价格提高而增加 1 800 元成本和耗用量增加而超支 8 250 元成本共同造成的。因此，该企业对 A、B 两种材料的成本控制效果是不一样的，应进一步分析评价，明确相关部门的责任。

(2) 直接人工成本差异,是指直接人工实际成本与标准成本之间的差额,该差异可分解为工资率差异和人工效率差异。工资率差异,是指实际工资率偏离标准工资率形成的差异,按实际工时计算确定;人工效率差异,是指实际工时偏离标准工时形成的差异,按标准工资率计算确定。

直接人工成本差异相关计算公式如下:

直接人工成本差异＝实际成本－标准成本
　　　　　　　　＝实际工时×实际工资率－标准工时×标准工资率
直接人工成本差异＝直接人工工资率差异＋直接人工效率差异
直接人工工资率差异＝实际工时×(实际工资率－标准工资率)
直接人工效率差异＝(实际工时－标准工时)×标准工资率

工作实例4-7 承工作实例4-5和工作实例4-6,2019年12月,该企业为生产NH-1型产品,实际耗用的人工小时数为390小时,实际发生的直接人工成本是4 095元。计算并分析NH-1型产品的直接人工成本差异如下:

实际人工价格＝4 095÷390＝10.5(元/小时)
直接人工成本差异＝4 095－3×10×125＝345(元)
其中:
直接人工工资率差异＝(10.5－10)×390＝195(元)
直接人工效率差异＝10×(390－3×125)＝150(元)

以上计算结果表明,NH-1型产品直接人工成本形成了345元的不利差异。

(3) 变动制造费用项目的差异,是指变动制造费用项目的实际发生额与变动制造费用项目的标准成本之间的差额,该差异可分解为变动制造费用项目的价格差异和数量差异。

变动制造费用项目的价格差异,是指燃料、动力、辅助材料等变动制造费用项目的实际价格偏离标准价格的差异;变动制造费用项目的数量差异,是指燃料、动力、辅助材料等变动制造费用项目的实际消耗量偏离标准用量的差异。变动制造费用项目成本差异的计算和分析原理,与直接材料和直接人工成本差异的计算和分析原理相同。

变动制造费用成本差异相关计算公式如下:

变动制造费用成本差异＝实际成本－标准成本
　　　　　　　　　　＝实际耗用量×实际单价－标准耗用量×标准单价
变动制造费用成本差异＝变动制造费用价格差异＋变动制造费用数量差异
变动制造费用价格差异＝实际耗用量×(实际单价－标准单价)
变动制造费用数量差异＝(实际耗用量－标准耗用量)×标准单价

工作实例4-8 承工作实例4-5和工作实例4-6,2019年12月该企业为生产NH-1型产品,实际耗用的机器工时数是400小时,实际工时变动制造费用分配率是6元/小时。计算并分析NH-1型产品的变动制造费用成本差异如下:

变动制造费用成本差异＝6×400－5×3×125＝525(元)
其中:

变动制造费用耗费差异＝(6－5)×400＝400(元)

变动制造费用效率差异＝5×(400－3×125)＝125(元)

以上计算结果表明，NH－1型产品变动制造费用形成了525元的不利差异。

(4) 固定制造费用项目成本差异，是指固定制造费用项目实际成本与标准成本之间的差额。固定制造费用成本差异相关计算公式如下：

$$\text{固定制造费用项目成本差异} = \text{固定制造费用项目实际成本} - \text{固定制造费用项目标准成本}$$

工作实例4－9 2019年12月亚华公司车间实际发生的固定制造费用总额是5 000元。本月固定制造费用预算总成本为32 000元，预算总工时为18.75小时。NH－1型产品的单位标准工时为3小时/件。分析计算NH－1型产品的固定制造费用成本差异如下：

固定制造费用标准分配率＝3÷18.75＝0.16

固定制造费用标准成本＝32 000×0.16＝5 120(元)

固定制造费用成本差异＝5 000－5 120＝－120(元)

以上计算结果表明，NH－1型产品固定制造费用形成了120元的有利差异。

三、标准成本法的优缺点

(一) 标准成本法的主要优点

(1) 能及时反馈各成本项目不同性质的差异，有利于考核相关部门及人员的业绩。

(2) 标准成本的制定及其差异和动因的信息可以使企业预算的编制更为科学和可行，有助于企业的经营决策。

(二) 标准成本法的主要缺点

(1) 要求企业产品的成本标准比较准确、稳定，在使用条件上存在一定的局限性。

(2) 对标准管理水平要求较高，系统维护成本较高。

(3) 标准成本需要根据市场价格波动频繁进行更新，导致成本差异可能缺乏可靠性，降低成本控制的效果。

任务四 变动成本法

一、变动成本法的含义及适用要求

(一) 变动成本法的含义

变动成本法，是指企业以成本性态分析为前提条件，仅将生产过程中消耗的变动生产成本作为产品成本的构成内容，而将固定生产成本和非生产成本作为期间成本，直接由当期收益予以补偿的一种成本管理方法。

成本性态，是指成本与业务量之间的相互依存关系。按照成本性态，成本可划分为固定成本、变动成本和混合成本。

固定成本，是指在一定范围内，其总额不随业务量变动而增减变动，但单位成本随业务量增加而相对减少的成本。

变动成本,是指在一定范围内,其总额随业务量变动发生相应的正比例变动,而单位成本保持不变的成本。

混合成本,是指总额随业务量变动但不成正比例变动的成本。

(二) 变动成本法的适用要求

在管理会计中,变动成本法通常用于分析各种产品的盈利能力,为正确制订经营决策,科学进行成本计划、成本控制和成本评价与考核等工作提供有用信息。

一般来说,在企业管理过程中应用变动成本法,应遵循如下要求:

(1) 企业所处的市场竞争环境激烈,需要频繁进行短期经营决策。

(2) 市场相对稳定,产品差异化程度不大,以利于企业进行价格等短期决策。

(3) 企业应保证成本基础信息记录完整,财务会计核算基础工作完善。

(4) 企业应建立较好的成本性态分析基础,具有划分固定成本与变动成本的科学标准,以及划分标准的使用流程与规范。

(5) 企业能够及时、全面、准确地收集与提供有关产量、成本、利润以及成本性态等方面的信息。

二、变动成本法的具体应用

(一) 变动成本法下混合成本的分解

在变动成本法下,按照成本性态,成本可划分为固定成本、变动成本和混合成本。

其中,混合成本的分解方法主要包括:高低点法、回归分析法、账户分析法、技术测定法、合同确认法,前两种方法需要借助数学方法进行分解,后三种方法可通过直接分析认定。

1. 高低点法

高低点法,是指企业以过去某一会计期间的总成本和业务量资料为依据,从中选取业务量最高点和业务量最低点,将总成本进行分解,得出成本模型的方法。计算公式如下:

$$单位变动成本 = \frac{最高点业务量的成本 - 最低点业务量的成本}{最高点业务量 - 最低点业务量}$$

$$固定成本总额 = 最高点业务量的成本 - 单位变动成本 \times 最高点业务量$$

$$或 = 最低点业务量的成本 - 单位变动成本 \times 最低点业务量$$

高低点法计算较为简单,但结果代表性较差。

工作实例 4-10 亚华公司的设备维修费属于混合成本,2020 年 1—6 月的设备维修费资料如表 4-5 所示。

表 4-5　　　　　　　　2020 年 1—6 月维修费用资料

月　份	机器工作时间/小时	维修费/元
1	4 000	36 000
2	5 000	43 000
3	5 500	47 000
4	6 500	56 000

续表

月　份	机器工作时间/小时	维修费/元
5	7 000	60 000
6	6 000	48 000

下面用高低点法对混合成本进行分解,并写出成本的计算公式。

(1) 确定高低点。

5月机器工作时间为7 000小时,为业务量最高点,其对应的维修费为60 000元;1月机器工作时间为4 000小时,为业务量最低点,其对应维修费为36 000元。

(2) 计算单位变动成本。

$$单位变动成本 = \frac{60\,000 - 36\,000}{7\,000 - 4\,000} = 8(元/小时)$$

(3) 确定固定成本。

固定成本 = 60 000 − 8×7 000 = 4 000(元)

或固定成本 = 36 000 − 8×4 000 = 4 000(元)

(4) 建立混合成本性态模型。

$y = 4\,000 + 8x$

2. 回归分析法

回归分析法,是指企业根据过去一定期间的业务量和混合成本的历史资料,应用最小二乘法原理,计算最能代表业务量与混合成本关系的回归直线,借以确定混合成本中固定成本和变动成本的方法。计算公式如下:

假设混合成本符合总成本模型,即:$y = a + bx$,式中:a为固定成本部分,b为单位变动成本部分,y为混合成本,x为业务量。a、b的计算方式如下(式中:n为样本容量,i为一组样本数据的观测值)。

$$b = \frac{n\sum x_i y_i - \sum x_i \sum y_i}{n\sum x_i^2 - (\sum x_i)^2}$$

$$a = \frac{\sum y_i - b\sum x_i}{n}$$

回归直线法的结果较为精确,但计算较为复杂。

工作实例 4-11 按照工作实例4-10提供的资料,亚华公司的设备维修费属于混合成本,用回归分析法对混合成本进行分解,并分别写出成本的计算公式。

表 4-6　　　　　　　　　　2020年1—6月维修费用资料

月　份	机器工时/小时(x)	维修费/元(y)	xy	x^2
1	4 000	36 000	144 000 000	16 000 000
2	5 000	43 000	215 000 000	25 000 000

续表

月　份	机器工时/小时(x)	维修费/元(y)	xy	x^2
3	5 500	47 000	258 500 000	30 250 000
4	6 500	56 000	364 000 000	42 250 000
5	7 000	60 000	420 000 000	49 000 000
6	6 000	48 000	288 000 000	36 000 000
$n=6$	$\sum x_i = 34\,000$	$\sum y_i = 290\,000$	$\sum x_i y_i = 1\,689\,500\,000$	$\sum x_i^2 = 198\,500\,000$

根据表 4-6 整理的资料,计算如下:

$$b = \frac{n \sum x_i y_i - \sum x_i \sum y_i}{n \sum x_i^2 - (\sum x_i)^2} = \frac{6 \times 1\,689\,500\,000 - 34\,000 \times 290\,000}{6 \times 198\,500\,000 - 34\,000^2} = 7.91(元/小时)$$

$$a = \frac{\sum y_i - b \sum x_i}{n} = \frac{290\,000 - 7.91 \times 34\,000}{6} = 3\,510(元)$$

采用回归直线法计算出的直线方程为:$y = 3\,510 + 7.91x$

3. 账户分析法

账户分析法,是指企业根据有关成本账户及其明细账的内容,结合其与产量的依存关系,判断其比较接近的成本类别,将其视为该类成本。

账户分析法较为简便易行,但比较粗糙且带有主观判断。

4. 技术测定法

技术测定法,是指企业根据生产过程中各种材料和人工成本消耗量的技术测定来划分固定成本和变动成本。

例如,某企业铸造车间的工作任务是铸造熔炉,其程序是先点炉,然后熔化铁水。每次点炉要用木柴 0.05 吨,焦炭 1.5 吨。熔化 1 吨铁水需要使用焦炭 0.12 吨,每个工作日点炉一次,全月工作 22 天,木柴单价为 300 元/吨,焦炭单价为 450 元/吨。确定该车间每月燃料总成本方程为:$y = a + bx = (0.05 \times 300 + 1.5 \times 450) \times 22 + 0.12 \times 450x = 15\,180 + 54x$($x$ 为每月熔化铁水的吨数)。

采用这种方法进行测定比较准确,但是该方法工作量大,需消耗较多的人力、物力。对于不能直接把成本归属于特定投入和产出的,或者不能单独进行观察的联合过程,如各种间接成本,不能使用这种方法。

技术测定法仅适用于投入成本和产出数量之间有规律性联系的成本分解。

5. 合同确认法

合同确认法,是指企业根据订立的经济合同或协议中关于支付费用的规定,来确认并估算哪些项目属于变动成本,哪些项目属于固定成本。合同确认法一般要配合账户分析法使用。

例如,某公司与供电局签订合同,规定该公司每月需支付供电局变压器维修费 800 元,每月用电额度 50 000 度,每度 1.5 元,若该公司每月照明平均用电 1 000 度,另生产产品平均每件耗电 5 度,则该公司电费的总成本方程为:$y = (800 + 1\,000 \times 1.5) + 1.5 \times 5x = 2\,300 +$

$7.5x$（x 为该企业生产产品的数量,其中：$5x+1\,000\leqslant50\,000$）。

该方法的优点是分析比较准确,划分标准明晰；但是,其应用范围较小,只能用于已签合同的项目,故具有一定的局限性。

(二) 变动成本法下产品成本的确定

在变动成本法下,为加强短期经营决策,按照成本性态,企业的生产成本分为变动生产成本和固定生产成本,非生产成本分为变动非生产成本和固定非生产成本。其中,只有变动生产成本才构成产品成本,其随产品实体的流动而流动,随产量变动而变动。

(三) 变动成本法下利润的计算

在变动成本法下,利润的计算通常采用贡献式损益表。

该表一般应包括营业收入、变动成本、边际贡献、固定成本、利润等项目。其中,变动成本包括变动生产成本和变动非生产成本两部分,固定成本包括固定生产成本和固定非生产成本两个部分。贡献式损益表中损益计算包括以下两个步骤：

1. 计算边际贡献总额

边际贡献总额＝营业收入总额－变动成本总额
　　　　　　＝销售单价×销售量－单位变动成本×销售量
　　　　　　＝（销售单价－单位变动成本）×销售量
　　　　　　＝单位边际贡献×销售量

其中：　　变动成本总额＝变动生产成本＋变动非生产成本
　　　　　变动生产成本＝按变动成本法计算的本期销货成本
　　　　　　　　　　　＝期初存货成本＋本期变动生产成本－期末存货成本

2. 计算当期利润

营业利润＝边际贡献总额－固定成本总额

固定成本总额＝固定生产成本＋固定销售费用＋固定管理费用＋固定财务费用

工作实例 4-12　假设亚华公司只生产销售一种产品。有关资料如下：

(1) 本年产量为 8 000 件,销售量 7 000 件,年初无存货,年末存货量为 1 000 件。

(2) 已知销售单价为 100 元。

(3) 直接材料为 30 元/件,直接人工为 20 元/件,变动制造费用为 10 元/件,固定制造费用为 80 000 元,变动销售费用为 2 元/件,固定销售费用为 4 000 元/年,固定管理费用为 2 000元/年。分别用变动成本法计算企业的产品成本、期间成本、销货成本、期末存货成本及营业利润。

单位产品成本＝30＋20＋10＝60（元）

产品总成本＝60×8 000＝480 000（元）

期间成本＝80 000＋2×7 000＋4 000＋2 000＝100 000（元）

销货成本＝60×7 000＝420 000（元）

期末存货成本＝60×1 000＝60 000（元）

边际贡献总额＝100×7 000－[60×7 000＋2×7 000]＝266 000（元）

营业利润＝266 000－(80 000＋4 000＋2 000)＝180 000（元）

（四）变动成本法与完全成本法利润计算的比较

会计中计算产品成本的主要方法是完全成本法（制造成本法），它是在计算产品成本时，将产品的全部生产成本，即直接材料、直接人工和制造费用都包括在内的一种成本计算方法。

在完全成本法下，营业利润按下列步骤计算：

1. 计算销售毛利额

销售毛利额 ＝ 销售收入 － 销货成本

销货成本 ＝ 按完全成本法计算的本期销售成本
　　　　＝ 期初存货成本 ＋ 本期生产成本 － 期末存货成本

2. 确定营业利润

营业利润 ＝ 销售毛利额 － 期间成本总额

期间成本总额 ＝ 销售费用 ＋ 管理费用 ＋ 财务费用

工作实例 4－13 根据工作实例 4－12 的资料，分别用完全成本法计算企业的产品成本、期间成本、销货成本、期末存货成本及营业利润。

单位产品成本 ＝ 30＋20＋10＋(80 000÷8 000) ＝ 70（元）

产品总成本 ＝ 70×8 000 ＝ 560 000（元）

期间成本 ＝ 2×7 000＋4 000＋2 000 ＝ 20 000（元）

以上计算结果表明，变动成本法确定的单位产品成本与产品总成本比完全成本法确定的相应数值低，而期间成本比完全成本法下的数值高。这是因为两种成本法对固定制造费用的处理不同，导致产品成本及期间成本的构成不同。

销货成本 ＝ 70×7 000 ＝ 490 000（元）

期末存货成本 ＝ 70×1 000 ＝ 70 000（元）

销售毛利 ＝ 100×7 000 － 70×7 000 ＝ 210 000（元）

营业利润 ＝ 210 000 － (2×7 000＋4 000＋2 000) ＝ 190 000（元）

通过分析比较两种成本法的损益确定程序可知，影响营业利润的因素主要是销售收入、期间成本、变动生产成本、固定生产成本。对于销售收入，其由销售单价和销售量决定，故在两种成本法中完全相同，不会导致营业利润产生差额。对于期间成本，在变动成本法下从销售收入中先被扣除变动期间成本，再被扣除固定期间成本，而在完全成本法下被一次性地从销售收入中扣除，故在两种成本法下均全部被扣除，不会导致营业利润产生差额。对于变动生产成本，在两种成本法下均包含在销货成本中被等额扣除，故也不会导致营业利润产生差额。所以，造成两种成本法下营业利润出现差额的因素只剩下固定生产成本，即两种成本法下营业利润产生差额的根本原因是在当期损益中扣除的固定生产成本数额不同。

三、变动成本法的优缺点

变动成本法实际上是针对传统的完全成本法所进行的一种改革。它的基本特点是，对单位产品成本和存货成本的确定，只考虑变动成本而不考虑固定成本。在适应企业内部管理方面，它有着完全成本法不可比拟的优势，是管理会计的一个创新。

(一) 变动成本法的主要优点

(1) 区分固定成本与变动成本,有利于明确企业产品盈利能力和划分成本责任。
(2) 保持利润与销售量增减相一致,促进以销定产。
(3) 揭示了销售量、成本和利润之间的依存关系,使当期利润真正反映企业经营状况,有利于企业经营预测和决策。

(二) 变动成本法的主要缺点

(1) 计算的单位成本并不是完全成本,不能反映产品生产过程中发生的全部耗费。
(2) 不能适应长期决策的需要。

任务五 作业成本法

一、作业成本法的含义与适用要求

(一) 作业成本法的含义及相关概念

作业成本法,是指以"作业消耗资源、产出消耗作业"为原则,按照资源动因将资源费用追溯或分配至各项作业,计算出作业成本,然后再根据作业动因,将作业成本追溯或分配至各成本对象,最终完成成本计算的一种成本管理方法。

1. 资源费用

资源费用,是指企业在一定期间内开展经济活动所发生的各项资源耗费。资源费用既包括房屋及建筑物、设备、材料、商品等有形资源的耗费,也包括信息、知识产权、土地使用权等各种无形资源的耗费,还包括人力资源耗费以及其他各种税费支出等。企业的资源既包括直接材料、直接人工、生产维持成本(如采购人员的工资),还包括制造费用以及生产过程中的其他费用(如销售推广费用)。为便于将资源费用直接追溯或分配至各作业中心,企业还可以按照资源与不同层次作业的关系,将资源分为如下五类:

(1) 产量级资源。包括为单个产品(或服务)所取得的原材料、零部件、人工、能源等。
(2) 批别级资源。包括用于生产准备、机器调试的人工等。
(3) 品种级资源。包括为生产某一种产品(或服务)所需要的专用化设备、软件或人力等。
(4) 顾客级资源。包括为服务特定客户所需要的专门化设备、软件和人力等。
(5) 设施级资源。包括土地使用权、房屋及建筑物,以及所保持的不受产量、批别、产品、服务和客户变化影响的人力资源等。

对产量级资源费用,应直接追溯至各作业中心的产品等成本对象。对于其他级别的资源费用,应选择合理的资源动因,按照各作业中心的资源动因量比例,分配至各作业中心。

企业为执行每一种作业所消耗的资源费用的总和,构成该种作业的总成本。

2. 作业

作业,是指企业基于特定目的重复执行的任务或活动,是连接资源和成本对象的桥梁。一项作业既可以是一项非常具体的任务或活动,也可以泛指一类任务或活动。从不同的角度出发,作业有不同的分类:

(1) 按消耗对象不同。作业可分为主要作业和次要作业。

① 主要作业，是被产品、服务或客户等最终成本对象消耗的作业。
② 次要作业，是被原材料、主要作业等介于中间地位的成本对象消耗的作业。
（2）企业可按照受益对象、层次和重要性，将作业分为以下五类，并分别设计相应的作业中心：

① 产量级作业，是指明确地为个别产品（或服务）实施的、使单个产品（或服务）受益的作业。该类作业的数量与产品（或服务）的数量成正比例变动。它包括产品加工、检验等。

② 批别级作业，是指为一组（或一批）产品（或服务）实施的、使该组（或批）产品（或服务）受益的作业。该类作业的发生是由生产的批量数而不是单个产品（或服务）引起的，其数量与产品（或服务）的批量数成正比例变动。它包括设备调试、生产准备等。

③ 品种级作业，是指为生产和销售某种产品（或服务）实施的、使该种产品（或服务）的每个单位都受益的作业。该类作业用于产品（或服务）的生产或销售，但独立于实际产量或批量，其数量与品种的多少成正比例变动。它包括新产品设计、现有产品质量与功能改进、生产流程监控、工艺变换需要的流程设计、产品广告等。

④ 客户级作业，是指为服务特定客户所实施的作业。该类作业保证企业将产品（或服务）销售给个别客户，但作业本身与产品（或服务）数量独立。它包括向个别客户提供的技术支持活动、咨询活动、独特包装等。

⑤ 设施级作业，是指为提供生产产品（或服务）的基本能力而实施的作业。该类作业是开展业务的基本条件，其使所有产品（或服务）都受益，但与产量或销量无关。它包括管理作业、针对企业整体的广告活动等。

3. 成本对象

成本对象，是指企业追溯或分配资源费用、计算成本的对象物。成本对象可以是工艺、流程、零部件、产品、服务、分销渠道、客户、作业、作业链等需要计量和分配成本的项目。

4. 成本动因

成本动因，是指诱导成本发生的原因，是成本对象与其直接关联的作业和最终关联的资源之间的中介。按其在资源流动中所处的位置和作用，成本动因可分为资源动因和作业动因。

（1）资源动因。资源动因是分配作业所耗资源的依据。按照作业成本会计原则，资源消耗量的高低与最终的产量没有直接的关系，作业量的多少决定着资源的消耗量，这种关系称为资源动因。资源动因作为一种分配基础，反映了作业中心对资源的耗费情况，是将资源成本分配到作业中心的标准。

（2）作业动因。作业动因是将作业中心的成本分配到成本对象的标准，反映了产品生产与作业量之间的关系。通过对作业动因的分析，可以揭示哪些作业是多余的，应该减少，整体成本应该如何改善。

4-2 作业成本法

（二）作业成本法的适用要求

1. 适用作业成本法企业的特征

作业成本法一般适用于具备以下特征的企业：
（1）作业类型较多且作业链较长。
（2）同一生产线生产多种产品。
（3）企业规模较大且管理层对产品成本准确性要求较高。

(4) 产品、客户和生产过程多样化程度较高。
(5) 间接或辅助资源费用所占比重较大。

2. 应用作业成本法企业的环境特点

企业应用作业成本法所处的外部环境,一般应具备以下特点之一:
(1) 客户个性化需求较高,市场竞争激烈。
(2) 产品的需求弹性较大,价格敏感度高。

3. 其他

企业应能够清晰地识别作业、作业链、资源动因和成本动因,为资源费用以及作业成本的追溯或分配提供合理的依据。

二、作业成本计算的具体应用

企业应用作业成本法,一般按照资源识别及资源费用的确认与计量、成本对象选择、作业认定、作业中心设计、资源动因选择与计量、作业成本汇集、作业动因选择与计量、作业成本分配、作业成本信息报告等程序进行。

(一) 资源识别及资源费用的确认与计量

识别出由企业拥有或控制的所有资源,遵循国家统一的会计制度,合理选择会计政策,确认和计量全部资源费用,编制资源费用清单,为资源费用的追溯或分配奠定基础。

资源识别及资源费用的确认与计量应由企业的财务部门负责,在基础设施管理、人力资源管理、研究与开发、采购、生产、技术、营销、服务、信息等部门的配合下完成。

(二) 成本对象选择

在作业成本法下,企业应将当期所有的资源费用,遵循因果关系和受益原则,根据资源动因和作业动因,分项目经由作业追溯分配至相关的成本对象,确定成本对象的成本。

企业应根据国家统一的会计制度,并考虑预算控制、成本管理、营运管理、业绩评价以及经济决策等方面的要求确定成本对象。一般可以按照产品品种、批别或步骤作为成本对象。

(三) 作业认定

作业认定是指企业识别由间接或辅助资源执行的作业集,确认每一项作业完成的工作以及执行该作业所耗费的资源费用,并据以编制作业清单的过程。

作业认定的内容主要包括对企业每项消耗资源的作业进行识别、定义和划分,确定每项作业在生产经营活动中的作用、同其他作业的区别以及每项作业与耗用资源之间的关系。

(四) 作业中心设计

作业中心设计是指企业将认定的所有作业按照一定的标准进行分类,形成不同的作业中心,作为资源费用追溯或分配对象的过程。

作业中心可以是某一项具体的作业,也可以是由若干个相互联系的能够实现某种特定功能的作业的集合。

(五) 资源动因选择与计量

资源动因是引起资源耗用的成本动因,它反映了资源耗用与作业量之间的因果关系。资源动因选择与计量为将各项资源费用归集到作业中心提供了依据。企业应识别当期发生的每一项资源消耗,分析资源耗用与作业中心作业量之间的因果关系,选择并计量资源动因。企业一般应选择那些与资源费用总额呈正比例关系变动的资源动因作为资源费用分配的依据。

(六) 作业成本归集

作业成本归集,是指企业根据资源耗用与作业之间的因果关系,将所有的资源成本直接追溯或按资源动因分配至各作业中心,计算各作业总成本的过程。

(七) 作业成本分配

作业成本分配,是指企业将各作业中心的作业成本按作业动因分配至产品等成本对象,并结合直接追溯的资源费用,计算出各成本对象的总成本和单位成本的过程。

(八) 作业成本信息报告

作业成本信息报告的目的,是通过设计、编制和报送具有特定内容和格式要求的作业成本报表,向企业内部各有关部门和人员提供其所需要的作业成本及其他相关信息。

作业成本报表的内容和格式应根据企业内部管理需要确定。作业成本报表提供的信息一般应包括以下内容:

(1) 企业拥有的资源及其分布以及当期发生的资源费用总额及其具体构成的信息。

(2) 每一成本对象总成本、单位成本及其消耗的作业类型、数量及单位作业成本的信息,以及产品盈利性分析的信息。

(3) 每一作业或作业中心的资源消耗及其数量、成本以及作业总成本与单位成本的信息。

(4) 与资源成本分配所依据的资源动因以及作业成本分配所依据的作业动因相关的信息。

(5) 资源费用、作业成本以及成本对象成本预算完成情况及其原因分析的信息。

(6) 有助于作业、流程、作业链(或价值链)持续优化的作业效率、时间和质量等方面的非财务信息。

(7) 有助于促进客户价值创造的有关增值作业与非增值作业的成本信息及其他信息。

(8) 有助于业绩评价与考核的作业成本信息及其他相关信息。

工作实例 4-14 亚华公司同时生产 N1、N2 两种产品。单位售价分别为 440 元和 360 元。2019 年 10 月,该公司发生的制造费用总计 600 000 元,过去该公司按制造成本法计算产品成本,制造费用按直接人工工时进行分配。经过核算,N1、N2 两种产品均实现盈利。但管理者认为,这种粗放式计算分配制造费用的方法不正确,往往掩盖了成本管理的实质问题。为此,公司采用作业成本法进行成本核算。有关历史资料如表 4-7 所示。

表 4-7　　　　　　　　　　　产品相关资料表

项　　目	N1 产品	N2 产品
产量/件	1 000	2 000
直接材料成本/(元/件)	60	80
材料用量/千克	3 000	2 000
直接人工工时/(小时/件)	2	1.5

续表

项 目	N1产品	N2产品
机器调控次数	15	5
产品抽检比例	50%	25%
小时工资率/(元/小时)	30	30

采用全部成本法和作业成本法分别计算产品成本,并加以分析。

(1) 按全部成本法计算确定产品成本,如表4-8所示。

表4-8　　　　　　　　　　　全部成本法成本计算表　　　　　　　　　　单位:元

项 目	N1产品	N2产品	合 计
直接材料总成本	60 000	160 000	220 000
直接人工总成本	60 000	90 000	150 000
应分配的制造费用	240 000	360 000	600 000
合 计	360 000	610 000	970 000
产量/件	1 000	2 000	—
单位成本/元	360	305	—

(2) 按作业成本法进行动因分析及成本追溯,如表4-9所示。

表4-9　　　　　　　　　　　成本动因分析及成本追溯　　　　　　　　　　单位:元

作 业	成本动因	成本库	制造费用
质量控制	抽检件数	质量控制	300 000
机器调控	调控次数	机器调控	200 000
材料整理	整理数量	材料整理	100 000
制造费用合计			600 000

(3) 按作业成本法的动因确定分配率,如表4-10所示。

表4-10　　　　　　　　　　　制造费用分配率计算表

成本库	制造费用/元	成本动因	分配率
质量控制	300 000	抽检件数 N1产品:1 000×50%=500(件) N2产品:2 000×25%=500(件) 合计:　　　　　　1 000件	300 000÷1 000=300(元/件)
机器调控	200 000	15次+5次=20次	200 000÷20=10 000(元/次)
材料整理	100 000	N1产品:3 000千克 N2产品:2 000千克 合计:5 000千克	100 000÷5 000=20(元/千克)

(4) 按作业成本法的动因分解制造费用,如表 4-11 所示。

表 4-11　　　　　　　　　　　　制造费用分配表

成本库	制造费用	分配率	N1 产品 消耗动因	N1 产品 分配成本/元	N2 产品 消耗动因	N2 产品 分配成本/元
质量控制	300 000	300 元/件	500 件	150 000	500 件	150 000
机器调控	200 000	10 000 元/次	15 次	150 000	5 次	50 000
材料整理	100 000	20 元/千克	3 000 千克	60 000	2 000 千克	40 000
合　计	600 000			360 000		240 000

(5) 按作业成本法重新计算产品成本,如表 4-12 所示。

表 4-12　　　　　　　　　　　　产品成本计算表　　　　　　　　　　　　单位:元

成本项目	N1 产品(1 000 件) 单位成本	N1 产品(1 000 件) 总成本	N2 产品(2 000 件) 单位成本	N2 产品(2 000 件) 总成本
直接材料成本	60	60 000	80	160 000
直接人工成本	30×2=60	60 000	30×1.5=45	90 000
制造费用	360 000÷1 000=360	360 000	240 000÷2 000=120	240 000
合　　计	480	480 000	245	490 000

(6) 不同成本计算方法结果比较,如表 4-13 所示。

表 4-13　　　　　　　　　　　　产品成本计算表　　　　　　　　　　　　单位:元

成本项目	全部成本法 N1 产品	全部成本法 N2 产品	全部成本法 合　计	作业成本法 N1 产品	作业成本法 N2 产品	作业成本法 合　计
直接材料成本	60 000	160 000	220 000	60 000	160 000	220 000
直接人工成本	60 000	90 000	150 000	60 000	90 000	150 000
制造费用	240 000	360 000	600 000	360 000	240 000	600 000
合　计	360 000	610 000	970 000	480 000	490 000	970 000
产量/件	1 000	2 000	—	1 000	2 000	—
单位成本/(元/件)	360.00	305.00		480.00	245.00	
单位售价	440.00	360.00		440.00	360.00	
毛利(亏)	80.00	55.00		−40.00	115.00	

从表 4-13 可以看出,传统成本管理方法下,N1 和 N2 产品均实现盈利,分别实现毛利为 80 元和 55 元。但是,在作业成本法下,计算结果就完全不同了:N1 产品发生毛亏 40 元,而 N2 产品实现毛利 115 元。因此,传统方法低估了 N2 产品为企业作出的贡献。

113

三、作业成本法的优缺点

（一）作业成本法的主要优点

（1）能够提供更加准确的各维度成本信息，有助于企业提高产品定价、作业与流程改进、客户服务等决策的准确性。

（2）改善和强化成本控制，促进绩效管理的改进和完善。

（3）推进作业基础预算，提高作业、流程、作业链（或价值链）管理的能力。

（二）作业成本法的主要缺点

作业成本法是一个复杂的成本核算系统，需要对错综复杂的企业组织和经营活动进行分解，提出作业链分析，实施作业管理，实施的过程工作量较大。部分作业的识别、划分、合并与认定，成本动因的选择以及成本动因计量方法的选择等均存在较大的主观性，需要财务人员和其他管理人员有较高的素质。作业成本法多方的共同协作操作过程较为复杂，开发和维护费用较高。

习 题 与 实 训

任务一　成本管理认知

一、判断题

1. 成本管理，是指企业在营运过程中实施成本预测、成本决策、成本计划、成本控制、成本核算、成本分析和成本考核等一系列管理活动的总称。（　　）
2. 成本会计的对象是企业营运过程中的各种耗费。（　　）
3. 日常运营良好的企业不需要进行成本管理。（　　）
4. 成本核算属于成本管理的事中成本管理阶段。（　　）
5. 企业应根据其内外部环境选择适合的成本管理工具方法。（　　）
6. 适应性原则要求企业成本管理应与生产经营特点和目标相适应，尤其要与企业发展战略或竞争战略相适应。（　　）

二、单项选择题

1. 对成本计划及其有关指标实际完成情况进行定期总结和评价，并根据考核结果和责任制的落实情况，进行相应奖励和惩罚的成本管理活动是（　　）。
   A. 成本计划　　　　B. 成本计算　　　　C. 成本决策　　　　D. 成本考核

2. 下列各项中，属于事中成本管理的是（　　）。
   A. 成本计划　　　　B. 成本决策　　　　C. 成本控制　　　　D. 成本分析

3. 成本管理应与企业生产经营特点和目标相适应，尤其要与企业发展战略或竞争战略相适应。这是成本管理一般原则中的（　　）。
   A. 适应性原则　　　B. 融合性原则　　　C. 成本效益原则　　D. 重要性原则

4. 下列各项中，属于成本管理领域应用的管理会计工具方法的是（　　）。
   A. 平衡计分卡　　　B. 本量利分析　　　C. 目标成本法　　　D. 贴现现金流量法

5. 成本考核是指对（　　）及其有关指标实际完成情况进行定期总结和评价。

A. 成本预测　　　　B. 成本核算　　　　C. 成本计划　　　　D. 成本控制

三、多项选择题

1. 下列各项中,属于成本管理原则的有(　　　　)。
　A. 融合性原则　　B. 适应性原则　　C. 成本效益原则　　D. 重要性原则
2. 下列各项中,属于成本管理应用环境的有(　　　　)。
　A. 健全成本管理的制度体系　　　　B. 健全成本相关原始记录
　C. 建立计量验收管理制度　　　　　D. 充分利用现代信息制度
3. 下列成本管理活动中,属于事前成本管理阶段的有(　　　　)。
　A. 成本预测　　B. 成本决策　　C. 成本核算　　D. 成本计划
4. 下列各项中,属于成本管理工具和方法的有(　　　　)。
　A. 作业成本法　　B. 变动成本法　　C. 目标成本法　　D. 标准成本法
5. 综合应用不同成本管理工具方法时,应以考虑各成本管理工具方法(　　　　)为前提,通过综合运用成本管理的工具方法实现最大效益。
　A. 具体目标的兼容性　　　　　B. 资源的共享性
　C. 适用对象的差异性　　　　　D. 方法的协调性和互补性
6. 下列各项中,属于企业成本管理的制度体系的有(　　　　)。
　A. 费用申报制度　　B. 定额管理制度　　C. 责任成本制度　　D. 存货管理制度
7. 企业应用成本管理工具方法,一般按照(　　　　)等程序进行。
　A. 事前成本管理　　B. 事中成本管理　　C. 事后成本管理　　D. 绩效考核管理
8. 下列成本管理活动中,属于事后成本管理阶段的有(　　　　)。
　A. 成本分析　　B. 成本决策　　C. 成本核算　　D. 成本考核

任务二　目标成本法

一、判断题

1. 从形式上看,目标成本可以是计划成本、标准成本,也可以是定额成本或估计成本。
(　　)
2. 当企业的产品具有成熟的买方市场,且产品的设计、质量、价值等呈现明显的多样化特征时,适合使用目标成本法这个成本管理工具。(　　)
3. 价值工程以最高成本实现某种产品或作业应具备的必要功能,使产品或作业达到最高价值。(　　)
4. 目标成本是指为实现目标利润或价格竞争优势而应控制的成本水平的上限。(　　)
5. 财务部门人员只要工作能力强、认真负责,就能独立完成目标成本法在企业日常管理中的运用。(　　)
6. 目标成本法中的成本设计小组需要由企业的业务人员和财务人员组成。(　　)
7. 目标成本的计算是从确定可容许成本开始的。(　　)
8. 各种类型的企业的成本管理都可以使用目标成本法。(　　)
9. 目标成本法,是要求从产品生产阶段开始,通过各部门、各环节乃至与供应商的通力合作,共同实现目标成本的成本管理方法。(　　)
10. 市场容许成本,是指目标售价减去目标利润之后的余额。(　　)

二、单项选择题

1. 目标成本是一种（　　）。
   A. 预计成本　　　B. 历史成本　　　C. 重置成本　　　D. 变现成本

2. 目标成本控制能够得到如此广泛的应用,取决于产业的（　　）。
   A. 社会环境　　　B. 金融环境　　　C. 市场环境　　　D. 法律环境

3. 价值工程是以（　　）为核心的。
   A. 价格分析　　　B. 数量分析　　　C. 功能分析　　　D. 质量分析

4. 我国引入目标成本管理思想,在机械行业实行全过程的目标成本管理开始于（　　）。
   A. 20世纪60年代　B. 20世纪50年代　C. 20世纪80年代　D. 20世纪90年代

5. 目标成本法下确定零部件的目标成本之后把压力传递给了（　　）。
   A. 客户　　　　　B. 生产车间　　　C. 采购部门　　　D. 供应商

6. 下列各项中,不属于对目标成本法应用环境的要求的是（　　）。
   A. 产品处于一个比较成熟的卖方市场环境
   B. 产品呈现出较明显的同质化特征
   C. 产品呈现出较明显的多样化特征
   D. 企业能及时、准确地获得财务和非财务信息

7. 下列产品中,不适合使用目标成本法的是（　　）。
   A. 新开发的产品
   B. 产销量较大,且处于亏损状态的产品
   C. 产品呈现出较明显的多样化特征
   D. 产销量不大,且处于很好的盈利状态的产品

8. 目标成本法下需要成立成本确认小组,下列各项中,不需要加入成本确认小组的是（　　）。
   A. 业务人员　　　B. 技术人员　　　C. 财务人员　　　D. 有关部门负责人

9. 下列各项中,属于成本规划小组工作职责的是（　　）。
   A. 设定和分解可实现目标成本
   B. 收集相关信息、计算市场驱动产品成本等
   C. 落实目标成本责任、考核成本管理业绩等
   D. 评价和确认可实现目标成本的设定与分解等

10. 根据目标售价和目标利润倒推出来的成本类型为（　　）。
    A. 标准成本　　　　　　　　　　B. 责任成本
    C. 作业成本　　　　　　　　　　D. 目标成本

三、多项选择题

1. 进行目标成本计算的时候,需要依次确定出的成本有（　　）。
   A. 可容许成本　　　　　　　　　B. 可实现的目标成本
   C. 零部件级目标成本　　　　　　D. 产品实际生产成本

2. 可容许目标成本是根据（　　）确定的。
   A. 目标售价　　　B. 目标利润　　　C. 实际售价　　　D. 预算利润额

3. 企业采用目标成本法需要成立一个跨部门的团队,该团队主要由（　　）小组

组成。
  A. 成本规划   B. 成本设计
  C. 成本确认   D. 成本实施

4. 确定可以实现的目标成本时主要可以从（ ）方面努力。
  A. 改进产品设计   B. 改进生产工艺
  C. 寻找替代材料   D. 加强设备维修，减少闲置设备

5. 目标成本法下成本规划小组成员主要由（ ）组成。
  A. 生产人员   B. 财务人员
  C. 管理人员   D. 业务人员

6. 下列各项中，适合使用目标成本法的有（ ）。
  A. 新开发的产品
  B. 产销量较大，且处于亏损状态的产品
  C. 呈现出较明显多样化特征的产品
  D. 产销量不大，且处于很好盈利状态的产品

7. 价值工程包括（ ）阶段。
  A. 计划   B. 执行   C. 检查评价   D. 处理

8. 目标成本法的应用需要收集大量信息，这些信息包括（ ）。
  A. 产品成本构成及料、工、费等财务和非财务信息
  B. 产品功能及其设计、生产流程与工艺等技术信息
  C. 材料的主要供应商、供求状况、市场价格及其变动趋势等信息
  D. 本企业及同行业标杆企业产品盈利水平等信息

9. 在确定目标售价时，需综合考虑的因素有（ ）。
  A. 客户感知的产品价值   B. 竞争产品的预期相对功能和售价
  C. 针对该产品的战略目标   D. 该产品的竞争地位分析

10. 目标成本法的优点包括（ ）。
  A. 突出从原材料到产品出货全过程的成本管理，有助于提高成本管理的效率和效果
  B. 强调产品寿命周期成本的全过程和全员管理，有助于提高客户价值和产品市场竞争力
  C. 谋求成本规划与利润规划活动的有机统一，有助于提升产品的综合竞争力
  D. 管理水平要求不高

四、实训题

（一）实训目的

掌握目标成本法及其应用。

（二）实训资料

  已知某公司生产的新产品——甲产品由六种零部件构成，目前设计成本为1 600元，目标售价定为1 875元，税金及附加为售价的10%，目标销售利润率定为10%。A、B、C、D、E、F六种零件采用分析法确定的设计成本分别为270元、260元、200元、400元、150元、320元，采用价值工程法对这些零件进行的功能分析结果如表4-14所示。

表 4-14　　　　　　　　　　　　　甲产品各零件的功能评分表

零件名称	A	B	C	D	E	F	得分合计
A	×	1	1	0	1	0	3
B	0	×	1	0	1	1	3
C	0	0	×	0	1	1	2
D	1	1	1	×	0	0	3
E	0	0	0	1	×	0	1
F	0	1	1	0	0	×	2
合计	1	3	4	1	3	2	14

（三）实训要求

（1）计算甲产品的单位目标成本。

（2）运用价值工程法计算甲产品的目标成本和成本降低额，并填制表 4-15。

表 4-15　　　　　　　　　　　　　甲产品价值分析表

零件名称	功能系数	设计成本	目标成本	成本降低额
A				
B				
C				
D				
E				
F				
合计				

任务三　标准成本法

一、判断题

1. 成本差异的分析是采用标准成本制度的前提和关键。　　　　　　　　　　（　　）

2. 标准成本制度不仅是一种成本计算方法，更是目标成本管理的一种手段。（　　）

3. 材料数量差异控制的重点是材料采购环节。　　　　　　　　　　　　　（　　）

4. 企业应用标准成本法，要求处于较稳定的外部市场经营环境中，且市场对产品的需求相对平稳。　　　　　　　　　　　　　　　　　　　　　　　　　　　　　　（　　）

5. 企业制定标准成本，可由跨部门团队采用"上下结合"的模式进行。　　（　　）

6. 正常标准成本与现实标准成本不同的是，它需要根据现实情况的变化不断进行修改，而现实标准成本则可以保持较长一段时间固定不变。　　　　　　　　　　　　（　　）

7. 直接材料成本标准，是指直接或间接用于产品生产的材料成本标准。　　（　　）

8. 标准成本法是一种成本核算与成本控制相结合的方法。　　　　　　　　（　　）

9. 在制定标准成本时,理想标准成本因为要求高而成为最合适的一种标准成本。
（ ）

10. 对固定制造费用的分析和控制通常是通过编制固定制造费用预算与实际发生数对比来进行的。（ ）

二、单项选择题

1. 在标准成本差异分析中,材料价格差异是根据实际数量与价格脱离标准的差额计算的,其中实际数量是指材料的（ ）数量。
   A. 采购　　　　B. 入库　　　　C. 领用　　　　D. 耗用

2. 变动制造费用的价格差异即为（ ）差异。
   A. 效率　　　　B. 耗用　　　　C. 预算　　　　D. 能力

3. 在现有的生产技术水平和正常生产经营能力的前提下应达到的标准为（ ）的标准成本。
   A. 平均　　　　B. 理想　　　　C. 历史　　　　D. 现实

4. 直接人工工时耗用量是指单位（ ）耗用量脱离单位标准人工工时所产生的差异。
   A. 实际人工工时　B. 定额人工工时　C. 预算人工工时　D. 正常人工工时

5. 直接人工的小时工资率标准,在采用计时工资制下就是（ ）。
   A. 实际工资率　　B. 标准工资率　　C 定额工资率　　D. 正常工资率

6. 计算数量差异要以（ ）为基础。
   A. 标准价格　　B. 实际价格　　C. 标准成本　　D. 实际成本

7. 标准成本可以按成本项目分别反映,每个成本项目的标准成本可按（ ）计算得到。
   A. 标准价格×实际用量　　　　B. 实际价格×标准用量
   C. 实际价格×实际用量　　　　D. 标准价格×标准用量

8. 下列变动成本差异中,无法从生产过程的分析中找出产生原因的是（ ）。
   A. 变动制造费用效率差异　　　B. 变动制造费用耗费差异
   C. 直接人工成本差异　　　　　D. 材料价格差异

9. 材料价格差异通常应由（ ）部门负责。
   A. 财务　　　　B. 生产　　　　C. 人事　　　　D. 采购

10. 计算价格差异要以（ ）为基础。
    A. 标准数量　　B. 标准价格　　C. 实际数量　　D. 实际价格

三、多项选择题

1. 正常标准成本是在正常生产经营条件下应该达到的成本水平,它是根据（ ）制定的标准成本。
   A. 现实的耗用水平　　　　　　B. 正常的价格
   C. 正常的生产经营能力利用程度　D. 现实的价格

2. 在制定标准成本时,根据要求达到效率的不同,应采取的标准有（ ）。
   A. 理想标准成本　B. 正常标准成本　C. 现实标准成本　D. 定额成本

3. 构成直接材料成本差异的基本因素有（ ）。
   A. 效率差异　　B. 耗用差异　　C. 用量差异　　D. 价格差异

4. 下列标准成本差异中,通常应由生产部门负责的有（ ）。

A. 直接材料的价格差异 B. 直接人工的数量差异
C. 变动制造费用的价格差异 D. 变动制造费用的数量差异

5. 材料价格差异的原因,可能会有( )。

A. 进料数量未按经济订购量办理 B. 购入低价材料
C. 折扣期内延期付款,未获优惠 D. 增加运输途中耗费

6. 制造费用的工时标准,通常可采用( )。

A. 直接人工工时 B. 定额工时 C. 机器工时 D. 标准工时

7. 影响材料采购价格的各种因素有( )。

A. 采购批量 B. 运输工具 C. 交货方式 D. 材料质量

8. 标准成本法的主要内容包括( )。

A. 标准成本的制定 B. 成本差异的计算
C. 成本差异的分析 D. 成本差异的账务处理

9. 标准成本法的主要作用有( )。

A. 有利于企业的目标管理 B. 有助于责任会计制度的推行
C. 有利于及时提供成本资料 D. 有利于作出产品定价决策

10. 下列成本差异中,通常不属于生产部门责任的有( )。

A. 直接材料价格差异 B. 直接人工工资率差异
C. 直接人工效率差异 D. 变动制造费用效率差异

四、实训题

实训一

(一)实训目的

熟悉标准成本法及其应用。

(二)实训资料

已知某企业生产 A 产品,有关资料如下:

(1) 生产 A 产品,耗用甲、乙两种材料。其中甲材料标准价格为每千克 20 元,乙材料标准价格为每千克 32 元。单位产品耗用甲材料标准为每件 5 千克,乙材料为每件 9 千克。

(2) 甲产品单位标准工时为 13 小时,直接人工标准工资率为每小时 7.5 元。

(3) 固定性制造费用预算数为 61 000 元;变动性制造费用预算数为 38 000 元。标准总工时数为 10 000 小时。

(三)实训要求

制定 A 产品的标准成本。

实训二

(一)实训目的

熟悉标准成本法及其应用。

(二)实训资料

某企业生产甲产品,其标准成本的相关资料如下:单件产品耗用 A 材料 10 千克,每千克标准单价为 3 元;耗用 B 材料 8 千克,每千克标准单价为 5 元;单位产品的标准工时为 3 小时,标准工资率为每小时 12 元;标准变动性制造费用率为每小时 8 元;标准固定性制造费用率为每小时 12 元。

假定本期实际产量为 1 300 件,发生实际工时 4 100 小时,直接人工总差异为 3 220 元,属于超支差。

(三)实训要求

(1)计算甲产品的单位标准成本。
(2)计算实际发生的直接人工。
(3)计算直接人工的效率差异和工资率差异。

实训三

(一)实训目的

熟悉标准成本法。

(二)实训资料

甲公司是一家制造业企业,只生产和销售防滑瓷砖这一种产品。产品生产工艺流程比较成熟,生产工人技术操作比较熟练,生产组织管理水平较高,公司实行标准成本法,定期进行标准成本差异分析。

甲公司月生产能量为 6 000 平方米,2017 年 9 月实际生产 5 000 平方米,其他相关资料如表 4-16 和表 4-17 所示。

表 4-16　　　　　　　　　　实际消耗量资料

项目	直接材料	直接人工	变动制造费用	固定制造费用
实际使用量	24 000 千克	5 000 人工小时	8 000 机器小时	5 000 机器小时
实际单价	1.5 元/千克	20 元/小时	15 元/小时	10 元/小时

表 4-17　　　　　　　　　　标准成本资料

项目	直接材料	直接人工	变动制造费用	固定制造费用
用量标准	5 千克/平方米	1.2 小时/平方米	1.6 小时/平方米	1.5 小时/平方米
价格标准	1.6 元/千克	19 元/小时	12.5 元/小时	8 元/小时

(三)实训要求

(1)计算直接材料的价格差异、数量差异和成本差异。
(2)计算直接人工的效率差异、工资率差异和成本差异。
(3)计算变动制造费用的耗费差异、效率差异和成本差异。
(4)计算固定制造费用的成本差异。
(5)计算产品成本差异总额和单位成本差异。

任务四　变动成本法

一、判断题

1. 间接人工是指为生产提供劳务而不直接进行产品制造的人工成本,如企业管理人员的工资。　　　　　　　　　　　　　　　　　　　　　　　　　　　　(　)

2. 生产自动化水平的提高会导致制造费用在生产成本总量中所占比重增大,生产专业化分工的加深会导致制造费用的形式更加间接化。　　　　　　　　　　　　(　)

3. 固定成本是指其总额在一定期间内不受业务量的影响而保持固定不变的成本。
（　　）

4. 若从单位业务量所负担固定成本多寡的角度来考察，固定成本是一个变量。（　　）

5. 约束性固定成本通常是由企业管理当局在每一个会计年度开始前制定年度预算，一旦预算制定之后，将对年度内固定成本的支出起约束作用。（　　）

6. 由于酌量性固定成本的大小完全取决于管理当局的决定，它并不能形成顾客所认为的价值，因此，在进行成本控制时应尽量压缩其总量。（　　）

7. 约束性固定成本作为经营能力成本这一属性，决定了该项成本的预算期通常比较长，约束性固定成本预算应着眼于经济、合理地利用企业的生产经营能力。（　　）

8. 酌量性固定成本与经营能力成本均与企业的业务量水平无直接关系。（　　）

9. 相关成本与无关成本的区分并不是绝对的。（　　）

10. 生产成本中的直接成本就是变动成本，间接成本就是固定成本。（　　）

11. 按照变动成本法的解释，期间成本只包括固定成本。（　　）

12. 变动成本法和完全成本法计入利润表的期间费用，虽然形式上不同，但内容上相同。（　　）

13. 无论哪种成本计算法，对非生产成本都作为期间成本处理，必须在发生的当期全额计入利润表，不同之处是计入利润表的位置或补偿的顺序。（　　）

14. 无论在什么情况下，固定成本法和变动成本法都可以直接应用公式："销货成本＝单位产品×本期销售量"。（　　）

15. 当存货量不为零时，按变动成本法确定的存货成本必然小于按完全成本法确定的存货成本。（　　）

二、单项选择题

1. 在管理会计的发展过程中，变动成本法最初被称为（　　）。
   A. 吸收成本法　　B. 归纳成本法　　C. 直接成本法　　D. 边际成本法

2. 下列各项中，与"吸收成本法""归纳成本法""兼收成本法"或"制造成本法"内涵完全相同的是（　　）。
   A. 完全成本法　　B. 变动成本法　　C. 历史成本法　　D. 标准成本法

3. 下列各项中，能构成变动成本法下产品成本内容的是（　　）。
   A. 变动成本　　B. 固定成本　　C. 生产成本　　D. 变动生产成本

4. 下列各项中，不能列入变动成本法产品成本的是（　　）。
   A. 直接材料　　B. 直接人工　　C. 固定性制造费用　　D. 变动性制造费用

5. 下列各项中，不属于完全成本法下期间成本内容的是（　　）。
   A. 变动非生产成本　　B. 固定非生产成本　　C. 生产成本　　D. 财务费用

6. 在变动成本法下，销售收入与变动成本之差等于（　　）。
   A. 净利润　　B. 营业利润　　C. 销售毛利　　D. 边际贡献

7. 在前后期产量和成本水平均不变的条件下，若本期完全成本法下计算的利润小于变动成本法下计算的利润，则意味着（　　）。
   A. 本期生产量大于本期销售量　　B. 本期生产量等于本期销售量
   C. 期末存货量大于期初存货量　　D. 期末存货量小于期初存货量

8. 当产品的销售价格、成本水平均不变时,按变动成本法计算的营业利润与当期实现的销售量之间是( )关系。

　　A. 正比例　　　　B. 同方向变动　　C. 反比例　　　　D. 反方向变动

9. 在其他条件不变的情况下,如果本期销售量比上期增加,则可断定按变动成本法计算的本期营业利润( )。

　　A. 一定等于上期　　B. 应当小于上期　　C. 一定大于上期　　D. 可能等于上期

10. 在应用高低点法进行成本性态分析时,选择高点坐标的依据是( )。

　　A. 最高的业务量　　　　　　　　　B. 最高的成本
　　C. 最高的业务量和最高的成本　　　D. 最高的业务量或最高的成本

三、多项选择题

1. 变动成本法下产品成本中包含的项目有( )。

　　A. 生产产品所耗原材料　　　　B. 生产工人计件工资
　　C. 车间照明用电　　　　　　　D. 按直线法计提的折旧费

2. 两种成本计算法共同的期间成本包括( )。

　　A. 财务费用　　B. 固定制造费用　　C. 销售费用　　D. 管理费用

3. 贡献式利润表中的变动生产成本等于( )。

　　A. 本期销货成本　　　　　　　　　B. 本期生产成本
　　C. 单位变动生产成本×本期销量　　D. 单位变动生产成本×本期产量

4. 下列各项中,不会引起变动成本法和完全成本法确定的营业利润产生差异额的有( )。

　　A. 非生产成本　　B. 固定生产成本　　C. 销售收入　　D. 变动生产成本

5. 变动成本法的优点主要包括( )。

　　A. 简化成本核算　　B. 便于成本控制　　C. 便于短期决策　　D. 便于长期决策

6. 在变动成本法下,变动非生产成本包括( )。

　　A. 变动制造费用　　B. 变动管理费用　　C. 变动销售费用　　D. 变动财务费用

7. 变动成本法与完全成本法之间存在( )方面的不同。

　　A. 变动制造费用的构成　　　　B. 产品生产成本
　　C. 计算利润的步骤　　　　　　D. 服务对象

8. 在完全成本法下,影响计入当期损益的固定制造费用数额的有( )。

　　A. 当期发生的固定制造费用总额　　B. 当期营业收入总额
　　C. 期末存货量　　　　　　　　　　D. 期初存货量

9. 下列关于变动成本法的论述中,正确的有( )。

　　A. 单位产品成本不受产量的影响
　　B. 提供的资料不适应长期决策的需要
　　C. 提供的产品成本信息不符合对外报表的要求
　　D. 所提供的信息能够反映成本、业务量和利润之间的依存关系

10. 在不考虑其他附加条件的情况下,将完全成本法下期末存货吸收的固定性制造费用与期初存货释放的固定性制造费用进行比较,下列表述中正确的有( )。

　　A. 当前者等于后者时,广义营业利润差额等于零

B. 当前者大于后者时,广义营业利润差额大于零

C. 当前者小于后者时,广义营业利润差额小于零

D. 当前者大于后者时,广义营业利润差额小于零

11. 变动成本法所提供的信息对强化企业管理有相当大的积极作用,比如可以(　　)。

A. 加强成本管理　　　　　　　B. 促进以销定产

C. 调动企业增产的积极性　　　D. 简化成本计算

12. 如果不考虑其他限定条件,在下列关于完全成本法与变动成本法下各期损益的描述中,正确的有(　　)。

A. 当产销相对平衡时,前者利润一定等于后者利润

B. 当产销绝对平衡时,前者利润一定等于后者利润

C. 当产量小于销量时,后者利润一定小于前者利润

D. 当产量大于销量,无期初存货时,后者利润小于前者利润

四、实训题

实训一

(一) 实训目的

熟悉变动成本法及其应用。

(二) 实训资料

某企业生产甲产品,产品售价为 10 元/件,单位产品变动成本为 4 元,固定性制造费用总额为 24 000 元,固定性销售及管理费用为 6 000 元,无变动性销售及管理费用,存货按先进先出法计价,该企业最近 3 年的产销量资料如表 4-18 所示。

表 4-18　　　　　　　　　该企业最近 3 年的产销量资料　　　　　　　　　单位:件

产　销　量	第 1 年	第 2 年	第 3 年
期初存货量	0	0	2 000
本期生产量	6 000	8 000	4 000
本期销售量	6 000	6 000	6 000
期末存货量	0	2 000	0

(三) 实训要求

(1) 分别按变动成本法和完全成本法计算单位产品成本。

(2) 分别按变动成本法和完全成本法计算期末存货成本。

(3) 分别按变动成本法和完全成本法计算期初存货成本。

实训二

(一) 实训目的

熟悉变动成本法及其应用。

(二) 实训资料

某企业只生产一种产品——A 产品,投产后第 1 年产量为 8 000 件,第 2 年产量为 5 000 件,第 1、第 2 年的销售量分别为 7 000 件和 6 000 件,每件产品售价为 50 元。生产成本:每

件变动生产成本为 10 元,固定生产成本每年发生额为 80 000 元,变动性销售与管理费用为每件 5 元,固定性销售与管理费用为每年 60 000 元。

(三) 实训要求

(1) 分别采用变动成本法和完全成本法计算产品单位成本,并填制表 4-19。

表 4-19   变动成本法和完全成本法产品单位成本   单位:元

方　法	第 1 年	第 2 年
变动成本法		
完全成本法		

(2) 分别采用变动成本法和完全成本法计算营业利润,并填制表 4-20、表 4-21。

表 4-20   完全成本法下的利润表   单位:元

项　目	第 1 年	第 2 年
销售收入		
销售成本:		
期初存货		
本期产品生产成本		
期末存货		
合　计		
销售毛利		
销售及管理费用		
营业利润		

表 4-21   变动成本法下的利润表   单位:元

项　目	第 1 年	第 2 年
销售收入		
变动成本:		
变动生产成本		
变动销售及管理费用		
合　计		
贡献边际		
固定成本:		
固定性制造费用		
固定性销售和管理费用		
合　计		
营业利润		

（3）分析变动成本法和完全成本法计算的营业利润发生差异的原因,并进行调整。

任务五　作业成本法

一、判断题

1. 作业成本法因产品成本计算的精确性而产生。（　　）
2. 成本库归集的成本是作业中心的成本。（　　）
3. 作业成本法是指以作业为中间桥梁,以作业动因作为间接费用的归集对象的一种成本核算方法。（　　）
4. 作业成本法最初建立在完全成本法的基础上,探求间接费用分配的精确性。（　　）
5. 作业动因应当反映公司管理与作业成本的因果关系。（　　）
6. 成本动因与成本的发生具有相关性,但成本动因本身不具有可计量性。（　　）
7. 机器调整属于一项作业,它会导致产品成本的发生。（　　）
8. 作业,是指企业基于特定目的重复执行的任务或活动,是连接资源和成本对象的桥梁。（　　）
9. 作业成本法下核算制造费用时,应首先将所有的制造费用区分为直接制造费用和间接制造费用。（　　）
10. 主要作业是被原材料、主要作业等介于中间地位的成本对象消耗的作业。（　　）
11. 作业成本计算法的成本计算对象是产品步骤或订单。（　　）
12. 资源即使被消耗,也不一定都是对形成最终产出有意义的消耗。（　　）
13. 作业中心既是成本汇集中心,又是责任考核中心。（　　）
14. 企业对认定的作业应加以分析和归类,按顺序列出作业清单或编制作业字典。（　　）
15. 作业成本法认为,产品直接消耗资源。（　　）

二、单选选择题

1. 作业成本计算法把企业看作最终满足顾客需求而设计的一系列（　　）的集合。
   A. 契约　　　　B. 作业　　　　C. 产品　　　　D. 生产线
2. 在现代制造业中,（　　）的比重极大地增加,结构也彻底发生了改变。
   A. 直接人工　　B. 直接材料　　C. 间接费用　　D. 期间费用
3. （　　）是负责完成某一项特定产品制造功能的一系列作业的集合。
   A. 作业中心　　B. 制造中心　　C. 企业　　　　D. 车间
4. 作业消耗一定的（　　）。
   A. 成本　　　　B. 时间　　　　C. 费用　　　　D. 资源
5. 服务于每批产品并使每一批产品都受益的作业是（　　）。
   A. 专属作业　　　　　　　　　　B. 不增值作业
   C. 批别动因作业　　　　　　　　D. 价值管理作业
6. 在作业成本法下,下列各项中,一定属于直接成本的是（　　）。
   A. 直接材料　　　　　　　　　　B. 直接人工
   C. 变动性制造费用　　　　　　　D. 固定性制造费用
7. 下列各项中,属于作业成本法最终核算内容的是（　　）。
   A. 产品成本　　B. 作业成本　　C. 资源成本　　D. 责任成本

8. 在完全成本法下,间接费用的分配标志是( )。
   A. 作业动因　　　B. 成本动因　　　C. 业务量　　　D. 生产批次
9. 在作业成本法下,人们将成本动因与成本之间的依存关系称为( )。
   A. 成本性态　　　B. 成本因素　　　C. 成本功能　　　D. 作业动因
10. 按作业成本法进行盈利能力分析时,成本核算范围得到拓展,拓展的新内容是( )。
    A. 生产成本　　　B. 期间成本　　　C. 固定制造费用　　　D. 变动成本

三、多项选择题

1. 下列各项中,属于作业成本法产生环境背景的有( )。
   A. 社会生产力的提高　　　　　　　　B. 顾客多样化的产品需求
   C. 制造费用比重急剧增长　　　　　　D. 直接人工比重急剧增长
2. 作业成本法发展阶段包括( )。
   A. 萌芽阶段　　　B. 创建阶段　　　C. 发展阶段　　　D. 稳定阶段
3. 下列各项中,属于企业资源的有( )。
   A. 房屋建筑物　　　B. 知识产权　　　C. 土地使用权　　　D. 人力资源
4. 作业按消耗对象不同,可分为( )。
   A. 主要作业　　　B. 次要作业　　　C. 产量级作业　　　D. 品种级作业
5. 下列各项中,可以归属于作业动因的有( )。
   A. 机器小时　　　B. 订单份数　　　C. 检验件数　　　D. 产品批次
6. 企业可按照受益对象、层次和重要性,将作业分为( )。
   A. 产量级作业　　　B. 批别级作业　　　C. 客户级作业　　　D. 品种级作业
7. 作业成本法一般适用于( )的企业。
   A. 作业类型较多且作业链较长
   B. 同一生产线生产多种产品
   C. 企业规模较大且管理层对产品成本准确性要求较高
   D. 间接或辅助资源费用所占比重较大
8. 企业应用作业成本法所处的外部环境,一般应具备( )特点。
   A. 客户个性化需求较高,市场竞争激烈　　B. 产品的需求弹性较小,价格敏感度低
   C. 客户个性化需求较低,市场没有竞争　　D. 产品的需求弹性较大,价格敏感度高
9. 下列各项中,属于品种级作业涉及的资源有( )。
   A. 新产品设计　　　　　　　　B. 现有产品质量与功能改进
   C. 生产流程监控　　　　　　　D. 产品广告
10. 下列各项中,属于客户级作业涉及的资源有( )。
    A. 向个别客户提供的技术支持活动　　B. 个别客户提供的咨询活动
    C. 独特包装　　　　　　　　　　　　D. 产品广告

四、实训题

实训一

(一) 实训目的
熟悉作业成本法及其应用。

项目四 成本管理

(二)实训资料

某企业采用作业成本法核算产品成本,该企业共生产甲、乙两种产品,某月生产甲产品580件、乙产品700件,经分析其作业情况如表4-22、表4-23所示。

表4-22　　　　　　　　　　　作业成本资料　　　　　　　　　　金额单位:元

作业中心	资源耗用	动因	动因量(甲产品)	动因量(乙产品)	合计
材料处理	18 000	移动次数	400	200	600
材料采购	25 000	订单件数	350	150	500
使用机器	35 000	机器小时	1 200	800	2 000
设备维修	22 000	维修小时	700	400	1 100
质量控制	20 000	质检次数	250	150	400
产品运输	16 000	运输次数	50	30	80
合　计	136 000				

(三)实训要求

按作业成本计算甲、乙两种产品的成本,并填制表4-23。

表4-23　　　　　　　　　　作业成本计算表

作业中心	成本库/元	动因量	成本动因分配率	甲产品	乙产品
材料处理	18 000	600			
材料采购	25 000	500			
使用机器	35 000	2 000			
设备维修	22 000	1 100			
质量控制	20 000	400			
产品运输	16 000	80			
合计总成本	136 000				
单位成本					

实训二

(一)实训目的

熟悉作业成本法及其应用。

(二)实训资料

(1)某企业某年生产A、B两种产品。A产品和B产品的生产加工工艺不同,A产品工艺比B产品复杂。A产品每月生产100件,B产品每月生产200件。相关资料如表4-24、表4-25所示。

表 4-24　　A 产品和 B 产品的直接材料和直接人工资料

项　　目	产　品　名　称	
	A 产品	B 产品
产品产量/件	100	200
直接材料/元	10 000	12 000
直接人工/元	2 000	3 000

表 4-25　　A 产品和 B 产品的间接费用　　　　　　　　　　　单位：元

材料领出	包　装	质量检验	设备维护	装卸搬运	合　计
15 000	8 000	10 000	12 000	5 000	50 000

（2）经研究，发现本企业间接费用的成本动因有 5 个：材料领用数量、包装批次、质量检验小时、设备维护时数和装卸搬运次数。作业类别和相关作业量如表 4-26 所示。

表 4-26　　作业类别和相关作业量

作业类别	成本动因	作　业　量		
		A 产品	B 产品	合　计
材料领用	材料领用数量	8	7	15
包　装	包装批次	5	3	8
质量检验	质量检验小时	15	10	25
设备维护	设备维护时数	8	4	12
装卸搬运	装卸搬运次数	6	4	10

（三）实训要求

（1）按作业成本法将间接费用在 A 产品和 B 产品之间进行分配。

（2）按作业成本法计算 A 产品和 B 产品的总成本和单位成本。

实训三

（一）实训目的

掌握作业成本法及其应用。

（二）实训资料

（1）某企业生产甲、乙两产品，假设该企业两种产品的财务和成本数据如表 4-27 所示。

表 4-27　　甲、乙两种产品财务和成本数据

品　　种	甲 产 品	乙 产 品
产量/台	25 000	75 000
售价/（元/台）	1 500	1 000

续 表

品　　种	甲产品	乙产品
单位直接材料和人工成本/元	500	200
直接人工工时/小时	50 000	150 000

（2）该企业的管理会计师划分了下列作业，并列出了间接成本集合及成本动因，如表4-28所示。

表 4-28　　　　　　　　　　作业、间接成本集合及成本动因

作　　业	间接成本集合/元	作业动因
调整	7 500 000	调整次数
机器运行	40 625 000	机器工时
包装	1 875 000	包装单数量
合　计	50 000 000	—

（3）甲、乙两种产品的实际作业量如表4-29所示。

表 4-29　　　　　　　　　　甲、乙两产品财务和成本数据

作业动因	甲产品	乙产品	合　　计
调整次数/次	400	200	600
机器工时/小时	137 500	268 750	406 250
包装单数量/个	12 500	25 000	37 500

（三）实训要求

（1）采用传统成本计算制度，以直接人工工时为分配标准，确定两种产品的单位成本和单位盈利能力，并填制表4-30。

表 4-30　　　　甲、乙两种产品在传统成本计算方法下的单位成本及盈利　　　　单位：元

项　　目	甲产品	乙产品
单位售价		
单位产品成本：		
直接材料和人工成本		
间接成本		
单位产品成本合计		
单位产品盈利能力		

（2）按作业成本法计算甲产品和乙产品的单位成本和单位盈利能力，并填制表4-31。

表 4-31　　　　甲、乙两种产品在作业成本计算方法下的单位成本及盈利　　　　单位：元

项　　目	甲产品	乙产品
单位售价		
单位产品成本：		
直接材料和人工成本		
间接成本		
单位产品成本合计		
单位产品盈利能力		

（3）分析两种产品盈利能力存在区别的原因。

实训四

（一）实训目的

通过案例分析，熟悉成本管理对企业的重要性。

（二）实训资料

京东是我国知名的综合网络零售商，在线销售家电、数码、电脑、家居百货、服装服饰、母婴、图书、视频、在线旅游等 12 大类、数万个品牌、百万种产品。2014 年 5 月，京东成功在美国纳斯达克挂牌上市，其成功背后的重要原因之一就是基于价值链的全方位成本管理。

1. 京东的"倒金字塔"管理模式

京东集团总裁刘强东在中国人民大学演讲时首次披露了京东的"倒金字塔"管理模式，如图 4-2 所示，主要分为四个层级，从下到上依次涉及团队、供应链、关键业绩指标和品牌。基础层以团队作为企业管理的基石，旨在充分发挥每个人的最大作用，实现员工高效协调一致的工作目标。处于其之上的系统层，是指导公司日常经营的"智慧大脑"，涵盖了物流、信息流、资金流三大核心。基础层和系统层的效果直接决定了"成本与效率"是否具备领先优势，比如每单快递的成本是否低于竞争对手、存货周转率或资金周转率是否高于竞争对手等。只有实现"成本与效率"的领先，才能取得"产品、价格、服务"的优势，打造品牌的核心竞争力。在这四个层级之中，京东主要将注意力集中在第二、第三个层级上，旨在通过对系统层中价值链的有效管理，紧紧抓住价值链效率和成本控制两条主线，来实现成本的降低和效率的提高，最终实现企业的战略目标。近年来，京东的一系列做法印证了其试图通过协调价值链的各个环节全方位降低成本的经营理念。

2. 完善价值链节点管理，实现全方位成本降低

通常来讲，商品从京东送至客户这一链条上包括以下几个环节：采购环节、销售环节、配送环节、支付环节、反馈环节。京东将成本管理嵌入价值链的各个环节，采取有针对性的措施对价值链节点加以完善，全方位降低企业的成本。

（1）即时库存管理，降低库存成本。

① 采用先进的信息系统，实现零库存管理。京东通过加大对大数据及云计算等先进信息技术的投入，利用数据分析、数据挖掘、平台开放等手段，根据商品点击率来判断分析客户的潜在消费需求，预计未来数天每个产品在各地的销量，将客户可能购买的产品提前运到当地仓库。这种以预测销量为基础的库存管理模式，在保证正常经营活动的前提下，可以缩减

项目四 成本管理

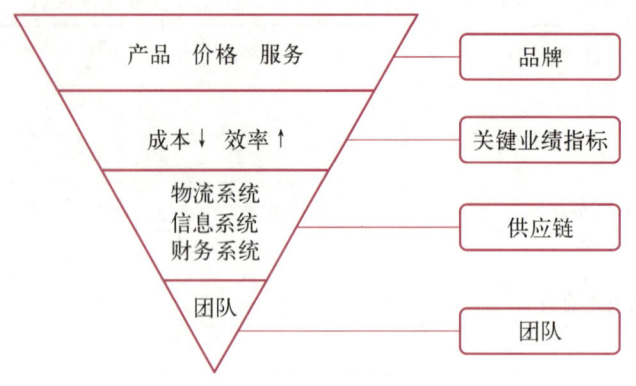

图 4-2 京东的"倒金字塔"管理模式

商品库存量,降低库存成本。

② 精细化库存管理,提高运营效率。对"货品摆放—订单拣货—货品分拣—订单开票—出库包装"实现精细化管理。在京东的仓库中,按照销量分区摆放商品,最畅销的商品放置于通道附近。此外,商品按与拣货人员拣货汇总单顺序相一致的顺序依次摆放,方便拣货人员取货。拣货人员将拣出的商品放在推车上以后,分拣人员按订单分拣,之后完成校验、开票、包装等一系列后续工作。目前,京东平均的库存周转天数已经压缩到了 30 天,电子产品的平均周转天数仅为 15~18 天。

(2) 网络营销模式,压低经营成本。

京东采取网络营销模式,以网络界面为平台展示商品和服务。客户在网上浏览并选购商品,生成订单来传达需求信息。这种依托于网络的营销模式削减了商品销售渠道的层层环节,在加快商品流通速度的同时有效降低了经营成本。第一,极大地节约了租赁成本、后续的一系列维修成本、选址不佳及销路不畅等风险带来的经营成本,采取直接从厂商处进货的方式,越过了批发商、中间商等环节,进一步降低自身的经营成本。第二,网络营销模式的营销策略更加简便易行、精准有效。

(3) 专业物流配送,优化物流成本。

① 自建物流体系。随着电子商务市场的不断发展壮大,全国范围内的网购交易量与日俱增。看到自建物流体系背后所蕴含的巨大商机后,京东率先开展了物流体系建设:"圆迈快递"和"亚洲一号"项目。通过自建物流体系,京东不仅能够亲力亲为地为客户提供优质高效的服务,并且利用规范用语、统一人员的服装和工具、品牌标志宣传等方式巧妙地将品牌宣传工作融入物流服务,轻松地完成营销过程,在客户中树立品牌形象。

② 外包物流。随着京东的不断发展壮大,京东业务已经发展到二线、三线城市。出于对成本效益的考虑,京东采用与当地第三方物流或生产商合作的方法完成配送,并通过动态合同,建立监督、检查机制来控制外包物流风险。

(4) 自建支付体系,节约资金成本。

2011 年、2012 年,京东为了避免受制于人,着手打造自身的支付系统。自建支付体系使得京东将这些核心数据紧紧掌握在自己的手中。此外,自建支付体系能够实现对资金回收过程的全方位控制,加快资金回流速度,避免动用外部融资缓解现金压力而增加资金成本。

(5) 周到贴心服务,避免隐性成本。

京东通过对价值链上游各个节点的有效管理,降低了企业成本,提高了企业效率。成本与效率的领先,使得京东以平价利薄的产品、优质快捷的服务体系在客户中树立了良好的品牌形象,增加了客户的满意度和忠诚度,降低了企业的隐性成本。

(三) 实训要求

思考并回答下列问题:

(1) 通过案例介绍,你能从京东公司的管理会计运用中得到什么启示?

(2) 什么是价值链管理?它在价值创造方面有什么贡献?

(3) 如何理解"细节决定成败"?

{资料来源:马林芳,乔新欢.京东集团基于价值链的全方位成本管理[J].财务与会计,2015(07)}

成本管理
在线测试

项目五　营运管理

知识学习目标

- 熟悉营运管理各个阶段的管理内容；
- 理解本量利分析的基本原理；
- 掌握保本点分析的方法；
- 掌握内部转移定价的方法；
- 掌握多维度盈利能力分析。

能力学习目标

- 通过学习营运管理的概念、工具方法及程序，能说出营运管理各个阶段主要的管理内容；
- 通过学习本量利分析的概念和基本公式，能解释本量利分析的基本原理；
- 通过学习保本点分析的方法，能计算保本点的销售量和保本点的销售额；
- 通过学习敏感性分析的理论与计算方法，能分析有关因素变动对利润的敏感程度；
- 通过学习内部转移定价的理论和方法，能为企业实现责任会计制度的建立奠定基础；
- 通过学习多维度盈利能力分析的理论和方法，正确评价企业绩效。

工作任务

- 营运管理认知；
- 本量利分析；
- 边际分析；
- 敏感性分析；
- 内部转移定价；
- 多维度盈利能力分析。

项目引例

剧院的成本与票价

某市当代剧院是一家服务社区、为群众提供高雅艺术的非营利组织，目前已经宣告了其来年的经营安排。根据剧院的管理导演麦根的意向，来年的第一部戏将是《莎士比亚著作集锦》。该剧院虽然每月卖出大约8 000张戏票，但几乎没有利润。麦根说他期望这会是剧院经营状况最好的一年。"记住"，他指出，"对我们来说，好的年份并不意味着较高的利润，因为当代剧院是个非营利组织,好的年份意味着许多人观看我们的戏剧,享受着我们所提供的最好的当代巨匠艺术"。

麦根解释说,当市政府同意使用具有历史意义的市剧院作为当代剧院后,戏剧公司获得了很大的发展。"市财政可获得月租费,外加一份来自戏票销售收入的报酬。我们尽力保持票价的合理性,因为我们的目标是将戏剧尽可能多地带入到人们生活中去。当然,从财务上说,我们的目标是每年收支刚好持平。我们不想获利,但是我们也不能亏损运作。我们要支付剧本的版税、演员以及其他雇员的工资、保险费以及公用事业费等。陶醉在戏剧里是很容易的,但是关注商业运营也是我工作的一个重要部分。有时,寻求我们的盈亏平衡点是很棘手的。我们不得不测算成本会是多少,票价应定在什么水平上,并且估算我们将会从朋友和支持者那里获得多少慈善性捐赠。既从财务上又从艺术上掌握我们的行动是至关重要的。我们想在未来的许多年中将伟大的戏剧带给更多人。"

问题提出:

(1) 为什么一个非营利组织需要考虑"盈亏平衡点(保本点)"?

(2) 影响"盈亏平衡点"的因素有哪些?

带着这些问题,让我们进入本项目的学习。

任务一　营运管理认知

一、营运管理概述

(一) 营运管理的概念

营运管理,是指为了实现企业战略和营运目标,各级管理者通过计划、组织、指挥、协调、控制、激励等活动,实现对企业生产经营过程中的物料供应、产品生产和销售等环节的价值增值管理。

企业进行营运管理,区分计划(plan)、实施(do)、检查(check)、处理(act)四个阶段(简称PDCA管理原则),形成闭环管理,使营运管理工作更加条理化、系统化、科学化。

(二) 营运管理的工具方法及程序

营运管理领域应用的管理会计工具方法,一般包括本量利分析、敏感性分析、边际分析和标杆管理等。企业可根据自身业务特点和管理需要等,选择单独或综合运用营运管理工具方法,以便更好地实现营运管理目标。

企业应用营运管理工具方法,一般按照营运计划的制订、营运计划的执行、营运计划的调整、营运监控、营运绩效管理等程序进行。

二、营运计划的制订

(一) 营运计划的概念及分类

1. 营运计划的概念

营运计划,是指企业根据战略决策和营运目标的要求,从时间和空间上对营运过程中各种资源所作出的统筹安排,主要作用是分解营运目标,分配企业资源,安排营运过程中的各项活动。

2. 营运计划的分类

（1）按计划的时间长短，可分为长期营运计划、中期营运计划和短期营运计划。

（2）按计划内容的不同，可分为销售营运计划、生产营运计划、供应营运计划、财务营运计划、人力资源营运计划、产品开发营运计划、技术改造和设备投资营运计划等。

（二）营运计划制订的原则及要求

1. 制订营运计划应遵循的原则

（1）系统性原则。企业在制订计划时不仅应考虑营运的各个环节，还要从整个系统的角度出发，既要考虑大系统的利益，也要兼顾各个环节的利益。

（2）平衡性原则。企业应考虑内外部环境之间的矛盾，有效平衡可能对营运过程中的研发、生产、供应、销售等存在影响的各个方面，使其保持合理的比例关系。

（3）灵活性原则。企业应当充分考虑未来的不确定性，在制订计划时保持一定的灵活性和弹性。

2. 制订营运计划的相关要求

（1）企业在制订营运计划时，应以战略目标和年度营运目标为指引，充分分析宏观经济形势、行业发展规律以及竞争对手情况等内外部环境变化，同时还应评估企业自身研发、生产、供应、销售等环节的营运能力，客观评估自身的优势和劣势以及面临的风险和机会等。

（2）企业在制订营运计划时，应开展营运预测，将其作为营运计划制订的基础和依据。

（3）企业应用多种工具方法制订营运计划的，应根据自身实际情况，选择单独或综合应用预算管理、平衡计分卡、标杆管理等管理会计工具方法；同时，应充分应用本量利分析、敏感性分析、边际分析等管理会计工具方法，为营运计划的制订提供具体量化的数据分析，有效支持决策。

（4）企业应当科学合理地制订营运计划，充分考虑各层次营运目标、业务计划、管理指标等方面的内在逻辑联系，形成涵盖各价值链的、不同层次和不同领域的、业务与财务相结合的、短期与长期相结合的目标体系和行动计划。

（5）企业应采取自上而下、自下而上或上下结合的方式制订营运计划，充分调动全员积极性，通过沟通、讨论达成共识。

（6）企业应根据营运管理流程，对营运计划进行逐级审批。企业各部门应在已经审批通过的营运计划基础上，进一步制订各自的业务计划，并按流程履行审批程序。

（7）企业应对未来的不确定性进行充分的预估，在科学营运预测的基础上，制订多方案的备选营运计划，以应对未来不确定性带来的风险与挑战。

三、营运计划的执行

经审批的营运计划应以正式文件的形式下达执行。企业应逐级分解营运计划，按照横向到边、纵向到底的要求分解落实至各所属企业、部门、岗位或员工，确保营运计划得到充分落实。

经审批的营运计划应分解到季度、月度，形成月度的营运计划，逐月下达、执行。各企业应根据月度的营运计划组织开展各项营运活动。

企业应建立配套的监督控制机制,及时记录营运计划执行情况,进行差异分析与纠偏,持续优化业务流程,确保营运计划有效执行。

企业应在月度营运计划的基础上,开展月度、季度滚动预测,及时反映滚动营运计划所对应的实际营运状况,为企业资源配置的决策提供有效支持。

四、营运计划的调整

营运计划一旦批准下达,一般不予调整。宏观经济形势、市场竞争形势等发生重大变化,导致企业营运状况与预期出现较大偏差的,企业可以适时对营运计划作出调整,使营运目标更加切合实际。

企业在营运计划执行过程中,应关注和识别存在的各种不确定因素,分析和评估其对企业营运的影响,适时启动调整原计划的有关工作,确保企业营运目标更加切合实际,更合理地进行资源配置。

企业在作出营运计划调整决策时,应分析和评估营运计划调整方案对企业营运的影响,包括对短期的资源配置、营运成本、营运效益等的影响以及对长期战略的影响。

企业应建立营运计划调整的流程和机制,规范营运计划的调整。营运计划的调整应由具体执行的所属企业或部门提出调整申请,经批准后下达正式文件。

五、营运监控

(一) 营运监控的含义

为确保营运目标的顺利完成,企业应结合自身实际情况,按照日、周、月、季、年等频率建立营运监控体系;并按照PDCA管理原则,不断优化营运监控体系的各项机制,做好营运监控分析工作。

企业营运监控的基本任务包括:

(1) 发现偏差。企业通过各类手段和方法,分析营运计划的执行情况,发现计划执行中的问题。

(2) 分析偏差。企业对营运计划执行过程中出现的问题和偏差原因进行研究,采取针对性的措施。

(3) 纠正偏差。企业根据偏差产生的原因采取针对性的纠偏对策,使企业营运过程中的活动按既定的营运计划进行,或者对营运计划进行必要的调整。

(二) 营运监控分析与报告

企业营运监控分析,应至少包括发展能力、盈利能力、偿债能力等方面的财务指标,以及生产能力、管理能力等方面的非财务内容,并根据所处行业的营运特点,通过趋势分析、对标分析等工具方法,建立完善的营运监控分析指标体系。

企业营运分析的一般步骤包括:

(1) 明确营运目的,确定有关营运活动的范围。

(2) 全面收集有关营运活动的资料,进行分类整理。

(3) 分析营运计划与执行的差异,追溯原因。

(4) 根据差异分析采取恰当的措施,并进行分析和报告。

企业应将营运监控分析的对象、目的、程序、评价及改进建议形成书面分析报告。

六、营运绩效管理

企业可以建立营运绩效管理委员会、营运绩效管理办公室等不同层级的绩效管理组织，以营运计划为基础，制订绩效管理指标体系，开展营运绩效管理，激励员工为实现营运管理目标作出贡献。

任务二　本量利分析

一、本量利分析概述

（一）本量利分析的概念

本量利分析，是指以成本性态分析和变动成本法为基础，运用数学模型和图示，对成本、利润、业务量与单价等因素之间的依存关系进行分析，发现变动的规律性，为企业进行预测、决策、计划和控制等活动提供支持的一种方法。其中，"本"是指成本，包括固定成本和变动成本；"量"是指业务量，一般指销售量；"利"一般指营业利润。

（二）本量利分析的基本公式

本量利分析所要考虑的相关要素主要包括固定成本 a、单位变动成本 b、销售量 x、单价 p 和营业利润 π 等。这些要素之间的关系式，即本量利分析的一个最基本也是最重要的公式为：

$$营业利润 = （单价 - 单位变动成本）\times 业务量 - 固定成本$$

用字母表示：

$$\pi = (p - b)x - a$$

其中：$(p-b)$ 称为单位边际贡献，$(p-b)x$ 称为边际贡献总额。

由于本量利分析的各种数学模型均是在上述公式的基础上建立起来的，故可以将该公式称为本量利分析的基本公式。该公式含有相互联系的 5 个变量，给定其中任意 4 个变量的值，就可求出剩下一个变量的值。

二、保本点分析

保本点，也称盈亏平衡点、够本点等。当产品的销售业务达到某一点时，其总收入等于总成本，边际贡献总额正好补偿全部固定成本，利润为零，企业处于不盈不亏的状态，这种特殊的状态就称为保本状态，使企业达到保本状态的销售量或销售额即称为保本点。

（一）单一产品保本点的分析

1. 公式法

单一产品的保本点可以采用数学推导法来计算确定，即在本量利分析的基本公式中，根据保本点的定义，去计算利润为零时的销售业务量。

根据前述本量利基本公式：

营业利润＝(单价－单位变动成本)×业务量－固定成本

即： $\pi = (p-b) \times x - a$

设保本销售量为 X_0，保本销售额为 S_0，且令利润 $\pi=0$，则：

$$保本销售量(X_0) = \frac{a}{p-b}$$

保本销售额(S_0)＝单价×保本销售量

$$= p \times \frac{a}{p-b} = \frac{a}{(p-b) \div p} = \frac{a}{1 - \frac{b}{p}}$$

其中：$\frac{b}{p}$ 即变动成本率，1－变动成本率＝边际贡献率。

所以：保本销售额$(S_0) = \frac{固定成本}{边际贡献率}$。

企业的业务量等于保本点的业务量时，企业处于保本状态；企业的业务量高于保本点的业务量时，企业处于盈利状态；企业的业务量低于保本点的业务量时，企业处于亏损状态。

工作实例 5－1 某公司全年共生产和销售甲产品 1 000 件，经成本计算，该产品单位变动成本为 6 元，年固定成本为 2 000 元，销售单价为 10 元。该公司保本销售量和保本销售额计算如下：

$$保本销售量(X_0) = \frac{2\,000}{10-6} = 500(件)$$

$$保本销售额(S_0) = 10 \times 500 = 5\,000(元)$$

$$或 = \frac{2\,000}{1 - \frac{6}{10}} = 5\,000(元)$$

所以，该公司只有当产品销量达到 500 件，销售收入达到 5 000 元时才能保本。

通过保本点的分析，还可计算另一指标——保本作业率。保本作业率是指保本销售量占企业正常销售量的比重（或保本销售额占企业正常销售额的比重）。所谓正常销售量（额），是指正常市场和正常开工情况下企业的销售数量（额）。

$$保本作业率 = \frac{保本销售额}{正常销售额} \times 100\%$$

$$= \frac{保本销售量}{正常销售量} \times 100\%$$

如工作实例 5－1 中，设该企业正常销售额为 8 000 元，已计算出保本销售额为 5 000 元，则：

$$保本作业率 = \frac{5\,000}{8\,000} \times 100\% = 62.5\%$$

从以上计算可以看到，该企业的作业率必须达到 62.5% 以上，才能取得盈利，否则就会发生亏损。

2. 图示法

企业可以使用本量利关系图对单一产品的保本点进行分析。本量利关系图按照数据的特征和目的分类,可以分为传统式、贡献毛益式和利量式三种本量利图。

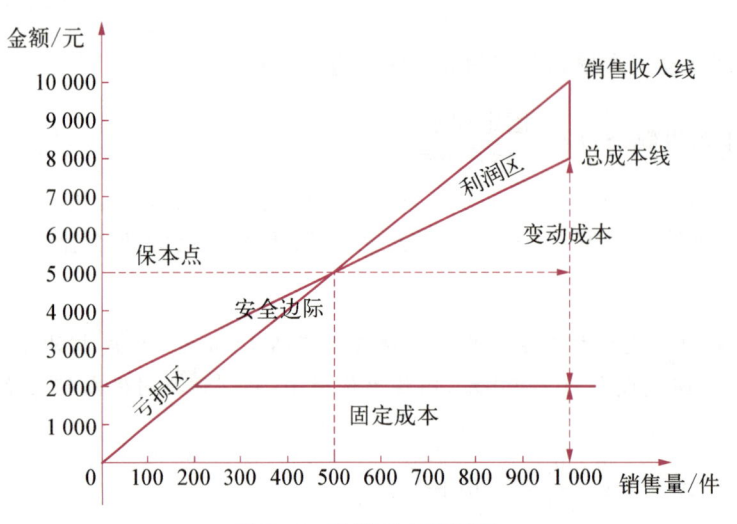

(1) 传统式本量利图。传统式本量利图的绘制程序为:首先建立直角坐标系,以横轴表示销售量,以纵轴表示销售额和成本(金额)。然后,在该直角坐标系中以固定成本 a 为 y 轴上的截距,以单位变动成本 b 为斜率,作总成本线 $y=a+bx$;再以销售单价 p 为斜率,过原点作一条直线 $y=px$,即销售收入线。只要销售单价 p 大于单位变动成本 b,销售收入线与总成本线在直角坐标系的第一象限内必有交点,两直线的交点即为保本点。

将工作实例 5-1 绘制成传统式本量利图,如图 5-1 所示:

图 5-1 传统式本量利图

根据图 5-1,可以看出:① 销售量超过保本点就能盈利,销售量越多,实现的利润就越多;反之,销售量低于保本点则发生亏损,且销售量越少,亏损额就越大。② 在销售量不变的情况下,保本点越低,产品的盈利能力就越大,或亏损就越小;反之,保本点越高,产品盈利能力就越小,或亏损就越大。③ 在销售收入不变的情况下,单位变动成本或固定成本总额越小,则保本点就越低;反之,则保本点就越高。

(2) 贡献毛益式本量利图。贡献毛益式本量利图的绘制程序为:首先建立直角坐标系,以横轴表示销售量,以纵轴表示销售额和成本(金额)。然后在第一象限内以单位变动成本 b 为斜率,过原点作一条变动成本线 bx,再以固定成本 a 为 y 轴上的截距,过截距作一条与变动成本线相平行的直线,此直线即为总成本线 $y=a+bx$;最后以销售单价 p 为斜率,过原点作一条销售收入线 $y=px$。销售收入线与总成本线的交点即保本点。

将工作实例 5-1 绘制成贡献毛益式本量利图,如图 5-2 所示。

(3) 利量式本量利图。利量式本量利图的绘制程序为:首先建立直角坐标系,以横轴表示销售额,以纵轴表示利润(负数为亏损)。然后在此坐标图中,先在纵轴的负数亏损区确定固定成本总额,即在横轴下方,以固定成本 a 为纵轴之截距,再任选某整数销售额,通过利润基本公式,确定其相应的利润点,过纵轴上的截距和该利润点作一条直线,即为利润线。该利润线与横轴(销售额)的交点就是保本点。

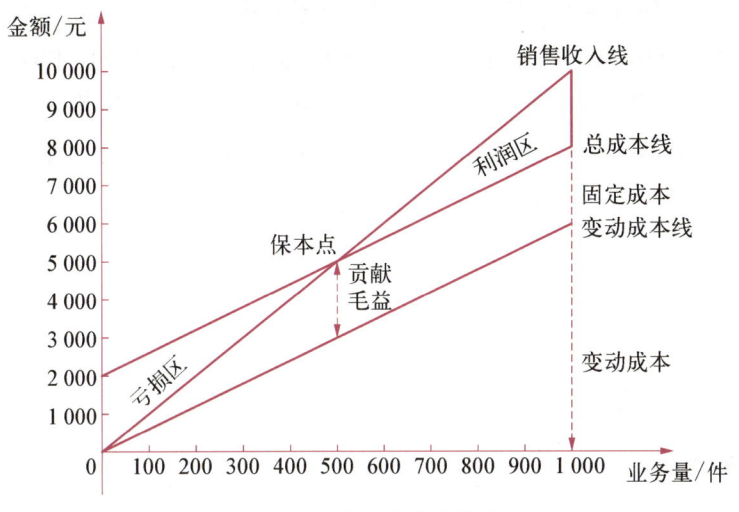

图 5-2　贡献毛益式本量利图

将工作实例 5-1 绘制成利量式本量利图,如图 5-3 所示:

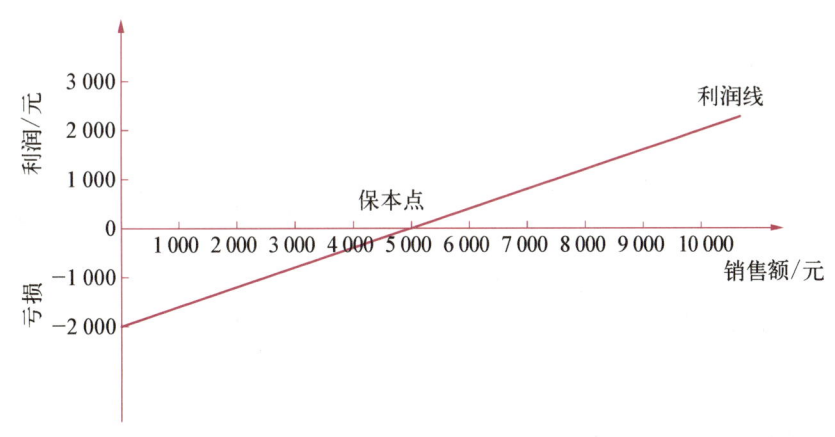

图 5-3　利量式本量利图

通过图 5-3,能清楚地看出销售额变动时利润的变动情况,很容易为管理者所理解,不足的是该图不能反映成本的变动情况。

(二) 多种产品保本点的分析

多种产品(产品组合)的保本点分析在掌握每种单一产品的边际贡献率的基础上,按各种产品的销售额的比重进行加权平均,据以计算综合边际贡献率,从而确定多种产品组合的保本点。

$$某种产品的销售额权重 = \frac{该种产品的销售额}{各种产品的销售额合计}$$

$$保本点的销售额 = \frac{固定成本}{1 - 综合变动成本率}$$

$$或保本点的销售额 = \frac{固定成本}{综合边际贡献率}$$

综合边际贡献率＝1－综合变动成本率

企业销售额高于保本点时,企业处于盈利状态;企业销售额低于保本点时,企业处于亏损状态。企业通常运用产品组合的保本点分析优化产品组合,提高获利水平。

工作实例 5-2 M 公司计划期产销甲、乙、丙三种产品,有关资料如表 5-1 所示。

表 5-1　　　　　　　　　　甲、乙、丙三种产品的有关数据

摘　要	甲产品	乙产品	丙产品
产销量/件	500	2 500	1 000
销售单价/元	20	10	15
单位变动成本/元	15	7	9
固定成本总额/元		3 200	

将上述资料计算整理,如表 5-2 所示。

表 5-2　　　　　　　　　　整理后有关数据

摘　要	甲产品	乙产品	丙产品
单位边际贡献/元	5	3	6
边际贡献率/%	25	30	40
销售额/元	10 000	25 000	15 000
销售权重/%	20	50	30

M 公司综合保本销售额和各产品的保本销售额的计算如下:

综合边际贡献率＝25%×20%＋30%×50%＋40%×30%＝32%

保本点的销售额＝$\frac{3\ 200}{32\%}$＝10 000(元)

即综合保本销售额为 10 000 元。

其中:

甲产品的保本销售额＝10 000×20%＝2 000(元)

乙产品的保本销售额＝10 000×50%＝5 000(元)

丙产品的保本销售额＝10 000×30%＝3 000(元)

三、目标利润分析

目标利润分析即保利分析,是在本量利分析的基础上,计算为达到目标利润所需达到的业务量、收入和成本的一种利润规划方法。

目标利润分析包括单一产品的目标利润分析和产品组合的目标利润分析。单一产品的目标利润分析重在分析每个要素的重要性。产品组合的目标利润分析重在优化企业产品组合。

(一) 单一产品的目标利润分析

企业要实现目标利润,在假定其他因素不变时,通常应提高销售数量或销售价格,降低

固定成本或单位变动成本。单一产品的目标利润分析公式如下：

$$实现目标利润的业务量 = \frac{目标利润 + 固定成本}{单价 - 单位变动成本}$$

$$实现目标利润的销售额 = 单价 \times 实现目标利润的业务量$$

$$或 = \frac{目标利润 + 固定成本}{边际贡献率}$$

工作实例 5-3 设某企业生产和销售单一产品，产品单价为 50 元，单位变动成本为 25 元，固定成本为 50 000 元。假定企业的目标利润为 40 000 元。该企业实现目标利润的销售量和销售额计算如下：

$$实现目标利润的销售量 = \frac{40\,000 + 50\,000}{50 - 25} = 3\,600(件)$$

实现目标利润的销售额 = 50 × 3 600 = 180 000(元)

即该企业销售数量到达 3 600 件，销售额为 180 000 元时，能实现目标利润 40 000 元。

(二) 产品组合的目标利润分析

在单一产品的目标利润分析的基础上，依据分析结果进行优化调整，寻求最优的产品组合。基本分析公式如下：

$$实现目标利润的销售额 = \frac{综合目标利润 + 固定成本}{1 - 综合变动成本率}$$

$$或 = \frac{综合目标利润 + 固定成本}{综合边际贡献率}$$

$$实现目标利润率的销售额 = \frac{固定成本}{1 - 综合变动成本率 - 综合目标利润率}$$

$$或 = \frac{固定成本}{综合边际贡献率 - 综合目标利润率}$$

工作实例 5-4 按工作实例 5-2 所提供的资料及相关计算结果。

(1) 假如 M 公司的目标利润为 16 000 元，实现目标利润的销售额为多少？

(2) 假如 M 公司的目标利润率为 16%，实现目标利润率的销售额为多少？

(1) 实现目标利润的销售额 = $\frac{16\,000 + 3\,200}{32\%}$ = 60 000(元)

即 M 公司产品组合的销售额达到 60 000 元时，能实现目标利润 16 000 元。根据各种产品的销售比重，可计算出实现目标利润时各产品的销售额：

甲产品的销售额 = 60 000 × 20% = 12 000(元)

乙产品的销售额 = 60 000 × 50% = 30 000(元)

丙产品的销售额 = 60 000 × 30% = 18 000(元)

(2) 实现目标利润率的销售额 = $\frac{3\,200}{32\% - 16\%}$ = 20 000(元)

即 M 公司产品组合的销售额达到 20 000 元时，能实现目标利润率 16%。根据各种产品的销售比重，可计算出实现目标利润率时各产品的销售额：

甲产品的销售额 = 20 000 × 20% = 4 000(元)
乙产品的销售额 = 20 000 × 50% = 10 000(元)
丙产品的销售额 = 20 000 × 30% = 6 000(元)

任务三 边际分析

边际分析,是指分析某可变因素的变动引起其他相关可变因素变动的程度的方法,以评价既定产品或项目的获利水平,判断盈亏临界点,提示营运风险,支持营运决策。

企业在营运管理中,通常在进行本量利分析、敏感性分析的同时运用边际分析工具方法。

边际分析工具方法主要有边际贡献分析、安全边际分析等。

一、边际贡献分析

边际贡献分析,是指通过分析销售收入减去变动成本总额之后的差额,衡量产品为企业贡献利润的能力。边际贡献分析主要包括边际贡献、边际贡献率和变动成本率三个指标。

(一) 边际贡献

边际贡献又称贡献毛益、边际利润,是指销售收入减去变动成本以后的差额,用公式表示为:

$$边际贡献总额 = 销售收入 - 变动成本总额$$
$$单位边际贡献 = 销售单价 - 单位变动成本$$

工作实例 5-5 某企业生产甲产品,单价为 25 元,单位变动成本为 15 元,销售量为 800 件,该企业边际贡献总额和单位边际贡献计算如下:

边际贡献总额 = 800 × 25 - 800 × 15 = 8 000(元)
单位边际贡献 = 25 - 15 = 10(元/件)

边际贡献首先用于补偿企业的固定成本,如补偿有余额,则形成企业的利润;如果不足以补偿固定成本,则企业发生亏损。边际贡献代表一种产品为企业创利的能力。

(二) 边际贡献率

边际贡献率,是指边际贡献在销售收入中所占的百分比,表示每 1 元销售收入中边际贡献所占的比重,反映了产品为企业创利的能力。

$$边际贡献率 = \frac{边际贡献}{销售收入} \times 100\%$$
$$= \frac{单位边际贡献}{单价} \times 100\%$$

依工作实例 5-5 的资料:

$$边际贡献率 = \frac{25-15}{25} \times 100\% = 40\%$$

对于生产多种产品的企业,由于各种产品的边际贡献率各不相同,因此需要计算多种产品的加权平均边际贡献率。其计算公式如下:

$$加权平均边际贡献率 = \frac{\sum 各产品边际贡献}{\sum 各产品销售收入} \times 100\%$$

$$或 = \sum(某产品边际贡献 \times 该产品占销售收入比重)$$

(三)变动成本率

变动成本率,是指变动成本在销售收入中所占的百分比。其计算公式如下:

$$变动成本率 = \frac{变动成本}{销售收入} \times 100\%$$

$$= \frac{单位变动成本}{销售单价} \times 100\%$$

仍依工作实例 5-5 的资料:

$$变动成本率 = \frac{15}{25} \times 100\% = 60\%$$

由于销售收入被分为变动成本和边际贡献两部分,前者是产品自身的耗费,后者是给企业的贡献,两者在销售收入中所占百分比之和应当为1,即:

$$变动成本率 + 边际贡献率 = 1$$

以工作实例 5-5 中的资料为例,可得:

变动成本率 + 边际贡献率 = 60% + 40% = 1

二、安全边际分析

安全边际分析,是指通过分析正常销售额超过盈亏临界点销售额的差额,衡量企业在保本的前提下,能够承受因销售额下降带来的不利影响的程度和企业抵御营运风险的能力。安全边际分析主要包括安全边际和安全边际率两个指标。

(一)安全边际

安全边际,是指实际销售量或预期销售量超过盈亏平衡点销售量的差额,体现企业营运的安全程度。有关公式如下:

$$安全边际 = 实际销售量或预期销售量 - 保本点销售量$$

工作实例 5-6 某企业实际销售 A 产品 2 000 件,保本销售量为 1 250 件。该企业安全边际计算如下:

安全边际 = 实际销售量 - 保本销售量 = 2 000 - 1 250 = 750(件)

(二)安全边际率

企业生产经营的安全性,还可以用安全边际率来表示。安全边际率,是指安全边际与实际销售量或预期销售量的比值,公式如下:

$$安全边际率 = \frac{安全边际}{实际销售量或预计销售量} \times 100\%$$

安全边际主要用于衡量企业承受营运风险的能力,尤其是销售量下降时承受风险的能力,也可以用于盈利预测。安全边际或安全边际率的数值越大,企业发生亏损的可能性越小,抵御营运风险的能力越强,盈利能力越大。安全边际率大小所反映安全程度高低的情况如表5-3所示。

表 5-3　　　　　　　　　安全程度检验标准的经验值

安全边际率	40%以上	30%~40%	20%~30%	10%~20%	10%以下
安全程度	很安全	安全	较安全	值得注意	危险

在工作实例5-6中,安全边际率为:

$$安全边际率 = \frac{安全边际}{实际销售量或预计销售量} \times 100\% = \frac{750}{2\,000} \times 100\% = 37.5\%$$

(三) 安全边际与保本点的关系分析

通过上述分析可知,企业正常的销售量分为两部分:一部分是保本销售量;另一部分是安全边际(销售量)。

$$正常销售量 = 保本销售量 + 安全边际(销售量)$$

若将该公式两端同时除以正常销售量,则有:

$$1 = 保本作业率 + 安全边际率$$

如工作实例5-6中,已求得安全边际率为37.5%,而保本作业率则是62.5% $\left(\frac{1\,250}{2\,000} \times 100\%\right)$,于是有:

$$37.5\% + 62.5\% = 1$$

从安全边际与保本点的上述关系中,我们看到,只有安全边际(销售量)才能为企业提供利润,而保本销售量只能为企业收回固定成本。

(四) 安全边际与利润的关系分析

因为只有安全边际才能为企业提供利润,所以,安全边际和利润之间有必然的联系。安全边际部分的销售额减去其自身变动成本后成为企业利润,即安全边际中的边际贡献等于企业利润。这个结论可以通过下式加以论证:

因为:利润 = 销售收入 - 变动成本 - 固定成本
　　　　 = 边际贡献 - 固定成本
　　　　 = 销售收入 × 边际贡献率 - 固定成本
　　　　 = 销售收入 × 边际贡献率 - 保本销售额 × 边际贡献率
　　　　 = (销售收入 - 保本销售额) × 边际贡献率

且安全边际销售额 = 销售收入 - 保本销售额
所以:利润 = 安全边际销售额 × 边际贡献率

工作实例5-7　某企业全年产销B产品4 000件,单价为40元,单位变动成本为30元,固定成本总额为10 000元。B产品的利润计算如下:

安全边际 = 实际销售量 − 保本销售量 = 4 000 − $\dfrac{10\ 000}{40-30}$ = 4 000 − 1 000 = 3 000(件)

安全边际销售额 = 3 000 × 40 = 120 000(元)

所以,利润 = 安全边际销售额 × 边际贡献率 = 120 000 × $\dfrac{40-30}{40}$ = 30 000(元)

用常规的方法计算利润,也会得到相同的结果:

利润 = 销售收入 − 变动成本 − 固定成本 = 4 000 × 40 − 4 000 × 30 − 10 000 = 30 000(元)

从上面分析中,我们不难看出,由于利润和安全边际之间存在着内在的联系,这为我们计算利润又提供了一种新方法,这种方法在企业的经营管理中能发挥重要的作用。

任务四　敏感性分析

敏感性分析,是指对影响目标实现的因素变化进行量化分析,以确定各因素变化对实现目标的影响及敏感程度。通常这一方法研究的是,一个系统的周围条件发生的变化会导致这个系统的状态发生怎样的变化,这种变化是敏感(变化大)还是不敏感(变化小)。在一个确定的模型有了最优解后,敏感性分析研究的是:该模型中的某个或某几个参数允许变化到怎样的数值(最大或最小),原最优解仍能保持不变;或者当某个参数的变化已经超出允许范围,原有的最优解不再"最优"时,怎样用简便的方法重新求得最优解。

从前面保本点分析中可以看出,销售量、单价、单位变动成本、固定成本等因素中的某一个或某几个因素的变动,都会对保本点和目标利润产生影响。但由于各因素在计算保本点和目标利润的过程中作用不同,影响程度当然也不一样,或者说保本点和目标利润对不同因素变动所作出的反应在敏感性上存在着差异。本量利关系上的敏感性分析,主要研究与分析有关因素发生多大变化,将使盈利转为亏损,以及各参数变化对利润的敏感程度等。

一、有关因素临界值的确定

销售量、单价、单位变动成本、固定成本的变化,都会对利润产生影响。当这种变化达到一定程度时,会使企业利润消失、经营状况发生质变。敏感性分析的目的就是确定能引起这种质变的各因素变化的临界值,其方法称为"最大最小法"。

根据本量利分析的基本原理模型 $\pi = (p-b)x - a$ (详见本书第 138 页),求得最大或最小的允许值的计算公式如下:

销售量的最小值: $x = \dfrac{a}{p-b}$

销售单价的最小值: $p = b + \dfrac{a}{x}$

单位变动成本的最大值: $b = p - \dfrac{a}{x}$

固定成本的最大值: $a = (p-b)x$

工作实例 5-8 某企业只生产 A 产品,年度内预计有关资料如下:销售量 4 000 件,单价 50 元,单位变动成本 30 元,全年固定成本 60 000 元。根据已知数据,即可求得相关因素的临界值。

(1) 销售量的临界值(最小值)。

$$x = \frac{a}{p-b} = \frac{60\ 000}{50-30} = 3\ 000(件)$$

这就是说,销售量的最小允许值是 3 000 件,这是盈亏的临界点,或者说,实际销售量只要完成原计划销售量的 75%(3 000÷4 000),企业就可以保本。

(2) 销售单价的临界值(最小值)。

$$p = b + \frac{a}{x} = 30 + \frac{60\ 000}{4\ 000} = 45\ 元$$

这就是说,销售单价不能低于 45 元/件这个最小允许值,或者说单价下降的幅度不能大于 10%[(45-50)÷50],否则便会发生亏损。

(3) 单位变动成本的临界值(最大允许值)。

$$b = p - \frac{a}{x} = 50 - \frac{60\ 000}{4\ 000} = 35\ 元$$

这就是说,当单位变动成本由 30 元上升到 35 元时,企业的目标利润降为零。所以,单位变动成本的最大允许值为 35 元,其变动率为 16.67%[(35-30)÷30]。

(4) 固定成本的临界值(最大允许值)。

$$a = (p-b) \times x = (50-30) \times 4\ 000 = 80\ 000(元)$$

这就是说,固定成本最大允许值为 80 000 元,超过了该值企业就会发生亏损。所以,企业固定成本的增加幅度不能大于 33.33%[(80 000-60 000)÷60 000]。

二、各因素变化对利润的敏感程度

各因素变化都会引起利润的变化,但其影响程度各不相同。有的因素发生微小变化,就会使利润发生很大的变动,利润对这些因素的变化十分敏感,这些因素称为敏感因素。与此相反,有些因素发生变化后,利润的变化不大,反应比较迟钝,这种因素称为弱敏感因素。

反映利润敏感程度的指标称为敏感系数,其计算公式如下:

$$敏感系数 = \frac{目标值变动百分比}{因素值变动百分比}$$

工作实例 5-9 设工作实例 5-8 中的销售量、单价、单位变动成本和固定成本均分别增长 20%,各因素的敏感系数计算如下:

(1) 销售量的敏感系数。

当销售量增加 20%,则有:

$$x = 4\ 000 \times (1+20\%) = 4\ 800(件)$$

按此销售量计算:

$$\pi = (50-30) \times 4\ 800 - 60\ 000 = 36\ 000(元)$$

原先的利润 $= (50-30) \times 4\ 000 - 60\ 000 = 20\ 000(元)$

利润变化率 $=\dfrac{36\,000-20\,000}{20\,000}\times 100\%=80\%$

销售量的敏感系数 $=\dfrac{80\%}{20\%}=4$

(2) 单价的敏感系数。

当单价增加 20% 时，$p=50\times(1+20\%)=60(元)$。

按此单价计算：

$\pi=(60-30)\times 4\,000-60\,000=60\,000(元)$

利润变化率 $=\dfrac{60\,000-20\,000}{20\,000}\times 100\%=200\%$

单价的敏感系数 $=\dfrac{200\%}{20\%}=10$

(3) 单位变动成本的敏感系数。

当单位变动成本增加 20% 时，$b=30\times(1+20\%)=36(元)$。

此时，$\pi=(50-36)\times 4\,000-60\,000=-4\,000(元)$。

利润变化率 $=\dfrac{-4\,000-20\,000}{20\,000}\times 100\%=-120\%$

单位变动成本的敏感系数 $=\dfrac{-120\%}{20\%}=-6$

(4) 固定成本的敏感系数。

当固定成本总额增加 20% 时，$a=60\,000\times(1+20\%)=72\,000(元)$。

此时，$\pi=(50-30)\times 4\,000-72\,000=8\,000(元)$。

利润变化率 $=\dfrac{8\,000-20\,000}{20\,000}\times 100\%=-60\%$

固定成本变动的敏感系数 $=\dfrac{-60\%}{20\%}=-3$

以上计算结果说明，利润以 4 倍的速率随销售量的变化而变化，以 10 倍的速率随单价的变化而变化，以 6 倍的速率随单位变动成本的变化而变化，以 3 倍的速率随固定成本的变化而变化。由此可看出，影响利润的几个因素中，最敏感的是单价，其次是单位变动成本，再次是销售量，最后是固定成本。其中敏感系数为正值，表示该因素与利润为同向增减关系；敏感系数为负数，表示该因素与利润为反向增减关系。

敏感性分析除应用于上述目标利润规划外，还可应用于长期投资决策分析。长期投资决策的敏感性分析，通常分析项目期限、折现率和现金流量等变量的变化对投资方案的净现值、内含报酬率等产生的影响，最终作出对项目投资决策的可行性评价。

任务五　内部转移定价

一、内部转移定价的相关概念

(一) 责任中心的概念及分类

责任中心，是指企业内部独立提供产品(或服务)、资金等的责任主体。

根据控制区域和责任范围不同,责任中心可以分为四种主要类型:收入中心、成本中心、利润中心和投资中心。

1. 收入中心

收入中心,是管理者只对销售收入负责的责任中心。典型的收入中心是公司的销售部门。

2. 成本中心

成本中心,是管理者只对成本负责的责任中心。成本中心有广义和狭义之分。狭义的成本中心是指对产品生产或劳务供应提供所消耗的资源负责的责任中心。广义的成本中心,除了包括狭义成本中心外还包括那些非生产性的以控制经营管理费用为主的责任中心,也即费用中心。

3. 利润中心

利润中心,是管理者既对销售收入负责,又对成本负责的责任中心,也就是对利润负责的责任中心。

利润中心又分为自然利润中心和人为利润中心。自然利润中心是直接对外销售产品或提供劳务,取得实际收入的利润中心,如分公司、分厂。人为利润中心不直接对外销售产品或提供劳务,而是在企业内部各责任中心之间相互提供产品或劳务。人为利润中心的销售收入是按照内部转移价格计算的内部销售收入,并不是真正的销售收入。设立人为利润中心的目的就是为了便于衡量各责任中心的工作成果,分清经济责任。

4. 投资中心

投资中心,是管理者对收入、成本和投资效益全面负责的责任中心。因为投资中心需要作出的决策不仅仅包括产品的组合、价格的制定和生产方法等短期经营决策,还包括投资规模和投资类型的决策等。

(二)内部转移价格的概念

内部转移价格,是指企业内部分公司、分厂、车间、分部等责任中心之间相互提供产品(或服务)、资金等内部交易时所采用的计价标准。

企业实行责任会计管理,重要的一点,就是在企业内部建立责任中心,在各责任中心之间(主要是利润中心或投资中心之间)模拟外部竞争性市场的环境,充分利用价值规律,实行市场经济的管理方法,建立内部结算中心。各责任中心要进行"商品买卖"、结算,就不可避免地涉及内部转移价格问题。这个转移价格对供应部门来说是收入,对购入部门来说是成本,如果涉及的两个部门都是利润中心,则它同时影响了两个部门的获利能力。内部转移价格并不影响企业整体利润总额的大小,但会影响各利润(投资)中心的利润大小。

(三)内部转移定价的概念

内部转移定价,是指企业内部转移价格的制定和应用方法。

内部转移定价是企业分权化经营管理中由于总部和分部间信息传递受阻并因此存在信息不对称情况下,提高企业管理效率的一种对策,也是企业内部资源的一种配置方式。

二、内部转移定价的目标、适用范围和原则

(一)内部转移定价的目标

企业应用内部转移定价工具方法的主要目标是界定各责任中心的经济责任,计量其绩效,为实施激励提供可靠依据。

(二) 内部转移定价的适用范围

内部转移定价主要适用于具有一定经营规模、业务流程相对复杂、设置了多个责任中心且责任中心之间存在内部供求关系的企业。

(三) 内部转移定价的原则

企业应用内部转移定价工具方法，一般应遵循以下原则，如表5-4所示。

表5-4　　　　　　　　　　　　内部转移定价的原则

原则名称	基 本 含 义
合规性原则	内部转移价格的制定、执行及调整应符合相关会计、财务、税收等法律法规的规定
效益性原则	企业应用内部转移定价工具方法，应以企业整体利益最大化为目标，避免为追求局部最优而损害企业整体利益的情况；同时，应兼顾各责任中心及员工利益，充分调动各方积极性
适应性原则	内部转移定价体系应当与企业所处行业特征、企业战略、业务流程、产品（或服务）特点、业绩评价体系等相适应，使企业能够统筹各责任中心利益，对内部转移价格达成共识

三、内部转移定价的应用程序

企业应用内部转移定价工具方法，一般按照明确责任中心、制定与实施转移价格、分析与评价内部转移价格等程序进行。

(一) 明确责任中心

企业应根据所属行业的特征、业务流程、组织结构等情况和实际需要明确各责任中心及其主要责任。

通常，企业可以设置成本中心、利润中心和投资中心。

（1）利润中心。一般情况下，企业可将直接对外销售或具有一定销售决策权的责任单位设置为内部利润中心，内部利润中心是既对成本费用负责、又对利润负责的责任中心。

（2）成本中心。将中间产品（或服务）、辅助产品（或服务）的提供方设置为内部成本中心，内部成本中心是主要对成本费用负责的责任中心。

（3）投资中心。企业出于管理需要，可以将中间产品（或服务）、辅助产品（或服务）的提供方设置为模拟的内部利润中心，该中心除降低成本外还承担优化品种结构、提高产品（或服务）质量、降低资金占用等责任。

(二) 制定与实施转移价格

1. 制定内部转移价格

企业绩效管理委员会或类似机构应根据各责任中心的性质和业务特点，分别确定适当的内部转移定价形式。内部转移定价通常分为价格型、成本型和协商型三种。

（1）价格型内部转移定价。价格型内部转移定价，是指以市场价格为基础制定的、由成本和毛利构成内部转移价格的方法，一般适用于内部利润中心。

在确定市场价格时需要考虑以下情况：① 责任中心所提供的产品（或服务）经常外销且外销比例较大的，或所提供的产品（或服务）有外部活跃市场可靠报价的，可以外销价或活跃市场报价作为内部转移价格；② 责任中心一般不对外销售且外部市场没有可靠报价的（或服务），或企业管理层和有关各方认为不需要频繁变动价格的，可以参照外部市场价或预测价制定模拟市场价作为内部转移价格;③ 没有外部市场但企业出于管理需要设置为模拟利润中心的责任中心,可以在生产成本基础上加一定比例毛利作为内部转移价格。

(2) 成本型内部转移定价。成本型内部转移定价,是指以标准成本等相对稳定的成本数据为基础,制定内部转移价格的方法,一般适用于内部成本中心。

(3) 协商型内部转移定价。协商型内部转移定价,是指企业内部供求双方为使双方利益相对均衡,通过协商机制制定内部转移价格的方法,主要适用于分权程度较高的情形。

协商价的取值范围通常较宽,一般不高于市场价,不低于变动成本。

2. 实施内部转移价格

在内部转移价格的实施过程中,至少需要把握以下两点:

(1) 除以外销价或活跃市场报价制定的内部转移价格可能随市场行情波动而变动较频繁外,其余内部转移价格应在一定期间内保持相对稳定,以使需求方责任中心的绩效不受供给方责任中心绩效变化的影响。

(2) 企业可以根据管理需要,核算各责任中心资金占用成本,将其作为内部利润的减项,或直接作为业绩考核的依据。其中,责任中心占用的资金一般指货币资金,也可以包括原材料、半成品等存货以及应收款项等。责任中心资金占用成本计算公式如下:

$$责任中心资金占用成本 = 责任中心占用的资金 \times 占用资金的价格$$

占用资金的价格一般参考市场利率或加权资本成本制定。

3. 金融企业的内部转移定价

在金融企业内部转移资金,应综合考虑产品现金流及重定价特点、信息技术手段及管理需求等因素,分析外部金融市场环境,选择适当的资金转移定价和收益率曲线,获取收益率曲线中特定期限的利率,确定资金转移价格。资金转移定价主要包括指定利率法、原始期限匹配法、重定价期限匹配法、现金流匹配定价法等。

(三) 分析与评价内部转移价格

企业应及时对内部转移定价形成的结果进行汇总分析,作为考核责任中心绩效的依据;同时,应监测内部转移定价体系运行情况,协调、裁决交易中的争议,保障内部转移定价体系运转顺畅。此外,企业应定期开展内部转移定价应用评价工作,根据内外部环境变化及时修订、调整定价策略。

四、内部转移定价的优缺点

主要优点:能够清晰反映企业内部供需各方的责任界限,为绩效评价和激励提供客观依据,有利于企业优化资源配置。

主要缺点:可能受到相关因素影响,内部转移定价体系产生的定价结果不合理,造成信息扭曲,误导相关方行为,从而损害企业局部或整体利益。

任务六 多维度盈利能力分析

一、多维度盈利能力分析的概念及适用范围

(一) 多维度盈利能力分析的概念

多维度盈利能力分析,是指企业对一定期间内的经营成果,按照区域、产品、部门、客户、

渠道、员工等维度进行计量，分析盈亏动因，从而支持企业精细化管理、满足内部营运管理需要的一种分析方法。

（二）多维度盈利能力分析的适用范围

多维度盈利能力分析主要适用于市场竞争压力较大、组织结构相对复杂或具有多元化产品（或服务）体系的企业。企业应用多维度盈利能力分析工具方法，还应具备一定的信息化程度和管理水平。

二、多维度盈利能力分析的应用程序

企业进行多维度盈利能力分析，一般按照确定分析维度、建立分析模型、制定数据标准、收集数据、加工数据、编制分析报告等程序进行。

（一）确定分析维度

企业应根据组织架构、管理能力，以及绩效管理、销售管理、渠道管理、产品管理、生产管理、研发管理等管理需求，确定盈利能力分析各维度的类别，通常包括区域、产品、部门、客户、渠道、员工等。

每一个盈利能力分析维度都可以理解或视为一个"会计主体"，以便企业按多个"会计主体"编制利润表并加以分析，拓展财务会计的应用空间。

（二）建立分析模型

企业应以销售收入、营业成本、利润总额、净利润、经济增加值等核心财务指标为基础，构建多维度盈利能力分析模型，如表5-5所示。

表5-5　　　　　　　　　　多维度盈利能力分析模型示例

项目	区域		产品		部门	
	大区	城市	型号	批次	××部	××部
市场占比						
销售量						
销售收入						
减：销售折扣与折让						
营业成本						
营业毛利						
减：销售费用						
管理费用						
财务费用						
……						
营业利润						
……						
利润总额						
减：所得税费用						

续表

项　目	区域		产品		部门	
	大区	城市	型号	批次	××部	××部
净利润						
……						
经济增加值						
……						

业财融合程度较高的企业可将与经营业绩直接相关的业务信息，如销售量、市场份额、用户数，纳入多维度盈利能力分析模型。

金融企业在构建多维度盈利能力分析模型时，可加入经风险调整后的经济增加值、风险调整资本回报率等指标。

（三）制定数据标准

企业应根据盈利能力分析各维度的分类规则和所构建的分析模型制定统一的基础数据标准和数据校验规则，保证各维度盈利能力分析数据基础的一致性和准确性，并通过系统参数配置、数据质量管控等在信息系统中予以实施。

（四）收集数据

企业应根据管理最小颗粒度确定数据源的获取标准，并从信息系统中收集基础数据。其中，管理最小颗粒度，是指企业根据实际管理需要与管理能力所确定的最小业务评价单元。

有条件的企业可建立数据仓库或数据集市，形成统一规范的数据集。

（五）加工数据

企业根据管理需求对收集的数据进行加工，一般包括以下两个方面：

1. 生成管理最小颗粒度盈利信息

按照管理最小颗粒度进行内部转移定价、成本分摊、业绩分成及经济增加值计量等，并根据盈利能力分析模型，生成管理最小颗粒度盈利信息。

（1）企业应遵循《管理会计应用指引第404号——内部转移定价》的一般要求，确定内部转移价格。

（2）企业应遵循"谁受益、谁负担"原则，通过建立科学有效的成本归集路径，将实际发生的完全成本基于业务动因相对合理地分摊到管理最小颗粒度。

（3）企业应依据业绩匹配原则，合理选择佣金法、量价法、比例法等方法，对业务协同产生的业绩进行分成。

（4）企业应遵循《管理会计应用指引第602号——经济增加值法》的一般要求，计量经济增加值。

2. 生成各维度盈利信息

企业根据设定的数据标准，按管理最小颗粒度与区域、产品、部门、客户、渠道、员工等维度的归属关系进行分类汇总，生成各维度盈利信息。

（六）编制分析报告

企业应根据管理需求，进一步整理、分析多维度盈利能力分析信息，综合使用趋势分析法、比率分析法、因素分析法等方法,从不同维度进行盈利能力分析,编制多维度盈利能力分析报告。

企业应根据报告使用者需求确定多维度盈利能力分析报告的具体内容,一般包括多维度盈利目标及其在报告期实现程度、整体盈亏的多维度分析、各维度具体盈亏状况及其驱动因素分析(如区域下各产品、渠道盈利分析)、各维度下经营发展趋势分析及风险预警、下一步的建议措施(如优化资源配置)等。

企业编制多维度盈利能力分析报告时,可采用排序法、矩阵法、气泡图、雷达图等方法对各维度盈利能力进行评估与分类。

(1)排序法,是指将一定期间内各维度下的指标值进行排序,既可以按利润贡献度排序,也可以按综合指标总分排序,由高到低或按设定的标准分段的方法。

(2)矩阵法,是指将一定期间内各维度下的指标值纳入盈利矩阵的相应位置,以表示其盈利能力类型的方法。通常盈利矩阵以成本类指标为横坐标,以利润类指标为纵坐标,组合成四个象限。

(3)气泡法,是指将一定期间内各维度下的指标值按其数值大小,以气泡大小列示于坐标中,以直观表示其盈利能力的方法。

(4)雷达图,是指将一定期间内各维度下重要指标值纳入雷达形状的图中,同时展示各维度下盈利能力的方法。

三、多维度盈利能力分析的优缺点

主要优点:可以灵活地支持企业实现精细化内部管理,为客户营销、产品管理、外部定价、成本管控、投资决策、绩效考核等提供相关、可靠的信息。

主要缺点:对企业管理能力、内部治理的规范性和数据质量等要求较高。

习 题 与 实 训

任务一 营运管理认知

一、判断题

1. 营运管理就是对企业供、产、销各环节的价值增值管理。( )
2. 企业进行营运管理,应区分计划、实施、检查、总结等四个阶段,形成闭环管理。( )
3. 营运管理领域应用的管理会计工具方法,包括变动成本法、边际分析和敏感分析等。
( )
4. 企业营运分析的第一步就是要全面收集有关营运活动的资料,进行分类整理。( )
5. 企业应当充分考虑未来的不确定性,在制订营运计划时保持一定的灵活性和弹性。
( )
6. 企业在营运计划的制订、执行以及营运监控分析等程序中通常会应用本量利分析。
( )
7. 企业进行营运监控分析,会涉及发展能力、盈利能力、偿债能力等财务指标,一般不会涉及非财务指标。( )

项目五 营 运 管 理

8.营运计划的主要作用是分解营运目标,分配企业资源,安排营运过程中的各项活动。
( )

二、单项选择题

1.下列各项中,不属于营运管理领域应用的管理会计工具方法的是(   )。
A.本量利分析   B.敏感性分析   C.杠杆管理   D.边际分析

2.下列各项中,不属于营运计划应遵循的原则的是(   )。
A.系统性原则   B.合法性原则   C.平衡性原则   D.灵活性原则

3.企业在制订营运计划时,应开展(   ),将其作为营运计划制订的基础和依据。
A.营运预测   B.营运分析   C.营运预算   D.营运决策

4.下列各项中,不属于企业营运管理程序的是(   )。
A.营运计划的制订   B.营运计划的执行
C.营运计划的反馈   D.营运监控分析与报告

5.(   )是指通过收集、整理历史信息和实时信息,恰当运用科学预测方法,对未来经济活动可能产生的经济效益和发展趋势作出科学合理预计和推测的过程。
A.销售预测   B.销售计划   C.生产预测   D.营运预测

三、多项选择题

1.营运管理监控的基本任务包括(   )。
A.发现偏差   B.分析偏差   C.管理偏差   D.纠正偏差

2.企业在制订营运计划时,应充分应用(   )等管理会计工具方法,为营运计划的制订提供具体量化的数据分析,从而有效支持决策。
A.本量利分析   B.标杆管理   C.敏感性分析   D.边际分析

3.企业制订营运计划的方式包括(   )。
A.自上而下、自下而上   B.高层为主
C.基层为主   D.上下结合

4.企业可以建立(   )等不同层级的绩效管理组织,明确绩效管理流程和审批权限,制定绩效管理制度。
A.营运绩效管理委员会   B.预算管理委员会
C.营运绩效管理办公室   D.监控管理办公室

5.企业营运管理 PDCA 管理原则包括计划、(   )四个阶段。
A.实施   B.检查   C.组织   D.处理

任务二 本量利分析

一、判断题

1.本量利分析中的"利"一般指营业利润。( )

2.保本点分析的原理,是通过计算企业在利润为零时处于保本点的业务量,分析项目的可行性。( )

3.本量利分析仅考虑单因素变化的影响,是一种静态分析方法。( )

4.如果变动成本率为60%,固定成本总额为72 000元,则保本销售额为120 000元。
( )

5. 本量利分析的核心内容是确定企业的目标利润。 （   ）
6. 在有多种产品的条件下,若整个企业的利润为零,则说明各产品均已达到保本点状态。 （   ）
7. 企业同时生产多种产品,保本点既可以用实物量表示,也可以用金额表示。（   ）
8. 企业要获得利润,作业率必须降至达到保本点时的作业率以下。 （   ）
9. 本量利分析是以成本性态分析为基础的。 （   ）
10. 在传统式本量利关系图上,总收入线与变动成本线的交点为保本点。 （   ）

二、单项选择题

1. 在其他因素不变的情况下,其变动不影响保本点的是(   )。
   A. 单位变动成本   B. 固定成本   C. 单价   D. 销售量

2. 生产单一品种产品的企业,保本销售额＝(   )。
   A. 保本销售量×单位利润
   B. 固定成本总额÷边际贡献率
   C. 固定成本总额÷边际贡献
   C. 固定成本总额÷综合边际贡献率

3. 从保本图上得知,对单一产品分析(   )。
   A. 单位变动成本越大,总成本线斜率越大,保本点越高
   B. 单位变动成本越大,总成本线斜率越小,保本点越高
   C. 单位变动成本越小,总成本线斜率越小,保本点越高
   D. 单位变动成本越小,总成本线斜率越大,保本点越低

4. 利润＝(实际销售量－保本销售量)×(   )。
   A. 边际贡献率   B. 单位利润   C. 单位售价   D. 单位边际贡献

5. 某企业固定成本为5 000元,目标利润为3 000元,单位边际贡献为10元,单位变动成本为10元,则目标销售额为(   )元。
   A. 800   B. 400   C. 500   D. 300

6. 某企业生产甲产品单价为100元,单位变动成本80元,乙产品单价为30元,单位变动成本为18元。甲产品产量为4 000件,乙产品产量为8 000件。该企业生产甲、乙产品的综合边际贡献率为(   )。
   A. 20%   B. 40%   C. 60%   D. 27.5%

7. 下列各项中,叙述错误的是(   )。
   A. 保本点不变,销量越大,盈利越多
   B. 销量不变,保本点越低,盈利越多
   C. 销售收入不变,固定成本越大,保本点越高
   D. 销售收入不变,单位变动成本越大,保本点越低

8. 某企业固定成本为10万元,目标税后利润为5万元,所得税税率为25%,单价为20元,单位变动成本为10元,则目标销售额为(   )元。
   A. 15 000   B. 20 000   C. 30 000   D. 以上都不对

9. 某企业明年目标销售量为4 000件,产品单价为3万元,企业该期固定成本为3 000万元,当年目标利润为5 000万元,则该企业应将单位变动成本控制在(   )元。
   A. 10 000   B. 6 667   C. 7 500   D. 以上都不对

10. 已知某企业2020年目标利润为40万元,预计该年固定成本为23万元,单位变动成

本 21 元,销售量为 20 000 件,则该企业应将产品价格定位为( )元/件。

A. 21   B. 210   C. 31.5   D. 52.5

三、多项选择题

1. 下列因素中,( )呈上升趋势变化时,会导致保本点升高。

A. 单价   B. 单位变动成本   C. 固定成本   D. 目标利润

2. 本量利分析主要应用于企业( )等,也可以广泛地应用于投融资决策等。

A. 生产决策   B. 成本决策   C. 定价决策   D. 新产品开发决策

3. 本量利分析方法通常包括( )等。

A. 保本点分析   B. 目标利润分析   C. 敏感性分析   D. 边际分析

4. 通过下列措施可以提高销售利润率的有( )。

A. 提高安全边际率   B. 提高边际贡献率
C. 降低变动成本率   D. 降低保本作业率

5. 本量利分析是对( )因素相互间内部联系的分析。

A. 成本   B. 业务量   C. 利润   D. 边际贡献率

6. 下列各项中,关于传统式本量利图叙述正确的有( )。

A. 横轴表示销售量
B. 纵轴表示成本和销售收入
C. 销售收入线与总成本线的交点为保本点
D. 保本点左方为亏损区,右方为盈利区

7. 下列各项中,企业一定保本的有( )。

A. 达到保本点的作业率为零   B. 收支相等
C. 安全边际率为零   D. 边际贡献等于固定成本

四、实训题

实训一

(一)实训目的

掌握本量利分析法及其应用。

(二)实训资料

甲、乙、丙、丁四个公司 2020 年的产销资料如表 5-6 所示。假定每个公司只产销一种产品,且均产销平衡。

表 5-6　　　　　　　　　　四个公司 2020 年产销情况表

公司	销售数量/件	销售收入总额/元	变动成本总额/元	固定成本总额/元	单位边际贡献/元	税前利润(或亏损)/元
甲公司	10 000	100 000	60 000	25 000	( )	( )
乙公司	5 000	200 000	160 000	( )	( )	10 000
丙公司	( )	250 000	( )	50 000	15	25 000
丁公司	8 000	( )	96 000	( )	8	24 000

(三)实训要求

(1)根据本量利分析的基本数学模式,计算并填列表 5-6 空白栏的数额,写出计算过程。

(2) 根据本量利分析的基本概念及其计算公式,分别计算丙和丁两个公司的单位变动成本、边际贡献率、变动成本率。

实训二

(一) 实训目的

掌握本量利分析法及其应用。

(二) 实训资料

某企业本年产销 C 产品 25 000 件,销售单价为 50 元,单位变动成本为 30 元,固定成本总额为 320 000 元。经调查,如果下年度降价 8%,销售量可增加 15%,假定下年度的单位变动成本和固定成本总额保持不变。

(三) 实训要求

(1) 预测下年度的保本销售量和保本销售额。

(2) 预测下年度的可实现利润。

(3) 如果下年度的目标利润为 780 000 元,降价后的销售量要达到多少才能保证目标利润的实现?

实训三

(一) 实训目的

掌握本量利分析法及其应用。

(二) 实训资料

已知某公司 2019 年销售收入为 180 000 元,销售成本为 160 000 元,其中固定成本为 88 000 元,若 2020 年计划增加广告费 3 200 元,产品单价仍为 40 元/件。

(三) 实训要求

(1) 预测 2020 年该公司的保本点。

(2) 若 2020 年该公司计划实现目标利润 52 800 元,则目标销售额应为多少?

实训四

(一) 实训目的

掌握本量利分析法及其应用。

(二) 实训资料

已知某公司只产销一种产品。2019 年销售量为 8 000 件,单价为 240 元,单位成本为 180 元,其中单位变动成本为 150 元。该公司计划 2020 年利润比 2019 年增加 10%。

(三) 实训要求

运用本量利分析原理进行规划,从哪些方面采取措施,才能实现目标利润(假定采取某项措施,其他条件不变)。

实训五

(一) 实训目的

实训本量利分析法及其应用。

(二) 实训资料

已知某公司生产甲、乙、丙三种产品,其固定成本总额为 19 800 元,三种产品有关资料如表 5-7 所示。

表 5-7　　　　　　　　　　各产品产销资料表

品　种	销售单价/元	销售量/件	单位变动成本/元
甲	2 000	60	1 600
乙	500	30	300
丙	1 000	65	700

（三）实训要求

（1）采取加权平均法计算该公司的综合保本销售额及各产品的保本销售量。

（2）计算该公司的营业利润。

实训六

（一）实训目的

掌握本量利分析法及其应用。

（二）实训资料

某企业生产和销售甲、乙两种产品，产品的单位售价分别为 5 元和 10 元，边际贡献率分别为 40% 和 20%，全年固定成本为 50 000 元。假设全年甲、乙两种产品分别销售了 20 000 件和 40 000 件。

（三）实训要求

计算下列指标：

（1）该企业的保本点。

（2）甲、乙两种产品的保本点。

（3）该企业的安全边际。

（4）该企业的预计利润。

任务三　边　际　分　析

一、判断题

1. 若边际贡献等于固定成本，则企业处于保本状态。　　　　　　　　　　　　　　　（　）

2. 企业在营运管理中，在进行本量利分析时不能同时运用边际分析工具方法。　（　）

3. 通过边际分析，能直观地反映企业营运风险，促进企业提高营运效益。　　　（　）

4. 安全边际或安全边际率的数值越小，企业发生亏损的可能性越小。　　　　　（　）

5. 边际分析的主要优点是方法简单易行，分析结果易于理解，能为企业的规划、控制和决策提供参考。　　　　　　　　　　　　　　　　　　　　　　　　　　　　　　　　　　（　）

6. 安全边际主要用于衡量企业承受营运风险的能力，尤其是销售量下降时承受风险的能力。　　　　　　　　　　　　　　　　　　　　　　　　　　　　　　　　　　　　　　（　）

7. 边际贡献率小于零的企业，未必是亏损企业。　　　　　　　　　　　　　　　　　（　）

8. 销售利润率可以通过边际贡献率和安全边际率相乘求得。　　　　　　　　　　（　）

二、单项选择题

1. 产品销售收入扣除变动成本总额后的余额是（　　）。

A. 毛利　　　　　　　B. 边际贡献总额　　　　C. 营业利润　　　　　　D. 净利润

2. 边际贡献率与变动成本率两者之间的关系是（   ）。
   A. 变动成本率高,则边际贡献率也高   B. 变动成本率高,则边际贡献率低
   C. 变动成本率和边际贡献率之间没有关系   D. 变动成本率是边际贡献率的倒数
3. 根据本量利分析原理,只提高安全边际而不会降低保本点的措施是（   ）。
   A. 提高单价   B. 压缩固定成本
   C. 增加销售量压缩固定成本   D. 降低单位变动成本
4. 某企业只产销一种产品,单位变动成本为36元,固定成本总额为4 000元,单位售价为56元,要使安全边际率达到50％,该企业的销售量应达到（   ）件。
   A. 400   B. 222   C. 143   D. 500
5. 单价单独变动时,安全边际（   ）。
   A. 不变   B. 不一定变动   C. 同方向变动   D. 反方向变动
6. 已知产品销售单价为24元,保本销售量为150件,实际销售额为4 800元,则安全边际率为（   ）。
   A. 33.3％   B. 25％   C. 50％   D. 20％
7. 保本作业率和安全边际率之间的关系是（   ）。
   A. 两者相等   B. 前者一般大于后者
   C. 后者一般大于前者   D. 两者之和等于1
8. 在下列指标中,可据以判断企业经营安全程度的指标是（   ）。
   A. 保本量   B. 贡献毛益   C. 保本作业率   D. 保本额

三、多项选择题

1. 边际贡献分析中常用的指标有（   ）。
   A. 边际贡献   B. 税前利润   C. 边际贡献率   D. 营业利润
2. 企业经营安全的评价指标包括（   ）。
   A. 保本点   B. 安全边际量   C. 安全边际额   D. 安全边际
3. 若企业处于保本状态,则（   ）。
   A. 保本作业率为0   B. 安全边际率为0
   C. 保本作业率为100％   D. 安全边际率为100％
4. 综合边际贡献率＝（   ）。
   A. $\sum$（各产品边际贡献率×该产品的销售收入）
   B. $\sum$（各产品边际贡献率×该产品的销售比重）
   C. 各产品边际贡献之和÷各产品销售收入之和
   D. 各产品销售收入之和÷各产品边际贡献之和
5. 下列各项中,两个指标之和为1的有（   ）。
   A. 安全边际率与贡献毛益率   B. 安全边际率与保本作业率
   C. 保本作业率与变动成本率   D. 变动成本率与贡献毛益率
6. 在其他因素不变的情况下,产品单价上升会带来的结果有（   ）。
   A. 单位边际贡献上升   B. 变动成本率上升
   C. 安全边际率下降   D. 保本作业率下降

四、实训题

实训一

（一）实训目的

掌握边际分析法及其应用。

（二）实训资料

某公司下一年度的部分预算资料如表 5-8 所示。

表 5-8　　　　　　　　　　　部分预算资料表　　　　　　　　　　单位：元

项　　目	总　成　本	单 位 成 本
直接材料	160 000	2.00
直接人工	320 000	4.00
变动制造费用	80 000	1.00
固定制造费用	400 000	5.00
销售费用（全部为变动费用）	240 000	3.00
管理费用（全部为固定费用）	600 000	7.50
合　　　计	1 800 000	22.50

（三）实训要求

（1）若下一年度产品售价定为 22 元/件，计算保本点销售量。

（2）若下一年度销售 100 000 件产品，计算使税后销售利润率为 12% 的产品售价和安全边际。

实训二

（一）实训目的

掌握边际分析法及其应用。

（二）实训资料

某厂只生产和销售一种产品，有关资料如下：单位产品售价为 5 元，单位产品变动成本为 3 元，全月固定成本为 32 000 元，全月预计销售量为 20 000 件。

（三）实训要求

（1）计算保本销售量、安全边际、预测预计销售量的利润。

（2）该厂通过调查，认为单位产品售价如提高到 5.5 元，全月预计可销售产品 18 000 件，请重新计算在新情况下的保本销售量、安全边际和预测预计销售量的利润。

（3）该厂通过调查，认为由于出现了一些新的情况，单位产品的售价将降低到 4.60 元，同时每月还需增加广告费 4 000 元，请重新计算保本点销售量，并计算要销售多少件，才能使利润比售价变动前（即单位售价仍为 5 元时）的利润增加 10%？

任务四　敏感性分析

一、判断题

1. 敏感性分析是指对影响目标实现的因素变化进行量化分析，以确定各因素变化对实

现目标的影响及其敏感程度。 ( )

2. 敏感性分析常用于短期经营决策。 ( )

3. 敏感系数的绝对值越大,该因素越不敏感。 ( )

4. 敏感性分析的主要优点是:可以广泛应用于规划企业经济活动和营运决策等方面,简便易行、通俗易懂和容易掌握。 ( )

5. 某企业只生产一种产品,单价为2元,单位变动成本为1.8元,固定成本为40 000元,销量为100 000件,当前亏损达20 000元,若企业拟采取提高单价的方法扭转亏损,在其他参数不变的情况下,单价的最小值应为2.2元。 ( )

6. 某因素敏感系数＝因素值变动百分比÷目标值变动百分比。 ( )

7. 在利润规划敏感性分析中,利润规划的决策目标是利润最大化。 ( )

8. 敏感系数值越大,说明该因素越敏感。 ( )

二、单项选择题

1. 短期营运决策中的敏感性分析主要应用于(   )。
 A. 保本点预测　　　B. 目标利润规划　　　C. 计算安全边际　　　D. 本量利分析

2. 下列各项中,属于敏感系数所具有的性质的是(   )。
 A. 敏感系数为正数,因素值与目标值发生同方向变化
 B. 敏感系数为负数,因素值与目标值发生同方向变化
 C. 只有敏感系数大于1的因素才是敏感因素
 D. 只有敏感系数小于1的因素才是敏感因素

3. 下列公式中,错误的是(   )。
 A. 销售量的最小允许值＝固定成本÷(单价－单位变动成本)
 B. 单价的最小允许值＝(单位变动成本×销售量＋固定成本)÷销售量
 C. 单位变动成本的最大允许值＝(单价×销售量－固定成本)×销售量
 D. 固定成本的最大允许值＝(单价－单位变成成本)×销售量

4. 以内含报酬率为基准值进行敏感性分析,可以计算投资期内的(   )和有效使用年限变动对内含报酬率的影响程度。
 A. 年现金流入　　　B. 年现金净流量　　　C. 年现金流出　　　D. 年投资收益

5. 经营杠杆系数可以揭示利润受(   )变动影响的敏感程度。
 A. 单价　　　B. 单位变动成本　　　C. 固定成本　　　D. 销售量

6. 以净现值为目标值进行敏感性分析的,可以计算净现值为零时的年现金净流量和有效使用年限的(   )。
 A. 敏感系数　　　B. 变动程度　　　C. 上限　　　D. 下限

三、多项选择题

1. 长期投资决策中的敏感性分析,通常分析项目期限、折现率和现金流量等变量的变化对投资方案的(   )等产生的影响。
 A. 投资收益率　　　B. 净现值　　　C. 内含报酬率　　　D. 项目可行性

2. 企业在营运计划的(   )以及营运监控等程序中通常会用到敏感性分析。
 A. 制订　　　B. 执行　　　C. 调整　　　D. 绩效管理

3. 关于敏感系数,下列说法中,正确的有(   )。

A. 敏感系数为正值时,表明它与利润同方向增减
B. 敏感系数能直接显示变化后的利润的值
C. 利润对单价的敏感程度超过对单位变动成本的敏感程度
D. 若单价的敏感系数为4,则说明每降价1%,企业利润将降低4%

4. 下列各项中,属于短期营运决策中敏感性分析的应用程序的有(　　　)。
   A. 确定短期营运决策目标　　　　B. 确定决策目标的基准值
   C. 分析确定影响决策目标的各种因素　　D. 计算敏感系数

5. 长期投资决策模型中决策目标的基准值通常包括(　　　)。
   A. 净现值　　　B. 内含报酬率　　　C. 投资回收期　　　D. 现值指数

6. 某公司单位变动成本为8元,单价为12元,固定成本总额为2 000元,销售量为1 000件,欲实现利润3 000元,该公司可采取的措施有(　　　)。
   A. 售价提高1元　　　　　　　　B. 提高销量250件
   C. 单位变动成本降低1元　　　　D. 固定成本降低500元

四、实训题

实训一

(一)实训目的

分析各因素对利润的敏感程度。

(二)实训资料

某企业2020年只生产A产品,单价为20元,单位变动成本为12元,预计2020年固定成本为400 000元,产销量计划达到100 000件。

(三)实训要求

(1)根据提供的资料,计算分析单价、单位变动成本、固定成本、销售量等因素发生多大变化,才能使企业由盈利转为亏损。

(2)根据提供的资料,分析单价、单位变动成本、固定成本、销售量等因素变化(提高20%)对利润的敏感程度。

实训二

(一)实训目的

通过案例理解本量利分析法及其应用。

(二)实训资料

锦辉建材商店是一个乡镇企业,位于镇政府所在地,自2015年营业以来,一直在经营建材、日杂用品。该商店以货真价廉、服务热情而受到当地消费者的信赖。几年来,销售量占整个市场销量的70%,经营利润在周边同业中处于首位。多年来,其与各商家建立了固定的合作关系,赢得了厂家的信任。2015年年初,几个大的厂家欲将锦辉建材商店作为厂家指定的代卖店。欲与其合作的厂家有长岭乡石棉瓦厂,该厂的产品质量好、价位合理,近几年来一直是老百姓的首选产品;长春市第二玻璃厂,该厂的玻璃在这里也很畅销;双阳鼎鹿水泥厂,其生产的是优质水泥,年年畅销。它们均可以先将货物送上门,等到销售给消费者后再交款,如果剩余还可以由厂家将货物取回。这样锦辉建材商店就可以省去不少周转资金。为此,该商店经理锦辉开始进行市场调查。

锦辉建材商店附近交通便利。本镇和周围村民生活水平较高,近年来随着生活观念、消

费意识的转变,人们都想将原有的草房和砖房重建、改建。据统计,在过去的两年内,本镇每年都有 400 余户房舍兴建,而且现在有上升的趋势。因为本镇刚由乡转镇,镇企业规划办公室决定在 5 年内,对原有企业的办公场所、生产车间和仓库进行改扩建,同时还要新建几家企业。再加上外镇的需求,预测每年石棉瓦的需求量是 45 000 块,水泥是 18 000 袋,玻璃是 9 000 平方米,而且上述需求是成比例的,一般的比例为 5∶2∶1。由于厂家送货,因此,一是货源得以保证;二是节约运费,降低成本;三是可树立企业形象,在巩固原有市场占有率 70% 的同时,预计可扩大市场占有率 5% 以上。

厂家提供商品的进价是石棉瓦 40 元/块,水泥 25 元/袋,玻璃 18.50 元/平方米,行业平均加价率为 19.30%。锦辉建材商店制定销售价为:石棉瓦 46 元/块,水泥 32.20 元/袋,玻璃 26.20 元/平方米,其中石棉瓦和玻璃的单价低于市场均价。若将商店作为代卖店,由于厂家批量送货,还需要租赁仓库两间,月租金为 7 500 元,招聘临时工 1 名,月工资为 5 500 元,每年支付税金 50 000 元(工商部门估税)。

锦辉经过 1 个月的调查,仔细核算和分析了过去几年经营石棉瓦、水泥和玻璃每年可获利润 80 000 元的情况,其需要重新预测代卖三种商品后会带来的利润额,之后再作决策。

(三)实训要求

思考并回答下列问题:

(1)在计算维持原有获利水平销售量的基础上,分析该商店应否代卖。

(2)如果与厂家合作,每年可获利润多少?

(3)年获利润 100 000 元的设想可行吗?

任务五 内部转移定价

一、判断题

1. 责任中心是指企业对外独立提供产品(或服务)、资金等的责任主体。　　　(　　)
2. 成本中心是管理者只对成本负责的责任中心。　　　(　　)
3. 利润中心是管理者既对销售收入负责,又对成本负责的责任中心。　　　(　　)
4. 投资中心是管理者不仅对收入和成本费用负责,而且对投资效益负责的责任中心。
　　　(　　)
5. 企业实行责任会计管理,必须在企业内部建立责任中心,考核各责任中心的业绩。
　　　(　　)
6. 企业应用内部转移定价工具方法,应以各责任中心利益最大化为目标。　　　(　　)
7. 协商价的取值范围一般不高于市场价,不低于标准成本。　　　(　　)
8. 责任中心占用资金的价格一般参考市场利率或加权资本成本制定。　　　(　　)

二、单项选择题

1. 下列各项中,属于成本中心负责的是(　　)。
　　A. 销售收入　　　B. 成本费用　　　C. 利润　　　D. 投资效益

2. 下列各项中,不属于内部转移定价应遵循原则的是(　　)。
　　A. 合法性原则　　　B. 合规性原则　　　C. 效益性原则　　　D. 适应性原则

3. 企业内部转移价格的制定和应用方法,称为(　　)。
　　A. 内部转移定价　　　　　　B. 责任中心

C. 价格型内部转移定价　　　　　　D. 成本型内部转移定价

4. 价格型内部转移定价，一般适用于（　　）。
A. 内部收入中心　B. 内部成本中心　C. 内部利润中心　D. 内部投资中心

5. 在责任会计中，企业一般不设置（　　）。
A. 内部收入中心　B. 内部成本中心　C. 内部利润中心　D. 内部投资中心

三、多项选择题

1. 企业利润中心的管理者应该负责（　　）。
A. 内部收入　　B. 内部成本　　C. 内部费用　　D. 投资规模

2. 企业投资中心的管理者应该负责（　　）。
A. 内部收入　　B. 内部成本　　C. 内部费用　　D. 资金占用成本

3. 下列各项中，属于确定内部转移定价形式的有（　　）。
A. 价格型内部转移定价　　　　　　B. 决策型内部转移定价
C. 协商型内部转移定价　　　　　　D. 双重型内部转移定价

4. 在金融企业，确定资金转移定价的方法主要有（　　）。
A. 指定利率法　　　　　　　　　　B. 原始期限匹配法
C. 重定价期限匹配法　　　　　　　D. 现金流匹配定价法

5. 企业设置责任中心的作用有（　　）。
A. 能够清晰反映企业内部供需各方的责任界限
B. 为绩效评价和激励提供客观依据
C. 有利于企业优化资源配置
D. 有利于提高企业整体利益

任务六　多维度盈利能力分析

一、判断题

1. 多维度盈利能力分析是满足内部营运管理需要的一种分析方法。（　　）
2. 多维度盈利能力分析主要适用于市场竞争压力较小、组织结构相对简单的企业。（　　）
3. 企业应根据组织架构、管理能力直接确定盈利能力分析各维度的类别。（　　）
4. 每一个盈利能力分析维度都可以理解或视为一个"会计主体"。（　　）
5. 管理最小颗粒度是指企业根据实际管理需要与管理能力所确定的最小业务评价单元。（　　）
6. 企业应遵循"谁受益、谁负担"原则，通过建立科学有效的成本归集路径，将实际发生的完全成本基于业务动因相对合理地分摊到管理最小颗粒度。（　　）

二、单项选择题

1. 下列各项中，不属于营运管理领域应用的管理会计工具方法的是（　　）
A. 本量利分析　　　　　　　　　　B. 敏感性分析
C. 多维度盈利能力分析　　　　　　D. 平衡计分卡

2. 企业应根据（　　）确定数据源的获取标准，并从信息系统中收集基础数据。
A. 管理最小颗粒度　B. 事业部　　C. 责任中心　　D. 投资中心

3. 企业应遵循"谁受益、谁负担"原则,通过建立科学有效的成本归集路径,将实际发生的(　　)基于业务动因相对合理地分摊到管理最小颗粒度。

  A. 生产成本　　　　B. 完全成本　　　　C. 销售成本　　　　D. 变动成本

三、多项选择题

1. 在多维度盈利能力分析中,企业可进行盈利能力分析的维度有(　　　　)。

  A. 区域　　　　　　B. 产品　　　　　　C. 部门　　　　　　D. 渠道

2. 企业进行多维度盈利能力分析,一般包括(　　　　)、加工数据、编制分析报告等程序。

  A. 确定分析维度　　B. 建立分析模型　　C. 制定数据标准　　D. 收集数据

3. 企业应以营业收入、营业成本、(　　　　)等核心财务指标为基础,构建多维度盈利能力分析模型。

  A. 利润总额　　　　B. 净利润　　　　　C. 经济增加值　　　D. 边际贡献

4. 企业根据管理需求对收集的数据进行加工,生成(　　　　)。

  A. 管理最小颗粒度盈利信息　　　　　　B. 各维度盈利信息
  C. 各责任中心盈利信息　　　　　　　　D. 各产品盈利信息

5. 企业编制多维度盈利能力分析报告时,可采用的方法有(　　　　)。

  A. 排序法　　　　　B. 矩阵法　　　　　C. 气泡图　　　　　D. 雷达图

营运管理
在线测试

项目六　投融资管理

知识学习目标

- 掌握投资、融资管理程序；
- 认识投融资管理的重要性，以及在不同情况下投资、融资管理的流程；
- 掌握投融资管理的主要方法。

能力学习目标

- 能够根据实际情况，应用贴现现金流法对企业投融资进行分析和决策；
- 能够灵活运用挣值法、成本效益法、价值工程法，对项目投资进行决策；
- 能够对投融资项目可能出现的情况或引起的后果作出预测；
- 能够在资源约束条件下寻找最合理的投融资方案。

工作任务

- 投融资管理认知；
- 贴现现金流法认知；
- 项目管理认知；
- 情景分析；
- 约束资源优化。

项目引例

大学生创业现金流测算

程卓刚刚大学毕业，处于创业阶段，现在手上有两个项目，项目的现金流量如表6-1所示。

表6-1　　　　　　　　　　投资项目现金流量情况　　　　　　　　　　单位：万元

年　限	项目A	项目B
0	−100	−100
1	50	10
2	40	30
3	30	40
4	10	60

此外,程卓还可以将资金投入朋友的公司,每年可获得10%回报率的稳定收益。假定这三种投资项目都没有额外的风险。

问题提出:

(1) 投资项目的资金来源有哪些?

(2) 判断一个项目是否可行的标准是什么?

(3) 在投资决策中,一般采用什么方法计算确定项目的优劣?

(4) 上述三个备选项目中,你应该选择哪一个投资项目?

带着这些问题,让我们进入本项目的学习。

任务一 投融资管理认知

一、投融资管理的概念

投融资管理,是投资管理和融资管理的简称。

投资管理,是指企业根据自身战略发展规划,以企业价值最大化为目标,对资金投入营运进行的管理活动。

融资管理,是指企业为实现既定的战略目标,在风险匹配的原则下,对通过一定的融资方式和渠道筹集的资金进行的管理活动。

企业融资的规模、期限、结构等应与经营活动、投资活动等的需要相匹配。

二、投融资管理的原则

企业进行投融资管理,一般应遵循以下原则:

(1) 价值创造原则。投融资管理应以持续创造企业价值为核心。

(2) 战略导向原则。投融资管理应符合企业发展战略与规划,与企业战略布局和结构调整方向相一致。

(3) 风险匹配原则。投融资管理应确保投融资对象的风险状况与企业的风险综合承受能力相匹配。

三、投融资管理的会计工具方法

投融资管理领域应用的管理会计工具方法,一般包括贴现现金流法、项目管理、情景分析、约束资源优化等。

四、投融资管理的程序

(一) 投资管理程序

企业应建立健全投资管理的制度体系,根据组织架构特点,设置能够满足投资管理活动所需的,由业务、财务、法律及审计等相关人员组成的投资委员会或类似决策机构,对重大投资事项和投资制度建设等进行审核,有条件的企业可以设置投资管理机构,组织开展投资管理工作。企业应用投资管理工具方法,一般按照制订投资计划、进行可行性分析、实施过程控制和投资后评价等程序进行。

1. 制订投资计划

企业投资管理机构应根据战略需要，定期编制中长期投资规划，并据此编制年度投资计划。

（1）中长期投资规划一般应明确指导思想、战略目标、投资规模、投资结构等。

（2）年度投资计划一般包括编制依据、年度投资任务、年度投资任务执行计划、投资项目的类别及名称、各项目投资额的估算及资金来源构成等，并纳入企业预算管理。

2. 进行可行性分析

投资可行性分析的内容一般包括该投资在技术和经济上的可行性、可能产生的经济效益和社会效益、可以预测的投资风险、投资落实的各项保障条件等。

3. 实施过程控制

企业进行投资管理，应当将投资控制贯穿于投资的实施全过程。投资控制的主要内容一般包括进度控制、财务控制、变更控制等。

（1）进度控制，是指对投资实际执行进度方面的规范与控制，主要由投资执行部门负责。

（2）财务控制，是指对投资过程中资金使用、成本控制等方面的规范与控制，主要由财务部门负责。

（3）变更控制，是指对投资变更方面的规范与控制，主要由投资管理部门负责。

4. 投资后评价

投资项目实施完成后，企业应对照项目可行性分析和投资计划组织开展投资后评价。投资后评价的主要内容一般包括投资过程回顾、投资绩效和影响评价、投资目标实现程度和持续能力评价、经验教训和对策建议等，从而形成企业的投资报告。投资报告是重要的管理会计报告，应确保内容真实、数据可靠、分析客观、结论清楚，为报告使用者提供满足决策需要的信息。

企业可定期编制投资报告，反映一定期间内投资管理的总体情况，一般至少应于每个会计年度编制一份；也可根据需要编制不定期投资报告，主要用于反映重要项目节点、特殊事项和特定项目的投资管理情况。投资报告应根据投资管理的情况和执行结果编制，反映企业投资管理的实施情况。投资报告主要包括以下两部分内容：

（1）投资管理的情况说明，一般包括投资对象、投资额度、投资结构、投资风险、投资进度、投资效益及需要说明的其他重大事项等。

（2）投资管理建议，可以根据需要以附件形式提供支持性文档。

企业应及时进行回顾和分析，检查和评估投资管理的实施效果，不断优化投资管理流程，改进投资管理工作。

（二）融资管理程序

企业应建立健全融资管理的制度体系，融资管理一般采取审批制。

企业应设置满足融资管理所需的、由业务、财务、法律及审计等相关人员组成的融资委员会或类似决策机构，对重大融资事项和融资管理制度等进行审批，并设置专门归口管理部门牵头负责融资管理工作。企业应用融资管理工具方法，一般按照融资计划制订、融资决策分析、融资方案的实施与调整、融资管理分析等程序进行。

1. 融资计划制订

企业对融资安排应实行年度统筹、季度平衡、月度执行的管理方式,根据战略需要、业务计划和经营状况,预测现金流量,统筹各项收支,编制年度融资计划,并据此分解至季度和月度融资计划。必要时,企业应根据特定项目的需要,编制专项融资计划。

年度融资计划的内容一般包括编制依据、融资规模、融资方式、资本成本等;季度和月度融资计划的内容一般包括年度经营计划、企业经营情况和项目进展水平、资金周转水平、融资方式、资本成本等。企业融资计划可作为预算管理的一部分,纳入企业预算管理。

2. 融资决策分析

企业应根据融资决策分析的结果编制融资方案,融资决策分析的内容一般包括资本结构、资本成本、融资用途、融资规模、融资方式、融资机构的选择依据、偿付能力、融资潜在风险和应对措施、还款计划等。

3. 融资方案的实施与调整

融资方案经审批通过后,进入实施阶段,一般由归口管理部门具体负责落实。如果融资活动受阻或者融资量无法达到融资需求目标,归口管理部门应及时对融资方案进行调整,数额较大时应按照融资管理程序重新报请融资委员会或类似决策机构审批。

4. 融资管理分析

企业融资完成后,应对融资进行统一管理,必要时应建立融资管理台账。企业应定期进行融资管理分析,内容一般包括还款计划、还款期限、资本成本、偿付能力、融资潜在风险和应对措施等。还款计划应纳入预算管理,以确保按期偿还融资。

企业可定期编制融资报告,反映一定期间内融资管理的总体情况,一般至少应为每个会计年度出具一份;也可根据需要编制不定期报告,主要用于反映特殊事项和特定项目的融资管理情况。

融资报告是重要的管理会计报告,应确保内容真实、数据可靠、分析客观、结论清楚,为报告使用者提供满足决策需要的信息。融资报告应根据融资管理的执行结果编制,反映企业融资管理的情况和执行结果。融资报告主要包括以下两部分内容:

(1)融资管理的情况说明,一般包括融资需求测算、融资渠道、融资方式、融资成本、融资程序、融资风险及应对措施、需要说明的重大事项等。

(2)融资管理建议,可以根据需要以附件形式提供支持性文档。

企业应及时进行融资管理回顾和分析,检查和评估融资管理的实施效果,不断优化融资管理流程,改进融资管理工作。

任务二 贴现现金流法

一、贴现现金流法的概念

贴现现金流法,是以明确的假设为基础,选择恰当的贴现率对预期的各期现金流入、流出进行贴现,通过贴现值的计算和比较,为财务合理性提供判断依据的价值评估方法。

贴现现金流法一般适用于在企业日常经营过程中,与投融资管理相关的资产价值评估、企业价值评估和项目投资决策等。贴现现金流法也适用于其他价值评估方法不适用的企业,包括正在经历重大变化的企业,如债务重组、重大转型、战略性重新定位、亏损或者处于开办期的企业。

二、贴现现金流法的应用环境

企业应用贴现现金流法,应先对企业战略、行业特征、外部信息等进行充分了解。

（1）企业应用贴现现金流法,应从战略层面明确贴现现金流法应用的可行性,并根据实际情况,建立适合贴现现金流法开展的沟通协调程序和操作制度,明确信息提供的责任主体、基本程序和方式,确保信息提供的充分性和可靠性。同时,企业应考虑评估标的未来将采取的会计政策和评估基准日所采用的会计政策在重要方面是否基本一致。

（2）企业应用贴现现金流法,应确认内外部环境对贴现现金流法的应用可提供充分支持,如现金流入和现金流出的可预测性、贴现率的可获取性,以及所有数据的可计量特征。通常需要考虑以下内容：

① 国家现行的有关法律法规及政策,国家宏观经济形势有无重大变化,各方所处地区的政治、经济和社会环境有无重大变化。

② 有关利率、汇率、税基及税率等是否发生重大变化。

③ 评估标的的所有者和使用者是否完全遵守有关法律法规,评估标的在现有的管理方式和管理水平的基础上,经营范围、方式与目前方向是否保持一致。

④ 有无其他不可抗拒因素及不可预见因素对企业造成重大不利影响。

三、贴现现金流法的应用程序

企业应用贴现现金流法,一般按以下程序进行。

（一）估计贴现现金流法的三个要素

企业应充分考虑标的特点、所处市场因素波动的影响以及有关法律法规的规定等,合理确定贴现期限,确保贴现期与现金流发生期间相匹配。

1. 贴现期

贴现期可采用项目已有限期,也可采用分段式,如 5 年作为一个期间段。企业在进行资产价值评估时,尤其要注意标的资产的技术寿命期限对合同约定期限或者法定使用期限的影响。

2. 现金流

企业应用贴现现金流法,应当说明和反映影响现金流入和现金流出的事项和因素,既要反映现金流的变化总趋势,也要反映某些重要项目的具体趋势。

3. 贴现率

贴现率是反映当前市场货币时间价值和标的风险的回报率。贴现率的设定要充分体现标的的特点,通常应当反映评估基准日类似地区同类标的平均回报水平和评估对象的特定风险。

（二）在贴现期内,采用合理的贴现率对现金流进行贴现

贴现率应当与贴现期、现金流相匹配,当使用非年度的时间间隔(比如按月或按日)进行分析时,年度名义贴现率应调整为相应期间的实际贴现率。

1. 资产价值评估贴现率

资产价值评估采用的贴现率,通常根据与资产使用寿命相匹配的无风险报酬率进行风险调整后确定。无风险报酬率通常选择对应期限的国债利率,风险调整因素有政治风险、市场风险、技术风险、经营风险和财务风险等。

2. 企业价值评估贴现率

进行企业价值评估采用的贴现率,需要区分其是以企业整体还是以所有者权益作为价值评估的基础的。通常,企业整体价值评估采用股权资本成本和债务资本成本的加权平均资本成本作为贴现率的确定依据;企业所有者权益价值评估采用股权资本成本作为贴现率的确定依据。

资本成本,是指筹集和使用资金的成本率,或进行投资时所要求的必要报酬率,一般用相对数即资本成本率表示。企业的股权资本成本通常以资本资产定价模型为基础进行估计,综合考虑控制权程度、股权流动性、企业经营情况、历史业绩、发展前景和影响标的企业生产经营的宏观经济因素、标的企业所在行业发展状况与前景等调整因素。

3. 项目投资决策贴现率

项目投资决策采用的贴现率,应根据市场回报率和标的项目本身的预期风险来确定。一般地,可以按照标的项目本身的特点,适用资产价值评估和企业价值评估的贴现率确定方法,但要注意区分标的项目与其他项目,或者作为企业组成部分所产生的风险影响,对贴现率进行调整。

(三)进行合理性判断

企业应用贴现现金流法进行价值评估,一般从以下方面进行合理性判断:

1. 客户要求

当客户提出的特殊要求不符合市场价值为基础的评估对有关贴现期、现金流或贴现率的相关规定时,其估值结果是基于客户特殊要求下的投资价值而不是市场价值。

2. 评判标准

贴现现金流法作为一项预测技术,评判标准不在于贴现现金流预测最终是否完全实现,而应关注预测时的数据对贴现现金流预测的支持程度。

(四)形成分析报告

贴现现金流法分析报告的形式可以根据业务的性质、服务对象的需求等确定,也可在资产评估报告中整体呈现。当企业需要单独提供贴现现金流法分析报告时,应确保内容的客观与翔实。贴现现金流法分析报告一般包括以下内容:

1. 假设条件

贴现现金流法分析报告应当对贴现现金流法应用过程中的所有假设进行披露。

2. 数据来源

贴现现金流法分析报告应当清楚地说明并提供分析中所使用的有关数据及来源。

3. 实施程序

编制贴现现金流法分析报告一般按照以下程序进行:合理选择评估方法;评估方法的运用和逻辑推理;主要参数的来源、分析、比较和测算;对评估结论进行分析,形成评估结论。

4. 评估者身份

当以内部评估人员身份开展评估工作时,评估人员与控制资产的实体之间的关系应当在评估报告中披露;当以外部评估人员身份开展评估工作且以盈利为目的为委托方工作时,评估人员应当对这种关系予以披露。

四、贴现现金流法的应用

贴现现金流量法,是以明确的假设为基础,选择恰当的贴现率对预期的各期现金流入、流出进行贴现的方法。它是通过对贴现值的计算和比较,为财务合理性提供判断依据的价值评估方法。简单说,它就是计算投资后该资产将来会创造的现金流的现值,如果投资高于所创造的现金流现值,则该投资不划算。现金流量折现模型如下:

$$价值 = \sum_{t=1}^{n} \frac{CF_t}{(1+r)^t}$$

其中:

n 为资产的年限;CF_t 为 t 年的现金流量;r 为包含了预计现金流量风险的折现率。

贴现现金流法包括净现值法、现值指数法、内含报酬率法三种基本方法。贴现现金流法是企业投资分析时常用的方法,多用于资产价值评估、企业价值评估和项目投资决策等;也适用于其他价值评估方法不适应的企业,包括正在经历重大变化的企业,如债务重组、重大转型、战略性重新定位、亏损或处于开办期的企业。

(一) 净现值法

一个投资项目,其未来现金净流量现值与原始投资额现值之间的差额,称为净现值(net present value,NPV)。其计算公式为:

$$净现值(NPV) = 未来现金净流量现值 - 原始投资额现值$$

计算净现值时,要按预定的贴现率对投资项目的未来现金流量进行贴现。预定贴现率是投资者所期望的最低投资报酬率。净现值为正,方案可行,说明方案的实际报酬率高于所要求的报酬率;净现值为负,方案不可取,说明方案的实际报酬率低于所要求的报酬率。

当净现值为零时,说明方案的投资报酬刚好达到所要求的投资报酬,方案也可行。因此,净现值的经济含义是投资方案报酬超过基本报酬后的剩余收益。在其他条件相同时,净现值越大,方案越好。采用净现值法来评价投资方案,一般步骤如下:

第一,测定投资方案各年的现金流量,包括现金流出量和现金流入量。

第二,设定投资方案采用的贴现率。贴现率可以以市场利率为标准,可以以投资者期望获得的最低投资报酬率为标准,也可以以企业平均资本成本率为标准。它的确定需要统筹考虑行业特点、货币时间价值和风险报酬率。

第三,按设定的贴现率,分别将各年的现金流出量和现金流入量折算成现值。

第四,将未来的现金净流量现值与投资额现值进行比较。若前者大于或等于后者,则方案可行;若前者小于后者,则方案不可行,没有达到投资者的预期投资报酬率。

工作实例 6-1 设贴现率为 10%,现有三个投资方案。有关现金流量的数据如表 6-2

所示,请用净现值方法选择最优方案。

表 6-2　　　　　　　　　　　　　　企业可选方案　　　　　　　　　　　　　单位:元

期间	甲方案	乙方案	丙方案
0	−40 000	−20 000	−24 000
1	24 000	3 000	9 200
2	20 000	16 000	9 200
3	10 000	12 000	9 200

$$NPV(甲) = 24\,000 \times (P/F, 10\%, 1) + 20\,000 \times (P/F, 10\%, 2)$$
$$+ 10\,000 \times (P/F, 10\%, 3) - 40\,000$$
$$= 24\,000 \times 0.909\,1 + 20\,000 \times 0.826\,4 + 10\,000 \times 0.751\,3 - 40\,000$$
$$= 5\,859.4(元)$$

$$NPV(乙) = 3\,000 \times (P/F, 10\%, 1) + 16\,000 \times (P/F, 10\%, 2)$$
$$+ 12\,000 \times (P/F, 10\%, 3) - 20\,000$$
$$= 3\,000 \times 0.909\,1 + 16\,000 \times 0.826\,4 + 12\,000 \times 0.751\,3 - 20\,000$$
$$= 4\,965.3(元)$$

$$NPV(丙) = 9\,200 \times (P/A, 10\%, 3) - 24\,000$$
$$= 9\,200 \times 2.487 - 24\,000$$
$$= -1\,119.6(元)$$

甲、乙两个方案的净现值大于零,说明这两个方案的报酬率超过10%。如果企业要求的最低投资报酬率是10%,这两个方案都可以选择。丙方案净现值为负数,说明该方案的投资报酬率达不到10%,因而予以放弃。如果资金供应不受限制,甲方案优于乙方案。

净现值法简便易行,其主要优点在于:① 适用性强,能基本满足项目年限相同的互斥投资方案的决策。② 能灵活地考虑投资风险。主要缺点有:① 所采用的贴现率不易确定。② 不适用于独立投资方案的比较决策,如果各方案的原始投资额现值不相等,有时无法作出正确决策。③ 净现值有时也不能对寿命期不同的互斥投资方案进行直接决策。

(二)现值指数法

现值指数,也称现值比率、获利指数,指未来现金流入现值与投资额现值的比率。其计算公式为:

$$现值指数 = \frac{未来现金净流量现值}{原始投资额现值}$$

从现值指数的计算公式可知,现值指数的计算结果有三种:大于1,等于1,小于1。若现值系数大于或等于1,方案可行;若现值系数小于1,则方案不可行。现值指数越大,方案越好。

工作实例 6-2 有两个独立投资方案,有关资料如表6-3所示。

表 6-3　　　　　　　　　　　　净现值计算表　　　　　　　　　　　　单位：元

项　目	方案甲	方案乙
原始投资额	40 000	20 000
未来现金流量现值	45 859.4	24 965.3
净现值	5 859.4	4 965.3

从净现值的绝对数来看，方案甲大于方案乙，似乎应采用方案甲；但从投资额来看，方案甲的原始投资额现值大大超过了方案乙。所以，在这种情况下，如果仅用净现值来判断方案的优劣，就难以作出正确的比较和评价。按现值指数法计算：

甲方案现值指数 = 45 859.4 ÷ 40 000 = 1.15

乙方案现值指数 = 24 965.3 ÷ 20 000 = 1.25

计算结果表明，方案乙的现值指数大于方案甲，应当选择方案乙。

现值指数法也是净现值法的辅助方法，在各方案原始投资额现值相同时，实质上就是净现值法。由于现值指数是未来现金净流量现值与所需投资额现值之比，是一个相对数指标，反映了投资效率，所以用现值指数指标来评价独立投资方案，可以克服净现值指标不便于对原始投资额现值不同的独立投资方案进行比较和评价的缺点，从而使对方案的分析评价更加合理、客观。

（三）内含报酬率法

内含报酬率（internal rate of return，简称 IRR）是指项目投资实际可期望达到的报酬率，也可将其定义为能使投资项目的净现值等于零的折现率。内含报酬率的基本原理是：在计算方案的净现值时，以预期投资报酬率作为贴现值计算，净现值的结果往往大于零或者小于零，这说明方案实际可能达到的投资报酬率大于或小于预期投资报酬率；而当净现值等于零时，则说明两种报酬率相等。根据这个原理，内含报酬率法就是要计算出使净现值等于零时的贴现率，这个贴现率就是投资方案实际可能达到的投资报酬率。

1. 未来每年现金净流量相等时

每年现金净流量相等是一种年金形式，通过查年金现值系数表，可计算出未来现金净流量现值，并令其净现值等于零，则有：

未来每年现金净流量 × 年金现值系数 — 原始投资额现值 = 0

计算出净现值等于零时的年金现值系数后，通过查年金现值系数表，即可找出相应的贴现率，该贴现率就是方案的内含报酬率。

工作实例 6-3　某企业拟购入一台新型设备，购入价格为 32 万元，使用年限为 10 年，无残值。该方案要求的最低投资报酬率为 12%（以此作为贴现率）。使用新设备后，估计每年产生现金净流量 6 万元。其中，(P/A,12%,10) = 5.650 2，(P/A,14%,10) = 5.216 1。用内含报酬率指标评价该方案是否可行？

令：60 000 × 年金现值系数 — 320 000 = 0

年金现值系数 = 5.333 3

采用插值法：

$$\frac{IRR-12\%}{14\%-12\%}=\frac{5.333\ 3-5.650\ 2}{5.216\ 1-5.650\ 2}$$

$$IRR=12\%+(14\%-12\%)\times(5.333\ 3-5.650\ 2)\div(5.216\ 1-5.650\ 2)$$
$$=13.46\%$$

该方案的内含报酬率为 13.46%,高于最低投资报酬率,故该投资方案可行。

2. 未来每年现金净流量不相等时

未来每年现金净流量不等时,不能用年金形式解决,而需要采用逐次测试法。具体做法是:根据已知的有关资料,先估计一次贴现率,来试算未来现金净流量的现值,并将这个现值与原始投资额现值相比较,如净现值大于零,为正数,说明估计的贴现率低于方案实际可能达到的投资报酬率,需要重新估一个较高的贴现率进行试算;如净现值小于零,为负数,说明估计的贴现率大于方案实际可能达到的投资报酬率,需要重新估一个较低的贴现率进行试算。如此反复试算,直到净现值等于零或基本接近于零,这时所估计的贴现率就是希望求得的内含报酬率。

工作实例 6-4 某企业有一个投资方案,需一次性投资 600 000 元,使用年限为 4 年,每年现金净流量分别为 150 000 元、200 000 元、250 000 元、175 000 元。该企业要求最低投资报酬率为 10%。

计算该投资方案的内含报酬率,并据以评价方案是否可行。

由于该方案每年的现金净流量不相同,需逐次测试计算方案的内含报酬率。测算过程如表 6-4 所示。

表 6-4　　　　　　　　　　净现值的逐次测试　　　　　　　　　　单位:元

年份	每年现金净流量	第一次测算8%		第二次测算12%		第三次测算10%	
1	150 000	0.926	138 900	0.893	133 950	0.909	136 350
2	200 000	0.857	171 400	0.797	159 400	0.826	165 200
3	250 000	0.794	198 500	0.712	178 000	0.751	187 750
4	175 000	0.735	128 625	0.636	111 300	0.683	119 525
未来现金净流量现值合计			637 425		582 650		608 825
减:原始投资额现值			600 000		600 000		600 000
净现值			37 425		−17 350		8 825

第一次测算,采用折现率 8%,净现值为正数,说明方案的内含报酬率高于 8%。第二次测算,采用折现率 12%,净现值为负数,说明方案的内含报酬率低于 12%。第三次测算,采用折现率 10%,净现值为正数,但已经比较接近于零了。因而可以估算,方案的内含报酬率在 10%~12%。

然后用插值法,计算方案的内含报酬率。

$$\frac{IRR-10\%}{12\%-10\%}=\frac{0-8\ 825}{-17\ 350-8\ 825}$$

IRR＝10.67％

该方案的内含报酬率10.67％大于企业要求的最低投资报酬率,该方案可行。

内含报酬率法的主要优点：① 能够反映投资项目可能达到的报酬率,易于被高层决策人员所理解。② 对于独立投资方案的比较决策,如果各方案原始投资额现值不同,可以通过计算各方案的内含报酬率,反映各独立投资方案的获利水平。内含报酬率法的主要缺点有：① 计算复杂,不易直接考虑投资风险的大小。② 在作互斥投资方案决策时,如果各方案的原始投资额现值不相等,有时无法作出正确的决策。某一原始投资额较低,净现值较小,但内含报酬率可能较高；而另一方案原始投资额较高,净现值较大,但内含报酬率可能较低。

五、贴现现金流法的优缺点

主要优点：可以结合历史情况进行预测,并将未来经营战略融入模型,有助于更全面地反映企业价值。

主要缺点：测算过程相对较为复杂,对数据采集和假设的验证要求繁复,资本成本、增长率、未来现金流量的性质等变量很难得到准确的预测、计算,往往会使得实务中的评估精度大大降低。

任务三　项目管理

一、项目管理的概念

项目管理,是指通过项目各参与方的合作,运用专门的知识、工具和方法,对各项资源进行计划、组织、协调、控制,使项目能够在规定的时间、预算和质量范围内,实现或超过既定目标的管理活动。

二、项目管理的内容

适用于以一次性活动为主要特征的项目活动,如一项工程、服务、研究课题、研发项目、赛事、会展或活动演出等；也可以适用于以项目制为主要经营单元的各类经济主体。

三、项目管理的原则

（一）注重实效,协同创新

项目应围绕项目管理的目标,强调成本效益原则,实现项目各责任主体间的协同发展、自主创新。

（二）按级负责,分工管理

项目各责任主体,应当根据管理层次和任务分工的不同,有效行使管理职责,履行管理义务,确保项目取得实效。

（三）科学安排,合理配置

严格按照项目的目标和任务,科学合理地编制预算,严格执行预算。

四、项目管理的基本程序

企业应用项目管理工具方法一般按照可行性研究、项目立项、项目计划、项目实施、项目验收和项目后评价等程序进行。

(一) 可行性研究

可行性研究，是指通过对项目在技术上是否可行、经济上是否合理、社会和环境影响是否积极等进行科学分析和论证，以最终确定项目投资建设是否进入启动程序的过程。

企业一般可以从投资必要性、技术可行性、财务可行性、组织可行性、经济可行性、环境可行性、社会可行性、风险因素及对策等方面开展项目的可行性研究。

(二) 项目立项

项目立项，是指对项目可行性研究进行批复，并确认列入项目实施计划的过程。经批复的可行性研究报告是项目立项的依据，项目立项一般应在批复的有效期内完成。

(三) 项目计划

项目计划，是指项目立项后，在符合项目可行性报告批复相关要求的基础上，明确项目的实施内容、实施规模、实施标准、实施技术等计划实施方案，并据此编制项目执行预算的书面文件。

通常情况下，项目执行预算超过可行性研究报告项目预算的10％时，或者项目实施内容、实施规模、实施地点、实施技术方案等发生重大变更时，应重新组织编制和报批可行性报告。经批复的项目计划及项目执行预算应作为项目实施的依据。

项目可行性报告的内容一般包括项目概况、市场预测、产品方案与生产规模、厂址选择、工艺与组织方案设计、财务评价、项目风险分析，以及项目可行性研究结论与建议等。

(四) 项目实施

项目实施，是指按照项目计划，在一定的预算范围内，保质、保量、按时完成项目任务的过程。通常，应重点从质量、成本、进度等方面，有效控制项目的实施过程。

(1) 企业应遵循国家规定及行业标准，建立质量监督管理组织、健全质量管理制度、形成质量考核评价体系和反馈机制等，实现对项目实施过程的质量控制。

(2) 成本控制应贯穿项目实施的全过程。企业可以通过加强项目实施阶段的投资控制，监督合同执行，有效控制设计变更，监督和控制合同价款的支付，实现项目实施过程的成本控制。

(3) 企业应通过建立进度控制管理制度，编制项目实施进度计划，制订项目实施节点；实行动态监测，完善动态控制手段，定期检查进度计划，收集实际进度数据；加强项目进度偏差原因分析，及时采取纠偏措施等，实现对项目实施过程的进度控制。

(五) 项目验收

项目验收，是指项目完成后，进行的综合评价、移交使用、形成资产的整个过程。

项目验收一般应由可行性研究报告的批复部门组织开展，可以从项目内容的完成情况、目标的实现情况、经费的使用情况、问题的整改情况、项目成果的意义和应用情况等方面进行验收。

(六) 项目后评价

项目后评价，是指通过对项目实施过程、结果及其影响进行调查研究和全面系统回顾，与项目决策时确定的目标以及技术、经济、环境、社会指标进行对比，找出差别和变化，据以分析原因、总结经验、提出对策建议,并通过信息反馈,改善项目管理决策,提高项目管理效益的过程。

企业应比对项目可行性报告的主要内容和批复文件开展项目后评价,必要时应参照项目计划的相关内容进行对比分析,进一步加强项目管理,不断提高决策水平和投资效益。

企业应建立项目决算审计制度,明确项目决算报表内容、格式要求和填报口径,严格执行项目决算数据材料的收集、审核、汇总,形成项目决算报告,同时提交审计部门进行项目审计。项目决算报告一般包括项目决算说明书、项目决算报表、项目成果和费用支出的对比分析等。项目决算报告和项目审计意见应作为项目验收的依据。

企业应在对比项目可行性研究的基础上进行项目经济后评价,并编制项目经济后评价报告。经济后评价报告一般包括项目资金收入和使用情况,重新测算的项目财务评价指标、经济评价指标等。经济后评价应通过投资增量的效益分析,突出项目对经济价值和社会价值的作用和影响。

五、项目管理的工具方法

项目管理的工具方法一般包括挣值法、成本效益法、价值工程法等。

(一)挣值法

1. 挣值法概念

挣值,是指项目实施过程中已完成工作的价值,用分配给实际已完成工作的预算来表示。

挣值法,又称为赢得值法或偏差分析法,是一种通过分析项目实施与项目目标期望值之间的差异,从而判断项目实施的成本、进度绩效的方法。挣值法是工程项目实施中使用较多的一种方法,是对项目进度和费用进行综合控制的一种有效方法。

1967年,美国国防部开发了挣值法并成功地将其应用在国防工程中,并逐步获得广泛应用。

挣值法的核心是将项目在任一时间的计划指标、完成状况和资源耗费综合度量。将进度转化为货币、人工工时或工程量等。

挣值法的价值在于将项目的进度和费用综合度量,从而能准确描述项目的进展状态。挣值法的另一个重要优点是可以预测项目可能发生的工期滞后量和成本费用超支量,从而及时采取纠正措施,为项目管理和控制提供有效手段。

2. 挣值法的计算原理

挣值法广泛适用于项目管理中的项目实施、项目后评价等阶段。挣值法的评价基准包括成本基准和进度基准,通常可以用于检测实际绩效与评价基准之间的偏差。

(1) 项目挣值的三个关键变量。

项目挣值有三个关键变量,它们是:项目计划成本(budgeted cost of work scheduled,简称 BCWS)、项目实际成本(actual cost of work performed,简称 ACWP)和项目的挣值(earned value,简称 EV)。

项目计划成本(BCWS),是指根据批准的进度计划或预算,至某一时点应当完成的工作所需投入资金的累计值。企业应用挣值法进行项目管理,应当把项目预算分配至项目计划的各个时点。

项目实际成本(ACWP),是指按实际进度完成的成本支出量。企业应用挣值法开展项目管理时,实际成本的计算口径必须与计划成本和挣值的计算口径保持一致。

项目的挣值(EV),又叫已完成工作量的预算成本,指项目实施过程中某阶段实际完成工作量及按预算定额计算出来的工时(或费用)之积。计算公式是:

$$EV = 预算定额 \times 已完成工作量百分比$$

(2) 项目挣值的偏差。

① 进度偏差(schedule variance,简称 SV),是在某个给定时点上,测量并反映项目提前或落后的进度绩效指标。其计算公式为:

$$进度偏差\ SV = 项目的挣值 - 项目计划成本$$
$$= EV - BCWS$$

当进度偏差 SV 为正值时表示进度提前,SV 为负值表示进度延误。若 SV=0,表明进度按计划执行。进度偏差可以采用绝对数,表示为挣值与计划成本之差,计算公式为:

$$偏差量 = 挣值 - 计划成本$$

也可采用相对数,表示为挣值与计划成本之比,计算公式为:

$$进度绩效指数(schedule\ performance\ index,简称\ SPI) = 挣值 \div 计划成本$$

② 成本偏差(cost variance,简称 CV),是在某个给定时点上,测量并反映项目预算亏空或预算盈余的成本绩效指标。计算公式为:

$$成本偏差(CV) = 项目的挣值 - 项目实际成本$$
$$= EV - ACWP$$

当 CV 为负值时表示执行效果不佳,即实际消耗费用超过预算值即超支。反之当 CV 为正值时表示实际消耗费用低于预算值,表示有结余或效率高。若 CV=0,表示项目按计划执行。成本偏差可以采用绝对数,表示为挣值与实际成本之差,计算公式为:

$$偏差量 = 挣值 - 实际成本$$

也可采用相对数,表示为挣值与实际成本的比值,计算公式为:

$$成本绩效指数(cost\ performance\ index,简称\ CPI) = 挣值 \div 实际成本$$

企业应用挣值法开展项目管理时,既要监测挣值的增量,以判断当前的绩效状态;又要监测挣值的累计值,以判断长期的绩效趋势。

3. 挣值法的应用

挣值法的相关应用实例如下。

工作实例 6-5 某项目计划工期为 4 年,预算总成本为 1 000 万元。在项目的实施过程中,通过对成本的核算和有关成本与进度或记录得知,在开工后第二年年末的实际情况是:开工后两年年末实际成本发生额为 400 万元,所完成工作的计划预算成本额为 250 万元。

由已知条件可知:

项目实际成本(ACWP)=400(万元)

项目计划成本($BCWS$)＝1 000÷2＝500(万元)

项目挣值(EV)＝250(万元)

成本执行情况和计划完工情况如下：

成本偏差(CV)＝$EV-ACWP$＝250－400＝－150(万元)

即成本超支 150 万元。

进度偏差(SV)＝$EV-BCWS$＝250－500＝－250(万元)

即进度落后 250 万元。

$SPI=EV\div BCWS$＝250÷500＝50％

两年只完成了两年工期的 50％，相当于只完成了总任务的 1/4。

$CPI=EV\div ACWP$＝250÷400＝62.5％

完成同样的工作量实际发生成本是预算成本的 1.6 倍。

工作实例 6-6 某装饰工程公司承接一项酒店装修改造工程，前 5 个月各月完成费用情况如表 6-5 所示。合同总价为 1 500 万元，总工期为 6 个月。

表 6-5　　　　　　　　　检 查 记 录 表

月　份	计划完成工作预算费用 BCWS/万元	已经完成工作量/％	实际发生费用/万元
1	180	95	185
2	220	100	205
3	240	110	250
4	300	105	310
5	280	100	275

要求：

(1) 计算各月的已完工工程预算费用 EV 及 5 个月的 EV。

(2) 计算 5 个月累计的计划完成预算费用 BCWS、实际完成预算费用 ACWP。

(3) 计算 5 个月的费用偏差 CV、进度偏差 SV，并分析成本和进度状况。

(4) 计算 5 个月的费用绩效指数、进度绩效指数，并分析成本和进度状况。

任务处理如下：

(1) 各月的 EV 计算结果如表 6-6 所示。其中：已完成工作预算费用(EV)＝计划完成预算费用($BCWS$)×已经完成工作量的百分比。

表 6-6　　　　　　　　　挣 值 计 算 表

月　份 ①	计划完成工作预算费用(BCWS)/万元 ②	已经完成工作量 /％ ③	实际发生费用 /万元 ④	挣　值 /万元 ⑤＝②×③
1	180	95	185	171
2	220	100	205	220
3	240	110	250	264

续 表

月 份 ①	计划完成工作预算费用(BCWS)/万元 ②	已经完成工作量/% ③	实际发生费用/万元 ④	挣 值/万元 ⑤=②×③
4	300	105	310	315
5	280	100	275	280
合 计	1 220	—	1 225	1 250

(2) 从表 6-6 中可见,5 个月的累计计划完成预算费用(BCWS)为 1 220 万元,实际完成预算费用(ACWP)为 1 225 万元。

(3) 5 个月的费用偏差:

$CV=EV-ACWP=1\ 250-1\ 225=25$(万元),由于 CV 为正,说明费用节约。

5 个月的进度偏差:

$SV=EV-BCWS=1\ 250-1\ 220=30$(万元),由于 SV 为正,说明进度提前。

(4) 成本绩效指数 $=EV\div ACWP=1\ 250\div 1\ 225=1.020\ 4$,由于 CPI 大于 1,说明费用节约。

进度绩效指数 $=EV\div BCWS=1\ 250\div 1\ 220=1.024\ 6$,由于 SPI 大于 1,说明进度提前。

4. 挣值法的优缺点

主要优点:① 通过对项目当前运行状态的分析,可以有效地预测出项目的未来发展趋势,严格地控制项目的进度和成本;② 在出现不利偏差时,能够较快地检测出问题所在,留有充足的时间对问题进行处理、对项目进行调整。

主要缺点:① 片面注重用财权的执行情况判断事权的实施效益;② 属于事后控制方法,不利于事前控制;③ 存在用项目非关键路径上取得的挣值掩盖关键路径上进度落后的可能性,影响项目绩效判断的准确性。

(二)成本效益法

1. 成本效益法的概念

成本效益法,是指通过比较项目不同实现方案的全部成本和效益,以寻求最优投资决策的一种项目管理工具方法。其中,成本指标可以包括项目的执行成本、社会成本等;效益指标可以包括项目的经济效益、社会效益等。

成本效益法属于事前控制方法,适用于项目可行性研究阶段。

2. 成本效益法的应用程序

成本效益法的应用程序包括:

(1) 确定项目的收入和成本。

(2) 确定项目不同实现方案的差额收入。

(3) 确定项目不同实现方案的差额费用。

(4) 制定项目不同实现方案的预期成本和预期收入的实现表。

(5) 评估难以量化的社会效益和成本。

工作实例 6-7 某种植场为玉米种植企业,预计未来 5 年的种植面积分别为:20 万亩、

60万亩、100万亩、200万亩、250万亩,预计未来5年的每年销售量分别为40万千克、120万千克、200万千克、400万千克、500万千克。以目前的市场价格为基础进行成本和效益分析。

(1) 产品成本分析。该企业5年内成本的分析如表6-7所示。

表6-7　　　　　　　　　　　　产品生产成本表　　　　　　　　　　　　单位:万元

序号	项目	第1年	第2年	第3年	第4年	第5年
1	人工费	64	200	300	590	710
2	材料费	120	366	580	1 190	1 500
3	制造费	32	106	160	240	400
4	管理费	32	96	157	280	400
	总成本	248	768	1 197	2 300	3 010

(2) 产品售价、销售量及费用预测。目前玉米种子销售价格为15元/千克,5年销售量分别为40万千克、120万千克、200万千克、400万千克、500万千克。运输仓储加工包装费为4万元/亩,销售费用为2万元/亩,管理费用和折旧为2万元/亩。

(3) 盈利预测。产品5年内的盈利预测情况如表6-8所示。

表6-8　　　　　　　　　　　　项目五年内盈利预测　　　　　　　　　　　单位:万元

项目	第1年	第2年	第3年	第4年	第5年
总收入	600	1 800	3 000	6 000	7 500
产品销售收入	600	1 800	3 000	6 000	7 500
总成本	408	1 248	1 997	3 900	5 010
生产总成本	248	768	1 197	2 300	3 010
运输储藏加工包装	80	240	400	800	1 000
销售费用	40	120	200	400	500
管理费用和折旧	40	120	200	400	500
净利润	192	552	1 003	2 100	2 490

(4) 经济效益分析。

项目五年经济效益情况如表6-9所示,第4年种植200万亩、年销售量400万千克时成本利润率最高,达到53.85%,随着种植面积的扩大和产量的提高,成本利润率开始下降,就要引起关注:可能存在管理水平落后、固定成本高企不下、人工效率不高、机械化水平投入不足等问题存在,需要进一步加以研究。

表6-9　　　　　　　　　　　　项目五年经济效率分析　　　　　　　　　　单位:万元

项目	第1年	第2年	第3年	第4年	第5年
总收入	600	1 880	3 000	6 000	7 500
总成本	408	1 248	1 997	3 900	5 010

续 表

项　　目	第1年	第2年	第3年	第4年	第5年
净利润	192	552	1 003	2 100	2 490
成本利润率	47.06%	44.23%	50.23%	53.85%	49.70%

3. 成本效益法的优缺点

主要优点：① 普适性较强，是衡量管理决策可行性的基本依据；② 需考虑评估标的在经济与社会、直接与间接、内在与外在、短期与长期等各个维度的成本和收益，具有较强的综合性。

主要缺点：① 属于事前评价，评价方法存在的不确定性因素较多；② 综合考虑了项目的经济效益、社会效益等各方面，除了经济效益以外的其他效益存在较大的量化难度。

(三) 价值工程法

1. 价值工程法的概念

价值工程法，是指对研究对象的功能和成本进行系统分析，比较为获取功能而发生的成本，以提高研究对象价值的管理方法。

价值工程方法下的功能，是指对象满足某种需求的效用或属性；价值工程方法下的成本，是指按功能计算的全部成本费用；价值工程方法下的价值，是指对象所具有的功能与获得该功能所发生的费用之比。

价值工程法以提高价值为目的，要求以最低的寿命周期成本实现产品的必要功能；以功能分析为核心；以有组织、有领导的活动为基础；以科学的技术方法为工具。

提高价值的基本途径有五种，即：

(1) 提高功能，降低成本，大幅度提高价值。

(2) 功能不变，降低成本，提高价值。

(3) 功能有所提高，成本不变，提高价值。

(4) 功能略有下降，成本大幅度降低，提高价值。

(5) 提高功能，适当提高成本，大幅度提升功能，从而提高价值。

2. 价值工程法的步骤

企业应用价值工程法，一般按照以下步骤进行：

(1) 准备阶段。选择价值工程的对象并明确目标、限制条件和分析范围；根据价值工程对象的特点，组成价值工程工作小组；制订工作计划，包括具体执行人、执行日期、工作目标等。

(2) 分析阶段。收集和整理与对象有关的全部信息资料；通过分析信息资料，简明、准确地表述对象的功能，明确功能的特征要求，并绘制功能系统图；运用某种数量形式表达原有对象各功能的大小，求出原有对象各功能的当前成本，并依据对功能大小与功能当前成本之间关系的研究，确定应当在哪些功能区域改进原有对象，并确定功能的目标成本。

(3) 创新阶段。依据功能系统图、功能特性和功能目标成本，通过创新性的思维和活动，提出实现功能的各种不同方案；从技术、经济和社会等方面评价所提出的方案，看其是否能实现规定的目标，从中选择最佳方案；将选出的方案及有关的经济资料和预测的效益编写成正式的提案。

(4) 实施阶段。组织提案审查,并根据审查结果签署是否实施的意见;根据具体条件及内容,制订实施计划,组织实施,并指定专人在实施过程中跟踪检查,记录全程有关的数据资料,必要时,可再次召集价值工程工作小组提出新的方案;根据提案实施后的技术经济效果,进行成果鉴定。

3. 价值工程法的应用

价值工程法的应用实例如下。

工作实例 6-8 某开发公司在某商品房建设工作中采用价值工程法对其施工方案进行了分析。现有三个方案,经有关专家的分析论证得到数据,如表 6-10 所示。

表 6-10　　　　　　　　　　备选方案的相关资料

方案功能	重要性系数	得分 A	得分 B	得分 C
F1	0.29	10	9	9
F2	0.22	8	9	8
F3	0.21	9	10	9
F4	0.11	8	8	10
F5	0.17	9	8	9
单方造价/(元/m²)		8 500	9 000	8 800

要求:

(1) 计算各方案的功能系数。

(2) 计算各方案的成本系数。

(3) 计算各方案的价值系数。

(4) 进行方案选择。

任务处理如下:

(1) 各方案的功能得分:

$F_A = 10 \times 0.29 + 8 \times 0.22 + 9 \times 0.21 + 8 \times 0.11 + 9 \times 0.17 = 8.96$

$F_B = 9 \times 0.29 + 9 \times 0.22 + 10 \times 0.21 + 8 \times 0.11 + 8 \times 0.17 = 8.93$

$F_C = 9 \times 0.29 + 8 \times 0.22 + 9 \times 0.21 + 10 \times 0.11 + 9 \times 0.17 = 8.89$

总得分:$F_A + F_B + F_C = 26.78$

则功能系数为:

A 方案:$8.96 \div 26.78 = 0.335$

B 方案:$8.93 \div 26.78 = 0.333$

C 方案:$8.89 \div 26.78 = 0.332$

(2) 各方案的成本系数:

A 方案:$8\,500 \div (8\,500 + 9\,000 + 8\,800) = 0.323$

B 方案:$9\,000 \div (8\,500 + 9\,000 + 8\,800) = 0.342$

C 方案:$8\,800 \div (8\,500 + 9\,000 + 8\,800) = 0.335$

(3) 各方案的价值系数：

A 方案：0.335÷0.323＝1.04

B 方案：0.333÷0.342＝0.97

C 方案：0.332÷0.335＝0.99

(4) 方案选择：

方案 A 的价值系数最高，故 A 为最优方案。

4. 价值工程法的优缺点

主要优点：① 把项目的功能和成本联系起来，通过削减过剩功能、补充不足功能，使项目的功能结构更加合理化；② 着眼于项目成本的整体分析，注重有效利用资源，有助于实现项目整体成本的最优化。

主要缺点：要求具有较全面的知识储备，不同性质的价值工程分析对象涉及的其他领域的学科性质，以及其他领域的广度和深度等都存在很大差别，导致功能的内涵、结构和系统特征必然具有实质性区别。

任务四　情　景　分　析

一、情景分析的概念、适用范围及应用环境

（一）情景分析的概念

情景分析，又称脚本法或前景描述法，是指在对企业经营管理中未来可能出现的相关事件情景进行假设的基础上，结合企业管理要求，通过模拟等技术，分析相关方案发生的可能性、相应后果和影响，以作出最佳决策的方法。

情景是指事物所有可能的未来发展趋势，而情景分析是对事物所有可能的未来发展态势的描述。

情景分析是一种预测工具，但有别于传统的预测方法。传统预测方法往往假定未来的发展结果是唯一的，并根据近年的发展情况进行趋势外推，得出关于未来发展状况的预测；而情景分析是着眼于未来发展的不确定性，对未来的发展作出多种可选择的描述。

（二）情景分析的适用范围

情景分析一般适用于企业的投融资决策，也可用于战略目标制定、风险评估等。

情景分析法适用于资金密集、产品或技术开发的前导期长、战略调整所需投入大、风险高的产业，如石油、钢铁行业。情景分析也适用于不确定因素太多，无法进行唯一准确预测的行业，如制药业、金融业。

（三）情景分析的应用环境

(1) 企业应用情景分析工具方法，应重点考虑对决策事项有重大影响的事件情景，评价事件情景与分析方案、决策事项关联程度，并将情景分析建立在合理假设的基础上。

(2) 企业应用情景分析工具方法，应考虑与决策事项有关的参数、边界条件等的完整性及可获取性，尤其应考虑宏观环境因素的可测性，如产业政策、行业状况。

二、情景分析的应用程序

企业应用情景分析工具方法，一般按照确认决策事项、确认影响因素、设定情景、分析调

整方案和分析实施后果等程序进行。

（一）确认决策事项

企业应用情景分析工具方法，应根据决策目标和决策需求确定决策事项。同时，决策事项应存在多种可量化的影响因素及不同的实现路径。

确定决策事项就是要根据决策目标和决策需求明确情景分析的目的和主要任务，包括其涉及的时间范围、具体对象、区域等。例如，"亚太地区未来十年旅游业的发展状况"这个决策事项，其中，"亚太地区"是区域，"未来十年"是时间范围，"旅游业"是具体对象。

（二）确认影响因素

企业应用情景分析工具方法，应对决策事项的影响因素进行全面分析，并根据重要性原则明确决策事项的主要影响因素，以此作为设置情景的主要内外部影响因素。

（1）在进行投融资决策时，通常应考虑投资额、资本成本等影响因素。

（2）在进行战略目标制定时，通常应考虑消费者信心指数、市场占有率等影响因素。

（3）在进行风险评估时，通常应考虑利率、汇率等产生可承受最大损失的影响因素。

影响因素的选择主要集中在那些未来不确定强、影响程度大的因素方面，在提交最初影响因素列表的基础上，可以利用"头脑风暴法"让所有参与的企业人员和专家人士各抒己见，对影响因素进行选择。然后，对讨论内容进行汇总，选出企业所在领域 10 个左右影响主题的因素作为主要影响因素。

（三）设定情景

企业通常应根据决策事项设定不同的情景，这些情景应能提供有意义的测试环境，以便后续制定多个可选择方案。

（1）根据历史情况设定情景时，通常可以选取最优、最差或基准的历史情况作为情景，或者以历史特殊事件作为情景，如重复进行的标准历史事件。

（2）根据其他假设设定情景时，通常使用人为假设、专家认定或者数据模拟等方法来设定情景。

将关键影响因素的具体描述进行组合，形成多个初步的未来情景描述方案。由于企业在选择方案时往往从其发生概率以及战略重要性两个角度出发考虑，所以将各种方案按照"发生概率"和"战略重要性"横纵坐标进行归类，如图 6-1 所示。

图 6-1 中，A 区域内的方案拥有相对较高的发生概率和较弱的战略重要性，适合于追求稳定发展的企业；B 区域内的方案与 A 区域的方案相比，B 区域在战略重要性上明显增强，如果预测准确，该区域中的方案往往不仅是众多企业制定战略的重要依据，还是企业创造竞争优势的有力武器；C 区域内的方案因其低发生概率和和弱战略重要性，通常是被忽视的对象；D 区域内的方案与 B 区域的方案都拥有非常强的战略重要性，但由于低发生概率的影响，该区域内的方案不如 B 区域内的方案受青睐。

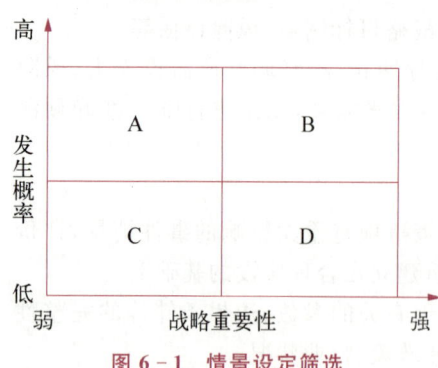

图 6-1 情景设定筛选

（四）分析调整方案

企业应在情景设定的基础上，建立影响因素与决策目标之间的逻辑关系。通过搜集相关数据，对不同情景下决策事项的总体发展状况进行分析，或对不同情景下决策事项可能产生的经济后果进行测算，制定出各种情景下的对策和实施方案。

企业应建立情景变化监测机制，及时调整情景分析中的主要影响因素，修正对策和实施方案。

分析调整方案就是邀请企业的管理人员进入描述的情景中，面对情景中出现的状况或问题作出对应策略的过程。换言之，就是模拟未来，将每个情景方案用形象的手法详细地描绘出来，列举出该情景之下可能出现的问题。

(五) 分析实施后果

企业应在应用情景分析工具方法后，通过梳理总结决策事项、影响因素、情景设定、情景分析结果、应对措施设置等，并考虑情景假设设定的基本原则及理由，不断完善情景分析工具方法；通过梳理总结决策事项、筛选主要影响因素、检测环境，发现环境中的细微变化，以及早发现威胁和机会，并对情景分析法中的主要影响因素进行及时的调整，进而调整方案，为以后的情景分析提供良好的基础。

三、情景分析的优缺点

主要优点：注重情景发展的多种可能性，降低决策失误对企业造成的影响，对决策事项的可参考性较强。

主要缺点：情景假设的主观性较强，对于情景数据的准确性、逻辑性及因果关系的建立要求较高。

任务五　约束资源优化

一、约束资源优化的概念、适用范围及应用环境

(一) 约束资源的概念

企业的运营犹如一条有许多个环节组成的环链，其中一些环的制约往往限制了企业的最大产出，这些环的制约就是"瓶颈"，也称为"约束资源"。

所谓约束资源，是指企业拥有的实际资源能力小于需要的资源能力的资源，即制约企业实现生产经营目标的瓶颈资源，如流动资金、原材料、劳动力、生产设备、技术等要素及要素投入的时间安排。

与约束资源相对应的是"非约束性资源"。

值得注意的是，资源的约束状态并非一成不变，企业的战略调整、产品与要素价格变化、技术革新等都有可能导致资源从约束变为非约束。

(二) 约束资源优化的概念

约束资源优化，是指企业通过识别制约其实现生产经营目标的瓶颈资源，并对相关资源进行改善和调整，以优化企业资源配置、提高企业资源使用效率的方法。

(三) 约束资源优化的适用领域

约束资源优化一般适用于企业的投融资管理和营运管理等领域。

(四）约束资源优化的应用环境

企业应用约束资源优化工具方法，约束资源的缺口一般应相对稳定。这样一方面有助于管理者对"瓶颈"的识别，另一方面保证了优化方法的持续与效果。

任何管理会计方法的有效利用都依赖于基础数据的完整性、准确性、及时性。企业应用约束资源优化工具方法，相关数据一般应具备完整性及可获取性，必要时提供信息技术的支持，保持数据获得的持续性与低成本。

二、约束资源优化的应用程序

企业应用约束资源优化工具方法，一般按照识别约束资源、寻找突破方法、协同非约束资源、评价实施效果等程序进行。

（一）识别约束资源

企业应用约束资源优化工具方法，应识别出管理过程中制约既定目标实现的约束资源，并对约束资源进行定量分析。在约束资源难以进行定量分析时，可以通过内部评审法、专家评价法等，识别出管理过程中的约束资源。

（1）内部评审法，是指企业通过内部组织开展评议、审查识别约束资源的方法。企业通常应组建满足约束资源识别所需的，由财务部门、生产部门和其他相关部门人员组成的内部评审小组或类似评审组织，通过集中研讨等方式，识别出管理过程中的约束资源。

（2）专家评价法，是指利用专家的经验、知识等识别约束资源的方法。对于企业既定目标的实现形成重大制约影响的约束资源。企业通常采用此方法进行综合评判。

（二）寻找突破方法

在识别约束资源的基础上，企业应比较约束资源的资源能力差距，搜集约束资源的相关数据等信息，系统分析约束资源形成的原因和涉及的实施责任主体，制定约束资源优化的实施方案，建立实现约束资源优化的长效机制，促进约束资源的资源能力提升。

（1）当约束资源是流动资金时，通常采取企业资金内部调剂、缩短应收账款回收周期、加快存货周转、延长付款周期等方法消除流动资金缺口，也可以通过外部融资扩大企业的资金来源，如债务融资、权益融资。

（2）当约束资源是原材料时，通常采取设置库存缓冲，确保原材料的及时供应等方法消除原材料缺口。

（3）当约束资源是劳动力时，通常采取招聘新员工、增设新岗位、借调其他岗位等方法消除劳动力瓶颈。

（4）当约束资源是生产设备时，通常采取提前安排设备购置计划、寻找委托加工方式补充产能的不足。

（5）当约束资源是技术时，通常采取技术研发、引进新技术等方法来消除技术瓶颈。

（6）当约束资源是要素投入的时间时，通常在明确各项作业的关键路线和关键工序的基础上，重新安排各项作业的工作流程，利用时间缓冲进行优化，确保要素投入的时间不受影响。

（三）协同非约束资源

企业应根据约束资源优化的解决方法和解决方案，重新安排其他资源和活动，确保非约束资源的协同利用。通常情况下，企业需要根据约束资源的运作节奏，调整和改变原有的管理政策和其他资源的配置，利用倒排的方法对其他资源进行调整，确保非约束资源的运作与约束资源同步,实现各个环节的衔接,协调整个管理流程。

对于一个系统而言,首先要保证整个系统的优化,其次是局部的优化。非约束资源优化得再好,但若受到约束资源的影响和限制,整个系统的产出就无法得到提高,甚至可能造成资源的浪费。

(四)评价实施效果

企业应评价并确认原有约束资源的资源能力得到改善,确保原有约束资源不再制约企业实现既定目标,重新梳理各项作业流程,识别新的约束资源,寻找相应的突破方法,进一步实现资源优化配置。

完成前面的四个步骤之后,企业的生产经营管理环节很难做到不再出现资源的约束,就像链条一样,改进了其中目前最薄弱的一环,又可能产生下一个最薄弱环节,甚至"今天的解决方案恰好是明天问题之所在"。这就意味着约束资源优化是一个持续的过程。只要企业生产经营一天,那么约束资源优化就不会停止。

三、约束资源优化的优缺点

主要优点:促进企业不断地发现、分析和解决企业发展的关键瓶颈,提高企业资源配置效率。

主要缺点:涉及多个部门、多个责任主体,协调沟通难度大;对相关数据的量化要求较高。

习题与实训

任务一 投融资管理认知

一、判断题

1. 投资管理,是指企业根据自身战略发展的规划,以企业价值最大化为目标,对资金投入营运进行的管理活动。( )
2. 发展性投资,是为了维持企业现有的生产经营正常顺利进行,不会改变企业未来生产、经营、发展全局的企业投资。( )
3. 外部融资是指企业通过利润留存而形成的融资来源。( )
4. 投资报告中投资管理情况的说明,一般包括投资对象、投资额度、投资结构、投资风险、投资进度、投资效益以及需要说明的其他重大事项等。( )
5. 融资方案一经确定后不得调整。( )
6. 投融资中要尽量多考虑收益,风险不作为首要考虑因素。( )
7. 企业采用借入资金的方式筹集资金,到期要归还本金和支付利息,相对权益性筹资而言,投资方承担的风险较大,资金成本较低。( )
8. 筹资渠道解决的是资金来源问题,筹资方式则解决通过何种方式取得资金的问题,它们之间存在一定的对应关系。一定的筹资方式只适用于某一特定的筹资渠道,但是同一渠道的资金往往可采用不同的筹资方式取得。( )

二、单项选择题

1. 投资管理,是指企业根据自身战略发展规划,以( )为目标,对将资金投入营运进行的管理活动。
　　A. 企业利润最大化　　　　　　　B. 企业价值最大化
　　C. 股东财富最大化　　　　　　　D. 相关者利益最大化
　2. 融资管理,是指企业为实现既定的战略目标,在(　　)原则下,对通过一定的融资方式和渠道筹集资金进行的管理活动。
　　A. 风险最小化　　B. 收益最大化　　C. 融资最大化　　D. 风险匹配
　3. 企业应建立健全投资管理的制度体系,根据组织架构特点,设置能够满足投资管理活动所需的,由业务、财务、法律及审计等相关人员组成(　　)或类似决策机构,组织开展投资管理工作。
　　A. 投资委员会　　B. 融资委员会　　C. 决策委员会　　D. 预测委员会
　4. 企业应建立健全融资管理的制度体系,融资管理一般采取(　　)。
　　A. 审核制　　　　B. 审批制　　　　C. 分级审核制　　D. 分级审批制
　5. 下列各项中,不属于间接投资的是(　　)。
　　A. 购入股票　　　B. 购入债券　　　C. 购入劳动资料　D. 购入基金
　6. 下列各项中,属于内部融资的是(　　)。
　　A. 发行股票　　　B. 发行债券　　　C. 银行借款　　　D. 留存收益
　7. 下列各项中,关于吸收直接投资的说法不正确的是(　　)。
　　A. 有利于增强企业信誉　　　　　B. 有利于尽快形成生产能力
　　C. 有利于降低财务风险　　　　　D. 资金成本较低
　8. 下列各项中,关于混合筹资的说法不正确的是(　　)。
　　A. 可转换债券的持有人可以随时按规定的价格或一定比例,自由地选择是否转换为普通股
　　B. 可转换债券筹资在股价大幅度上扬时,存在筹资数量减少的风险
　　C. 可转换债券筹资有利于股票市价的稳定
　　D. 用认股权证购买发行公司的股票,其价格一般低于市场价格

三、多项选择题

　1. 企业进行投融资管理,一般应遵循(　　)原则。
　　A. 价值创造　　　B. 战略导向　　　C. 风险匹配　　　D. 利润最大化
　2. 投资报告是重要的管理会计报告,应确保(　　),为报告使用者提供满足决策需要的信息。
　　A. 内容真实　　　B. 数据可靠　　　C. 分析客观　　　D. 结论清楚
　3. 企业应用融资管理工具方法,一般按照(　　)等程序进行。
　　A. 融资计划制订　　　　　　　　B. 融资决策分析
　　C. 融资方案实施与调整　　　　　D. 融资管理分析
　4. 我国上市公司目前最常见的混合融资方式有(　　)。
　　A. 发行股票　　　B. 发行可转换债券　C. 发行认股权证　D. 发行普通债券
　5. 间接投资是将资金投放于(　　)等权益性资产上的企业投资。
　　A. 股票　　　　　B. 设备　　　　　C. 厂房　　　　　D. 债券
　6. 企业投资管理程序包括(　　)。
　　A. 制订投资计划　B. 进行可行性分析　C. 投资监督　　　D. 投资评价

7. 投资控制的主要内容包括（　　　　）。
   A. 进度控制　　　B. 财务控制　　　C. 变更控制　　　D. 预算控制
8. 投资后评价的主要内容包括（　　　　）。
   A. 投资过程回顾
   B. 投资绩效和影响评价
   C. 投资目标实现程度和持续能力评价
   D. 经验教训和对策建议
9. 企业年度融资计划的内容一般包括（　　　　）。
   A. 编制依据　　　B. 融资规模　　　C. 融资方式　　　D. 资本成本
10. 下列各项中，属于企业融资报告内容的有（　　　　）。
    A. 融资渠道
    B. 融资成本
    C. 融资管理情况说明
    D. 融资管理建议

任务二　贴现现金流法

一、判断题

1. 贴现现金流法一般适用于在企业日常经营活动中，与投融资管理相关的资产价值评估、企业价值评估和项目投资决策等。（　　）
2. 一个投资项目，其未来现金流量现值之和称为净现值。（　　）
3. 获利指数，也称现值比率，是指未来现金流入现值与投资额现值的比率。（　　）
4. 内含报酬率是指项目投资实际可望达到的报酬率，也可将其定义为能使投资项目的净现值等于零的折现率。（　　）
5. 企业应用贴现现金流法，应确认内外部环境对贴现现金流法的应用可提供充分支持。（　　）
6. 估计贴现现金流法的三个要素是贴现期、现金流和贴现率。（　　）
7. 一般情况下，使某投资方案的净现值小于零的贴现率，一定高于该投资方案的内含报酬率。（　　）
8. 若A、B、C三个方案是独立的，投资规模不同时，应采用净现值法作出优先次序的排列。（　　）

二、单项选择题

1. 以下不属于估计贴现现金流法的要素的是（　　　）。
   A. 贴现期　　　B. 现金流　　　C. 贴现率　　　D. 终值系数
2. 采用现值指数法进行方案选择时，以下方案中最优的是现值系数为（　　　）的方案。
   A. 1.5　　　B. 0.8　　　C. 1　　　D. 0.3
3. 计算净现值时，下列各项中，不适合用来确定贴现率的是（　　　）。
   A. 市场利率
   B. 投资者希望获得的预期最低投资报酬率
   C. 企业平均资本成本率
   D. 投资项目的内含报酬率
4. 对投资规模不同的两个独立投资项目进行评价，应优先选择（　　　）的方案。
   A. 净现值大　　　B. 项目周期短　　　C. 内含报酬率大　　　D. 投资额小
5. 不管其他投资方案是否被采纳和实施，其收入和成本都不因此受到影响的投资与其他投资项目彼此间是（　　　）方案。
   A. 互斥　　　B. 独立　　　C. 互补　　　D. 互不相容

6. 某投资方案,当折现率为 16% 时,其净现值为 338 元;当折现率为 18% 时,其净现值为 -22 元。该方案的内含报酬率为( )。

A. 15.88%　　　B. 16.12%　　　C. 17.88%　　　D. 18.14%

7. A 公司以平价购买刚发行的面值为 1 000 元(5 年期,每半年支付利息 40 元)的债券,该债券按年计算的持有至到期日的实际内含报酬率为( )。

A. 4%　　　B. 8.16%　　　C. 8%　　　D. 7.84%

8. 企业向租赁公司租入一台设备,价值为 500 万元,合同约定租赁期满时残值 5 万元归租赁公司所有,租期为 5 年,租赁费率为 12%。若采用后付租金的方式,则平均每年支付的租金为( )万元。[(P/F,12%,5)=0.567 4,(P/A,12%,5)=3.604 8]

A. 137.92　　　D. 138.7　　　C. 123.8　　　B. 108.6

三、多项选择题

1. 估计贴现现金流法的三个要素包括( )。

A. 利率　　　B. 贴现期　　　C. 现金流　　　D. 贴现率

2. 企业应用贴现现金流法进行价值评估,一般从( )方面进行合理性判断。

A. 贴现值　　　B. 客户要求　　　C. 现金流　　　D. 评判标准

3. 贴现现金流法分析报告一般包括( )。

A. 假设条件　　　B. 数据来源　　　C. 实施程序　　　D. 评估者身份

4. 贴现现金流法包括( )三种基本方法。

A. 净现值法　　　B. 现值指数法　　　C. 成本效益法　　　D. 内含报酬率法

5. 若净现值为负数,表明该投资项目( )。

A. 各年利润小于 0,不可行

B. 投资报酬率小于 0,不可行

C. 投资报酬率没有达到预定的折现率,不可行

D. 投资报酬率不一定小于 0,可行

6. 下列各项中,属于净现值指标的缺点的有( )。

A. 不能直接反映投资项目的实际收益率水平

B. 当各项目原始投资额现值不等时,仅用净现值指标无法确定独立投资方案的优劣

C. 所采用的折现率不易确定

D. 没有考虑投资的风险性

7. 下列关于投资决策评价的指标中,其数值越大越好的指标有( )。

A. 净现值　　　B. 回收期　　　C. 内含报酬率　　　D. 年金净流量

8. 下列各项中,属于预测现金流的主要参数的有( )。

A. 毛利率　　　B. 营运资金　　　C. 资本性支出　　　D. 成本和费用构成

四、实训题

实训一

(一) 实训目的

掌握净现值法的应用。

(二) 实训资料

(1) 某企业拟建造一台生产设备。预计建设期为 1 年,所需原始投资 200 万元于建设起

始时一次投入。该设备预计使用寿命为5年,使用期满报废清理时无残值。

(2) 该设备折旧方法采用直线法。该设备投产后每年增加净利润60万元。假定适用的行业基准折现率为10%。

(三) 实训要求

(1) 计算项目计算期内各年净现金流量。

(2) 计算项目净现值,并评价其财务可行性。

实训二

(一) 实训目的

掌握现值指数法的应用。

(二) 实训资料

甲企业计划投资一条新的生产线,项目一次性总投资为500万元,投资期为3年,营业期为10年,营业期每年可产生现金净流量130万元。甲企业要求的年投资报酬率为9%。[(P/A,9%,13)=7.4869,(P/A,9%,10)=6.4177,(P/A,9%,3)=2.5313]

(三) 实训要求

(1) 计算该项目的现值指数。

(2) 评价该项目可行性。

实训三

(一) 实训目的

掌握内含报酬率法的应用。

(二) 实训资料

某企业计划用新设备替代旧设备,旧设备预计还可使用5年,目前变价收入为60 000元。新设备投资额为150 000元,预计使用5年。第5年年末,新旧设备的残值相等。使用新设备可使企业在未来5年内每年增加营业收入18 000元,降低经营成本10 000元。该企业按直线法折旧,所得税税率为25%。

(三) 实训要求

(1) 计算使用新设备比使用旧设备增加的净现金流量。

(2) 计算该方案的差额投资内部收益率。

(3) 若折现率分别为12%和14%,请确定是否应更换旧设备。

任务三 项目管理

一、判断题

1. 项目的立项一般应在项目批复的有效期内完成。( )
2. 挣值法中成本偏差表示为挣值与实际成本之差,只能采用绝对数计算。( )
3. 挣值法的优点之一是,可以通过对项目当前运行状态的分析,有效预测项目未来的发展趋势。( )
4. 成本效益分析法中,成本指标包括项目的执行成本、社会成本。( )
5. 价值工程中总成本是指生产成本。( )

二、单项选择题

1. 在挣值法的评价指标中,表示进度提前的是( )。

A. CV＞0　　　　　　　　　　　　B. SV＞0
C. 费用绩效指数＜1　　　　　　　D. 进度绩效指数＜1

2. 在某个给定时点上,测量并反映项目预算亏空或预算盈余的成本绩效指标称为(　　)。
A. 进度偏差　　B. 计划成本　　C. 费用偏差　　D. 实际成本

3. 成本效益法属于(　　)。
A. 事前控制方法　　　　　　　　B. 事中控制方法
C. 事后控制方法　　　　　　　　D. 事前事中和事后控制方法

4. 价值工程的目标是(　　)。
A. 以最低的生产成本实现最好的经济效益
B. 以最低的生产成本实现使用者所需的功能
C. 以最低的寿命周期成本实现使用者所需的最高功能
D. 以最低的寿命周期成本可靠地实现使用者所需的必要功能

5. 价值工程的核心是(　　)。
A. 功能分析　　　　　　　　　　B. 成本分析
C. 价值分析　　　　　　　　　　D. 寿命周期成本分析

三、多项选择题

1. 企业在进行项目管理时,一般应遵循(　　)原则。
A. 注重实效,协同创新　　　　　B. 按级负责,分工管理
C. 科学安排,合理配置　　　　　D. 合理预测,注重创新

2. 项目管理的工具方法一般包括(　　)。
A. 挣值法　　　　　　　　　　　B. 成本效益法
C. 贴现现金流法　　　　　　　　D. 价值工程法

3. 项目挣值的三个关键变量包括(　　)。
A. 项目绩效指数　　　　　　　　B. 项目计划价值
C. 项目挣值　　　　　　　　　　D. 项目实际成本

4. 在价值工程中,提高产品价值的途径有(　　)。
A. 产品成本不变,提高功能水平　　B. 产品功能不变,降低成本
C. 降低产品成本,提高功能水平　　D. 产品功能下降,提高成本

5. 计算功能价值,对成本功能的合理匹配程度进行分析,若零部件的价值系数小于1,表明该零部件有可能(　　)。
A. 成本支出偏高　　B. 成本支出偏低　　C. 功能过剩　　D. 功能不足

四、实训题

实训一

(一)实训目的

掌握挣值法的应用。

(二)实训资料

某项目进展到10周时,对前10周的工作进行统计,统计情况如表6-11所示。

表 6-11　　　　　　　　　　项目前 10 周成本与工作量统计表　　　　　　　　单位：万元

工 作	计划完成工作预算成本	已完成工作量/%	实际发生成本
A	380	95	350
B	450	100	460
C	700	80	720
D	150	100	150
E	500	100	520
F	800	50	400
G	1 000	60	700
H	300	100	300
I	120	100	120
J	1 200	40	600
合 计	5 600	—	4 320

（三）实训要求

（1）求出前 10 周每项工作的 EV 及 10 周末的 EV。

（2）计算 10 周末的合计 ACWP、BCWS。

（3）计算 10 周末的 CV、SV，并进行分析。

（4）计算 10 周末的 CPI、SPI，并进行分析。

实训二

（一）实训目的

掌握价值工程法的应用。

（二）实训资料

某工程师针对设计院关于某商住楼提出的 A、B、C 三个方案，进行技术经济分析和专家调整后，得出如表 6-12 所示的数据。

表 6-12　　　　　　　　　　　三个方案相关数据表

方案功能	方案功能得分 A	方案功能得分 B	方案功能得分 C	方案功能重要程度
F1	9	9	8	0.25
F2	8	10	10	0.35
F3	10	7	9	0.25
F4	9	10	9	0.10
F5	8	8	6	0.05
单方造价/(元/m²)	13 250	11 180	12 260	1.00

(三) 实训要求

(1) 计算方案成本系数、功能系数和价值系数,并确定最优方案。

(2) 简述价值工程的工作步骤和阶段划分。

实训三

(一) 实训目的

熟悉融资融券业务的财务风险分析与防范。

(二) 实训资料

我国自 2010 年启动融资融券业务试点以来,融资融券业务的规模迅速扩大,融资融券余额从 2010 年年末的 0.78 万亿元增长到 2015 年年末的 338.73 万亿元。融资融券业务参与人数也持续增加,2010 年年底我国沪深两市融资融券信用证券账户为 4.2 万个,2015 年年底达到 397.69 万个,增长了将近 95 倍。在看到融资融券业务快速发展的同时,我们应当警惕其杠杆效应所带来的财务风险,并采取有效措施来防范风险,以促进融资融券业务在我国健康发展。

1. 融资融券业务的财务风险

(1) 投资者面临的财务风险。

① 由于投资者投资于融资融券业务的资金除了自有资金外,还有向证券公司的借款或借券,按照 50% 的保证金比例计算,100 元的自有资金可以借入 200 元的借款(100÷0.5),投资于证券 300 元(100+200)资金的权益乘数为 3,也就是说投资者的投资收益率 = 证券投资收益率×3,投资者的投资风险扩大了 3 倍,即面临较高的杠杆风险。

② 由于资本具有追涨助跌的属性,引入杠杆交易和做空机制后,融资融券标的证券价格可能出现暴涨暴跌的现象,这增大了证券投资收益率的不确定性,投资者的投资风险因此而增加。

③ 证券公司出于自身风险控制的目的,往往设置强制平仓机制,只要触发了强制平仓条件,投资者购买的证券会被强制卖出,从而给投资者带来损失。而且由于融资融券一般期限不超过 6 个月,不利于投资者作出最优投资决策。

(2) 对于证券公司而言,融资融券业务本质上是一项抵押贷款业务。

贷款业务的风险主要集中在客户能否按期还本付息,也就是我们所说的信用风险上。融资融券业务中借款人将证券公司借款投资于股票等风险相对较高的资产,承担的风险更高。因此,证券公司往往要求投资者提供高保证程度的担保,而且保证金是随着标的证券价格的波动而变化的,如果保证金达不到要求,则证券公司采取强制平仓机制以最大限度地减少损失。另外,证券公司不同于银行金融机构,主要依靠自有资金和证券,融资渠道比较窄,这就会产生资金的流动性风险。流动性风险的一个最大特点是本金和利息的收回时间具有不确定性。虽然借出资金约定了最长期限,但由于投资者偿还本息的具体时间取决于证券在借款期的价格,证券价格的不确定性决定了还款时间的不确定性,这给证券公司的流动性风险管理带来了挑战。

(3) 理论上,融资融券只是"对赌工具"。

对于标的证券而言,理论上,融资融券业务对其没有本质的影响,只是投资者和证券公司的"对赌工具"。但由于融资融券信用交易和做空机制提高了标的证券的信息灵敏度,标的证券公司的各项信息,如盈利能力、营运能力,被证券价格反映得更充分、更及时,意味着标的证券公司在进行投融资活动以及经营活动时要更加注重证券的价值管理或市值管理。

2. 昌九生化融资爆仓事件分析

江西昌九生物化工股份有限公司(下称昌九生化)主要生产丙烯酰胺,于1999年在上交所上市,最终控制人为江西省赣州市国资委,纳入合并财务报表范围的子孙公司有8家。2012年和2013年,公司连续两年亏损,被上海证券交易所实行退市风险警示特别处理。2014年,其通过政府补助和处置资产扭亏为盈,避免了因连续三年亏损而被强制退市。2015年,公司亏损2 460万元。

根据证监会《证券公司融资融券业务管理办法》及相关实施细则,昌九生化股票符合融资融券标的证券条件,并于2013年9月16日纳入融资融券标的证券。2013年9月16日,当天昌九生化收盘价为27.55元/股,融资余额为3 832.79万元,融券余额为0。此后,昌九生化融资余额持续大幅增长,2013年11月1日融资余额达到3.54亿元,股价上升到29.02元/股。然而,2013年11月1日是一个转折点。由于昌九生化重组消息落空,公司股价连续出现七个跌停,到2013年11月13日股票收盘价仅为13.89元/股,公司也于次日紧急停牌。至此,昌九生化3.54亿元融资盘出现巨额亏损,这就是所谓的"昌九生化融资爆仓"事件。该事件给参与主体带来了很大的财务风险,引发了市场热议。

(1) 对于投资者来说,2013年11月1日昌九生化融资余额为3.54亿元,其中,仅当日融资买入额就高达1 672.71万元,也就是说,至少有1 672.71万元的资金买入价在29.02元/股左右,其他3.37亿元买入价至少在25.81元/股左右(9月16日至11月1日期间最低收盘价为25.81元/股)。经过连续七个跌停,到11月13日公司股价跌至13.89元/股,此后股价稳定在11元/股左右。按照保守的25.81元/股买入价计算,投资者股票投资跌幅至少为46.18%〔(13.89-25.81)×100%÷25.81〕,融资盘股票投资损失至少为1.63亿元(3.54×-46.18%)。按50%的保证金来算,投资者投入昌九生化融资的本金约1.18亿元(3.54÷3),这意味着投资者投入的本金全部亏损,且还欠证券公司0.45亿元的负债,投资收益率为-138.54%(-46.18%×3),投资者损失巨大,特别是对于借入保证金的客户,投资风险及损失更大。

(2) 对于证券公司来说,按照协议,当融资担保比例降至130%后,可以要求融资者追加担保比例,否则就进行强制平仓。但11月1日至13日期间,由于股价下跌太快,证券公司无法进行强制平仓。11月14日至12月19日,昌九生化紧急停牌,在停牌期间证券公司无法卖出股票强制平仓。12月20日开盘当日,收盘价仅为12.5元/股,接着又连续三个跌停,至12月24日股票收盘价仅为10.13元/股,至此股价才稳定下来。可以看出,由于昌九生化股价在11月1日至12月24日期间不是无量跌停就是停牌,证券公司无法通过强制平仓来减少损失。

12月24日以后,昌九生化股价基本稳定在11元/股左右,证券公司即使再强制平仓也无法足额收回本金和利息。

(3) 对于昌九生化公司来说,因为融资融券的杠杆效应增加了重组预期对公司股价剧烈波动的影响程度,股票连续跌停。同时,针对投资者关于昌九生化信息披露涉嫌误导性陈述的投诉,证监会对昌九生化信息披露可能存在的违法违规问题进行了立案调查,这无疑会对企业的生产经营和融资活动产生较大的负面影响。

(三) 实训要求

思考并回答下列问题:

（1）什么是融资融券？
（2）融资融券的财务风险表现在哪些方面？
（3）如何有效地利用投融资管理的工具方法加强融资融券的管理？
{资料来源：黄雯,王玥,杨克智.融资融券业务的财务风险分析及防范[J].财务与会计，2017(08)}

任务四　情景分析

一、判断题

1. 情景是指事物所有可能的未来发展趋势。　　　　　　　　　　　　　　（　）
2. 情景分析是对事物所有可能的未来发展态势的描述。　　　　　　　　　（　）
3. 情景分析一般适用于企业的投融资决策,也可用于战略目标制定、风险评估等。
　　　　　　　　　　　　　　　　　　　　　　　　　　　　　　　　　（　）
4. 企业应用情景分析工具方法,应根据企业宏观目标和决策需求确定决策事项。
　　　　　　　　　　　　　　　　　　　　　　　　　　　　　　　　　（　）
5. 企业应在情景设定的基础上,建立影响因素与决策目标之间的逻辑关系。（　）

二、单项选择题

1. 情景分析是指在对企业经营管理中未来可能出现的相关事件情景进行假设的基础上,结合企业管理要求,通过（　　）等技术,分析相关方案发生的可能性、相应后果和影响,以作出最佳决策的方法。
　　A. 仿真　　　　　　B. 模拟　　　　　　C. 影像　　　　　　D. 互联网
2. 情景分析一般适用于企业的（　　）。
　　A. 投融资决策　　　B. 绩效管理　　　　C. 本量利分析　　　D. 成本管理
3. 企业应用情景分析工具方法,应对（　　）进行全面分析。
　　A. 外部环境　　　　B. 内部环境　　　　C. 决策事项　　　　D. 影响因素

三、多项选择题

1. 情景分析一般适用于企业（　　　）。
　　A. 投融资决策　　　B. 战略目标制定　　C. 风险评估　　　　D. 绩效管理
2. 在进行投融资决策情景分析时,通常需要考虑的因素有（　　　）。
　　A. 消费者信心指数　B. 资本成本　　　　C. 市场占有率　　　D. 投资额
3. 企业应用情景分析工具方法时,一般步骤包括按照（　　　）等程序进行。
　　A. 确认决策事项　　　　　　　　　　　　B. 确认影响因素
　　C. 设定情景　　　　　　　　　　　　　　D. 分析方案和分析实施后果

任务五　约束资源优化

一、判断题

1. 约束资源,是指企业拥有的实际资源能力大于需要的资源能力的资源。　（　）
2. 对于不同企业,约束资源是不相同的。　　　　　　　　　　　　　　　（　）
3. 约束资源优化一般适用于企业的投融资管理和营运管理等领域。　　　（　）
4. 企业应用约束资源优化工具方法,约束资源的缺口一般应绝对稳定。　（　）

5. 当约束资源是技术时,通常采取技术研发、引进新技术等方法来消除技术瓶颈。
( )

二、单项选择题

1. 约束资源,是指企业拥有的实际资源能力(   )需要的资源能力的资源。
A. 小于　　　　　B. 大于　　　　　C. 等于　　　　　D. 满足

2. 约束资源优化一般适用于企业的(   )。
A. 投融资管理　　B. 绩效管理　　　C. 风险管理　　　D. 成本管理

3. 当约束资源是劳动力时,不能消除劳动力瓶颈的方法是(   )。
A. 招聘新员工　　B. 增设新岗位　　C. 其他岗位借调　D. 减少产品产量

三、多项选择题

1. 下列各项中,可以作为约束资源的有(   )。
A. 流动资金　　　B. 原材料　　　　C. 劳动力　　　　D. 生产设备

2. 当约束资源是流动资金时,可采用消除流动资金缺口的方法有(   )。
A. 企业资金内部调剂　　　　　　　B. 缩短应收账款回收周期
C. 加快存货周转　　　　　　　　　D. 延长付款周期

3. 企业应用约束资源优化工具方法,一般步骤包括(   )。
A. 识别约束资源　B. 寻找突破方法　C. 协同非约束资源　D. 评价实施效果

4. 在约束资源难以进行定量分析时,可以采用的方法有(   )。
A. 内部评审法　　B. 专家评价法　　C. SWOT 分析法　　D. 趋势分析法

项目七 绩效管理

知识学习目标

- 熟悉绩效管理的由来,对"绩效管理"的含义有一个全面的认识;
- 熟悉绩效管理的原则及应用环境;
- 掌握关键绩效指标法的计算和应用;
- 掌握经济增加值的基本原理;
- 掌握平衡计分卡的基本原理;
- 掌握绩效棱柱模型的基本原理。

能力学习目标

- 通过对绩效管理基本知识的学习,充分认识绩效管理对企业发展的重要意义;
- 通过对关键绩效指标法的学习,能够运用财务和非财务指标考核企业绩效管理;
- 通过对经济增加值的学习,能够运用经济增加值考核企业绩效管理;
- 通过对平衡计分卡的学习,能够运用平衡计分卡进行绩效考核的设计与管理;
- 通过对绩效棱柱模型的学习,能够运用绩效棱柱模型进行绩效管理。

工作任务

- 绩效管理认知;
- 关键绩效指标法认知;
- 经济增加值法认知;
- 平衡计分卡认知;
- 绩效棱柱模型认知。

项目引例

许继集团基于战略执行的全员绩效管理体系

国家电网许继集团有限公司(以下简称许继集团)经过四十多年的发展,规模不断壮大,运营复杂度急剧上升,运营效率停滞不前,运营矛盾日渐成为公司的主要矛盾。根据国资委的要求,在深入分析公司面临的机遇、挑战与存在的主要矛盾后,其开启了基于战略执行的全员绩效管理变革。该体系模型以公司全员目标责任体系为中心,以全闭环绩效过程管理体系为主线,以全面综合保障体系为基础。

为适应公司新的战略目标要求,许继集团在原有"目标牵引、过程管控"绩效管理体系基础上引入战略管理与全员管理思想,紧紧围绕公司战略目标,逐步实施绩效管理变革。

全员目标责任体系将公司战略层层分解落实到每一位员工实际工作中,做到了"千斤重担有人挑,人人肩上有指标";全闭环绩效过程管理体系通过"双定"会议、铁篦梳理、绩效评价与结果应用对公司经营目标实行全过程跟踪、辅导与评估,确保公司经营目标顺利实现;全面综合保障体系以科学的组织体系、完备的制度体系、业绩导向的绩效文化和先进的信息技术为主要构成,全面支撑公司绩效管理高效运行。三者实现有机统一,共同构成许继集团基于战略执行的全员绩效管理体系。

许继集团通过构建基于战略执行的全员绩效管理体系,将战略目标转化为企业年度经营目标和战略举措矩阵,并将经营目标分解确定为各级组织与人员的年度业绩目标。这使得企业战略不再是企业少数几个人的任务,而是对从企业最高层管理者到每一位员工的要求。而按照平衡计分卡四个维度(财务、市场、业务流程、学习与成长)从四个方面构建企业绩效指标体系,也为员工绩效指标搭建奠定了基础。

提出问题:
(1)企业为什么需要进行绩效管理?
(2)企业绩效管理应遵循哪些基本原则?
(3)企业绩效管理工具方法有哪些?
(4)许继集团的绩效管理方法是什么?
(5)许继集团在绩效管理方面还有哪些需要改进和完善的地方?
带着这个问题,让我们进入本项目的学习领域。

(资料来源:李巧红.许继集团基于战略执行的全员绩效管理体系的构建[J].财务与会计,2015(08))

任务一 绩效管理认知

一、绩效管理的概念

绩效管理,是指企业与所属单位(部门)、员工之间就绩效目标及如何实现绩效目标达成共识,并帮助和激励员工取得优异绩效,从而实现企业目标的管理过程。

绩效管理的核心是绩效评价和激励管理。绩效评价,是指企业运用系统的工具方法,对一定时期内企业营运效率与效果进行综合评判的管理活动。绩效评价是企业实施激励管理的重要依据。激励管理,是指企业运用系统的工具方法,调动企业员工的积极性、主动性和创造性,激发企业员工工作动力的管理活动。激励管理是促进企业绩效提升的重要手段。

二、绩效管理应遵循的原则

(一)战略导向原则

绩效管理应为企业实现战略目标服务,支持价值创造能力提升。企业实施绩效管理的目的是为战略目标的实现提供支持,帮助企业分解并落实企业的战略目标,这是绩效管理最终要致力达到的目标。

(二) 客观公正原则

绩效管理应实事求是,评价过程应客观公正,激励实施应公平合理。公平公正是确立和推行绩效考核的前提。不公平公正,就不可能发挥考绩应有的作用。对于考绩的结论应对本人公开,这是保证考绩发挥作用的重要手段。这样做,一方面可以使被考核者了解自己的优点和缺点、长处和短处,从而使考核成绩好的人再接再厉,继续保持先进;也可以使考核成绩不好的人心悦诚服,奋起上进。另一方面,还有助于防止考绩中可能出现的偏见及误差,以保证考核的公平与合理。

(三) 规范统一原则

绩效管理的政策和制度应统一明确,并严格执行规定的程序和流程。绩效管理所有标准及流程以制度的形式明文规定,在企业内部形成确定的组织、时间、方法和标准,便于考核人与被考核人按照规范化的程序进行操作,以保证程序规范。提高企业的绩效管理效率,必须设立有效的绩效管理流程,根据公司的部门设置和权限划分,制订公司绩效管理的规范化流程,确认各部门在绩效管理流程中的具体职责,有利于绩效管理具体措施的实施,避免绩效管理方案成为一纸空文。

(四) 科学有效原则

绩效管理应做到目标符合实际,方法科学有效,激励与约束并重,操作简便易行。绩效管理是否按照已设定的流程顺利进行,需要依赖科学有效的绩效管理监督机制。建立科学有效的绩效管理监督机制,在企业内部设立专门监督各部门、员工个人绩效目标的监督机制,对按要求高质量实现绩效目标的部门和个人实施一定的奖励方案,对没有按时按质完成公司规定的绩效目标的个人和部门,采取一定的惩罚措施。这有助于提高企业内部各部门和员工个人对企业工作的责任感和积极性。

三、绩效管理应用的方法

绩效管理领域应用的管理会计工具方法,一般包括关键绩效指标法、经济增加值法、平衡计分卡、股权激励等。企业可根据自身战略目标、业务特点和管理需要,结合不同工具方法的特征及适用范围,既可选择一种适合的绩效管理工具方法单独使用,又可选择两种或两种以上的工具方法综合运用。这些方法将在后续任务中加以说明。

四、企业实施绩效管理所需要的环境

(一) 机构要求

企业进行绩效管理时,应设立薪酬与考核委员会或类似机构,主要负责审核绩效管理的政策和制度、绩效计划与激励计划、绩效评价结果与激励实施方案、绩效评价与激励管理报告等,协调解决绩效管理工作中的重大问题。

(二) 体系要求

企业应建立健全绩效管理的制度体系,明确绩效管理的工作目标、职责分工、工作程序、工具方法、信息报告等内容。

(三) 系统要求

企业应建立有助于绩效管理实施的信息系统,为绩效管理工作提供信息支持。

五、绩效计划与激励管理

(一) 绩效计划与激励计划的制订

1. 一般程序

企业应用绩效管理工具方法,一般按照制订绩效计划与激励计划、执行绩效计划与激励计划、实施绩效评价与激励、编制绩效评价与激励管理报告等程序进行。

2. 编制背景

企业应根据战略目标,综合考虑绩效评价期间宏观经济政策、外部市场环境、内部管理需要等因素,结合业务计划与预算,按照上下结合、分级编制、逐级分解的程序,在沟通反馈的基础上,编制各层级的绩效计划与激励计划。

3. 绩效计划落实的顺序

绩效计划是企业开展绩效评价工作的行动方案,包括构建指标体系、分配指标权重、确定绩效目标值、选择计分方法和评价周期、拟定绩效责任书等一系列管理活动。制订绩效计划通常从企业级开始,层层分解到所属单位(部门),最终落实到具体岗位和员工。

4. 绩效评定方法及指标的选择

企业可单独或综合运用关键绩效指标法、经济增加值法、平衡计分卡等工具方法构建指标体系。指标体系应反映企业战略目标实现的关键成功因素,具体指标应含义明确、可度量。

指标权重的确定可选择运用主观赋权法和客观赋权法,也可综合运用这两种方法。主观赋权法是利用专家或个人的知识与经验来确定指标权重的方法,如德尔菲法、层次分析法。客观赋权法是从指标的统计性质入手,由调查数据确定指标权重的方法,如主成分分析法、均方差法。

绩效目标值的确定可参考内部标准与外部标准。内部标准有预算标准、历史标准、经验标准等;外部标准有行业标准、竞争对手标准、标杆标准等。

(1) 绩效评价的计分方法。绩效评价计分方法可分为定量法和定性法。定量法主要有功效系数法和综合指数法等;定性法主要有素质法和行为法等。

① 功效系数法,是指根据多目标规划原理,将所要评价的各项指标分别对照各自的标准,并根据各项指标的权重,通过功效函数转化为可以度量的评价分数,再对各项指标的单项评价分数进行加总,得出综合评价分数的一种方法。该方法的优点是从不同侧面对评价对象进行计算评分,满足了企业多目标、多层次、多因素的绩效评价要求;缺点是标准值确定难度较大,比较复杂。功效系数法的计算公式为:

$$绩效指标总得分 = \sum 单项指标得分$$

$$单项指标得分 = 本档基础分 + 调整分$$

$$本档基础分 = 指标权重 \times 本档标准系数$$

$$调整分 = 功效系数 \times (上档基础分 - 本档基础分)$$

$$上档基础分 = 指标权重 \times 上档标准系数$$

$$功效系数 = \frac{实际值 - 本档标准值}{上档标准值 - 本档标准值}$$

对评价标准值的选用,应结合评价的目的、范围、企业所处行业、企业规模等具体情况,参考国家相关部门或研究机构发布的标准值确定。

工作实例 7-1 单个指标计分方法——功效系数法

评价指标：净资产收益率。

评价标准值：18%。

功效系数法量表如表 7-1 所示。

表 7-1　　　　　　　　　　　　功效系数法量表

项　　目	优　秀	良　好	合　格	较　低	较　差
净资产收益率	25%	20%	15%	10%	5%
功效系数	1.0	0.8	0.6	0.4	0.2

实际值：16%。

评价结果：

该指标得分 = {0.6 + [(16% - 15%) ÷ (20% - 15%)] × (0.8 - 0.6)} × 100 = 64

② 综合指数法，是指根据指数分析的基本原理，计算各项绩效指标的单项评价指数和加权评价指数，据以进行综合评价的方法。该方法的优点是操作简单，容易理解；缺点是在标准值存在异常时影响结果的准确性。综合指数法的计算公式为：

$$绩效指标总得分 = \sum (单项指标评价指数 \times 该项评价指标的权重)$$

③ 素质法，是指评估员工个人或团队在多大程度上具有组织所要求的某种基本素质、关键技能和主要特质的方法。

④ 行为法，是指专注于描述与绩效有关的行为状态，考核员工在多大程度上采取了管理者所期望或工作角色所要求的组织行为的方法。

(2) 绩效评价的周期。绩效评价周期一般可分为月度、季度、半年度、年度。月度、季度绩效评价一般适用于企业基层员工和管理人员，半年度绩效评价一般适用于企业中高层管理人员，年度绩效评价适用于企业所有被评价对象，任期绩效评价主要适用于企业负责人。

(3) 激励计划。激励计划是企业为激励被评价对象而采取的行动方案，包括激励对象、激励形式、激励条件、激励周期等内容。激励计划按激励形式可分为薪酬激励计划、能力开发激励计划、职业发展激励计划和其他激励计划。薪酬激励计划按期限还可分为短期薪酬激励计划和中长期薪酬激励计划。

① 短期薪酬激励计划主要包括绩效工资、绩效奖金、绩效福利等。

② 中长期薪酬激励计划主要包括股票期权、股票增值权、限制性股票以及虚拟股票等。

③ 能力开发激励计划主要包括对员工知识、技能等方面的提升计划。

④ 职业发展激励计划主要是对员工职业发展作出的规划。

⑤ 其他激励计划包括良好的工作环境、晋升与降职、表扬与批评等。

(4) 绩效计划与激励计划制订完成后应注意的问题。激励计划的制订应以绩效计划为基础，采用多元化的激励形式，兼顾内在激励与外在激励、短期激励与长期激励、现金激励与非现金激励、个人激励与团队激励、正向激励与负向激励，充分发挥各种激励形式的综合作用。

绩效计划与激励计划制订完成后,应经薪酬与考核委员会或类似机构审核,报董事会或类似机构审批。经审批的绩效计划与激励计划应保持稳定,一般不予调整,若受国家政策、市场环境、不可抗力等客观因素影响,确需调整的,应严格履行规定的审批程序。

(二)绩效计划与激励计划的执行

审批后的绩效计划与激励计划,应以正式文件的形式下达执行,确保与计划相关的被评价对象能够了解计划的具体内容和要求。

绩效计划与激励计划下达后,各计划执行单位(部门)应认真组织实施,从横向和纵向两个方面落实到各所属单位(部门)、各岗位员工,形成全方位的绩效计划与激励计划执行责任体系。

绩效计划与激励计划执行过程中,企业应建立配套的监督控制机制,及时记录执行情况,进行差异分析与纠偏,持续优化业务流程,确保绩效计划与激励计划的有效执行。

(1)监控与记录。企业可借助信息系统或其他信息支持手段,监控和记录指标完成情况、重大事项、员工的工作表现、激励措施执行情况等内容。收集信息的方法主要有观察法、工作记录法、他人反馈法等。

(2)分析与纠偏。根据监控与记录的结果,重点分析指标完成值与目标值的偏差、激励效果与预期目标的偏差,提出相应整改建议并采取必要的改进措施。

(3)编制分析报告。分析报告主要反映绩效计划与激励计划的执行情况及分析结果,其频率可以是月度、季度、年度,也可根据需要编制。

绩效计划与激励计划执行过程中,绩效管理工作机构应通过会议、培训、网络、公告栏等形式,进行多渠道、多样化、持续不断的沟通与辅导,使绩效计划与激励计划得到充分理解和有效执行。

(三)绩效评价与激励计划的实施

(1)绩效管理工作机构应根据计划的执行情况定期实施绩效评价与激励,按照绩效计划与激励计划的约定,对被评价对象的绩效表现进行系统、全面、公正、客观的评价,并根据评价结果实施相应的激励。

(2)评价主体应按照绩效计划收集相关信息,获取被评价对象的绩效指标实际值,对照目标值,应用选定的计分方法,计算评价分值,并进一步形成对被评价对象的综合评价结果。

(3)绩效评价过程及结果应有完整的记录,结果应得到评价主体和被评价对象的确认,并进行公开发布或非公开告知。公开发布的主要方式有召开绩效发布会、在企业网站公示绩效、在面板公告绩效等;非公开发布一般采用一对一书面、电子邮件函告或面谈告知等方式进行。

(4)评价主体应及时向被评价对象进行绩效反馈,反馈内容包括评价结果、差距分析、改进建议及措施等,可采取反馈报告、反馈面谈、反馈报告会等方式进行。

(5)绩效结果发布后,企业应依据绩效评价的结果,组织兑现激励计划,综合运用绩效薪酬激励、能力开发激励、职业发展激励等多种方式,逐级兑现激励承诺。

(四)绩效评价与激励管理报告

绩效管理工作机构应定期或根据需要编制绩效评价与激励管理报告,对绩效评价和激励管理的结果进行反映。绩效评价与激励管理报告是企业管理会计报告的重要组成部分,应确保内容真实、数据可靠、分析客观、结论清楚,为报告使用者提供满足决策需要的信息。

1. 报告的分类

绩效评价与激励管理报告可分为定期报告、不定期报告。

定期报告主要反映一定期间内被评价对象的绩效评价与激励管理情况。每个会计年度至少出具一份定期报告。

不定期报告根据需要编制,反映部分特殊事项或特定项目的绩效评价与激励管理情况。

2. 报告的内容

(1) 绩效评价报告根据评价结果编制,反映被评价对象的绩效计划完成情况,通常由报告正文和附件构成。报告正文主要包括以下两部分:① 评价情况说明,包括评价对象、评价依据、评价过程、评价结果、需要说明的重大事项等;② 管理建议,报告附件包括评价计分表、问卷调查结果分析、专家咨询意见等报告正文的支持性文档。

(2) 激励管理报告根据激励计划的执行结果编制,反映被评价对象的激励计划实施情况。激励管理报告主要包括以下两部分:① 激励情况说明,包括激励对象、激励依据、激励措施、激励执行结果、需要说明的重大事项等;② 管理建议。

3. 报告的后续工作

绩效评价与激励管理报告应根据需要及时报送薪酬与考核委员会或类似机构审批。企业应定期通过回顾和分析,检查和评估绩效评价与激励管理的实施效果,不断优化绩效计划和激励计划,改进未来绩效管理工作。

六、绩效评价的优点与缺点

(一) 财务业绩评价的优点与缺点

财务业绩评价,是根据财务信息来评价管理者业绩的方法,常见的财务评价指标包括净利润、资产报酬率、经济增加值等。在责任会计中,各类责任中心的业绩评价指标所采用的就是财务业绩评价。

作为一种传统的评价方法,财务业绩一方面可以反映企业的综合经营成果,同时也容易从会计系统中获得相应的数据,操作简便,易于理解,因此被广泛使用。

但财务业绩评价也有不足之处。首先,财务业绩体现的是企业当期的财务成果,反映的是企业的短期业绩,无法反映管理者在企业的长期业绩改善方面所作的努力。其次,财务业绩是结果导向的,即只注重最终的财务结果,而对达成该结果的改善过程欠缺考虑。最后,财务业绩通过会计程序产生的会计数据进行考核,而会计数据则是根据公认的会计原则产生的,受到稳健性原则有偏估计的影响,因此可能无法公允地反映管理层的真正业绩。

(二) 非财务业绩评价的优点与缺点

非财务业绩评价是指根据非财务信息指标来评价管理者业绩的方法,比如与顾客相关的指标:市场份额、关键客户订货量、顾客满意度、顾客忠诚度;与企业内部营运相关的指标:及时送货率、存货周转率、产品或服务质量(缺陷率)、周转时间;反映员工学习与成长的指标:员工满意度、员工建议次数、员工拥有并熟练使用电脑比例、员工第二专长人数、员工流动率。

非财务业绩评价的优点是可以避免财务业绩评价只侧重于过去、比较短视的不足;更体现长远业绩和外部对企业的整体评价。非财务业绩评价的缺点是一些关键的非财务业绩指标往往比较主观,数据的收集比较困难,评价指标数据及评价结论的可靠性难以保证。

任务二　关键绩效指标法

一、关键绩效指标法的含义

关键绩效指标法，是指基于企业战略目标，通过建立关键绩效指标（key performance indicator，简称 KPI）体系，将价值创造活动与战略规划目标有效联系起来，并据此进行绩效管理的方法。

关键绩效指标，是对企业绩效产生关键影响力的指标，是通过对企业战略目标、关键成果领域的绩效特征分析，识别和提炼出的最能有效驱动企业价值创造的指标。关键绩效指标法可以单独使用，也可以与经济增加值法、平衡计分卡等其他方法结合使用。关键绩效指标法的应用对象可以是企业，也可以是企业所属的单位（部门）和员工。

二、关键绩效指标

企业的关键绩效指标一般可分为结果类和动因类两类指标。结果类指标是反映企业绩效的价值指标，主要包括投资资本回报率、净资产收益率、经济增加值、息税前利润、自由现金流等综合指标。动因类指标是反映企业价值关键驱动因素的指标，主要包括资本性支出、单位生产成本、产量、销量、客户满意度、员工满意度等。

（一）结果类指标

（1）投资资本回报率，是指企业在一定会计期间内取得的息前税后利润占其所使用的全部投资资本的比例，反映企业在该会计期间内有效利用投资资本创造回报的能力。一般计算公式如下：

$$投资资本回报率 = \frac{税前利润 \times (1 - 所得税税率) + 利息支出}{投资资本平均余额} \times 100\%$$

$$投资资本平均余额 = \frac{期初投资资本 + 期末投资资本}{2}$$

$$投资资本 = 有息债务 + 所有者（股东）权益$$

（2）净资产收益率（也称权益净利率），是反映企业在一定会计期间内取得的净利润占其所使用的净资产平均数的比例，反映企业全部资产的获利能力。一般计算公式如下：

$$净资产收益率 = \frac{净利润}{平均净资产} \times 100\%$$

（3）经济增加值，是指税后净营业利润扣除全部投入资本的成本后的剩余收益。

$$经济增加值 = 税后净营业利润 - 平均资本占用 \times 加权平均资本成本$$

（4）息税前利润，是指企业当年实现税前利润与利息支出的合计数。一般计算公式如下：

$$息税前利润 = 税前利润 + 利息支出$$

（5）自由现金流，是指企业在一定会计期间内经营活动产生的净现金流超过付现资本

性支出的金额,反映企业可动用的现金。一般计算公式如下:

$$自由现金流 = 经营活动净现金流 - 付现资本性支出$$

(6) 资产负债率,是指企业负债总额与资产总额的比值,反映企业整体财务风险程度。一般计算公式如下:

$$资产负债率 = \frac{负债总额}{资产总额} \times 100\%$$

工作实例 7-2 某企业 2019 年有关资料如下:

(1) 有关财务指标如表 7-2 所示。

表 7-2　　　　　　　　　　　财务指标资料　　　　　　　　　　单位:万元

项目名称	年初数	年末数
无息债务	200	300
有息债务	450	550
所有者权益	1 200	1 300

(2) 企业所得税率为 25%。
(3) 税前利润总额 420 万元,其中财务费用利息支出 48 万元。
计算投资资本回报率、净资产收益率、息税前利润、资产负债率等结果类指标值如下:
投资资本平均余额=(1 200+450+1 300+550)÷2=1 750(万元)
投资资本回报率=[420×(1-25%)+48]÷1 750=20.74%
净资产收益率=420×(1-25%)÷[(1 200+1 300)÷2]=25.20%
息税前利润=420+48=468(万元)
年初资产负债率=(200+450)÷(200+450+1 200)=35.14%
年末资产负债率=(300+550)÷(300+550+1 300)=39.53%

(二) 动因类指标

(1) 资本性支出,是指企业发生的、其效益涉及两个或两个以上会计年度的各项支出。
(2) 单位生产成本,是指生产单位产品平均耗费的成本。
(3) 产量,是指企业在一定时期内生产出来的产品数量。
(4) 销量,是指企业在一定时期内销售商品的数量。
(5) 客户满意度,是指客户期望值与客户体验的匹配程度,即客户通过对某项产品或服务的实际感知与期望值相比较后得出的指数。客户满意度收集渠道主要包括问卷调查、客户投诉、与客户的直接沟通、消费者组织的报告、各种媒体的报告和行业研究的结果等。
(6) 员工满意度,是指员工对企业的实际感知与其期望值相比较后得出的指数,主要通过问卷调查、访谈调查等方式,从工作环境、工作关系、工作内容、薪酬福利、职业发展等方面进行衡量。

三、关键绩效指标法的应用

企业应用关键绩效指标法,一般包括的程序有:制订以关键绩效指标为核心的绩效计划、制订激励计划、执行绩效计划与激励计划、实施绩效评价与激励、编制绩效评价报告与激励管理报告等。其中，与其他业绩评价方法关键的不同是制订和实施以关键绩效指标为核心的绩效计划。

制订绩效计划包括构建关键绩效指标体系、分配指标权重、确定绩效目标值等。

(一) 构建关键绩效指标体系

对于一个企业，可以分三个层次来制订关键绩效指标体系。

第一，企业级关键绩效指标。企业应根据战略目标，结合价值创造模式，综合考虑企业内外部经营环境等因素，设定企业级关键绩效指标。

第二，所属单位(部门)级关键绩效指标。根据企业级关键绩效指标，结合所属单位(部门)关键业务流程，按照上下结合、分级编制、逐级分解的程序，在沟通反馈的基础上，设定所属单位(部门)级关键绩效指标。

第三，岗位(员工)级关键绩效指标。根据所属单位(部门)级关键绩效指标，结合员工岗位职责和关键工作价值贡献，设定岗位(员工)级关键绩效指标。

关键绩效指标应含义明确、可度量、与战略目标高度相关。指标的数量不宜过多，每一层级关键绩效指标一般不超过10个。

(二) 分配指标权重

1. 指标权重确定方法

(1) 德尔菲法(也称专家调查法)，是指邀请专家对各项指标进行权重设置，将汇总平均后的结果反馈给专家，再次征询意见，经过多次反复，逐步取得较一致结果的方法。

(2) 层次分析法，是指将绩效指标分解成多个层次，通过下层元素对于上层元素相对重要性的两两比较，构成两两比较的判断矩阵，求出判断矩阵最大特征值所对应的特征向量，以该特征向量作为指标权重值的方法。

(3) 主成分分析法，是指将多个变量重新组合成一组新的相互无关的综合变量，根据实际需要从中挑选出尽可能多地反映原来变量信息的少数综合变量，进一步求出各变量的方差贡献率，以确定指标权重的方法。

(4) 均方差法，是指将各项指标定为随机变量，指标在不同方案下的数值为该随机变量的取值，首先求出这些随机变量(各指标)的均方差，然后根据不同随机变量的离散程度确定指标权重的方法。

2. 指标权重的设定

关键绩效指标的权重分配应以企业战略目标为导向，反映被评价对象对企业价值贡献或支持的程度，以及各指标之间的重要性水平。单项关键绩效指标权重一般设定在5%～30%，对特别重要的指标可适当提高权重。对特别关键、影响企业整体价值的指标可设立"一票否决"制度，即如果某项关键绩效指标未完成，无论其他指标是否完成，均视为未完成绩效目标。

(三) 确定绩效目标值

企业确定关键绩效指标目标值，一般参考如下标准：

(1) 参考国家有关部门或权威机构发布的行业标准或参考竞争对手标准，如国务院国资委考核分配局编制并每年更新出版的《企业绩效评价标准值》。

(2) 参照企业内部标准，包括企业战略目标、年度生产经营计划目标、年度预算目标、历年指标水平等。

(3) 如果不能按照前面两种方法确定，可以根据企业历史经验值确定。关键绩效指标的目标值确定后，应规定因内外部环境发生重大变化、自然灾害等不可抗力因素对绩效完成结果产生重大影响时，对目标值进行调整的办法和程序。一般情况下，由被评价对象或评价主体测算确定影响额度，向相应的绩效管理工作机构提出调整申请，报薪酬与考核委员会或类似机构审批。

（四）其他程序

绩效评价计分方法与周期的选择、绩效责任书的签订、激励计划的制订，绩效计划与激励计划的执行、实施及编制报告等程序可参照任务一相关说明予以办理。

四、关键绩效指标法的优点和缺点

关键绩效指标法的主要优点：① 使企业业绩评价与企业战略目标密切相关，有利于企业战略目标的实现；② 通过识别价值创造模式把握关键价值驱动因素，能够更有效地实现企业价值增值目标；③ 评价指标数量相对较少，易于理解和使用，实施成本相对较低，有利于推广实施。

关键绩效指标法的主要缺点：① 关键绩效指标法应用要求较高；② 关键绩效指标的选取需要透彻理解企业价值创造模式和战略目标，有效识别企业核心业务流程和关键价值驱动因素；③ 指标体系设计不当将导致错误的价值导向和管理缺失。

任务三　经济增加值法

一、经济增加值的相关概念

（一）经济增加值法的含义

经济增加值法，是指以经济增加值（economic value added，简称 EVA）为核心，建立绩效指标体系，引导企业注重价值创造，并据此进行绩效管理的方法。

经济增加值法指标体系通常包括经济增加值、经济增加值改善值、经济增加值回报率、资本周转率、产量、销量、单位生产成本等。

（二）经济增加值的含义

经济增加值，是指税后净营业利润扣除全部投入资本成本后的剩余收益。经济增加值为正，表明经营者在为企业创造价值；经济增加值为负，表明经营者在损毁企业价值。

$$经济增加值 = 税后净营业利润 - 平均资本占用 \times 加权平均资本成本$$

其中：

(1) 税后净营业利润衡量的是企业的经营盈利情况，税后净营业利润等于会计上的税后净利润加上利息支出等会计调整项目后得到的税后利润。

(2) 平均资本占用反映的是企业持续投入的各种债务资本和股权资本，其中债务资本包括融资活动产生的各类有息负债，不包括经营活动产生的无息流动负债。股权资本中包含少数股东权益。

资本占用除根据经济业务实质相应调整资产减值损失、递延所得税等，还可根据管理需要调整研发支出、在建工程等项目,引导企业注重长期价值创造。

(3) 加权平均资本成本反映的是企业各种资本的平均成本率,反映了投资者所要求的必要报酬率。

(三) 经济增加值改善值的含义

经济增加值目标值根据经济增加值基准值(简称 EVA 基准值)和期望的经济增加值改善值(简称期望的 ΔEVA)确定。计算公式如下:

$$EVA\ 目标值 = EVA\ 基准值 + 期望的\ \Delta EVA$$

企业在确定 EVA 基准值和期望的 ΔEVA 值时,要充分考虑企业规模、发展阶段、行业特点等因素。其中,EVA 基准值可参照上年实际完成值、上年实际完成值与目标值的平均值、近几年(比如近三年)实际完成值的平均值等确定。期望的 ΔEVA 值,根据企业战略目标、年度生产经营计划、年度预算安排、投资者期望等因素,结合价值创造能力改善等要求综合确定。经济增加值及其改善值是全面评价经营者有效使用资本和为企业创造价值的重要指标。

二、经济增加值的计算

(一) 经济增加值的一般计算

经济增加值一般计算的示例如下。

工作实例 7-3 新华公司税后营业净利润 810 000 元,资产平均余额 9 000 000 元,负债平均余额 500 000 元(假定全部为无息负债)。假设加权平均税前资本成本为 11%,且没有需要调整的项目,计算该公司的经济增加值。

$$\begin{aligned}经济增加值\ EVA &= 税后净营业利润 - 平均资本占用 \times 加权平均资本成本\\ &= 810\ 000 - (9\ 000\ 000 - 500\ 000) \times 11\% \times (1 - 25\%) = 108\ 750(元)\end{aligned}$$

(二) 税后净营业利润的调整对经济增加值的影响

如前所述,税后净营业利润等于会计上的税后净利润加上利息支出等会计调整项目后得到的税后利润。这里的会计调整项目包括:

(1) 研究开发费、大型广告费等一次性支出但收益期较长的费用,应予以资本化处理,不计入当期费用。

(2) 反映付息债务成本的利息支出,不作为期间费用扣除,计算税后净营业利润时扣除所得税影响后予以加回。

(3) 营业外收入、营业外支出具有偶发性,将当期发生的营业外收支从税后净营业利润中扣除。

(4) 将当期减值损失扣除所得税影响后予以加回,并在计算资本占用时相应调整资产减值准备发生额。

(5) 递延税金不反映实际支付的税款情况,将递延所得税资产及递延所得税负债变动影响的企业所得税从税后净营业利润中扣除,相应调整资本占用。

(6) 其他非经常性损益调整项目,如股权转让收益。

经过调整后的税后净营业利润为:

$$税后净营业利润 = 净利润 + (利息支出 \pm 其他调整项) \times (1 - 25\%)$$

工作实例 7-4 东海公司 2019 年税后营业净利润为 500 万元,全年资产平均余额为 9 000 万元,负债平均余额为 3 000 万元(全部为无息债务)。假设加权平均税前资本成本为 11%。2019 年有下列需要调整的项目:

(1) 本年年初大型广告费支出 200 万元,预计受益期 5 年。

(2) "财务费用"项目本年发生额 18 万元,其中借款利息支出 15 万元。

(3) "营业外收入"项目本年发生额 4 万元。

(4) "资产减值损失"项目本年发生额 10 万元,属于年末计提的存货跌价准备。

(5) "投资收益"项目本年发生额 6 万元,其中股权转让收益 3 万元。

(6) "在建工程"项目年初余额 200 万元,年末余额 160 万元。

除此以外,企业无其他会计调整项目。计算该公司的经济增加值。

(1) 税后净营业利润 = 500 + (160 + 15 - 4 + 10 - 3) × (1 - 25%) = 633.5(万元)

(2) 平均资产占用 = 9 000 - (200 + 160) ÷ 2 + 10 ÷ 2 = 8 825(万元)

平均资本占用 = 8 825 - 3 000 = 5 825(万元)

(3) 经济增加值 = 633.5 - 5 825 × 11% × (1 - 25%) = 152.94(万元)

(三) 平均资本占用的调整对经济增加值的影响

平均资本占用是所有投资者投入企业经营的全部资本,包括债务资本和股权资本。

其中:

(1) 债务资本包括融资活动产生的各类有息负债,不包括经营活动产生的无息流动负债。无息流动负债是指企业财务报表中"应付票据""应付账款""预收款项""应交税费""应付职工薪酬""其他应付款"和"其他流动负债(不含其他带息流动负债)"。"专项应付款"可视同无息流动负债予以扣除。

(2) 股权资本中应包含少数股东权益。

(3) 资本占用除根据经济业务实质相应调整资产减值损失、递延所得税等,还可根据管理需要调减研发支出、在建工程等项目,引导企业注重长期价值创造。

(四) 加权平均资本成本的确定

加权平均资本成本是债务资本成本和股权资本成本的加权平均,反映了投资者所要求的必要报酬率。加权平均资本成本的计算公式如下:

$$K_{WACC} = K_D \frac{DC}{TC}(1-T) + K_S \frac{EC}{TC}$$

其中:TC 代表资本占用,EC 代表股权资本,DC 代表债务资本;T 代表所得税税率;K_{WACC} 代表加权平均资本成本,K_D 代表债务资本成本,K_S 代表股权资本成本。

债务资本成本是企业实际支付给债权人的税前利率,反映的是企业在资本市场中债务融资的成本率。如果企业存在不同利率的融资来源,债务资本成本应使用加权平均值。

股权资本成本是在不同风险下,所有者对投资者要求的最低回报率。通常根据资本资产定价模型确定,计算公式为:

$$K_S = R_f + \beta(R_m - R_f)$$

其中:R_f 为无风险收益率,R_m 为市场预期回报率,$(R_m - R_f)$ 为市场风险溢价。β 是某企业股票相对于整个市场的风险指数。上市企业的 β 值,可采用回归分析法或单独使用最小二乘法等方法测算确定,也可以直接采用证券机构等提供或发布的 β 值;非上市企业的 β 值,可采用类比法,参考同类上市企业的 β 值确定。

工作实例 7-5 南海公司 2019 年度债务资本为 4 000 万元,债务资本成本率为 7.2%,股权资本为 6 000 万元。无风险收益率为 6%,市场预期回报率为 14%,β 系数为 1.5。相关指标计算如下:

债务资本成本 $K_D = 7.2\% \times (1 - 25\%) = 5.4\%$

债权资本比重 $= 4\,000 \div (4\,000 + 6\,000) \times 100\% = 40\%$

股权资本成本 $K_S = 6\% + 1.5 \times (14\% - 6\%) = 18\%$

股权资本比重 $= 6\,000 \div (4\,000 + 6\,000) \times 100\% = 60\%$

加权平均资本成本 $= 5.4\% \times 40\% + 18\% \times 60\% = 12.96\%$

企业级加权平均资本成本确定后,应结合行业情况、不同所属单位(部门)的特点,通过计算(能单独计算的)或指定(不能单独计算的)的方式确定所属单位(部门)的资本成本。

通常情况下,企业对所属单位(部门)所投入资本即股权资本的成本率是相同的,为简化资本成本的计算,所属单位(部门)的加权平均资本成本一般与企业保持一致。

三、经济增加值的应用环境

(1) 企业应用经济增加值法,应遵循《管理会计应用指引第 600 号——绩效管理》中对应用环境的一般要求。

(2) 企业应用经济增加值法,应树立价值管理理念,明确以价值创造为中心的战略目标,建立以经济增加值为核心的价值管理体系,使价值管理成为企业的核心管理制度。

(3) 企业应综合考虑宏观环境、行业特点和企业的实际情况,通过价值创造模式的识别,确定关键价值驱动因素,构建以经济增加值为核心的指标体系。

(4) 企业应建立清晰的资本资产管理责任体系,确定不同被评价对象的资本资产管理责任。

(5) 企业应建立健全会计核算体系,确保会计数据真实可靠、内容完整,并及时获取与经济增加值计算相关的会计数据。

(6) 企业应加强融资管理,关注筹资来源与渠道,及时获取债务资本成本、股权资本成本等相关信息,合理确定资本成本。

(7) 企业应加强投资管理,把能否增加价值作为新增投资项目决策的主要评判标准,以保持持续的价值创造能力。

四、经济增加值分析的应用

企业应用经济增加值法,一般按照制订以经济增加值指标为核心的绩效计划、制订激励计划、执行绩效计划与激励计划、实施绩效评价与激励、编制绩效评价与激励管理报告等程序进行。

工作实例 7-6 已知北海公司计算 EVA 的相关基础数据如表 7-3 所示。

表 7-3　　　　　　　　　　　EVA 计算表

项　目	2015 年	2016 年	2017 年	2018 年	2019 年
调整后的净营业利润/万元	122 330	106 702	144 256	147 063	135 358
调整后的资本总额/万元	904 925	936 721	1 080 837	1 218 477	1 420 325
加权平均资本成本/%	7.0	7.6	8.19	8.75	9.6

要求：根据以上数据，计算北海公司 2015—2019 年的经济增加值，并据以对该公司的绩效进行评判。

任务处理如下：

2015 年的 EVA＝122 330－904 925×7％＝58 985.25（万元）

2016 年的 EVA＝106 702－936 721×7.6％＝35 511.20（万元）

2017 年的 EVA＝144 256－1 080 837×8.19％＝55 735.45（万元）

2018 年的 EVA＝147 063－1 218 477×8.75％＝40 446.46（万元）

2019 年的 EVA＝135 358－1 420 325×9.6％＝－993.20（万元）

可以看到，2015—2018 年间，北海公司连续 4 年的 EVA 均为正数，说明在此期间公司能够持续地为股东创造财富，公司的价值创造能力持续增强。然而，到了 2019 年时，情况出现逆转，公司的 EVA 仅为－993.20 万元，说明该公司当年不仅没有继续为股东创造财富，而且还使公司价值下降 993.20 万元。仔细观察后可以发现，这主要是因为公司在出现调整后净营业利润下滑这一不利局面的同时，加权平均资本成本也从 2018 年的 8.75％增到 2019 年的 9.6％。为此，下一步，需结合影响公司会计利润创造能力的因素，以及影响加权平均资本成本的债务融资、股本融资及成本的内外部环境等因素，进行详细且全面的分析，以了解公司 2015—2019 年财务绩效出现上述波动的深层次原因，并采取有效措施，提升公司的价值创造能力。

五、经济增加值评价的优点和缺点

（一）主要优点

经济增加值考虑了所有资本的成本，更真实地反映了企业的价值创造能力；实现了企业利益、经营者利益和员工利益的统一，激励经营者和所有员工为企业创造更多价值；能有效遏制企业盲目扩张规模以追求利润总量和增长率的倾向，引导企业注重长期价值创造。

经济增加值不仅仅是一种业绩评价指标，它还是一种全面财务管理和薪酬激励框架。经济增加值的吸引力主要在于它把资本预算、业绩评价和激励报酬结合起来了。过去，人们使用净现值和内部报酬率评价资本预算，用权益资本报酬率或每股收益评价公司业绩，用另外的一些效益指标作为发放奖金的依据。经理人员在作决策时，常常要考虑一堆杂乱无章、相互矛盾或互不联系的财务指标。经理们的奖金计划不断变更，使他们无所适从，只好盲目地应对眼前的变化。以经济增加值为依据的管理，其经营目标是经济增加值的提升。资本预算的决策基础是以适当折现率折现的经济增加值。衡量生产经营效益的指标是经济增加值，奖金根据适当的目标单位经济增加值来确定。这种利用经济增加值的管理更为简单、直接、统一与和谐。经济增加值框架下的综合财务管理系统，可以指导公司的每一个决策，包括营业预算、年度资本预算、战略规划、公司收购和公司出售等。经济增加值是培训员工、甚至最普通员工的简单有效的方法。经济增加值是一个独特的薪金激励制度的关键变量。它第一次真正把管理者的利益和股东利益统一起来，使管理者像股东那样思考和行动。经济增加值是一种治理公司的内部控制制度。在这种控制制度下，所有员工可以协同工作，积极地追求最好的业绩。

在经济增加值的框架下，公司可以向投资人宣传他们的目标和成就，投资人也可以用经济增加值选择最有前景的公司。经济增加值还是股票分析家手中一个强有力的工具。

（二）主要缺点

首先，经济增加值仅对企业当期或未来1～3年价值创造情况进行衡量和预判，无法衡量企业长远发展战略的价值创造情况；其次，经济增加值计算主要基于财务指标，无法对企业的营运效率与效果进行综合评价；第三，不同行业、不同发展阶段、不同规模的企业，其会计调整项和加权平均资本成本各不相同，计算比较复杂，影响指标的可比性；此外，由于经济增加值是绝对数指标，不便于比较不同规模公司的业绩。

经济增加值也有许多和投资报酬率一样误导使用人的缺点，例如，处于成长阶段的公司经济增加值较少，而处于衰退阶段的公司经济增加值可能较高。

在计算经济增加值时，对于净收益应作哪些调整以及资本成本如何确定等问题，尚存在许多争议。这些争议不利于建立一个统一的规范。而缺乏统一性的业绩评价指标，只能在一个公司的历史分析以及内部评价中使用。

任务四 平衡计分卡

一、平衡计分卡的基本概念

平衡计分卡，是指基于企业战略，从财务、客户、内部业务流程、学习与成长四个维度，将战略目标逐层分解转化为具体的、相互平衡的绩效指标体系，并据此进行绩效管理的方法。

平衡计分卡打破了传统的只注重财务指标的业绩评价模式，认为传统的财务指标属于滞后性指标，对于指导和评价企业如何通过投资于客户、供应商、雇员、生产程序、技术和创新等来创造未来的价值是不够的。因而需要在传统财务指标的基础上，增加用于评估企业未来投资价值好坏的具有前瞻性的先行指标。另外，《财富》杂志指出，事实上只有不到10%的企业战略被有效地执行，真正的问题不是战略不好，而是执行能力不够。导致无效的原因至少70%是战略执行的失败，而非战略本身的错误。战略执行失败的原因是由沟通障碍、管理障碍、资源障碍和人员障碍造成的。为了有效地解决业绩评价和战略实施问题，平衡计分卡应运而生，它是由哈佛商学院的会计教授罗伯特·卡普兰和战略复兴集团总裁大卫·诺顿提出和倡导的。

二、平衡计分卡的框架

平衡计分卡通过将财务指标与非财务指标相结合，将企业的业绩评价同企业战略发展联系起来，设计出了一套能使企业高管迅速且全面了解企业经营状况的指标体系，用来表达企业进行战略性发展所必须达到的目标，把任务和决策转化成目标和指标。平衡计分卡的

目标和指标来源于企业的愿景和战略,这些目标和指标从四个维度来考察企业的业绩,即财务、顾客、内部业务流程、学习与成长维度,这四个维度组成了平衡计分卡的框架,如图7-1所示。

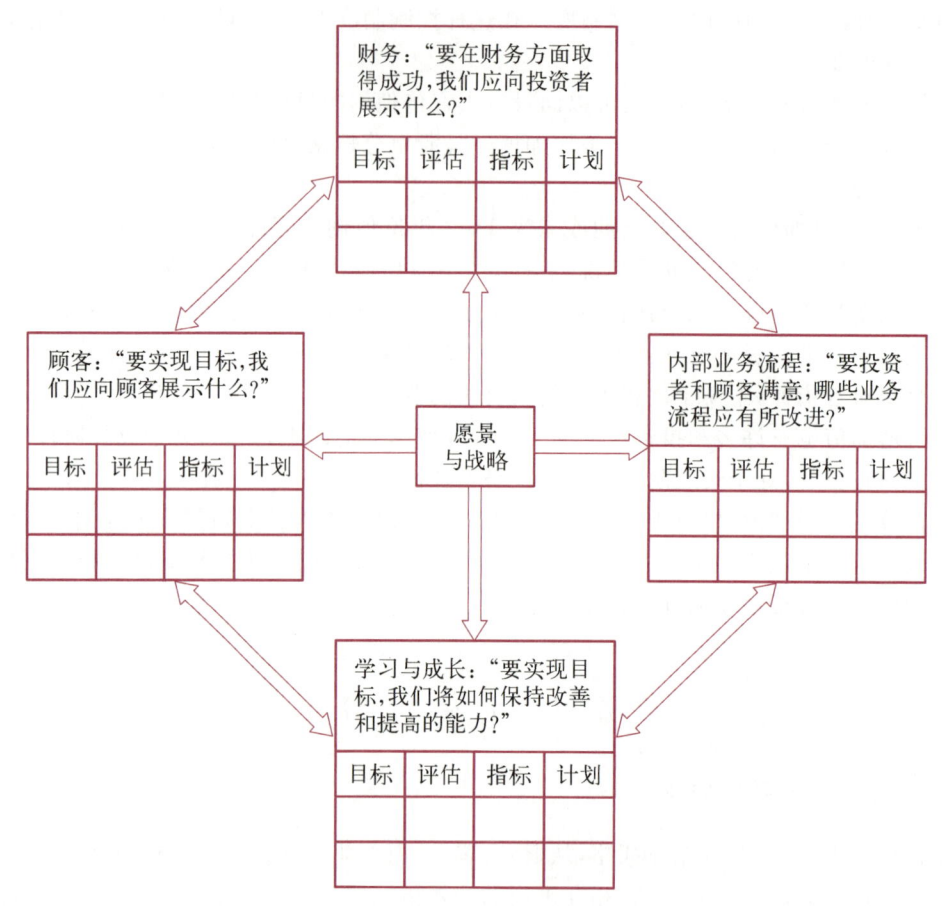

图 7-1 平衡计分卡模型的基本框架

(一)财务维度

这一维度的目标是解决"股东如何看待我们?"的问题。回答这类问题可表明企业的努力是否最终对企业的经济收益产生了积极的作用。众所周知,现代企业财务管理目标是企业价值最大化,而对企业价值目标的计量是离不开相关财务指标的。财务维度指标通常包括投资报酬率、权益净利率、经济增加值、息税前利润、自由现金流量、资产负债率、总资产周转率等。

(二)顾客维度

这一维度回答"顾客如何看待我们"的问题。顾客是企业之本,是现代企业的利润来源。顾客感受理应成为企业关注的焦点,应当从时间、质量、服务效率以及成本等方面了解市场份额、顾客需求和顾客满意程度。常用的顾客维度指标有市场份额、客户满意度、客户获得率、客户保持率、客户获利率、战略客户数量等。

(三)内部业务流程维度

这一维度着眼于企业的核心竞争力,解决"我们的优势是什么"的问题。企业要想按时向顾客交货,满足现在和未来顾客的需要,必须以优化企业的内部业务流程为前提。因此,企业应当遴选出那些对顾客满意度有最大影响的业务流程，明确自身的核心竞争能力，并把它们转化成具体的测评指标。反映内部业务流程维度的常用指标有交货及时率、生产负荷率、产品合格率、存货周转率、单位生产成本等。

（四）学习和成长维度

这一维度的目标是解决"我们是否能继续提高并创造价值"的问题。只有持续不断地开发新产品，为客户创造更多价值并提高经营效率，企业才能打入新市场，才能赢得顾客的信任，从而增加股东价值。企业的学习与成长来自员工、信息系统和企业程序等。根据经营环境和利润增长点的差异，企业可以确定不同的产品创新、过程创新和生产水平提高指标，如新产品开发周期、员工满意度、员工保持率、员工生产率、培训计划完成率。

传统的业绩评价系统仅仅将指标提供给管理者，无论财务的还是非财务的，很少看到彼此间的关联以及对企业最终目标的影响。但是，平衡计分卡则不同，它的各个组成部分是以一种集成的方式来设计的，公司现在的努力与未来的前景之间存在着一种因果关系，在企业目标与业绩指标之间存在着一条"因果关系链"。从平衡计分卡中，管理者能够看到并分析影响企业整体目标的各种关键因素，而不单单是短期的财务结果。它有助于管理者对整个业务活动的发展过程始终保持关注，并确保现在的实际经营业绩与公司的长期战略保持一致。

三、平衡计分卡框架的特征

平衡计分卡模型之所以"平衡"，就在于它突破了传统财务绩效评价方法的不足，在综合影响组织绩效的各个方面后，从整体上对企业进行评价。在平衡计分卡指标体系构建时，应注重短期目标与长期目标的平衡、财务指标与非财务指标的平衡、结果性指标与动因性指标的平衡、企业内部利益与外部利益的平衡。

（一）短期目标与长期目标的平衡

权益净利率、经济增加值等单一财务评价指标往往会导致企业追求短期利益，忽视长远发展。平衡计分卡模型则利用财务指标与非财务指标的结合，从利润等短期目标的实现与客户满意度、员工的培训与提升等长期目标的实现两个方面共同评价和考核企业，从而实现了对企业长、短期绩效的全方位评价，能够推动企业明确自己的发展方向与位置，并在经营过程中自觉保持短期目标与长期目标的均衡，在获取眼前利益的同时，注意追求未来的长远发展。

（二）财务指标与非财务指标的平衡

传统的企业绩效评价方法一般只注重财务方面的绩效，这对工业时代的企业来说是足够的。然而，随着内外部环境的日益复杂化和企业竞争程度的加剧，通过改进企业内部业务流程、学习与创新，改善与股东、顾客的关系，对于企业获得长期的竞争优势、实现价值创造变得至关重要。平衡计分卡模型不仅有效保留了财务指标中的有益成分，而且还将非财务指标补充进来，使企业绩效评价指标体系更加完整，进而实现了对企业的全面评价。

（三）结果性指标与动因性指标的平衡

企业所取得的成果都有相应的驱动因素，企业应当清楚其追求的成果与产生这些成果的关键因素，即动因，以及代表该动因的指标等，分别都是什么，都有哪些。只有找到正确的动因，才能采取有效措施来实现目标，才能建立科学的评价指标体系来对企业的绩效进行合理评估。

（四）企业内部利益与外部利益的平衡

传统的绩效评价往往只注重企业内部财务评价，平衡计分卡模型则将评价的视线由企业内部扩大到企业外部,如股东、顾客,实现了对企业经营的全方位评价,以不断获取和保持竞争优势。同时,平衡计分卡模型以全新的目光重新认识企业内部,将以往只看重最终结果扩展到既看重结果又重视内部流程及创新和学习,重视企业运营的效率,以适应知识经济和现代企业发展的要求,促进企业持续发展。

平衡计分卡在对企业的战略目标进行指标描述的基础上,将此目标进行分解,进而细化到事业部、作业中心等各个层面甚至个人。这一方式不仅可以确保企业内部所有员工了解企业的战略目标,也有助于把企业和部门的目标传达给每一位员工,促使其把这些目标转化为自己的任务和具体目标,并采取实际行动,确保企业战略和目标的完成。

平衡计分卡模型通过分析确定实现战略目标的动因以及能够代表该动因的指标等,在指标与指标之间建立一种驱动关系。比如,员工素质是内部流程方面的指标,顾客满意度是顾客方面的指标,两者之间就存在着驱动关系:员工素质高,服务质量就高,顾客满意度也会相应提高,而顾客满意度的提高又可以促使产品销售利润率的提高,从而提高企业投入资本的回报率,进而良性循环下去,实现公司长远的、可持续发展的目标。

四、平衡计分卡的指标体系

(一) 平衡计分卡指标体系的具体构建

平衡计分卡指标体系构建时,企业应以财务维度为核心,其他维度的指标都与核心维度的一个或多个指标相联系。通过梳理核心维度目标的实现过程,确定每个维度的关键驱动因素,结合战略主题,选取关键绩效指标。平衡计分卡每个维度的指标通常为4~7个,总数量一般不超过25个。

1. 财务维度指标体系的构建

财务维度以财务术语描述了战略目标的有形成果。财务绩效指标可以显示企业的战略及其实施和执行是否对改善企业盈利作出贡献。财务指标通常与获利能力有关。企业常用指标有投资资本回报率、净资产收益率、经济增加值回报率、息税前利润、自由现金流、资产负债率、总资产周转率、资本周转率等。

(1) 投资资本回报率,是指企业在一定会计期间内取得的息前税后利润占其所使用的全部投资资本的比例,反映企业在该会计期间内有效利用投资资本创造回报的能力。一般计算公式如下:

$$投资资本回报率 = \frac{税前利润 \times (1 - 所得税税率) + 利息支出}{投资资本平均余额} \times 100\%$$

$$投资资本平均余额 = \frac{期初投资资本 + 期末投资资本}{2}$$

$$投资资本 = 有息债务 + 所有者(股东)权益$$

(2) 净资产收益率(也称权益净利率),是反映企业在一定会计期间内取得的净利润占其所使用的净资产平均数的比例,反映企业全部资产的获利能力。一般计算公式如下:

$$净资产收益率 = \frac{净利润}{平均净资产} \times 100\%$$

(3) 经济增加值回报率,是反映企业在一定会计期间内经济增加值与平均资本占用的比值。一般计算公式如下：

$$经济增加值回报率 = \frac{经济增加值}{平均资本占用} \times 100\%$$

（4）息税前利润，是反映企业当年实现税前利润与利息支出的合计数。一般计算公式如下：

$$息税前利润 = 税前利润 + 利息支出$$

（5）自由现金流，是指企业在一定会计期间内经营活动产生的净现金流超过付现资本性支出的金额，反映企业可动用的现金。一般计算公式如下：

$$自由现金流 = 经营活动净现金流 - 付现资本性支出$$

（6）资产负债率，是指企业负债总额与资产总额的比值，反映企业整体的财务风险程度。一般计算公式如下：

$$资产负债率 = \frac{负债总额}{资产总额} \times 100\%$$

（7）总资产周转率，是指企业营业收入与总资产平均余额的比值，反映总资产在一定会计期间内周转的次数。一般计算公式如下：

$$总资产周转率 = \frac{营业收入}{总资产平均余额}$$

（8）资本周转率，是指企业在一定会计期间内营业收入与平均资本占用的比值。一般计算公式如下：

$$资本周转率 = \frac{营业收入}{平均资本占用} \times 100\%$$

2. 客户维度指标体系的构建

客户维度界定了目标客户的价值主张。企业常用指标有市场份额、客户满意度、客户获得率、客户保持率、客户获利率、战略客户数量等。

（1）市场份额，是指一个企业的销售量（或销售额）在市场同类产品中所占的比重。

（2）客户满意度，是指客户期望值与客户体验的匹配程度，即客户通过对某项产品或服务的实际感知与其期望值相比较后得出的指数。客户满意度收集渠道主要包括问卷调查、客户投诉、与客户的直接沟通、消费者组织的报告、各种媒体的报告和行业研究的结果等。

（3）客户获得率，是指企业在争取新客户时获得成功部分的比例。该指标可用客户数量增长率或客户交易额增长率来描述。一般计算公式如下：

$$客户数量增长率 = \frac{本期客户数量 - 上期客户数量}{上期客户数量} \times 100\%$$

$$客户交易额增长率 = \frac{本期客户交易额 - 上期客户交易额}{上期客户交易额} \times 100\%$$

（4）客户保持率，是指企业继续保持与老客户交易关系的比例。该指标可用老客户交易额增长率来描述。一般计算公式如下：

$$老客户交易额增长率 = \frac{老客户本期交易额 - 老客户上期交易额}{老客户上期交易额} \times 100\%$$

（5）客户获利率，是指企业从单一客户得到的净利润与付出的总成本的比率。一般计算公式如下：

$$单一客户获利率 = \frac{单一客户净利润}{单一客户总成本} \times 100\%$$

（6）战略客户数量，是指对企业战略目标实现有重要作用的客户的数量。

3. 内部业务流程维度指标体系的构建

内部业务流程维度确定了对战略目标产生影响的关键流程。企业常用指标有交货及时率、生产负荷率、产品合格率、存货周转率等。

（1）交货及时率，是指企业在一定会计期间内及时交货的订单个数占总订单个数的比例。一般计算公式如下：

$$交货及时率 = \frac{及时交货的订单个数}{总订单个数} \times 100\%$$

（2）生产负荷率，是指投产项目在一定会计期间内的实际产量与设计生产能力的比例。一般计算公式如下：

$$生产负荷率 = \frac{实际产量}{设计生产能力} \times 100\%$$

（3）产品合格率，是指合格产品数量占总产品产量的比例。一般计算公式如下：

$$产品合格率 = \frac{合格产品数量}{总产品产量} \times 100\%$$

（4）存货周转率，是指企业营业收入与存货平均余额的比值，反映存货在一定会计期间内周转的次数。一般计算公式如下：

$$存货周转率 = \frac{营业收入}{存货平均余额}$$

4. 学习与成长维度指标体系的构建

学习与成长维度确定了对战略最重要的无形资产。企业常用指标有员工流失率、员工保持率、员工生产率、培训计划完成率等。

（1）员工流失率和员工保持率，是指企业在一定会计期间内离职员工占员工平均人数的比例。一般计算公式如下：

$$员工流失率 = \frac{本期离职员工人数}{员工平均人数} \times 100\%$$

$$员工保持率 = 1 - 员工流失率$$

（2）员工生产率，是指员工在一定会计期间内创造的劳动成果与其相应员工数量的比值。该指标可用人均产品生产数量或人均营业收入进行衡量。一般计算公式如下：

$$人均产品生产数量 = \frac{本期产品生产总量}{生产人数}$$

$$人均营业收入 = \frac{本期营业收入}{员工人数}$$

(3) 培训计划完成率,是指培训计划实际执行的总时数占培训计划总时数的比例。一般计算公式如下:

$$培训计划完成率 = \frac{培训计划实际执行的总时数}{培训计划总时数} \times 100\%$$

(二) 建立通用类指标库

企业可根据实际情况建立通用类指标库,不同层级单位和部门结合不同的战略定位、业务特点选择适合的指标体系。

(三) 确立平衡计分卡指标权重

平衡计分卡指标的权重分配应以战略目标为导向,反映被评价对象对企业战略目标贡献或支持的程度,以及各指标之间的重要性水平。企业绩效指标权重一般设定在5%~30%,对特别重要的指标可适当提高权重。对特别关键、影响企业整体价值的指标可设立"一票否决"制度,即如果某项绩效指标未完成,无论其他指标是否完成,均视为未完成绩效目标。

(四) 确定平衡计分卡绩效目标值

平衡计分卡绩效目标值应根据战略地图的因果关系分别设置。首先确定战略主题的目标值,其次确定主题内的目标值,然后基于平衡计分卡评价指标与战略目标的对应关系,为每个评价指标设定目标值,通常设计3~5年的目标值。平衡计分卡绩效目标值确定后,应规定在内外部环境发生重大变化、自然灾害等不可抗力因素对绩效完成结果产生重大影响时,对目标值进行调整的办法和程序。一般情况下,由被评价对象或评价主体测算确定影响程度,向相应的绩效管理工作机构提出调整申请,报薪酬与考核委员会或类似机构审批。

五、平衡计分卡与战略管理

战略管理是企业管理的高级阶段,立足于企业的长远发展,根据外部环境及自身特点,围绕战略目标,采取独特的竞争战略,以求取得竞争优势。平衡计分卡则是突破了传统业绩评价系统的局限性,在战略高度上评价企业的经营业绩,把一整套财务与非财务指标同企业的战略联系在一起,是进行战略管理的基础。建立平衡计分卡,明确企业的愿景目标,就能协助管理人员建立一个得到大家广泛认同的愿景和战略,并将这些愿景和战略转化为一系列相互联系的衡量指标,确保企业各个层面了解长期战略,驱使各级部门采取有利于实现愿景和战略的行动,将部门、个人目标与长期战略相联系。

(一) 平衡计分卡和战略管理的关系

平衡计分卡和战略管理的关系如图7-2所示。

一方面,战略规划中所制定的目标是平衡计分卡考核的一个基准;另一方面,平衡计分卡又是一个有效的战略执行系统,它通过引入图7-2里的四个程序(阐明并诠释愿景与战略、沟

```
                    ┌─────────────────────────────┐
                    │ (1) 阐明并诠释愿景与战略      │
                    │    • 阐明愿景                │
                    │    • 达成共识                │
                    └─────────────────────────────┘

┌──────────────────────┐                    ┌──────────────────────┐
│ (2) 沟通与联系        │     平衡计分卡      │ (4) 战略反馈与学习    │
│   • 沟通和教育        │                    │   • 阐述共同愿景      │
│   • 确定目标          │                    │   • 提供战略反馈      │
│   • 奖励与业界指标挂钩 │                    │   • 协助战略研讨与学习 │
└──────────────────────┘                    └──────────────────────┘

                    ┌─────────────────────────────┐
                    │ (3) 计划与制定目标值         │
                    │    • 制定目标值              │
                    │    • 协调战略行动方案        │
                    │    • 分配资源                │
                    │    • 建立里程碑              │
                    └─────────────────────────────┘
```

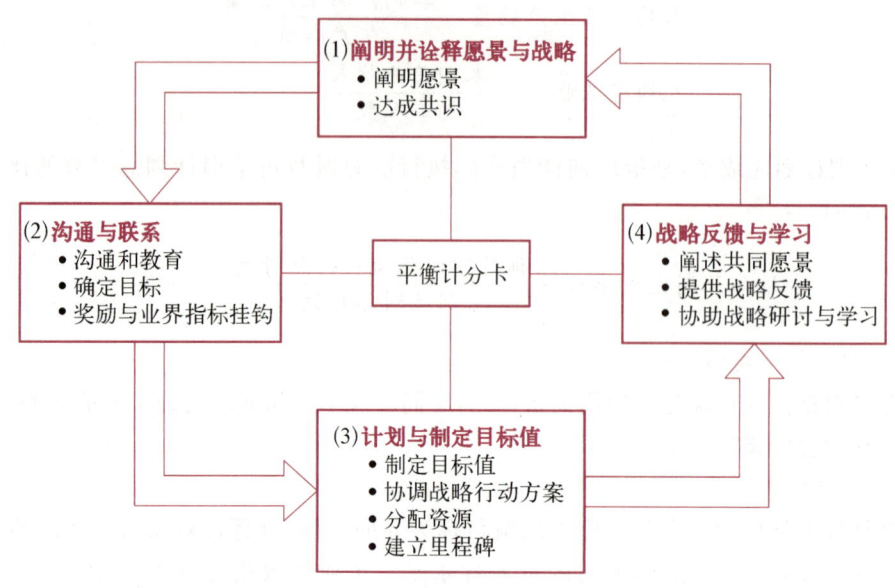

图 7-2　平衡计分卡和战略管理的关系

通与联系、计划与制定目标值、战略反馈与学习),使得管理者能够把长期行为与短期行为联系在一起。四个程序的具体内容如下:

(1) 阐明并诠释愿景与战略。所谓愿景,可以简单理解为企业所要达到的远期目标。有效地说明愿景,可以使其成为企业所有成员的共同理想和目标,从而有助于管理人员就企业的使命和战略达成共识,这样才能成为企业取得成功的长期因素。

(2) 沟通与联系。它使得管理人员在企业中对战略进行上下沟通,并将战略与部门及个人目标联系起来。

(3) 计划与制定目标值。它使企业能够实现业务计划和财务计划一体化。

(4) 战略反馈与学习。它使得企业以一个组织的形式获得战略型学习与改进的能力。

(二) 平衡计分卡的要求

为了使平衡计分卡同企业战略更好地结合,必须做到以下几点:

(1) 平衡计分卡的四个方面应互为因果,最终结果是实现企业的战略。一个有效的平衡计分卡,绝对不仅仅是业绩衡量指标的结合,而且各个指标之间应该互相联系、互相补充,围绕企业战略所建立的因果关系链,应当贯穿于平衡计分卡的四个方面。

(2) 平衡计分卡中不能只有具体的业绩衡量指标,还应包括这些具体衡量指标的驱动因素。否则无法说明怎样行动才能实现这些目标,也不能及时反映战略是否顺利实施。一套出色的平衡计分卡应该是把企业的战略结果同驱动因素结合起来。

(3) 平衡计分卡应该最终和财务指标联系起来,因为企业的最终目标是实现良好的经济利润。平衡计分卡必须强调经营成果,这关系到企业未来的生存与发展。

六、平衡计分卡与传统业绩评价系统的区别

(1) 从"制定目标——执行目标——计算与分析实际业绩与目标值的差异——采取纠正措施"的目标管理系统来看,传统的业绩考核注重对员工执行过程的控制,平衡计分卡则

强调目标制定的环节。平衡计分卡方法认为，目标制定的前提应当是员工有能力为达成目标而采取必要的行动方案，因此设定业绩评价指标的目的不在于控制员工的行为，而在于使员工能够理解企业的战略使命并为之付出努力。

（2）传统的业绩评价与企业的战略执行脱节。平衡计分卡把企业战略和业绩管理系统联系起来，是企业战略执行的基础架构。

（3）平衡计分卡在财务、客户、内部流程以及学习与成长四个维度建立企业的战略目标，用来表达企业在生产能力竞争和技术革新竞争环境中所必须达到的、多样的、相互联系的目标。

（4）平衡计分卡帮助企业及时考评战略执行的情况，根据需要（每月或每季度）适时调整战略、目标和考核指标。

（5）平衡计分卡能够帮助企业有效地建立跨部门团队合作机制，促进内部管理过程的顺利进行。

工作实例 7-7　中国兵器装备集团公司下属的重庆青山工业有限责任公司（以下简称青山公司）为贯彻落实集团战略目标，运用平衡计分卡原理来确定公司战略、规划，取得了较好的管理效果，充分发挥了平衡计分卡管理表盘的作用，以促进青山公司加强日常管控。

具体做法如下：

（一）平衡计分卡的主要做法

1. 定义战略目标

战略目标定义主要包含的内容有：对目标的概要解释（是什么）；实现目标途径的简要解释（怎么做）；目标实现程度的说明（做到什么程度）；本目标支撑哪一层面的哪些战略目标。

2. 确定衡量指标

青山公司衡量指标的确定流程包括：第一步：列举指标，即通过头脑风暴的方式，尽可能全面地列举出可以衡量战略目标的指标。第二步：筛选指标，主要考虑以下方面：关键性，是否能够有效衡量战略目标，是否驱动所期望的行为？衡量性，是否具备数据基础？测量结果是否可测量？测量成本是否低？管控性，不易被考核人操纵、便于管控。聚焦性，各战略目标都要争取只设定一个结果指标，每个战略目标如果不止一个衡量指标可以选用，则选用最能传达此战略目标意义的一个指标。第三步：确定指标，即将指标汇集，建立与战略目标的对应关系，并标明指标类型。其模板及示例如表 7-4 所示。

表 7-4　　　　　　　　　　　　衡量指标设置模板

角度	战略目标	衡量指标	指标类型
财务	缩小内外比重，扩大市场规模，增强规模效益	变速器销售量	绝对值型
		营业收入	绝对值型
		内外市场比重	比率型
		……	……
	……	……	……

续 表

角 度	战略目标	衡量指标	指标类型
客 户	提高市场占有率	市场占有率(微车/轿车/自变)	百分比、比率型
	进入合资车企	在合资车企的供货量	绝对值型
	……	……	……
内部流程	提升产品质量保证能力	千台车维修频次	周期频率型
	……	……	……
学习与成长	提供员工满意度	企业文化认同度	指数型
	……	……	……

3. 定义衡量指标和目标值

衡量指标确定后,需对每一个指标进行定义,衡量指标必须包括评价周期、计算公式、指标负责人、目标值、数据来源等因素。其模板及示例如表 7-5 所示。

表 7-5　　　　　　　　　　　　衡量指标定义模板

战略目标		强化过程质量管控,降低零公里故障率和售后千台车维修频次,降低质量成本									
序号	衡量指标	衡量指标定义/计算公式	指标数据来源	评价周期	衡量单位	2013 年	2014 年	2015 年	指标责任人单位	指标责任人	备注
M1	千台车维修频次	90 天内出现的故障数/规定时间段内装配的零件数×1000	主机厂	月	‰	微车:6 轿车:3	微车:4 轿车:2	微车:2 轿车:1	品质管理部	部门负责人	
M2	零公里故障率(OPPM)	内外部质量损失总额/主营业务收入×1000	主机厂	月	PPM	160PPM	120PPM	100PPM	品质管理部	部门负责人	

4. 编制行动方案

行动方案是平衡计分卡的核心内容之一,战略目标、衡量指标、行动方案三者形成跟踪企业绩效的统一体。行动方案编制流程包括:第一步,列举行动方案,即通过头脑风暴的方式,依据战略目标和衡量指标,尽可能全面地列举出实现这些目标和指标的行动举措。第二步,筛选行动方案,主要考虑:重要性,即抓住公司经营的薄弱环节和紧迫的工作,抓住最能突破的关键事项;关键性,即对战略目标的提高和实现起到最大化的作用,且预期对目标达成和指标提升产生明显效果;非常规性,即选择非日常工作类、具备项目特征的行动项,对于没有设立指标的战略目标,一定要设立行动方案。第三步,确定行动方案,将行动方案汇集,建立与战略目标、衡量指标的对应关系。

具体行动方案确定后,为确保可执行性,需对每一个行动方案进行定义,包括方案的负责人、参与人、开始日期、结束日期、预期收益与影响以及具体的里程碑等。其模板如表 7-6 所示。

表 7-6　　　　　　　　　　　　　行动方案定义模板

序号	行动方案名称	行动方案具体描述	支持战略目标及指标名称	行动方案责任人	行动方案牵头部门	参与/支持部门	行动方案开始日期	行动方案结束日期	具体行动计划（里程碑日期及描述）	所需资源	预期的收益与影响
K1	加强资产分析	建立资产管理常态化运行机制，加强资产基础数据的收集与统计，定期开展资产分析，为公司资产管理提出建设性改进建议	F2 (M3，M4)	×××	财务会计部	公司各单位	2013年3月1日	2015年12月31日	2013年6月建立盘存、月度分析例会等日常管理机制；2013年8月修订资产管理制度；2013年12月开展资产专题分析，形成资产分析报告；2014年按季度开展资产专题分析；2015年按季度开展资产专题分析。	办公费	资产结构优化

（二）平衡计分卡的运行管理

1. 组织保障

青山公司建立了平衡计分卡体系管理领导小组和管理办公室。领导小组组长由总经理担任，成员包括公司分管领导，职责包括：全面指导公司平衡计分卡体系管理活动推进；负责审批公司及各职能战略、战略地图、平衡计分卡、行动计划表；负责审批公司平衡计分卡定期报告和战略执行总结汇报。管理办公室（挂靠运营管理部）主任由运营管理部部长担任，成员包括各单位负责人及运营管理部、精益管理相关人员，职责包括：公司战略规划与滚动更新；建立与完善公司平衡计分卡体系，编制与更新公司战略地图、平衡计分卡、行动计划并按时定期上报；组织公司战略回顾会议，跟踪落实公司战略回顾会议的决议；等等。

2. 流程保障

青山公司根据平衡计分卡战略管理组织机构设置及职责，建立平衡计分卡体系运行管理主要流程，并与计划、预算等现有管理流程进行融合，确保平衡计分卡体系的执行。

3. 制度保障

建立平衡计分卡定期诊断汇报机制，系统反映战略执行情况，使平衡计分卡的应用常态化、标准化。公司为此召开季度、半年和年度分析会，季度、半年度分析会重点对当期经营和战略执行情况进行回顾，与"季度经济活动分析会"相结合召开。年度分析会与公司年度工作会议相结合召开。

（三）平衡计分卡的应用效果及启示

1. 建立了四级战略目标管理体系

青山公司根据战略制定、战略地图、计分卡、KPI、行动计划五条业务主线编制公司、部门、班组、岗位四级战略目标管理体系，为了确保平衡计分卡能有效运行，公司从组织、流程、制度等方面提供了有力的保障，并将平衡计分卡的建设融入业务工作，通过业务流程、工作标准来推进平衡计分卡的常态化管理。

2. 持续优化、动态管理平衡计分卡，充分发挥其"管理表盘"作用

平衡计分卡"管理表盘"作用主要从三个方面体现：问题改进、绩效应用和战略修订。

在问题改进方面,针对评价结果中存在的问题,建立自上而下的问题改进机制,对于影响战略目标的重要问题进行改进和监控。改进后的问题,需要在下个回顾周期对其进行重新评价,并采用通报或督办的形式进行。在部门及员工绩效的应用方面,将平衡计分卡与公司现有经营责任关键绩效指标及安全性认证工作考核相融合,逐步运用平衡计分卡的绩效管理与考核方式。在战略修订方面,根据平衡计分卡计分及其体系的运行情况,公司制订了半年回顾、年度修订的机制,以公司战略为导向,以公司重点工作为拉动,强化战略图和平衡计分卡(指标、目标值及行动方案)的动态管理,确保平衡计分卡对业务工作的指导作用。

3. 加强日常管控,确保平衡计分卡的落地

公司建立了战略预算、业务预算、月度滚动预算一体化管理机制,并不断将精益工具引入到平衡计分卡的管理中,实现了平衡计分卡与日常工作的有效衔接,确保平衡计分卡分解的各项工作能够执行到位。

{资料来源:林莉,孔祥忠,叶虹麟等.平衡计分卡在青山公司的应用[J].财务与会计,2015(02)}

七、平衡计分卡的优缺点

平衡计分卡的优缺点如表 7-7 所示。

表 7-7　　　　　　　　　　平衡计分卡的优缺点

优缺点	主　要　内　容
主要优点	(1) 战略目标逐层分解并转化为被评价对象的绩效指标和行动方案,使整个组织行动协调一致; (2) 从财务、客户、内部业务流程、学习与成长四个维度确定绩效指标,使绩效评价更为全面完整; (3) 将学习与成长作为一个维度,注重员工的发展要求和组织资本、信息资本等无形资产的开发利用,有利于增强企业可持续发展的动力
主要缺点	(1) 专业技术要求高,工作量比较大大,操作难度也较大,需要持续地沟通和反馈,实施比较复杂,实施成本高; (2) 各指标权重在不同层级及各层级不同指标之间的分配比较困难,且部分非财务指标的量化工作难以落实; (3) 系统性强,涉及面广,需要专业人员的指导、企业全员的参与和长期持续的修正完善,对信息系统、管理能力的要求较高

任务五　绩效棱柱模型

一、绩效棱柱模型的概念、适用范围及应用环境

(一) 绩效棱柱模型的概念

绩效棱柱模型由克兰菲尔德学院教授安迪·尼利与安达信咨询公司于 2000 年联合开发,用棱柱的五个方面分别代表组织绩效存在内在因果关系的五个关键要素:利益相关者满意、利益相关者贡献、组织战略、业务流程和组织能力。

任务五　绩效棱柱模型

绩效棱柱模型,是指以利益相关者满意为出发点,以利益相关者贡献为落脚点,以组织战略、业务流程、组织能力为手段,用棱柱的五个构面构建的三维绩效评价体系,并据此进行绩效管理的方法,如图7-3所示。

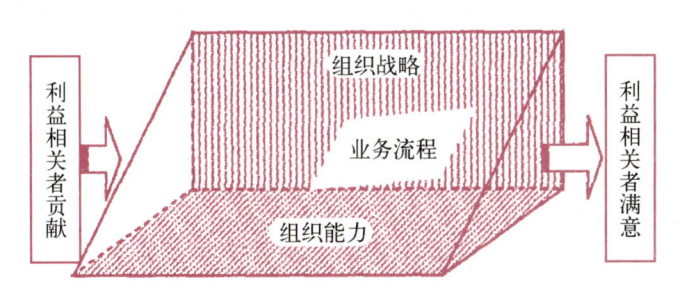

图7-3　绩效棱柱模型图

这里的利益相关者,是指有能力影响企业或者被企业所影响的人或者组织,通常包括股东、债权人、员工、客户、供应商、监管机构等。

绩效棱柱模型是基于以下逻辑构建的:企业要实现可持续发展,首先,必须清楚地知道企业的利益相关者及其需求;其次,据此制定战略,通过战略实施将价值传递给利益相关者,为了实现战略,必须建立能有效发出命令和执行命令的流程;再次,为了保证流程的顺利实施,必须具备相应的能力;最后,公司在为利益相关者创造价值的同时,也必须与利益相关者建立良好的互动关系,获取利益相关者对企业的贡献。因此,绩效棱柱模型包括相互联系的五个构面,对于每一类利益相关者都需要从五个方面进行绩效评价。绩效棱柱模型的逻辑关系如图7-4所示。

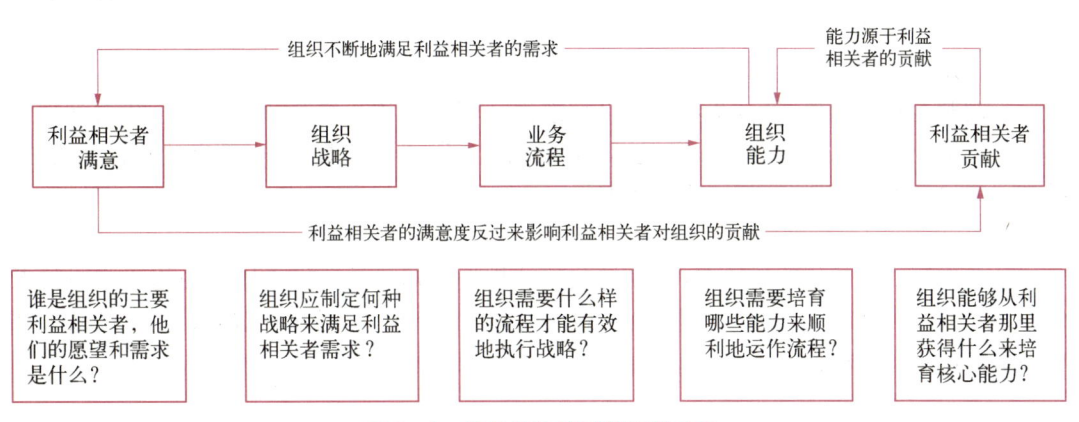

图7-4　绩效棱柱模型的逻辑关系

(二) 绩效棱柱模型的适用范围

绩效棱柱模型适用于管理制度比较完善、业务流程比较规范、管理水平相对较高的大中型企业。绩效棱柱模型的应用对象可为企业和企业各级所属单位(部门)。

(三) 绩效棱柱模型的应用环境

(1) 企业应坚持主要利益相关者价值取向,建立有效的内外部沟通协调机制,与利益相关者建立良好的互动关系。

(2) 企业应根据主要利益相关者的需求制定战略,优化关键流程,提升组织能力,在满足主要利益相关者需求的基础上分享其作出的贡献。

（3）企业应用绩效棱柱模型工具方法，一般需要建立由战略、人力资源、财务、客户和供应商等有关部门及外部专家组成的项目团队。

（4）企业应对人力资源管理、客户关系管理、供应商关系管理、财务管理等系统进行集成，为绩效棱柱模型的实施提供信息支持。

二、绩效棱柱模型的应用程序

企业在制定绩效计划时，可采用绩效棱柱模型工具方法。在应用该方法时，一般按照明确主要利益相关者、绘制利益相关者地图、优化战略和业务流程以及提升能力、制定以绩效棱柱模型为核心的绩效计划、构建绩效棱柱模型指标体系等程序进行。

（一）明确主要利益相关者

企业应结合自身的经营环境、行业特点、发展阶段、商业模式、业务特点等因素界定利益相关者范围，进一步运用态势分析法、德尔菲法等方法确定绩效棱柱模型的主要利益相关者。

（二）绘制利益相关者地图

企业应根据确定的主要利益相关者，绘制基于绩效棱柱模型的利益相关者地图。

利益相关者地图是以利益相关者满意为出发点，按照组织战略、业务流程、组织能力依次展开，并以利益相关者贡献为落脚点的平面展开图。

利益相关者地图可将绩效棱柱模型五个构面以图示形式直观、明确、清晰地呈现出来。

（三）优化战略和业务流程以及提升能力

绘制利益相关者地图后，企业应及时查找现有的战略、业务流程和组织能力在满足主要利益相关者满意方面存在的不足和差距，进一步优化战略和业务流程，提升组织能力，制定行动方案并有效地实施。

（四）制定以绩效棱柱模型为核心的绩效计划

绘制利益相关者地图后，企业还应以绩效棱柱模型为核心编制绩效计划。绩效计划是企业开展绩效评价工作的行动方案，包括构建指标体系、分配指标权重、确定绩效目标值、选择计分方法和评价周期、签订绩效责任书等一系列管理活动。

（五）构建绩效棱柱模型指标体系

企业应围绕利益相关者地图，构建绩效棱柱模型指标体系。指标体系的构建应坚持系统性、相关性、可操作性、成本效益原则。各项指标应简单明了，易于理解和使用。绩效棱柱模型指标体系通常包括以下内容：

1. 利益相关者满意评价指标

与投资者（包括股东和债权人，下同）相关的指标有总资产报酬率、净资产收益率、派息率、资产负债率、流动比率等；与员工相关的指标有员工满意度、工资收入增长率、人均工资等；与客户相关的指标有客户满意度、客户投诉率等；与供应商相关的指标有逾期付款次数等；与监管机构相关的指标有社会贡献率、资本保值增值率等。

2. 组织战略评价指标

与投资者相关的指标有可持续增长率、资本结构、研发投入比率等；与员工相关的指标有员工职业规划、员工福利计划等；与客户相关的指标有品牌意识、客户增长率等；与供应商相关的指标有供应商关系质量等；与监管机构相关的指标有政策法规认知度、企业的环保意识等。

3. 业务流程评价指标

与投资者相关的指标有标准化流程比率、内部控制有效性等；与员工相关的指标有员工培训有效性、培训费用支出率等；与客户相关的指标有产品合格率、准时交货率等；与供应商相关的指标有采购合同履约率、供应商的稳定性等；与监管机构相关的指标有环保投入率、罚款与销售比率等。

4. 组织能力评价指标

与投资者相关的指标有总资产周转率、管理水平评分等；与员工相关的指标有员工专业技术水平、人力资源管理水平等；与客户相关的指标有售后服务水平、市场管理水平等；与供应商相关的指标有采购折扣率水平、供应链管理水平等；与监管机构相关的指标有节能减排达标率等。

5. 利益相关者贡献评价指标

与投资者相关的指标有融资成本率等；与员工相关的指标有员工生产率、员工保持率等；与客户相关的指标有客户忠诚度、客户毛利水平等；与供应商相关的指标有供应商产品质量水平、按时交货率等；与监管机构相关的指标有当地政府支持度、税收优惠程度等。

（六）分配绩效棱柱模型指标权重

企业分配绩效棱柱模型指标权重，应以主要利益相关者价值为导向，反映所属各单位或部门、岗位对主要利益相关者价值贡献或支持的程度，以及各指标之间的重要性水平。首先根据重要性水平分别对主要利益相关者分配权重，权重之和为100%；然后对不同主要利益相关者五个构面分别设置权重，权重之和为100%；单项指标权重一般设定在5%~30%，对特别重要的指标可适当提高权重。

（七）设定绩效棱柱模型的绩效目标值

企业设定绩效棱柱模型的绩效目标值，应根据利益相关者地图的因果关系，以利益相关者满意指标目标值为出发点，逐步分解得到组织战略、业务流程、组织能力的各项指标目标值，最终实现利益相关者贡献的目标值。各目标值应符合企业实际，具有可实现性和挑战性，使被评价对象经过努力可以达到。

（八）绩效棱柱模型绩效目标值修正和完善

绩效棱柱模型绩效目标值确定后，因内外部环境发生重大变化、自然灾害等不可抗力因素对绩效完成结果产生重大影响时，企业应规定对目标值进行调整的办法和程序。一般情况下，由被评价对象或评价主体测算确定影响额度，向相应的绩效管理工作机构提出调整申请，报薪酬与考核委员会或类似机构审批。

绩效棱柱模型的实施是一项长期管理改善工作，企业在实践中通常可采用先试点后推广的方式，循序渐进、分步实施。

三、绩效棱柱模型的优缺点

主要优点：坚持主要利益相关者价值取向，使主要利益相关者与企业紧密联系，有利于实现企业与主要利益相关者的共赢，为企业可持续发展创造良好的内外部环境。

主要缺点：涉及多个主要利益相关者，对每个主要利益相关者都要从五个构面建立指标体系，指标选取复杂，部分指标较难量化，对企业信息系统和管理水平有较高要求，实施难度大、门槛高。

课程思政案例7 基于战略执行的全员绩效管理体系的构建

项目七 绩效管理

习题与实训

任务一 绩效管理认知

一、判断题

1. 绩效管理的核心是绩效评价和激励管理。（   ）
2. 绩效评价是企业实施激励管理的重要依据。（   ）
3. 激励管理是促进企业绩效提升的重要手段。（   ）
4. 企业根据自身战略目标、业务特点和管理需要，结合不同工具方法的特征及适用范围，只能选择一种适合的绩效管理工具方法使用。（   ）
5. 绩效计划是企业开展绩效评价工作的行动方案。（   ）
6. 企业应建立有助于绩效管理实施的信息系统，为绩效管理工作提供信息支持。（   ）
7. 绩效评价周期一般可分为月度、季度、年度。（   ）
8. 激励计划按激励形式可分为薪酬激励计划、能力开发激励计划、职业发展激励计划和其他激励计划。（   ）
9. 经审批的绩效计划与激励计划应从横向和纵向两方面落实到各所属单位（部门）、各岗位员工。（   ）
10. 绩效评价与激励管理报告应根据需要，及时报送董事会或类似机构审批。（   ）

二、单项选择题

1. 绩效评价计分方法可分为定量法和（   ）。
   A. 定性法　　　　B. 定额法　　　　C. 定值法　　　　D. 定标法
2. 绩效评价周期一般可分为月度、季度、半年度、年度、（   ）。
   A. 每旬　　　　　B. 任期　　　　　C. 两年　　　　　D. 五年
3. 绩效责任书一般按年度或（   ）签订。
   A. 任期　　　　　B. 半年度　　　　C. 季度　　　　　D. 月度
4. 绩效评价报告根据评价结果编制，反映被评价对象的绩效计划完成情况，通常由报告正文和附件构成。报告正文主要包括评价情况说明和（   ）。
   A. 评价对象　　　B. 评价依据　　　C. 管理建议　　　D. 评价结果
5. 薪酬激励计划按期限可分为短期薪酬激励计划和中长期薪酬激励计划。短期薪酬激励计划主要包括绩效工资、绩效奖金、（   ）等。
   A. 绩效福利　　　B. 股票期权　　　C. 限制性股票　　D. 虚拟股票
6. 下列各项中，不属于绩效管理领域应用的管理会计工具方法的是（   ）。
   A. 关键绩效指标法　　　　　　　　B. 经济增加值法
   C. 股权激励　　　　　　　　　　　D. 股票激励
7. 下列各项中，属于绩效目标值可参考的内部标准的是（   ）。
   A. 行业标准　　　B. 历史标准　　　C. 竞争对手标准　D. 标杆标准
8. 下列各项中，不属于绩效计划与激励计划执行过程中收集信息的方法的是（   ）。
   A. 观察法　　　　B. 他人反馈法　　C. 工作记录法　　D. 会计核算法

三、多项选择题

1. 企业进行绩效管理,一般应遵循( )原则。
   A. 战略导向　　　B. 客观公正　　　C. 规范统一　　　D. 科学有效

2. 企业在进行绩效管理时,应设立薪酬与考核委员会或类似机构,主要负责审核( )等,协调解决绩效管理工作中的重大问题。
   A. 绩效管理的政策和制度　　　B. 绩效计划与激励计划
   C. 绩效评价结果与激励实施方案　　　D. 绩效评价与激励管理报告

3. 激励计划是企业为激励被评价对象而采取的行动方案,包括( )等内容。
   A. 激励对象　　　B. 激励形式　　　C. 激励条件　　　D. 激励周期

4. 绩效评价过程及结果应有完整的记录,结果应得到评价主体和被评价对象的确认,并进行公开发布或非公开告知。公开发布的主要方式有( )等。
   A. 召开绩效发布会　　　B. 企业网站绩效公示
   C. 面板绩效公告　　　D. 一对一书面报告

5. 绩效评价过程及结果应有完整的记录,结果应得到评价主体和被评价对象的确认,并进行公开发布或非公开告知。非公开发布的主要方式有( )等。
   A. 一对一书面报告　　　B. 企业网站绩效公示
   C. 电子邮件函告　　　D. 面谈告知

6. 绩效管理领域应用的管理会计工具方法包括( )。
   A. 关键绩效指标法　B. 经济增加值法　C. 平衡计分卡　　D. 股票激励

7. 在绩效管理的制度体系中,应明确绩效管理的( )。
   A. 工作目标　　　B. 职责分工　　　C. 工作程序　　　D. 工具方法

8. 下列各项中,属于主观赋权法的有( )。
   A. 主成分分析法　B. 均方差法　　　C. 德尔菲法　　　D. 层次分析法

9. 下列各项中,属于绩效目标值可参考的外部标准的有( )。
   A. 行业标准　　　B. 预算标准　　　C. 竞争对手标准　D. 标杆标准

10. 绩效计划和激励计划执行过程应包括( )。
    A. 监控与记录　　B. 分析与纠偏　　C. 核算与管理　　D. 编制分析报告

任务二　关键绩效指标法

一、判断题

1. 关键绩效指标法可单独使用,也可与经济增加值法、平衡计分卡等其他方法结合使用。
　　　　　　　　　　　　　　　　　　　　　　　　　　　　　　　　　　(　　)

2. 战略目标是确定关键绩效指标体系的基础,关键绩效指标反映战略目标,对战略目标实施效果进行衡量和监控。　　　　　　　　　　　　　　　　　　　　(　　)

3. 企业的关键绩效指标一般可分为结果类和动因类两类指标。　　　　　(　　)

4. 关键绩效指标的目标值确定后,即使在内外部环境发生重大变化、自然灾害等不可抗力因素对绩效完成结果产生重大影响时,也不能对目标值进行调整。　　(　　)

5. 组织功能分解法,是基于组织功能定位,按照各所属单位(部门)对企业总目标所承担的职责,逐级分解和确定关键绩效指标的方法。　　　　　　　　　　　(　　)

二、单项选择题

1. 企业的关键绩效指标一般可分为结果类和（　　）两类指标。
   A. 过程类　　　　B. 动因类　　　　C. 要素类　　　　D. 前提类
2. 关键绩效指标应含义明确、可度量、与战略目标高度相关。指标的数量不宜过多，每一层级的关键绩效指标一般不超过（　　）个。
   A. 5　　　　B. 15　　　　C. 10　　　　D. 20
3. 关键绩效指标的设计要符合 SMART 原则，那么其中的 S 是指（　　）。
   A. 指标必须是具体的，以保证其具有明确的牵引性
   B. 指标必须是可衡量的，即必须有明确的衡量指标
   C. 指标必须是可以达到的，不能因为指标的无法达成而使员工受挫
   D. 指标必须是相关的，必须与公司的战略目标、部门任务及职位职责相联系
4. 关键绩效指标的权重分配应以企业战略目标为导向，反映被评价对象对企业价值贡献或支持的程度，以及各指标之间的（　　）水平。
   A. 重要性　　　　B. 关联性　　　　C. 目标性　　　　D. 分析性
5. 单项关键绩效指标权重一般设定在（　　），对特别重要的指标可适当提高权重。
   A. 5%～20%　　　　B. 5%～30%　　　　C. 10%～20%　　　　D. 10%～30%

三、多项选择题

1. 企业的关键绩效指标一般可分为结果类和动因类两类指标。结果类指标是反映企业绩效的价值指标，主要包括（　　）等综合指标。
   A. 投资回报率　　　B. 净资产收益率　　　C. 经济增加值　　　D. 息税前利润
2. 企业的关键绩效指标一般可分为结果类和动因类两类指标。动因类指标是反映企业价值关键驱动因素的指标，主要包括（　　）等。
   A. 资本性支出　　　B. 单位生产成本　　　C. 产量　　　D. 销量
3. 关键绩效指标选取的方法主要有（　　）。
   A. 关键成果领域分析法　　　　B. 组织功能分解法
   C. 工作流程分解法　　　　　　D. 经济增加值法
4. 关键绩效指标应符合的基本特征有（　　）。
   A. 含义明确　　　　　　　　　B. 可度量
   C. 与战略目标高度相关　　　　D. 可计划
5. 企业应用关键绩效指标法，一般应（　　）。
   A. 制订以关键绩效指标为核心的绩效计划
   B. 制订激励计划
   C. 执行绩效计划与激励计划
   D. 实施绩效评价与激励

任务三　经济增加值法

一、判断题

1. 经济增加值，是指营业利润扣除全部投入资本的成本后的剩余收益。（　　）
2. 经济增加值为负，表明经营者在损毁企业价值。（　　）

3. 经济增加值法一般都是单独应用,很少与关键绩效指标法、平衡计分卡等其他方法结合使用。( )

4. 企业应用经济增加值法进行绩效管理的对象,可为企业及其所属单位(部门)(可单独计算经济增加值)和高级管理人员。( )

5. 税后净营业利润等于会计上的税后净利润加上利息支出等会计调整项目后得到的税后利润。( )

二、单项选择题

1. 企业应用经济增加值法时的核心指标一般是( )。
   A. 利润指标　　　　　　　　　　B. 财务指标
   C. 关键绩效指标　　　　　　　　D. 经济增加值指标

2. 在计算披露经济增加值法时,需要调整的支出项目是( )。
   A. 货币资金　　B. 存货　　C. 应收及预付款项　　D. 在建工程

3. 经济增加值法是指税后净营业利润扣除全部投入资本成本后的( )。
   A. 利润总额　　B. 净利润　　C. 剩余收益　　D. 净现值

4. 企业应用经济增加值法,应树立( )。
   A. 利润最大化观念　　　　　　　B. 价值管理理念
   C. 剩余收益观念　　　　　　　　D. 效益最大化观念

5. 平均资本占用是所有投资者投入企业经营的全部资本,包括债务资本和股权资本,不包括( )。
   A. 融资活动产生的各类有息负债　　B. 经营活动产生的无息流动负债
   C. 少数股东权益　　　　　　　　　D. 经营活动产生的有息流动负债

6. 某企业税前利润为680万元,利息支出为36万元,投资资本的年初余额为1 500万元,年末余额为1 620万元。企业所得税税率为25%,则投资资本回报率为( )。
   A. 13%　　B. 30%　　C. 35%　　D. 46%

7. 某企业2019年债务资本为3 000万元,股权资本为5 000万元。债务资本成本率为8%,无风险报酬率为6%,股权资本市场预期回报率为10%,风险溢价系数为1.5。企业所得税率为25%。该企业2019年加权资本成本为( )。
   A. 7%　　B. 9.75%　　C. 10.5%　　D. 14%

8. 在计算平均资本占用时,不需要考虑的项目是( )。
   A. 应付账款　　B. 短期借款　　C. 长期借款　　D. 应付债券

三、多项选择题

1. 计算经济增加值时,需要进行相应的会计项目调整,以消除财务报表中不能准确反映企业价值创造的部分。会计调整项目的选择应遵循( )等原则,根据企业实际情况确定。
   A. 价值导向性　　B. 重要性　　C. 可控性　　D. 可操作性

2. 经济增加值法指标体系通常包括( )。
   A. 经济增加值　　　　　　　　　B. 经济增加值改善值
   C. 经济增加值回报率　　　　　　D. 资本周转率

3. 经济增加值法的激励计划按激励形式可分为( )。

235

A. 薪酬激励计划　　　　　　　　B. 能力开发激励计划
C. 职业发展激励计划　　　　　　D. 其他激励计划

4. 薪酬激励计划主要包括(　　　)。
A. 目标奖金　　　　　　　　　　B. 奖金库
C. 基于经济增加值的股票期权　　D. 绩效奖金

5. 期望的 ΔEVA 值,是根据(　　　)等因素,结合价值创造能力改善等要求综合确定的。
A. 企业战略目标　　　　　　　　B. 年度生产经营计划
C. 年度预算安排　　　　　　　　D. 投资者期望

6. 在计算披露的经济增加值时,下列各项中,需要进行调整的有(　　　)。
A. 研究开发费用　B. 营业外收入　C. 资本化利息支出　D. 递延税金

7. 下列各项中,影响经济增加值 EVA 的有(　　　)。
A. 税后净营业利润　　　　　　　B. 平均资本占用
C. 资产总额　　　　　　　　　　D. 加权平均资本成本

8. 在计算经济增加值时,需要进行调整的会计事项有(　　　)。
A. 大型广告费　B. 营业外收支　C. 股权转让收益　D. 资产减值损失

四、实训题

实训一

(一) 实训目的

计算关键绩效指标和经济增加值。

(二) 实训资料

A 公司是一家处于成长阶段的上市公司,正在对 2019 年的业绩进行计量和评价,有关资料如下：

(1) A 公司 2019 年的销售收入为 2 500 万元,营业成本为 1 340 万元,销售及管理费用为 500 万元,利息费用为 236 万元。

(2) A 公司 2019 年的平均总资产为 5 200 万元,平均金融资产为 100 万元,平均经营负债为 100 万元,平均股东权益为 2 000 万元。

(3) 目前资本市场上风险投资的权益成本为 12%,税前净负债成本为 8%;2019 年 A 公司董事会对 A 公司要求的目标权益净利率为 15%,要求的目标税前净负债成本为 8%。

(4) A 公司适用的企业所得税税率为 25%。

(三) 实训要求

(1) 计算 A 公司的净经营资产净利率、权益净利率。

(2) 计算 A 公司披露的经济增加值。计算时需要调整的事项如下：为扩大市场份额,A 公司 2019 年年末发生大型广告费 200 万元,全部计入销售费用。计算披露的经济增加值时,要求将该销售费用资本化(提示：调整时按照复式记账原理,同时调整税后经营净利润和净经营资产)。

实训二

(一) 实训目的

计算经济增加值并加以评价。

(二) 实训资料

(1) 某公司有 A 和 B 两个部门,有关数据如表 7-8 所示。

表 7-8　　　　　　　　　　某公司 A 部门、B 部门相关数据　　　　　　　　单位:元

项　目	A 部门	B 部门
部门税前经营利润	108 000	90 000
所得税(税率 25%)	27 000	22 500
部门税后经营净利润	81 000	67 500
部门平均经营资产	900 000	600 000
部门平均经营负债	50 000	40 000
部门平均净经营资产 (部门平均投资资本)	850 000	560 000

(2) 企业所得税税率为 25%,假设没有需要调整的项目。
(3) 加权平均税前资本成本为 11%。

(三) 实训要求

(1) 分别计算 A、B 两个部门的经济增加值。
(2) 采用经济增加值进行分析与评价。

实训三

(一) 实训目的

综合实训经济增加值的计算。

(二) 实训资料

甲公司是一家国有控股上市公司,采用经济增加值作为业绩评价指标。目前,控股股东正对甲公司 2020 年的经营业绩进行评价,相关资料如下:

(1) 甲公司 2019 年和 2020 年年末资产负债表(简表)如表 7-9 所示。

表 7-9　　　　　　　　　　　　资产负债表(简表)　　　　　　　　　　单位:万元

项　目	2020 年年末	2019 年年末	项　目	2020 年年末	2019 年年末
货币资金	405	420	短期借款	1 500	1 500
应收票据	100	95	应付账款	1 050	865
应收账款	2 050	2 040	应付职工薪酬	35	30
其他应收款	330	325	应交税费	100	140
存货	2 300	2 550	其他应付款	140	95
固定资产	4 600	4 250	长期借款	2 500	2 500
在建工程	2 240	1 350	股本	5 000	5 000
			留存收益	1 700	900
合　计	12 025	11 030	合　计	12 025	11 030

(2) 甲公司 2020 年度与利润有关资料如表 7-10 所示。

表 7-10　　　　　　　　　　　资产负债表(简表)　　　　　　　　　　单位：万元

项　　目	2020 年度
管理费用	1 950
其中：研究开发费用	360
财务费用	220
其中：利息支出	200
营业外收入	400
净利润	1 155

(3) 甲公司 2020 年营业外收入均为非经营性收益。
(4) 甲公司短期借款借款期为 1 年,将于明年 1 月 1 日到期,年利率为 6%；长期借款剩余期限还有 3 年,年利率为 8%。
(5) 无风险报酬率为 3%,β 系数为 1.2,市场组合的必要报酬率为 13%。
(6) 公司的所得税税率为 25%。

(三) 实训要求
(1) 以账面价值平均值为权数计算甲公司的加权平均资本成本。
(2) 计算 2020 年甲公司调整后税后净营业利润。
(3) 计算经济增加值。

任务四　平衡计分卡

一、判断题

1. 平衡计分卡是注重财务指标和非财务指标综合平衡的战略绩效评价体系,是一种能够推动业绩表现的测量工具。　　　　　　　　　　　　　　　　　　　　　　　(　　)
2. 平衡计分卡中,个人战略和目标就是要求个人应根据部门职能,制定个人发展战略和绩效考核目标。　　　　　　　　　　　　　　　　　　　　　　　　　　　　　(　　)
3. 企业不仅希望获得更多的顾客,更希望获得有利可图的顾客。增加顾客的盈利能力是保证企业生存和发展的前提条件。　　　　　　　　　　　　　　　　　　　　　(　　)
4. 为企业内部流程制定目标和业绩指标是平衡计分卡同传统的业绩评估之间最显著的区别之一。　　　　　　　　　　　　　　　　　　　　　　　　　　　　　　　(　　)
5. 平衡计分卡具有实施难度小、指标数量少的优势。　　　　　　　　　　　　(　　)
6. 平衡计分卡必须强调经营成果,这关系到企业未来的生存与发展。　　　　(　　)
7. 平衡计分卡模型通过分析确定实现战略目标的动因以及能够代表该动因的指标等,在指标与指标之间建立一种驱动关系。　　　　　　　　　　　　　　　　　　　(　　)
8. 员工保持率＋员工流失率＝1　　　　　　　　　　　　　　　　　　　　　(　　)
9. 财务维度以财务术语描述了战略目标的价值主张。　　　　　　　　　　　(　　)
10. 学习与成长维度确定了对战略最重要的无形资产。　　　　　　　　　　　(　　)

二、单项选择题

1. 下列过程中,不涉及企业的内部运营面指标的是(　　)。
   A. 改良或创新　　　B. 经营　　　C. 售后服务　　　D. 销售营销
2. 下列各项中,不是细化愿景目标角度的是(　　)角度。
   A. 财务　　　B. 客户　　　C. 流程　　　D. 技术
3. 下列各项中,不属于企业平衡计分卡中财务视角下重点关注的指标的是(　　)。
   A. 收入增长　　　　　　　　　B. 成本降低
   C. 增加顾客盈利能力　　　　　D. 提高资产利用率
4. 平衡计分卡以(　　)为导向,寻找能够驱动战略成功的关键成功因素,建立与之密切联系的指标体系来衡量战略实施过程,并采取必要的修改以维持战略的持续成功。
   A. 财务报表　　　B. 公司战略　　　C. 财务预算　　　D. 公司决策
5. 当企业处于成熟阶段时,企业面临的最主要的危机是(　　)。
   A. 生存危机　　　B. 管理危机　　　C. 战略危机　　　D. 丧失活力危机
6. 平衡计分卡的目标和指标来源于企业的(　　)。
   A. 管理目标　　　B. 战略目标　　　C. 企业愿景　　　D. 愿景和战略
7. 构建平衡计分卡指标体系时,企业应以(　　)维度为核心,其他维度的指标都与核心维度的一个或多个指标相联系。
   A. 财务　　　B. 顾客　　　C. 内部运营　　　D. 学习与成长
8. 平衡计分卡每个维度的指标通常为 4~7 个,总数量一般不超过(　　)个。
   A. 16　　　B. 20　　　C. 25　　　D. 30

三、多项选择题

1. 下列各项中,属于平衡计分卡理论发展的基础的有(　　)理论。
   A. 利益相关者　　　B. 系统管理　　　C. 战略管理　　　D. 行为期望
2. 平衡计分卡是从(　　)角度,将组织的战略落实为可操作的衡量指标和目标值的一种新型绩效管理体系。
   A. 财务　　　B. 顾客　　　C. 内部运营　　　D. 学习与成长
3. 平衡计分卡的实施主要包括(　　)步骤。
   A. 阐释并诠释愿景与战略　　　　B. 沟通与联系
   C. 计划与制定目标值　　　　　　D. 战略反馈与学习
4. 下列各项中,属于平衡计分卡的特点的有(　　)。
   A. 强调以顾客为焦点　　　　　　B. 强调以股东为焦点
   C. 重视商业运作　　　　　　　　D. 重视组织的学习和成长
5. 下列各项中,属于财务维度的核心指标的有(　　)。
   A. 净资产收益率　　B. 经济增加值　　C. 资产负债率　　D. 总资产周转率
6. 下列各项中,属于客户维度的核心指标的有(　　)。
   A. 增加市场份额　　　　　　　　B. 提高顾客保留率
   C. 增加顾客获得率　　　　　　　D. 增加顾客满意度
7. 下列各项中,属于内部业务流程维度的核心指标的有(　　)。
   A. 总资产周转率　　B. 存货周转率　　C. 产品合格率　　D. 单位生产成本

239

8. 经验表明,造成企业战略执行失败的原因包括(　　　　)。
A. 沟通障碍　　　B. 管理障碍　　　C. 资源障碍　　　D. 人员障碍

9. 平衡计分卡模型之所以"平衡",是因其指标体系构建时注重(　　　　)。
A. 短期目标与长期目标的平衡　　　B. 财务指标与非财务指标的平衡
C. 结果性指标与动因性指标的平衡　　　D. 企业内部利益与外部利益的平衡

10. 下列各项中,属于学习与成长维度的核心指标的有(　　　　)。
A. 员工生产率　　　B. 员工保持率　　　C. 培训计划完成率　　　D. 员工满意度

四、实训题

(一)实训目的

理解平衡计分卡在顺丰速运中的实践和应用。

(二)实训资料

顺丰速运采用平衡计分卡对企业进行战略管理,专注于服务质量的提升,加大对设备和信息技术的投入,优化内部流程和基础建设,有效实现了成本管控。

1. 四个维度分解企业战略,切实保证战略落地

顺丰速运运用平衡计分卡,建立了四个维度的综合绩效评价指标体系:① 财务维度占24%,包括收入(占10%)、利润(占14%)和货款回收率(监控指标)等几方面的指标。② 运营管理占26%,其中出错率占20%,包括失误率(占5%)、遗失率(占8%)和逾限率(占7%);运作时效性占6%,包括中转时效和运作效率。③ 客户方面占20%,具体指标有客户满意度(占4%)、客户投诉率(占8%),其中对收派员形象和礼仪方面的考核(占5%),以及月结客户增长率(占4%)和月结客户营业金额增长率(占4%)。④ 基础建设(占30%),分为人力资源与团队建设(占15%)和制度执行、反馈情况(占15%),人力资源与团队建设又细化为人力资源合格率(占6%)、人才储备完成率(占3%)、团队氛围(占4%)和人均效能(占2%)四个方面,此外监控指标包括员工满意度和培训计划完成率。

2. 立足客户,提高一体化综合物流,降低销售费用

根据客户月贡献度和客户排名,顺丰速运对客户进行分类管理,将客户分为大客户、中客户和小客户。针对在现有客户中排名前5%、月贡献度在10 000元以上的大客户,顺丰速运采取大客户绿色通道实施方案,以差异化的细致服务,形成特色,留住客户。针对在现有客户中排名6%~20%、月贡献度在2 000元~10 000元的中客户,顺丰速运采用退费方式来吸引顾客,提高业务量和客户忠诚度。小客户是剩下的80%,顺丰速运利用电子商务的方式,让更多的普通客户通过网上营销来购买服务,减少普通客户的管理成本和人工成本。

顺丰速运可以为客户提供一体化综合物流服务。独特的直营模式使得顺丰速运可以在第一时间准确全面地了解客户的需求。在出现问题时,也可以及时进行处理,提高了服务质量和客户满意度。较高的客户满意度和品牌美誉度为顺丰速运吸引了大量客户。一体化综合物流成就了顺丰速运"快、准、安全"的产品优势,高峰期也可以保证服务质量和时效,在更好地服务客户的同时,增强客户黏度,降低销售费用。

3. 建立物联网系统和智能物流,降低管理成本

顺丰速运已初步建成遍布全国的物流网络,规模优势显著。物流运营和内部管理智能化水平的提高使得顺丰速运形成了"天网+地网+信息网"三网合一的物联网系统和智能物流系统,这核心竞争力使得顺丰速运可以更好地服务客户,是"快、准、安全"物流服务的有力保障。

顺丰速运完整的运营管理体系,使得订单可视化和全生命周期管理得以实现。自2016年起,顺丰速运在大数据驱动下进行仓库选址、产品销量预测、库存分仓和智能调配。手持终端、智能分拣柜等智能硬件设备的投入使用在减少人工操作、提高运作效率的同时,又有效降低了出错率。而智能搬卸机器人的使用,则提高了4倍～6倍的生产效率,可以节约20%～40%的搬卸成本。

4. 重视人才培养和激励,降低人员流动率,控制人工成本

大部分快递企业都存在着员工流动性大、用工难的问题。只有坚持以人为本,才能留住员工、降低人员流动率,进而降低人工费。顺丰速运一向重视人才培养与激励,追求与员工共同成长。通过管理者培养、在职员工培养、新员工培养三个方面开展培训工作,全面提高员工能力和素质。

(1) 管理者培养。为公司管理者开展定制化培养项目,提供前沿、专业、多元的跨界分享及精品公开课学习平台,帮助管理者创变思维,提升领导力,从而助推公司战略转型,支持业务经营。

(2) 在职员工培养。为公司中基层职工开展定制化专业培养项目,提供职场通用能力精品公开课学习平台,帮助员工在专业领域内不断精进,同时全面提升职场通用能力,更好地完成工作任务。

(3) 新员工培养。通过定期轮训方式开展社招新员工培养,加速新员工融入与价值贡献;通过专项培养项目,针对校招大学生展开入职集训、文化融入,助力新员工职业化蜕变,快速成长。

顺丰速运采用高绩效、高回报的薪酬理念,通过多元化的长期、短期激励政策,给予员工认可和激励,提高员工的薪酬竞争力,有效降低了核心人才的流失率,控制了人工成本。

5. 以财务指标为导向,利用多维度成本数据进行成本管控

顺丰速运的成本核算方式有三种:

第一种是按照会计核算,将成本按其性质分为主营业务成本、管理费用、操作费用和销售费用。在各期分析成本费用变动时,对四类成本的总量进行趋势分析。其中,增减变动幅度较大时就进行细类分析,有效实现成本管控。

第二种是按作业环节划分,将成本分为客服成本、收件成本、材料成本、中转成本、输单成本、水陆运输成本、航空运输成本、派件成本、关务成本和理赔成本等部分。顺丰速运采用作业成本法,将所有资源费用追踪到作业,再到成本对象,准确计算出物流服务的成本。

同时,采用作业成本法可以获得每个客户的服务成本和不同客户之间的成本差异等数据,企业可根据成本差异划分客户类型,对不同类型的客户采取不同的成本控制策略,使资源的边际效用最大化,有效降低成本费用。

第三种是按成本和业务量的关系,将成本分为固定成本、变动成本和混合成本三类。对于固定成本,通过不断提高工作效率、控制管理人员数量等方式降低固定成本总额;同时增加业务量,使单位固定成本减少。对于变动成本制订标准进行管理,同时对处于同一流程中的不同分部的成本进行排名,并根据排名进行奖励和惩罚,提升成本管控力度,有效控制成本。对于混合成本,区分固定部分和变动部分,制订不同的成本控制措施。

6. 优化内部流程,保障平衡计分卡的实施

平衡计分卡的实施需要公司各个部门的参与,因此在实施平衡计分卡之前需要对企业

内部流程进行优化,以确保各部门可以协同作战,以较低的成本最大限度地满足客户需求。顺丰速运采用ERP系统对企业进行财务核算和管理,通过互联网技术建立了电子商务平台和移动办公门户,有效提高了内部管理效率。强大的ERP系统,为企业的成本核算提供了详细、准确的成本信息,为平衡计分卡的实施提供了有力保障。

（三）实训要求

思考并回答下列问题:
(1) 什么是平衡计分卡,它的主要作用是什么?
(2) 顺丰速运利用平衡计分卡建立了哪些维度的综合评价指标体系?
(3) 顺丰速运在人才培养方面有什么好的做法?
(4) 平衡计分卡的实施,首先需要具备的条件是什么?
〔资料来源:赵闯,沙秀娟.顺丰速运的平衡计分卡应用[J].财务与会计,2018(03)〕

任务五　绩效棱柱模型

一、判断题

1. 利益相关者,是指有能力影响企业或者被企业所影响的人或者组织。　　　（　　）
2. 绩效棱柱模型适用于管理制度比较完善、业务流程比较规范、管理水平相对较高的大中型企业。　　　（　　）
3. 企业在制定绩效计划时,可采用绩效棱柱模型工具方法。　　　（　　）
4. 与客户相关的指标有客户忠诚度、客户毛利水平、按时交货率等。　　　（　　）
5. 绩效棱柱模型的实施是一项长期管理改善工作,企业在实践中通常可采用先试点后推广的方式,循序渐进、分步实施。　　　（　　）

二、单项选择题

1. 绩效棱柱模型,是指从企业利益相关者角度出发,以(　　)为出发点。
　　A. 利润最大化　　　　　　　　B. 利益相关者满意
　　C. 利益相关者贡献　　　　　　D. 企业价值最大化
2. 企业应坚持(　　),建立有效的内外部沟通协调机制,与利益相关者建立良好的互动关系。
　　A. 主要利益相关者价值取向　　B. 利益相关者贡献
　　C. 企业价值最大化　　　　　　D. 利益相关者满意
3. 下列各项中,属于与供应商相关的指标的是(　　)。
　　A. 净资产收益率　　B. 工资收入增长率　　C. 客户满意度　　D. 按时交货率

三、多项选择题

1. 下列各项中,属于与员工相关的指标的有(　　)。
　　A. 员工满意度　　B. 工资收入增长率　　C. 客户满意度　　D. 人均工资
2. 下列各项中,属于与投资者相关的指标的有(　　)。
　　A. 总资产报酬率　　B. 净资产收益率　　C. 资产负债率　　D. 流动比率
3. 下列各项中,属于企业的利益相关者的有(　　)。
　　A. 股东　　　　B. 员工　　　　C. 客户和供应商　　D. 监管机构

项目八 风险管理

知识学习目标

- 熟悉风险管理的含义、原则、工具方法、应用环境等基本知识；
- 掌握风险矩阵的含义、原理及编制方法；
- 掌握风险清单的含义、原理及编制方法。

能力学习目标

- 通过学习风险管理的含义，充分认识风险管理的重要作用；
- 通过学习风险管理的原则和应用程序，能够熟悉风险管理机构设置和体系构建工作；
- 通过学习风险矩阵和风险清单基本知识，能够熟练地掌握风险矩阵及风险清单工具方法，能正确地识别风险、分析风险、应对风险。

工作任务

- 风险管理认知；
- 风险矩阵认知；
- 风险清单认知。

项目引例

酒鬼酒的经营风险

酒鬼酒股份有限公司前身为始建于1956年的吉首酒厂，1997年7月在深圳证券交易所上市，股票简称"酒鬼酒"。自上市以来，酒鬼酒不断发展壮大，并成为"中国驰名商标"。2012年11月21日，国家质量监督检验检疫总局发布公告，确定50度酒鬼酒样品中含有塑化剂（DBP）成分，其中DBP最高检出值为"1.08 mg/kg"。2011年6月卫生部在其签发的551号文件《卫生部办公厅关于通报食品及食品添加剂中邻苯二甲酸酯类物质最大残留量的函》中规定，DBP的最大残留量为0.3 mg/kg。酒鬼酒中的塑化剂DBP明显超标。

塑化剂，又称增塑剂，是工业上被广泛使用的高分子材料助剂，在塑料加工中添加这种物质，可以使塑料产品柔韧性增强，容易加工，可合法用于工业用途。而塑化剂加入白酒之中，会使酒类黏性更强，留香更久，看上去会提升白酒的档次和品质。长期食用塑化剂超标的食品，会损害男性生殖能力，促使女性性早熟，并且会对人体免疫系统和消化系统造成伤害,甚至会扰乱人类的基因。塑化剂对于健康的危害有相当广泛的动物实验数据,不过对于人体的健康风险,无法进行实验研究,只能根据动物实验数据来估计。

2012年11月21日23点58分,酒鬼酒在微博上发出一则声明称,公司衷心感谢广大消费者、投资人、新闻媒体及社会各界人士长期以来给予的关心和支持,并对近日发生的所谓酒鬼酒"塑化剂"超标事件给大家造成的困惑与误解表示诚挚的歉意。酒鬼酒在声明中强调"未发现人为添加'塑化剂'""不存在所谓'塑化剂'超标"等字眼。酒鬼酒同时还称,"可以放心饮用"。2012年11月22日,酒鬼酒于晚间再发公告,表示就该事件向消费者及投资者道歉,称公司将整改,但仍强调不存在限制酒类塑化剂含量的国家标准。2012年11月23日,酒鬼酒复牌跌停。2012年11月25日,酒鬼酒受访时表示已找到塑化剂的三大来源,"包装线上嫌疑最大"。2012年11月27日,酒鬼酒否认全面停产,称不会召回问题酒。2012年11月28日,酒鬼酒发布《股票异常波动公告》,表示公司未全面停产,正积极进行整改,将于11月30日前完成整改工作。酒鬼酒股票于当月的23日、26日、28日均跌停。

提出问题:

(1) 根据上述材料,分析酒鬼酒股份有限公司经营中可能存在的风险有哪些? 应怎样进行风险识别?

(2) 试对酒鬼酒股份有限公司的风险应对措施作出评价,并给出你的建议。

带着这个问题,让我们进入本项目的学习领域。

任务一 风险管理认知

一、风险管理的含义

企业风险管理,是指企业对风险进行有效评估、预警、应对,为企业风险管理目标的实现提供合理保证的过程和方法。企业风险管理并不能替代内部控制,企业应当建立健全内部控制制度,并作为风险管理的工作基础。

企业风险,是指不确定事项对企业实现战略与经营目标产生的影响。

二、风险管理的工具方法

风险管理的内容主要包括风险矩阵法和风险清单法。

(一) 风险矩阵法

风险矩阵法,是指按照风险发生的可能性和风险发生后果的严重程度,将风险绘制在矩阵图中,展示风险及其重要性等级的风险管理工具方法。

(二) 风险清单法

风险清单法,是指企业根据自身战略、业务特点和风险管理要求,以表单形式进行风险识别、风险分析、风险应对、风险沟通和报告等管理活动的工具方法。

三、风险管理的原则

企业进行风险管理,一般应遵循以下原则,如表8-1所示。

表 8-1　　　　　　　　　　　　　　风险管理原则

名　称	内　容　解　释
合规性原则	企业风险管理应符合相关政策的要求和监管制度的规定
融合性原则	企业风险管理应与企业的战略设定、经营管理和业务流程相结合
全面性原则	企业风险管理应覆盖企业所有的风险类型、业务流程、操作环节和管理层级与环节
重要性原则	企业应对风险进行评价,确定需要进行重点管理的风险,并有针对性地实施重点风险监测,及时识别、应对
平衡性原则	企业应权衡风险与业绩和风险管理成本与风险管理收益之间的关系

四、风险管理的应用环境

企业应根据相关法律法规的要求和风险管理的需要,建立组织架构健全、职责边界清晰的风险管理结构,明确董事会、监事会、经营管理层、业务部门、风险管理部门和内审部门在风险管理中的职责分工,建立风险管理决策、执行、监督与评价等职能既相互分离与制约又相互协调的运行机制。

(一) 规范的公司法人治理结构

企业应建立健全规范的公司法人治理结构,股东(大)会、董事会、监事会、经理层依法履行职责,形成高效运转、有效制衡的监督约束机制。同时,还应建立外部董事、独立董事制度,外部董事、独立董事人数应超过董事会全部成员的半数,以保证董事会能够在重大决策、重大风险管理等方面作出独立于经理层的判断和选择。

董事会就全面风险管理工作的有效性对股东(大)会负责。董事会在全面风险管理方面主要履行以下职责:

(1) 审议并向股东(大)会提交企业全面风险管理年度工作报告。

(2) 确定企业风险管理总体目标、风险偏好、风险承受度,批准风险管理策略和重大风险管理解决方案。

(3) 了解和掌握企业面临的各项重大风险及其风险管理现状,作出有效控制风险的决策。

(4) 批准重大决策、重大风险、重大事件和重要业务流程的判断标准或判断机制。

(5) 批准重大决策的风险评估报告。

(6) 批准内部审计部门提交的风险管理监督评价审计报告。

(7) 批准风险管理组织机构设置及其职责方案。

(8) 批准风险管理措施,纠正和处理任何组织或个人超越风险管理制度作出的风险性决定行为。

(9) 督导企业风险管理文化的培育。

(10) 全面风险管理的其他重大事项。

(二) 风险管理委员会

具备这样条件的企业,董事会可下设风险管理委员会。该委员会的召集人应由不兼任总经理的董事长担任；董事长兼任总经理的，召集人应由外部董事或独立董事担任。该委员会成员中需有熟悉企业重要管理及业务流程的董事，以及具备风险管理监管知识或经验和具有一定法律知识的董事。

风险管理委员会对董事会负责，主要履行以下职责：

(1) 提交全面风险管理年度报告。

(2) 审议风险管理策略和重大风险管理解决方案。

(3) 审议重大决策、重大风险、重大事件和重要业务流程的判断标准或判断机制，以及重大决策的风险评估报告。

(4) 审议内部审计部门提交的风险管理监督评价审计综合报告。

(5) 审议风险管理组织机构设置及其职责方案。

(6) 办理董事会授权的有关全面风险管理的其他事项。

企业总经理对全面风险管理工作的有效性向董事会负责。总经理或总经理委托的高级管理人员，负责主持全面风险管理的日常工作，负责组织拟订企业风险管理组织机构设置及其职责方案。

(三) 风险管理职能部门

企业应设立专职部门或确定相关职能部门履行全面风险管理的职责。该部门对总经理或其委托的高级管理人员负责，主要履行以下职责：

(1) 研究提出全面风险管理工作报告。

(2) 研究提出跨职能部门的重大决策、重大风险、重大事件和重要业务流程的判断标准或判断机制。

(3) 研究提出跨职能部门的重大决策风险评估报告。

(4) 研究提出风险管理策略和跨职能部门的重大风险管理解决方案，并负责该方案的组织实施和对该风险的日常监控。

(5) 负责对全面风险管理有效性的评估，研究提出全面风险管理的改进方案。

(6) 负责组织建立风险管理信息系统。

(7) 负责组织协调全面风险管理日常工作。

(8) 负责指导、监督有关职能部门、各业务单位以及全资、控股子公司开展全面风险管理工作。

(9) 办理风险管理的其他有关工作。

(四) 审计委员会

企业应在董事会下设立审计委员会，企业内部审计部门对审计委员会负责。内部审计部门在风险管理方面，主要负责研究提出全面风险管理监督评价体系，制定监督评价相关制度，开展监督与评价，出具监督评价审计报告。

(五) 企业其他职能部门及各业务单位

企业其他职能部门及各业务单位在全面风险管理工作中，应接受风险管理职能部门和内部审计部门的组织、协调、指导和监督，主要履行以下职责：

(1) 执行风险管理基本流程。

(2) 研究提出本职能部门或业务单位重大决策、重大风险、重大事件和重要业务流程的判断标准或判断机制。

（3）研究提出本职能部门或业务单位的重大决策风险评估报告。
（4）做好本职能部门或业务单位建立风险管理信息系统的工作。
（5）做好培育风险管理文化的有关工作。
（6）建立健全本职能部门或业务单位的风险管理内部控制子系统。
（7）办理风险管理其他有关工作。

五、风险管理的应用程序

企业应用风险管理工具方法，一般按照风险管理目标的设立、风险识别、风险分析、风险监测与预警、风险应对、风险管理沟通、风险管理考核、风险管理有效性评价等程序进行，如图8-1所示。

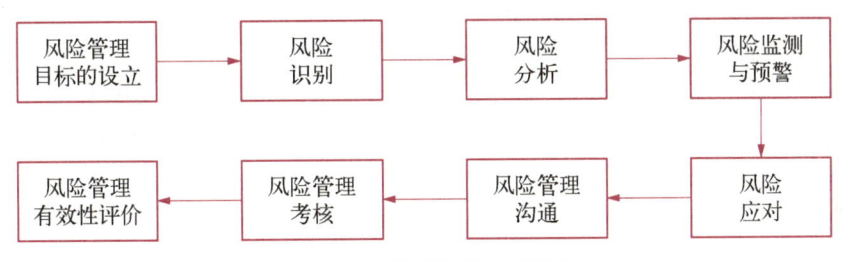

图8-1 风险管理的应用程序

（一）风险管理目标的设立

风险管理目标是在确定企业风险偏好的基础上，将企业的总体风险和主要类型的风险控制在风险容忍度范围之内。

风险偏好，是指企业愿意承担的风险及相应的风险水平；风险容忍度，是指企业在风险偏好的基础上，设定的风险管理目标值的可容忍波动范围。

（二）风险识别

企业应根据风险形成机制，从企业的内部和外部识别可能影响风险管理目标实现的风险因素和风险事项。

（三）风险分析

企业应在风险识别的基础上，对风险成因和特征、风险之间的相互关系，以及风险发生的可能性、对目标影响严重程度和可能持续的时间进行分析。

（四）风险监测与预警

企业应在风险评价的基础上，针对需重点关注的风险，设置风险预警指标体系对风险的状况进行监测，并通过将指标值与预警临界值的比较，识别预警信号，进行预警分级。

（五）风险应对

企业应针对已发生的风险或已超过监测预警临界值的风险，采取风险承担、风险规避、风险转移、风险分担、风险转换、风险对冲、风险补偿、风险降低等策略，把风险控制在风险偏好及容忍度之内。

（1）风险承担，指企业自己承担风险损失。当某种风险不能避免，或因预期收益超过管理成本时，则选择接受风险带来的影响与损失。

（2）风险规避，指选择放弃、停止或拒绝等方式处理面临的风险。

247

（3）风险转移，指企业通过契约、合同、经济、金融工具等形式将损失的财务和法律责任转给他人，达到降低风险发生频率、缩小损失幅度的目的。

（4）风险分担，是指受托人与受益人共担风险，是信托公司作为受托管理资产的金融机构所特有的风险管理策略，是在风险管理中正确处理信托当事人各方利益关系的一种策略。

（5）风险转换，是指将其中一种风险转换成另一种风险，如为了多销售产品，而放宽信用标准，这样就将产品销售不出去的风险，转换成了款项收不回来的风险。

（6）风险对冲，是指用一个风险来影响和减少另一个风险，企业可以通过购买不同的产品组合，如收益率反向变化的产品组合，来降低风险。

（7）风险补偿，是指企业对风险可能造成的损失采取适当的措施进行补偿。

（8）风险降低，指企业通过查找风险因素借助风险事故形成损失的源头，降低损失发生的可能性、频率，缩小损失程度，达到风险控制目的的控制措施与方法。

(六) 风险管理沟通

企业应在企业内部各管理级次、责任单位、业务环节之间，以及企业与外部投资者、债权人、客户、供应商、中介机构和监管部门等有关方面之间，将风险管理各环节的相关信息进行传递和反馈。

企业应建立风险管理报告制度，明确报告的内容、对象、频率和路径。

(七) 风险管理考核

企业应根据风险管理职责设置风险管理相关机构和人员的风险管理考核指标，并纳入企业绩效管理，建立明确的、权责利相结合的奖惩制度，以保证风险管理活动的持续性和有效性。

风险管理部门应定期对各职能部门和业务部门的风险管理实施情况和有效性进行考核，形成考核结论并出具考核报告，及时报送企业经营管理层和绩效管理部门。

(八) 风险管理有效性评价

企业应对风险管理制度和工具方法设计的健全性、实施后的有效性，以及风险管理目标的达成情况进行评价，识别是否存在重大风险管理缺陷，形成评价结论并出具评价报告。

任务二 风险矩阵

一、风险矩阵的含义

风险矩阵，是指按照风险发生的可能性和风险发生后果的严重程度，将风险绘制在矩阵图中，展示风险及其重要性等级的风险管理工具方法。

简单地说，风险矩阵是在项目管理过程中识别项目风险重要性的一种结构性方法，其收集的数据和评估结果可以应用在整个风险管理过程中。

二、风险矩阵的基本原理

风险矩阵的基本原理是，根据企业风险偏好，判断并度量风险发生可能性和后果严重程度，计算风险值，以此作为主要依据在矩阵中描绘出风险重要性等级。

风险矩阵坐标,是以风险后果严重程度为横坐标、以风险发生可能性为纵坐标的矩阵坐标图。企业可根据风险管理精度的需要,确定定性、半定量或定量指标来描述风险后果严重程度和风险发生可能性。

风险后果严重程度的横坐标等级可定性描述为"微小""较小""较大""重大"等(也可采用1,2,3,4等 M 个半定量分值),风险发生可能性的纵坐标等级可定性描述为"不太可能""偶尔可能""可能""很可能"等(也可采用1,2,3,4等 N 个半定量分值),从而形成 $M×N$ 个方格区域的风险矩阵图,如图8-2所示(风险值=$M×N$,1~4为较小风险,5~9为中等风险,10~25为重大风险),也可以根据需要通过定量指标更精确地描述风险后果严重程度和风险发生可能性。

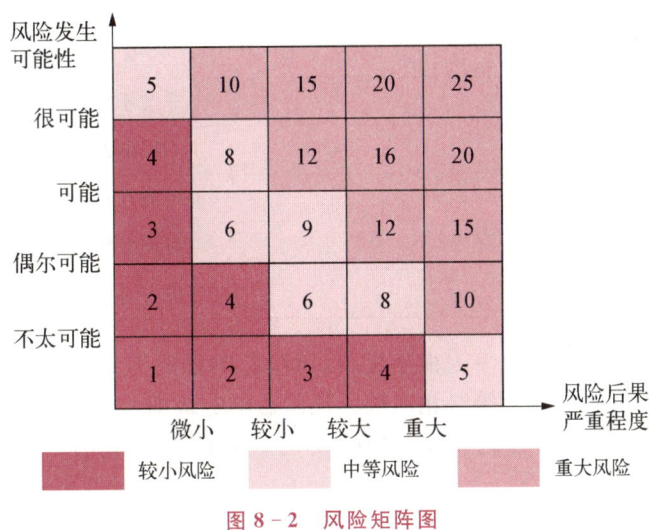

图8-2 风险矩阵图

根据上图,风险矩阵图操作步骤解析如下:
(1) 确定风险矩阵的横纵坐标。
(2) 制定风险重要性等级标准。
(3) 分析与评价各项风险。
(4) 在风险矩阵中描绘风险点。

三、风险矩阵的应用程序

企业应用风险矩阵工具方法,一般按照识别风险、绘制风险矩阵图(包括确定风险矩阵的横纵坐标、制定风险重要性等级标准、分析与评价各项风险、在风险矩阵中描绘出风险点)、沟通与交流、报告与决策等程序进行。下面以运营风险管理为例,说明风险矩阵法的具体用法。

(一) 识别风险

寻找风险点,可通过梳理业务流程、咨询相关部门的负责人或该领域的专家了解具体情况。

(二) 绘制风险矩阵图

风险评估是关键环节,由公司组建的风险管理委员会完成,根据制定的标准,从风险影响等级以及发生概率两个维度打分。风险影响等级的相关定义或说明、风险概率及说明分别如表8-2、表8-3所示。

表 8-2　　　　　　　　　　　　　　风险影响等级及说明

风险影响等级	风险影响等级	定义或说明
关　键	5	一旦风险事件发生,将导致经营失败
严　重	4~5	一旦风险事件发生,将导致经营目标难以实现
中　度	3~4	一旦风险事件发生,只能实现部分经营目标
微　小	2~3	一旦风险事件发生,将导致经营目标影响较小
可忽略	1~2	一旦风险事件发生,将导致经营目标无影响

表 8-3　　　　　　　　　　　　　　风险概率及说明

风险概率范围/%	定义或说明
0~1	非常不可能发生
1~4	不可能发生
4~6	可能在过程中发生
6~9	可能发生
9~10	极有可能发生

建立坐标图,以风险发生概率为横坐标、以风险影响程度为纵坐标,形成 $M \times N$ 个方格区域(即风险值),与风险重要性等级相匹配。风险影响等级即为图 8-2 中的风险后果严重程度,可根据表 8-2 和表 8-3 内容绘制如图 8-2 所示的类似的矩阵。

(三) 沟通与交流

企业风险管理小组应将绘制的风险矩阵图及时传递给各个业务职能部门,广泛征求意见,达成较为统一的结果。

(四) 报告与决策

风险管理小组还应将风险矩阵评估撰写成报告,纳入企业内部风险管理体系,充当好监测者的角色,以切实指导风险预警和应对活动,提高风险管理效果。

总之,企业应用风险矩阵工具方法,应综合考虑企业外部环境、企业内部的财务和业务情况,企业风险管理目标、风险偏好、风险容忍度、风险管理能力等。

工作实例 8-1　苏宁易购,全称苏宁易购集团股份有限公司。该公司发行的 A 股于 2004 年 7 月 21 日在深圳证券交易所中小企业板块挂牌上市交易。苏宁易购是一家从事综合电器的销售和服务的企业。公司经营的商品包括空调、冰洗、彩电、音像、小家电、通讯、电脑、数码等品类。公司是中国"3C 产品"(计算机类、通信类和消费类电子产品的统称)的连锁零售行业领跑者,是国内仅有的几家全国性家用电器连锁零售企业之一。苏宁易购主营业务为零售批发行业。

随着市场竞争的加剧,苏宁易购的外部风险加大,由于其高速的发展,企业的内部管理风险加剧。一个企业的风险存在于经营管理过程中的方方面面,如政策风险、战略风险、市场风险、财务风险。但是,由于政策风险等风险不易量化,不好进行比较。如果想要比较这些风险,需要成立专家小组,这些专家应极其熟悉该企业的业务流程,同时能够协调各部门配合，共同完成不同的风险管理评估程序。专家组将不同部门的风险矩阵所列示的风险重要性等级，根据风险发生的可能性，以及风险的影响程度，共同制定企业总体的风险矩阵，对企业总体风险进行评估，根据评估的结果，提出解决办法。

1. Z值分析法

Z值分析法是美国学者奥尔特曼发明的一种衡量企业破产风险的方法，被人们广泛应用。这一模型预测企业的Z值<1.20时将会破产，Z值介于1.20和2.90之间为"灰色区域"，Z值>2.90时企业没有破产风险。其函数表达式如下：

$$Z=0.012X_1+0.014X_2+0.033X_3+0.006X_4+0.999X_5$$

其中：

Z——判别函数值

X_1——营运资金÷资产总额

X_2——留存收益÷资产总额

X_3——息税前利润÷资产总额

X_4——普通股和优先股市场价值总额÷负债账面价值总额

X_5——销售收入÷资产总额

苏宁易购2016年、2017年及2018年第1季度的Z值计算及预警如表8-4所示。

表8-4　　Z值计算及预警

项目	2018年1季度	2017年年报	2016年年报
Z值	1.69	2.56	2.42
X_1	15.32	14.96	15.26
X_2	13.24	13.58	13.07
X_3	0.20	2.63	0.60
X_4	167.56	155.36	158.52
X_5	30.64	119.49	108.32
Z值结果描述	不稳定	不稳定	不稳定

数据来源：苏宁易购2016—2017年年报、2018年一季度报。

由表8-4中数据可以看出，在2016—2018年苏宁易购Z值介于1.20～2.90的"灰色区域"，并且在2018年第1季度出现了1.69的低值。这表明管理层应对企业的风险给予足够的重视，在发展业务的同时，应该分析破产风险高的原因，同时，结合企业的风险偏好将主要风险控制在企业风险容忍度范围之内。

2. 偿债能力指标分析

流动比率是流动资产对流动负债的比率，用来衡量企业流动资产在短期债务到期以前，可以变为现金用于偿还负债的能力。一般说来，比率越高，说明企业资产的变现能力越强，短期偿债能力也越强。虽然每个行业的经营性质不同，导致对流动资产的数量要求也不同。但是，根据经验分析，流动比率在2以上就可以认为公司有较强的偿债能力。苏宁易购的偿债能力指标情况如表8-5所示。苏宁易购属于商业贸易中的零售行业，该行业2016—2018年的流动比率全部在2以上。虽然2016—2018年流动比率逐年增加（这3年流动负债几乎不变而流动资产上升),说明其短期偿债能力上升,但与行业平均水平相比依然有较大差距。由此可见,虽然苏宁易购短期偿债能力有所加强,但该方面能力仍然较弱,在偿还债务时有一定风险。

表 8-5　　　　　　　　　　　　　　　偿债能力指标

项　目	2018 年	2017 年	2016 年
流动比率	1.37	1.34	1.24
行业平均流动比率	2.22	2.05	2.37
速动比率	0.84	0.61	0.71
行业平均速动比率	1.24	1.08	1.46
产权比率	0.93	1.02	1.84
行业平均产权比率	1.79	1.67	1.96

数据来源:苏宁易购 2016—2018 年年报。

速动比率是指企业速动资产与流动负债的比率,速动资产是企业的流动资产减去存货和预付费用后的余额,主要包括现金、交易性金融资产、应收票据、应收账款等项目。由于存货、预付费用等资产变现时间较长,流动比率并没有考虑这些流动资产的变现能力。因此,速动比率是对流动比率较好的补充,对短期债务偿还能力是较有说服力的指标。通常情况下,速动比率应保持在 1 以上,但是过高的速动比率则表明有较多的闲置资金,降低了资金的运用效率。在零售行业中,其速动比率始终在 1 以上,表明行业偿债能力较强,而苏宁易购的速动比率始终在 1 以下,结合该企业的流动比率可以得出其偿债能力低于行业的平均水平。

产权比率的公式是负债总额除以所有者权益。该指标表明了企业的债权人投资企业的资金受到该企业所有者权益的保障程度,可以反映公司的长期偿债能力。产权比率越高,说明企业偿还长期债务的能力越弱;产权比率越低,说明企业偿还长期债务的能力越强。2016—2018 年,苏宁易购的长期偿债能力减弱,但仍然优于行业的平均水平,说明相对于行业整体情况来看,苏宁易购采取了较低风险、较低报酬的财务结构。

3. 风险矩阵分析

(1) 破产风险。参考图 8-2 风险矩阵,由于破产是企业经营最严重的后果,一旦破产企业将不能存在,因此其风险后果的严重程度应为 4。将 2016—2018 年苏宁易购的 Z 值取平均数,可得出 Z 值平均数为 2.22,以此对应的矩阵中风险发生可能性的数据为 2。综合以上分析,苏宁易购在风险矩阵图(图 8-2)中的风险 $M×N$ 应为两数的乘积,即 8,属于中等风险。

(2) 偿债风险。在短期偿债能力方面,通过流动比率分析,苏宁易购偿债能力低于同行业的平均水平。如果同行业风险发生可能性的平均水平为不太可能(对应数字为 1),那么,可以以 2 和 1 作为标准,因为如果企业流动比率低于 1,其将面临重大风险。基于此,把流动比率 1~2 的数分为 1~1.5 和 1.5~2,分别对应可能(对应数字为 3)和偶尔可能(对应数字为 2),苏宁易购的风险发生可能性定在可能(对应数字为 3)会比较合适。一方面,从其最近几年的战略和市场的分析可以看出,它仍然处于发展的高速期,需要较多的资金支持,低于同行业的流动比率将对其带来一定的风险,但通过比率可以知道,其风险有限。基于此,我们认为从流动比率来看苏宁短期偿债能力在矩阵图(图 8-2)中对应的数字为 9(3×3),属于中等风险。

另一方面,从速动比率来看,同行业的平均速动比率在 1 以上,而苏宁易购均在 1 以下。

那么如果以行业作为标准,风险发生可能性为不太可能(对应数字为1),结合速动比率的数据分析,偿债风险发生可能性定在3比较合适。如果短期的债务无法偿还,将严重影响企业的信誉,从而影响企业的筹资能力,为企业带来极大的不良影响,因此其风险较大,风险后果严重程度应定为3。所以其短期偿债能力在矩阵图(图8-2)中对应的数字为9(3×3),属于中等风险。

在长期偿债能力方面,由于其产权比率低于行业的平均水平,表明其几乎不存在长期偿债方面的困境。其风险发生可能性较小,但由于其存在较高的破产风险,因此其风险发生可能性定在2比较合理。相对于短期偿债能力,长期偿债能力对当下的企业经营影响较小所以风险后果严重程度定在2较为合理。综合以上两个维度的数据,可得其长期偿债能力在风险矩阵图(图8-2)中对应的数字为4(2×2),属于较小风险。

任务三 风险清单

一、风险清单的含义

风险清单,是指企业根据自身战略、业务特点和风险管理要求,以表单形式进行风险识别、风险分析、风险应对、风险沟通和报告等管理活动的工具方法。

风险清单适用于各类企业及企业内部各个层级和各类型风险的管理。

二、风险清单的应用环境

风险清单应由企业负责风险管理的职能部门牵头组织实施,明确风险清单编制的对象和流程,建立培训、指导、协调以及考核和监督机制。

各业务部门、职能部门对与本部门相关的风险清单的有效性负直接责任。有效性包括风险清单使用的效率、效果等。

三、风险清单的应用程序

企业应用风险清单工具方法,一般按照编制风险清单、沟通与报告、评价与优化等程序进行。

(一) 编制风险清单

企业一般按经营层和业务层两个层级编制风险清单。经营层风险清单的编制一般按照构建风险清单基本框架、识别风险、分析风险、制定重大风险应对措施等程序进行;业务层风险清单的编制可根据经营层风险清单梳理出的与本部门相关的重大风险,依照上述流程进行。中小企业编制风险清单,也可不区分经营层和业务层。

企业风险清单基本框架一般包括风险识别、风险分析、风险应对三部分。风险识别部分主要包括风险类别、风险描述、关键风险指标等要素;风险分析部分主要包括可能产生后果、关键影响因素、风险责任主体、风险发生可能性、风险后果严重程度、风险重要性等级等要素;风险应对部分主要包括风险应对措施等要素。企业构建风险清单基本框架时,可根据管理需要,对风险识别、风险分析、风险应对中的要素进行调整。经营层风险清单和业务层风险清单分别如表8-6、表8-7所示。

表 8-6　　　　　　　　　　　　　　　　经营层风险清单

风险识别					风险分析								风险应对
风险类别						风险描述	关键风险指标	可能产生的后果	关键影响因素	风险责任主体	风险发生可能性	风险后果严重程度	风险重要性等级	风险应对措施
一级风险		二级风险		……									
编号	名称	编号	名称	编号	名称								
1	战略风险	1.1											
		1.2											
		…											
2	营运风险	2.1											
		2.2											
		…											
3	财务风险	3.1											
		3.2											
		…											
……														

表 8-7　　　　　　　　　　　　　　　　业务层风险清单

风险识别					风险分析								风险应对
风险类别						风险描述	关键风险指标	关键影响因素	可能产生的后果	风险责任主体	风险发生可能性	风险后果严重程度	风险重要性等级	风险应对措施
一级风险		二级风险		……									
编号	名称	编号	名称	编号	名称								
1	业务1	1.1	流程1										
		1.2	流程2										
		…	……										

续 表

\multicolumn{3}{c	}{风 险 识 别}	\multicolumn{3}{c	}{风 险 分 析}	风险应对
2	业务2	2.1				
		2.2				
		…				
3	业务3	3.1				
		3.2				
		…				
……						

1. 风险识别

风险管理职能部门应从全局角度识别可能影响风险管理目标实现的因素和事项,建立风险信息库,在各业务部门、职能部门的配合下共同识别风险。风险识别过程应遵循全面系统梳理、全员参与、动态调整的原则,对识别出的风险进行详细描述,明确关键风险指标。

2. 风险分析

风险管理职能部门应对识别出的风险进行归类、编号,根据风险性质、风险指标是否可以量化、风险管理归口部门等进行归类,并以此为基础填制完成风险清单基本框架中风险类别、风险描述、关键风险指标等要素。

风险管理职能部门应根据已填列的风险识别部分的内容,在与相关业务部门、职能部门沟通后,分析各个风险可能产生的后果,确定引起该后果的关键影响因素及风险责任主体,并填制风险清单基本框架中可能产生后果、关键影响因素、风险责任主体等要素。

各风险责任主体可基于风险偏好和风险应对能力,逐项分析风险清单中各风险发生的可能性和后果严重程度,确定风险重要性等级,并填制风险发生可能性、风险后果严重程度、风险重要性等级等要素。

3. 风险应对

风险管理职能部门应以风险重要性等级结果为依据确定经营层的重大风险,报企业风险管理决策机构批准后反馈给相关风险责任主体。

风险管理职能部门应会同各风险责任主体结合企业的风险偏好、风险管理能力等制定相应的风险管理应对措施,填制风险清单基本框架中风险应对措施要素,由此填制完成经营层风险清单。

(二)沟通与报告

风险管理职能部门应将风险清单所呈现的风险信息及时传递给相关风险责任主体,确保各责任主体准确理解相关的风险信息,有效开展风险管理活动。

为提高风险清单应用的有效性,风险管理职能部门可将其纳入企业风险管理报告,并按照相关流程进行报告。

(三) 评价与优化

风险管理职能部门应会同各风险责任主体定期或不定期地根据企业内外部环境的变化,对风险清单是否全面识别风险并准确分类、是否准确分析风险成因及后果、是否采取了恰当的风险应对措施进行评估,及时对风险清单进行更新调整。

工作实例 8-2 乙公司为一家拟于 2020 年上市的食品生产和销售公司,总部位于上海,该公司董事会目前正在评估公司的风险管理,并且专门设立了风险管理职能部门。风险管理部门主要负责人王方对 2019 年及以前的经营情况进行了分析,对公司的风险情况进行了分析和归纳如下:

(1) 按照风险的内容分类,风险可以分为战略风险、财务风险、市场风险和运行风险。目前乙公司面临产品结构调整、有机食品的研发以及新市场的开发等问题,这属于市场风险。

(2) 乙公司应当重视风险评估工作,风险评估需要运用定性、定量以及定性和定量相结合的技术。风险清单、压力测试、敏感分析均属于定性的技术;而风险价值、标杆比较法等属于定量的技术。

(3) 乙公司在风险管理中应当确定与企业的风险水平相匹配的风险管理行为,将风险管理行为与其他经营活动相结合,避免风险管理游离于经营活动之外,这体现了风险管理的综合性原则。

(4) 因乳制品行业近年来广受非议,乙公司的市场份额也在逐步缩小,乙公司管理层决定采取风险降低的策略,在 2019 年 6 月前关闭乳制品的生产线。

(5) 在日常经营过程中,乙公司采取的风险降低策略包括了风险转换、风险补偿、风险控制和风险分担。

要求:

1. 根据《企业内部控制基本规范》及其配套指引的要求,分别指出上述各项是否存在不当之处,并逐项说明理由。

2. 根据事项(4)中的风险应对措施,举出几项该种风险应对策略的例子(至少三项)。

任务处理如下:

1. 王方对公司情况分析后所作的各项归纳,均存在不当之处。

(1) 按照风险的内容分类,风险除了战略风险、财务风险、市场风险和运行风险,还包括法律风险。产品结构、新产品研发以及新市场的开发以及市场营销策略等,这属于企业的运行风险,不属于市场风险。

(2) 风险清单、风险评级和风险矩阵属于定性技术,而压力测试、敏感分析均属于定量技术。

(3) 乙公司将风险管理行为与其他经营活动相结合,避免风险管理游离于经营活动之外,这体现了风险管理过程中的融资性原则而非综合性原则。

(4) 乙公司管理层决定在 2019 年 6 月前关闭乳制品的生产线,属于主动回避该行业的风险以避免成为风险承受者的行为,这属于风险回避,而非风险降低。

(5) 风险应对策略包括了风险承受、风险规避、风险分担和风险降低,其中风险降低策略又包括了风险转换、风险补偿和风险控制。

2. 针对事项(4)中的风险应对措施,可具体采用以下策略。

(1) 外包某项对工人健康安全风险较高的业务。

(2) 设置网址访问限制,禁止员工下载不安全的软件。

(3) 退出某一亏损且没有发展前途的产品线。

习 题 与 实 训

任务一 风险管理认知

一、判断题

1. 风险管理过程主要包括风险辨识、分析、评价,应将定性与定量方法相结合。（ ）

2. 风险转换,是用一种风险来影响和减少另一种风险,企业可以通过购买不同的、收益率反向变化的产品组合来降低风险。（ ）

3. 风险管理要学会规避风险。在既定目标不变的情况下,改变方案的实施路径,从根本上消除特定的风险因素。（ ）

4. 风险管理目标是指在确定企业风险偏好的基础上,将企业的总体风险和主要类型的风险控制在风险容忍度范围之内。（ ）

5. 风险降低,是指企业通过契约、合同、经济、金融工具等形式将损失的财务和法律责任转给他人,达到降低风险发生频率、缩小损失幅度的目的。（ ）

二、单项选择题

1. 企业风险管理的目标是(   )。

A. 消除企业的所有风险

B. 实现企业风险的最小化

C. 将企业的风险控制在风险容忍度范围之内

D. 不断降低企业的风险水平

2. 下列关于风险管理的表述中,正确的是(   )。

A. 风险管理的基本目标是以一定的成本收获最大的安全保障

B. 风险管理是一个非独立的管理系统,是一门新兴学科

C. 风险管理的主体是风险

D. 以上都不正确

3. 对风险管理研究的方法一般采用(   )。

A. 定性分析方法、定量分析方法 B. 定性分析方法、定价分析方法

C. 定率分析方法、定量分析方法 D. 定律分析方法、定价分析方法

4. 按风险来源划分,风险分为(   )。

A. 自然风险、人为风险 B. 战略风险、管理风险

C. 经济风险、非经济风险 D. 效益风险、管理风险

5. 企业风险管理过程分为(   )阶段和环节。

A. 风险规划、风险识别、风险估计、风险评价、风险应对、风险监控

B. 风险规划、风险识别、风险评价、风险应对

C. 风险规划、风险估计、风险评价、风险应对、风险监控、风险解除
D. 风险目标设立、风险识别、风险分析、风险监测与预警、风险应对、风险管理沟通、风险管理考核、风险管理有效性评价

三、多项选择题

1. 根据所学的风险管理知识，你认为风险管理的主要作用在于(　　　　)。
   A. 有利于企业作出正确的决策　　　　B. 有利于保护企业资产的安全和完整
   C. 有利于实现企业的经营活动目标　　D. 有利于企业完全规避风险

2. 企业风险应对的策略主要有(　　　　)。
   A. 风险规避　　　B. 风险转移　　　C. 风险对冲　　　D. 风险补偿

3. 下列各项中，属于企业风险管理的基本原则的有(　　　　)。
   A. 合规性原则　　B. 全面性原则　　C. 重要性原则　　D. 效益性原则

4. 风险管理的主要工具方法有(　　　　)。
   A. 风险补偿法　　B. 风险矩阵法　　C. 风险规避法　　D. 风险清单法

5. 下列各项中，属于风险管理委员会职责的有(　　　　)。
   A. 提交全面风险管理年度报告
   B. 审议风险管理策略和重大风险管理解决方案
   C. 批准重大决策的风险评估报告
   D. 审议风险管理组织机构设置及其职责方案

任务二　风　险　矩　阵

一、判断题

1. 风险矩阵一般按照风险发生的可能性和风险发生量化后果划分。　　　　　　(　　)
2. 风险矩阵需要对风险重要性等级标准、风险发生可能性、后果严重程度等作出量化分析，使用较为复杂。　　　　　　　　　　　　　　　　　　　　　　　　　　(　　)
3. 企业应用风险矩阵工具方法，应综合考虑所处企业内部的财务和业务情况以及企业风险管理目标、风险偏好、风险容忍度、风险管理能力。　　　　　　　　　　　(　　)
4. 企业应用风险矩阵工具方法，一般按照绘制风险矩阵坐标图，对风险矩阵展示的风险信息进行沟通报告和持续修订风险矩阵图等程序进行。　　　　　　　　　　　(　　)
5. 风险矩阵可以为企业确定各项风险重要性等级提供可视化的工具，通过风险矩阵可以得到总体风险的重要性等级。　　　　　　　　　　　　　　　　　　　　　　(　　)

二、单项选择题

1. 风险矩阵图中把风险分为(　　)个区域。
   A. 4　　　　　　B. 3　　　　　　C. 5　　　　　　D. 2

2. 采用风险矩阵进行风险分析，相较于期望损失的优势不包括(　　　　)。
   A. 对风险发生概率与风险暴露有更详尽的描述
   B. 对风险分析的可视性更强
   C. 对发生概率大但暴露小与发生概率小但是暴露较大这两类风险进行区别
   D. 对风险数据通过二维矩阵进行测评，更加精准

3. 按风险评价矩阵方法区分风险程度，发生可能性大，且造成的损失严重，将使项目由

可行转变为不可行的风险属于(　　)风险。

　　A. 中等　　　　　B. 较大　　　　　C. 重大　　　　　D. 高级

4. 风险矩阵法中重大风险的风险值是(　　)。

　　A. 30 至 36　　　B. 18 至 25　　　C. 9 至 16　　　D. 3 至 8

5. 风险矩阵法的使用方法为(　　)。

　　A. 危害识别、危害判定、伤害估计、风险评估

　　B. 危害识别、危害估计、危害评估

　　C. 危害识别、危害判定、危害评估

　　D. 风险识别、风险判定、风险估计、风险评估

三、多项选择题

1. 下列关于风险矩阵的表述中,错误的有(　　)。

　　A. 风险矩阵按照风险发生的可能性和风险发生量化后果划分

　　B. 风险矩阵为企业确定各项风险重要性等级提供了可视化的工具

　　C. 风险矩阵需要对风险重要性等级标准、风险发生可能性、后果严重程度等作出量化分析,使用较为复杂

　　D. 风险矩阵无法将列示的个别风险重要性等级通过数学运算得到总体风险的重要性等级

2. 风险矩阵法的判定依据包括(　　)。

　　A. 事故发生的可能性　　　　　　　B. 人员暴露于危险环境中的频繁程度

　　C. 一旦发生事故可能造成的后果　　D. 事故后果严重性

3. 风险矩阵中危险等级有(　　)。

　　A. 非常严重　　　B. 严重　　　　　C. 一般　　　　　D. 微弱

4. 使用风险矩阵法的国家包括(　　)。

　　A. 欧盟　　　　　B. 日本　　　　　C. 中国　　　　　D. 韩国

5. 风险矩阵的主要优点包括(　　)。

　　A. 为企业确定各项风险重要性等级提供了流程化、规范化、可视化的工具

　　B. 增强风险沟通和报告效果

　　C. 有利于企业采取有效的监管预警和及时应对

　　D. 简便明了,直观易懂

四、实训题

(一) 实训目的

掌握风险管理方法。

(二) 实训资料

　　某汽车生产商的内部审计部门对公司旗下生产的渣土运输车进行尾气排放测试。内部审计部门发现,公司针对渣土运输车向外公布的尾气排放信息与内部记录的实际数据有重大差异。内部审计部门经理表示,测试样本显示的尾气排放量实际上要高于对外公布的排放量,有可能涉及虚假披露和违反环保法律法规。虽然已向相关部门主管报告,但该部门主管只承认错误并未采取任何改进措施。

(三) 实训要求

(1) 评价内部审计经理就以上事件进行通报的恰当性,并简要说明审计委员会与内部

审计相关的职能范围和责任。

（2）简要说明企业在该事件中所暴露的与风险相关的主要问题。

（3）针对上述事件，说明应对企业内部控制的内部环境方面提出哪些改进措施。

任务三　风 险 清 单

一、判断题

1. 企业一般按战略层、经营层和业务层三个层级编制风险清单。（　　）

2. 风险清单只适用于大型企业及企业内部各个层级和各类型风险的管理。（　　）

3. 企业应用风险清单工具方法的主要目标，是使企业从整体上了解自身风险概况和存在的重大风险，明晰各业务部门、职能部门的风险管理责任，规范风险管理流程，并为企业构建风险预警和风险考评机制奠定基础。（　　）

4. 中小企业编制风险清单，可不区分经营层和业务层。（　　）

5. 风险清单应由企业负责风险管理的职能部门牵头组织实施，明确风险清单编制的主体和流程，建立培训、指导、协调以及考核和监督机制。（　　）

二、单项选择题

1. 以下属于处理待观察风险清单上的风险的方法是（　　）。

　　A. 记录这些风险，作为其他项目的历史数据

　　B. 记录这些风险，到项目执行时再重新审核

　　C. 记录这些风险，把它们放到一边，因为应急预案已经包含了它们

　　D. 记录这些风险，把它们发给客户

2. 风险识别的最主要成果是（　　）。

　　A. 风险清单　　　　　　　　　　B. 工程项目一览表

　　C. 风险跟踪单　　　　　　　　　D. 工程项目风险控制表

3. 甲公司所在的市场由于竞争激烈，遂决定退出该市场以避免激烈竞争。甲公司采用的风险管理工具是（　　）。

　　A. 风险承担　　　B. 风险规避　　　C. 风险转移　　　D. 风险对冲

4. 某公司历史上一直购买灾害保险，但经过数据分析，认为保险公司历年的赔付不足以平衡相应的保险费用支出，因而不再续保；同时，为了应付可能发生的灾害性事件，公司与银行签订了应急资本协议，规定在灾害发生时，由银行提供资本以保证公司的持续经营。该公司采用的风险管理策略是（　　）。

　　A. 风险对冲　　　B. 风险规避　　　C. 风险补偿　　　D. 风险控制

5. 在风险跟踪工作中，下列关于风险清单的描述，正确的是（　　）。

　　A. 风险清单指明了服务在任何时候面临的最大风险，风险管理负责人应经常维护这张清单，直到服务结束前对其不断更新

　　B. 风险清单指明了服务在任何时候面临的所有风险，风险管理负责人应该常维护这张清单，直到服务结束前对其不断更新

　　C. 风险清单指明了服务在任何时候面临的最大风险，项目管理负责人应该常维护这张清单，直到服务结束前对其不断更新

　　D. 风险清单指明了服务在任何时候面临的所有风险，项目管理负责人应该常维护这张

清单,直到服务结束前对其不断更新

三、多项选择题

1. 风险识别部分主要包括(　　　　)。
   A. 风险类别　　　　B. 风险描述　　　　C. 关键风险指标　　　　D. 风险发生可能性
2. 风险分析部分主要包括(　　　　)。
   A. 关键影响因素　　　　　　　　　　B. 风险发生可能性
   C. 风险重要性等级　　　　　　　　　D. 风险应对措施
3. 经营层风险清单的编制一般按照(　　　　)等程序进行。
   A. 构建风险清单基本框架　　　　　　B. 识别风险
   C. 分析风险　　　　　　　　　　　　D. 制定重大风险应对措施
4. 企业风险清单基本框架一般包括(　　　　)。
   A. 风险识别　　　　B. 风险分析　　　　C. 风险应对　　　　D. 风险评价
5. 企业应用风险清单工具方法,一般按照(　　　　)等程序进行。
   A. 编制风险清单　　B. 沟通　　　　　　C. 评价与优化　　　D. 报告

四、实训题

(一) 实训目的

理解风险管理方法及其应用。

(二) 实训资料

双汇集团是以肉类加工为主的大型食品集团,总资产超过60亿元,员工超过4万人,在全国10多个省、市建有20多家现代化的肉类加工基地,年屠宰生猪约1500万头,年销售冷鲜肉及肉制品超过200万吨,是中国最大的肉类加工基地。2011年3月15日,央视《每周质量报告》报道了双汇集团下属子公司济源双汇食品有限公司收购屠宰喂养瘦肉精的"健美猪"的事件,致使双汇被停牌调查。先是双汇内部问责,多名高管被免职;继而政府相关部门介入,若干责任人得到行政处分。农业部、商务部也派人进入河南督察,彻查生猪养殖环节添加瘦肉精的问题。但舆论对此事依旧反应强烈,更有媒体呼吁司法机关介入调查。当时媒体分析称,双汇集团将损失100亿元,最高可达200亿元,相当于将近20年的利润。

2011年3月15日,央视3·15特别节目《"健美猪"的真相》披露了河南孟州、沁阳、温县等地含有"瘦肉精"的生猪流入济源双汇的过程。济源双汇食品有限公司主要以生猪屠宰加工为主,有连锁店和加盟店,是双汇集团下属子公司。消息一出,双汇发展股票(000895)当日跌停。

3月15日,双汇集团就"瘦肉精"猪肉事件作出回应,声明称济源双汇食品有限公司是双汇集团下属子公司,对此事给消费者带来的困扰,双汇集团深表歉意,并责令济源工厂停产自查。双汇集团回应说,他们对于肉制品质量有非常严格的把关和审查过程,每批生猪屠宰前都要进行检验,也包括对瘦肉精的检测。公司已经派人前往位于河南省济源市的济源双汇食品有限公司进行调查,等详细检测报告出来后,将向社会公布。

2011年3月16日起,双汇发展停牌,待相关事项核实清楚后复牌。双汇集团3月17日晚间在其官方网站再次发布公开声明:将每年的3月15日定为"双汇食品安全日",把食品安全落实到每一天。要求涉事子公司召回在市场上流通的产品,并在政府有关部门的监管下进行处理。同时,对济源双汇总经理、主管副总经理、采购部长等予以免职。声明最后表示,济源双汇公司将继续停产整顿。自 3 月 16 日起,双汇集团下属所有工厂除继续按照国家标准检验外,还将对生猪屠宰实施"瘦肉精"在线逐头检验。双汇集团将对下属所有工厂加强监管力度,确保出厂产品批批合格。

瘦肉精被认为是肉制品业的"三聚氰胺",它通常是指盐酸克伦特罗,一种肾上腺类神经兴奋剂,类似药物还有莱克多巴胺、沙丁胺醇和特布他林等。将这一类物质添加到饲料中,可以增加动物的瘦肉量,减少饲料使用,使肉品提早上市,从而降低成本。目前全球 136 个国家和地区都规定肉制品不得检出瘦肉精。

农业部、卫生部、国家食品药品监督管理局明令禁止在饲料和动物饮用水中添加盐酸克伦特罗和莱克多巴胺等 7 种"瘦肉精"。

有分析人士指出,与遍布全国的销售网络以及迅猛扩张的产能严重不协调的是,双汇在产业链上游的资源相当有限。双汇当年生猪自养比例在 1/3 以下,即外购生猪超过 2/3,而"瘦肉精风波"正是源自外购生猪环节。不可否认,双汇在生猪收购和瘦肉精检测环节存在重大疏漏,但从控制生产成本的角度考量,目前也只能对外购生猪采取抽检方式。可问题在于,来自千家万户的生猪,使用瘦肉精现象仍较为普遍,不全面检测,就难免有漏网之鱼,这或许恰是"双汇瘦肉精事件"的根源所在。在生猪养殖领域,要想严格控制食品安全,必须掌控整条产业链。

双汇是行业龙头企业、中国知名品牌,"健美猪"带给双汇自身、肉类加工业乃至食品加工业和消费者的伤害是显而易见的。"健美猪"伤的不是消费者的胃,伤的是消费者、投资者、政府、民众的心。

(三)实训要求

(1)从上述材料分析说明,双汇集团经营中可能存在的风险有哪些,应怎样进行风险识别?

(2)试对双汇集团的风险应对措施作出评价,并给出你的建议。

风险管理
在线测试

项目九　管理会计报告与管理会计信息系统

知识学习目标

- 熟悉管理会计的概念，明确管理会计的目标和编制要求；
- 熟悉管理会计报告的分类；
- 熟悉战略层管理会计报告的内容及编制要求；
- 熟悉经营层管理会计报告的内容及编制要求；
- 掌握业务层管理会计报告的内容及编制要求；
- 熟悉管理会计报告的编制流程；
- 熟悉管理会计信息系统的概念及原则；
- 熟悉管理会计信息系统的建设和应用程序；
- 熟悉管理会计信息系统各模块的功能。

能力学习目标

- 通过学习管理会计报告的基本知识，充分认识管理会计报告的重要性；
- 通过学习管理会计信息系统的构建，能建立和应用该系统以提供信息。

工作任务

- 管理会计报告的编制；
- 管理会计信息系统。

项目引例

南方摩托内部管理报告应用与实践

重庆南方摩托车有限责任公司（以下简称南方摩托）为增强产业整体的市场抗风险能力，充分应用管理会计的内部管理报告工具，重点从产品、产业、人员、资产、资金、费用等方面进行数据梳理和匹配分析，揭示管理短板、资源现状及其配置效率、价值创造能力等问题，并查找原因，制订措施，形成报告，力求从财务、业务等多个方面为公司明确战略方向、落实规划措施提供有力的量化支撑。

南方摩托应用内部管理报告实践的三个步骤如下：

第一步：编制13张管理会计报表，这些报表以资产、利润、人员、成本、产品等为对象，主要分析填列人、财、物资源的分布状况，明确资源在产品、产业中的配置效率，并梳理经营性损益和非经营性损益。

第二步：通过将相关数据计入相关的管理会计报表，分析并优化产业战略及日常经营规划。

第三步：通过第二步的综合分析，提出盈亏平衡的路径和方向，消除低效、无效资源带来的亏损，提高存量资源的产出效益，并加快新兴业务增量、增利的步伐，开源的同时实现节流。

提出问题：

(1) 什么是管理会计报告？

(2) 我国的管理会计报告目标是什么？

(3) 战略层、经营层和业务层管理会计报告各自的服务对象是什么？

(4) 管理会计信息系统有哪些模块组成？

带着这些问题，让我们进入本项目的学习领域。

{资料来源：李华光，倪尔科，王国强等.南方摩托内部管理报告应用与实践[J].财务与会计，2015(2)}

任务一　管理会计报告编制

一、管理会计报告的概念

安东尼·阿特金森、罗伯特·卡普兰等美国著名管理(会计)学家在其著作《管理会计》中指出，管理会计是一个为企业管理者创造价值的信息管理系统，通过这一系统产生的信息不仅对管理者的决策和问题的解决有用，而且还会经过行为评估和信息传递影响参与者。也就是说，管理会计报告就是根据企业管理者和员工的决策以及对具体问题的需求形成的一种很少向外提供的报告。根据《管理会计应用指引第 801 号——企业管理会计报告》的规定：企业管理会计报告是指企业运用管理会计方法，根据财务和业务的基础信息加工整理形成的，满足企业价值管理和决策支持需要的内部报告。其目的是为企业各层级进行规划、决策、控制和评价等管理活动提供有用信息。

与财务会计报告相比，除报告使用者和目的不同以外，管理会计报告在编制主体、报告形式与内容、报告时间，以及编审流程等方面存在一定的差异。财务会计报告与管理会计报告的主要区别如表 9-1 所示。

表 9-1　　　　　　　　　财务会计报告与管理会计报告的主要区别

项　目	管理会计报告	财务会计报告
报告主体	企业各部门	企业
形式要件	名称、时间、对象、主体、内容	名称、日期、主体、编号、内容
格　式	不统一	统一
内　容	根据需要，既有财务信息，又有非财务信息	根据法律，仅有财务信息
时　间	无约束，根据企业战略需要决定报告时间与周期	受企业会计准则和政府约束

续 表

项　目	管理会计报告	财务会计报告
流　程	与企业组织结构相一致	与法律要求相一致
范　围	分解的数据,关于部门决策和行为的报告	整体数据,关于整个企业的财务报告

二、管理会计报告的特征

管理会计报告是运用管理会计方法,根据财务和业务的基础信息加工整理形成的,满足企业价值管理需要或非营利组织目标管理需要的对内报告。管理会计报告与一般对外财务报告相比,有四个特征:

第一,管理会计报告没有统一的格式和规范,根据企业(或组织)内部的管理需要来提供。相对于报告形式,更注重报告实质内容。

第二,管理会计报告遵循问题导向,根据企业(或组织)内部需要解决的具体管理问题来组织、编制、审批、报送和使用。

第三,管理会计报告提供的信息不仅仅包括财务信息,也包括非财务信息;不仅仅包括内部信息,也可能包括外部信息;不仅仅包括结果信息,也可以包括过程信息,更应包括剖析原因、提出改进意见和建议的信息。

第四,管理会计报告如果涉及会计业绩的报告,如责任中心报告,其主要的报告格式应该是边际贡献格式,不是财务会计准则中规范的对外财务报告格式。管理会计报告对象是一个组织内部对管理会计信息有需求的各个层级、各环节的管理者。

三、管理会计报告的编制要求

(一)岗位设置要求

企业应建立管理会计报告组织体系,根据需要设置管理会计报告相关岗位,明确岗位职责。企业各部门都应履行提供管理会计报告所需信息的责任。

(二)报告形式要求

企业管理会计报告的形式要件包括报告的名称、报告期间或时间、报告对象、报告内容以及报告人等。

(三)报告对象要求

企业管理会计报告的对象是对管理会计信息有需求的各个层级、各个环节的管理者。

(四)报告期间要求

企业可根据管理的需要和管理会计活动的性质设定报告期间。一般应以日历期间(月度、季度、年度)作为企业管理会计报告期间,也可根据特定需要设定企业管理会计报告期间。

(五)报告内容要求

企业管理会计报告的内容应根据管理需要和报告目标而定,易于理解并具有一定的灵活性。

(六)报告程序要求

企业管理会计报告的编制、审批、报送、使用等应与企业组织架构相适应。

（七）报告过程要求

企业管理会计报告体系应根据管理活动全过程进行设计，在管理活动各环节形成基于因果关系链的结果报告和原因报告。

四、管理会计报告的分类

企业管理会计报告体系可按照多种标准进行分类，包括但不限于：

（一）按照企业管理会计报告使用者所处的管理层级分类

按照企业管理会计报告使用者所处的管理层级可分为战略层管理会计报告、经营层管理会计报告和业务层管理会计报告。有关内容如表9-2所示。

表9-2　　　　　　　　按照企业管理会计报告使用者所处的管理层级分类

分　类	基　本　概　念	服　务　对　象
战略层 管理会计报告	是为战略层开展战略规划、决策、控制和评价以及其他方面的管理活动提供相关信息的对内报告	企业的战略层，包括股东大会、董事会和监事会等
经营层 管理会计报告	是为经营管理层开展与经营管理目标相关的管理活动提供相关信息的对内报告	经营管理层
业务层 管理会计报告	是为企业开展日常业务或作业活动提供相关信息的对内报告	企业的业务部门、职能部门以及车间、班组等

（二）企业管理会计报告体系的其他分类

（1）按照企业管理会计报告内容可分为综合企业管理会计报告和专项企业管理会计报告。

（2）按照管理会计功能可分为管理规划报告、管理决策报告、管理控制报告和管理评价报告。

（3）按照责任中心可分为投资中心报告、利润中心报告和成本中心报告。

（4）按照报告主体整体性程度可分为整体报告和分部报告。

五、企业管理会计报告流程

企业管理会计报告流程包括报告的编制、审批、报送、使用、评价等环节。

（1）编制。企业管理会计报告由管理会计信息归集、处理并报送的责任部门编制。

（2）审批。企业应根据报告的内容、重要性和报告对象等，确定不同的审批流程。经审批后的报告方可报出。

（3）报送。企业应合理设计报告报送路径，确保企业管理会计报告及时、有效地送达报告对象。企业管理会计报告可以根据报告性质、管理需要进行逐级报送或直接报送。

（4）使用。企业应建立管理会计报告使用的授权制度，报告使用人应在权限范围内使用企业管理会计报告。

（5）评价。企业应对管理会计报告的质量、传递的及时性、保密情况等进行评价，并将评价结果与绩效考核挂钩。

企业应当充分利用信息技术,强化管理会计报告及相关信息集成和共享,将管理会计报告的编制、审批、报送和使用等纳入企业统一的信息平台。企业应定期根据管理会计报告使用效果以及内外部环境变化对管理会计报告体系、内容以及编制、审批、报送、使用等进行优化。

六、管理会计报告体系的类型及内容

(一)战略层管理会计报告

战略层管理会计报告,包括但不仅限于战略管理报告、综合业绩报告、价值创造报告、经营分析报告、风险分析报告、重大事项报告、例外事项报告等。这些报告可独立提交,也可根据不同需要整合后提交。战略层管理会计报告应精炼、简洁、易于理解,报告主要结果、主要原因,并提出具体的建议。战略层管理会计报告各项报告及基本内容如表9-3所示。

表9-3   战略层管理会计报告的类型及内容

分 类	基 本 内 容
战略管理报告	包括内外部环境分析、战略选择与目标设定、战略执行及其结果,以及战略评价等
综合业绩报告	包括关键绩效指标预算及其执行结果、差异分析以及其他重大绩效事项等
价值创造报告	包括价值创造目标、价值驱动的财务因素与非财务因素、内部各业务单元的资源占用与价值贡献,以及提升公司价值的措施等
经营分析报告	包括过去经营决策执行情况回顾、本期经营目标执行的差异及其原因、影响未来经营状况的内外部环境与主要风险分析、下一期的经营目标及管理措施等
风险分析报告	包括企业全面风险管理工作回顾、内外部风险因素分析、主要风险识别与评估、风险管理工作计划等
重大事项报告	针对企业的重大投资项目、重大资本运作、重大融资、重大担保事项、关联交易等事项进行的报告
例外事项报告	针对企业发生的管理层变更、股权变更、安全事故、自然灾害等偶发性事项进行的报告

(二)经营层管理会计报告

经营层管理会计报告,主要包括全面预算管理报告、投资分析报告、项目可行性报告、融资分析报告、盈利分析报告、资金管理报告、成本管理报告、业绩评价报告等。经营层管理会计报告应做到内容完整、分析深入。经营层管理会计报告各项报告及基本内容如表9-4所示。

表9-4   经营层管理会计报告的类型及内容

分 类	基 本 内 容
全面预算管理报告	包括预算目标制订与分解、预算执行差异分析以及预算考评等
投资分析报告	包括投资对象、投资额度、投资结构、投资进度、投资效益、投资风险和投资管理建议等

续　表

分　类	基　本　内　容
项目可行性报告	包括项目概况、市场预测、产品方案与生产规模、厂址选择、工艺与组织方案设计、财务评价、项目风险分析,以及项目可行性研究结论与建议等
融资分析报告	一般包括融资需求测算、融资渠道与融资方式分析及选择、资本成本、融资程序、融资风险及其应对措施和融资管理建议等
盈利分析报告	一般包括盈利目标及其实现程度、利润的构成及其变动趋势、影响利润的主要因素及其变化情况,以及提高盈利能力的具体措施等。 盈利分析报告可基于企业集团、单个企业,也可基于责任中心、产品、区域、客户等
资金管理报告	包括资金管理目标、主要流动资金项目(如现金、应收票据、应收账款、存货)的管理状况、资金管理存在的问题以及解决措施等。 企业集团资金管理报告的内容一般还包括资金管理模式(集中管理还是分散管理)、资金集中方式、资金集中程度、内部资金往来等
成本管理报告	成本预算、实际成本及其差异分析,成本差异形成的原因以及改进措施等
业绩评价报告	包括绩效目标、关键绩效指标、实际执行结果、差异分析、考评结果,以及相关建议等

(三)业务层管理会计报告

业务层管理会计报告应根据企业内部各部门、车间或班组的核心职能或经营目标进行设计,主要包括研究开发报告、采购业务报告、生产业务报告、配送业务报告、销售业务报告、售后服务业务报告、人力资源报告等。业务层管理会计报告应做到内容具体,数据充分。业务层管理会计报告各项报告及基本内容如表9-5所示。

表9-5　　　　　　　　　　　业务层管理会计报告的类型及内容

分　类	基　本　内　容
研究开发报告	包括研发背景、主要研发内容、技术方案、研发进度、项目预算等
采购业务报告	包括采购业务预算、采购业务执行结果、差异分析及改善建议等。采购业务报告要重点反映采购质量、数量以及时间、价格等方面的内容
生产业务报告	一般包括生产业务预算、生产业务执行结果、差异分析及改善建议等。生产业务报告要重点反映生产成本、生产数量以及产品质量、生产时间等方面的内容
配送业务报告	一般包括配送业务预算、配送业务执行结果、差异分析及改善建议等。配送业务报告要重点反映配送的及时性、准确性以及配送损耗等方面的内容
销售业务报告	一般包括销售业务预算、销售业务执行结果、差异分析及改善建议等。销售业务报告要重点反映销售的数量结构和质量结构等方面的内容
售后服务业务报告	一般包括售后服务业务预算、售后服务业务执行结果、差异分析及改善建议等。售后服务业务报告重点反映售后服务的客户满意度等方面的内容
人力资源报告	一般包括人力资源预算、人力资源执行结果、差异分析及改善建议等。人力资源报告重点反映人力资源使用及考核等方面的内容

七、管理会计报告的应用

因为管理会计报告通常根据要解决的问题可以灵活多样,本身并没有形成统一的格式规范。在此,我们仅仅对企业有一定共识基础的企业内部责任中心业绩报告和质量成本报告进行具体介绍。

(一) 内部责任中心业绩报告

企业内部责任中心,如前章所述可以划分为成本中心、利润中心和投资中心。责任中心的业绩评价和考核应该通过编制业绩报告来完成。业绩报告也称责任报告、绩效报告,它是反映责任预算实际执行情况,揭示责任预算与实际结果之间差异的内部管理会计报告。它着重于对责任中心管理者的业绩评价,其本质是要得到一个结论:与预期的目标相比较,责任中心管理者干得怎样。

业绩报告的主要目的在于将责任中心的实际业绩与其在特定环境下本应取得的业绩进行比较,因此实际业绩与预期业绩之间差异的原因应得到分析,并且应尽可能予以数量化。这样,业绩报告中应当传递出三种信息:

(1) 关于实际业绩的信息。

(2) 关于预期业绩的信息。

(3) 关于实际业绩与预期业绩之间差异的信息。这也意味着合格业绩报告的三个主要特征:报告应当与个人责任相联系,实际业绩应该与最佳标准相比较,重要信息应当予以突出显示。

1. 成本中心业绩报告

成本中心的业绩考核指标通常为该成本中心的所有可控成本,即责任成本。成本中心的业绩报告,通常是按成本中心可控成本的各明细项目列示其预算数、实际数和成本差异数的三栏式表格。由于各成本中心是逐级设置的,所以其业绩报告也应自下而上,从最基层的成本中心逐级向上汇编,直至最高层次的成本中心。每一级的业绩报告,除最基层只有本身的可控成本外,都应包括本身的可控成本和下属部门转来的责任成本。

工作实例 9-1 某企业制造部是一个成本中心,下属两个分厂,每个分厂设有三个车间。其成本业绩报告的编制及相互关系如表 9-6 所示。

表 9-6　　　　　　　　　　成本中心的业绩报告　　　　　　　　　　单位:元

制造部一分厂甲车间业绩报告			
项目	预算成本	实际可控成本	成本差异
工人薪酬	58 100	58 000	100(F)
原材料	32 500	34 225	1 725(U)
行政人员薪酬	6 400	6 400	
水电费	5 750	5 690	60(F)
折旧费用	4 000	4 000	
设备维修	2 000	1 990	10(F)
保险费	975	975	
合计	109 725	111 280	1 555(U)

续 表

制造部一分厂业绩报告

项 目	预算成本	实际可控成本	成本差异
管理费用	17 500	17 350	150(F)
甲车间	109 725	111 280	1 555(U)
乙车间	190 500	192 600	2 100(U)
丙车间	149 750	149 100	650(F)
合　计	467 475	470 330	2 855(U)

制造部业绩报告

项 目	预算成本	实际可控成本	成本差异
管理费用	19 500	19 700	200(U)
一分厂	467 475	470 330	2 855(U)
二分厂	395 225	394 300	925(F)
合　计	882 200	884 330	2 130(U)

注：U 表示不利差异，F 表示有利差异，下同。

从表9-6可以看出，总体上在制造部，一分厂产生了不利差异，还比较大；从分厂内部看，其不利差异主要是乙车间和甲车间引起的；从甲车间看，引起不利差异的主要原因是原材料成本超支了。成本中心的各级经理人，就其权责范围编制业绩报告并对其负责部门的成本差异负责。级别越低的成本中心，从事的经营活动越具体，其业绩报告涉及的成本项目分类也越详细。根据成本绩效报告，责任中心的各级经理人可以针对成本差异，寻找原因对症下药，以便对成本费用实施有效的管理控制，从而提高业绩水平。

2. 利润中心业绩报告

利润中心的考核指标通常为该利润中心的边际贡献、分部经理边际贡献和该利润中心部门边际贡献。利润中心的业绩报告，分别列出其可控的销售收入、变动成本、边际贡献、经理人员可控的可追溯固定成本、分部经理边际贡献、分部经理不可控但高层管理部门可控的可追溯固定成本、部门边际贡献的预算数和实际数；并通过实际与预算的对比，分别计算差异，据此进行差异的调查、分析产生差异的原因。利润中心的业绩报告是自下而上逐级汇编的，直至整个企业的息税前利润。利润中心业绩报告的基本形式如表9-7所示。

表9-7　　　　　　　　　　　利润中心业绩报告　　　　　　　　　　　单位：元

项　　目	预算	实际	差异
销售收入	245 000	248 000	3 000(F)
减：变动成本	111 000	112 000	1 000(U)
边际贡献	134 000	136 000	2 000(F)
经理人员可控的可追溯固定成本	24 000	24 500	500(U)
分部经理边际贡献	110 000	111 500	1 500(F)
分部经理不可控但高层管理部门可控的可追溯固定成本	18 000	18 900	900(U)
部门边际贡献	92 000	92 600	600(F)

从表9-7可以看出,无论从边际贡献、分部经理边际贡献,还是部门边际贡献都是有利差异,都超额完成了预算目标。

3. 投资中心业绩报告

投资中心的主要考核指标是投资报酬率和剩余收益,补充的指标是现金回收率和剩余现金流量。投资中心不仅需要对成本、收入和利润负责,而且还要对所占的全部资产(包括固定资产和营运资金)的经营效益承担责任。投资中心的业绩评价指标除了成本、收入和利润指标外,主要还有投资报酬率、剩余收益等指标。因此,对于投资中心而言,它的业绩报告通常包含上述评价指标。

工作实例 9-2 假定某公司A分公司为一个投资中心,该公司规定的最低报酬率为12%。现根据A分公司的有关原始凭证等资料,编制出该投资中心的业绩报告,如表9-8所示。

表9-8　　　　　　　　　　　投资中心业绩报告　　　　　　　　　　金额单位:元

项目	预算	实际	差异
销售收入	573 000	591 000	18 000(F)
变动成本	246 000	251 200	5 200(U)
边际贡献	327 000	339 800	12 800(U)
可控固定成本	140 000	141 400	1 400(U)
部门可控利润	187 000	198 400	11 400(F)
分配的共同成本	12 000	15 000	3 000(U)
经营净利润	175 000	183 400	8 400(F)
经营资产			
现　　金	15 500	17 000	1 500
应收账款	110 000	131 000	21 000
存　　货	90 000	92 500	2 500
固定资产(净值)	450 000	450 000	0
总　　计	665 500	690 500	25 000
投资报酬率/%	26.3	26.6	0.3(F)
要求的最低报酬率	12%	12%	0
要求的最低投资收益	79 860	82 860	3 000(F)
剩余收益	95 140	100 720	5 580(F)

从表9-8可知,该投资中心的实际投资报酬率与剩余收益均超过了预算数,说明该投资中心在本年度的经营业绩较好。

(二) 质量成本报告

质量、成本、时间(工期或交货期)是密切联系的三个要素。质量是企业生存和发展之本。质量包括两层含义,一是设计质量,即顾客对产品或劳务的满意程度;二是符合性质量,即产品或劳务的实际性能与其设计性能的符合程度。简单地说,前者是设计得怎样,是否满足顾客要求。后者是做得怎样,是否达到了设计的要求。

1. 质量成本的概念及分类

产品和服务的质量提升需要付出相应的成本,从市场的调研,产品服务标准的制订执行

到产品的测试检验以及不合格产品的淘汰,都需要企业付出相应的经济资源来保障执行。企业要想在市场竞争中占据有利地位,必须拥有比竞争对手更高的效率,质量管理的过程同样要强调其经济效益。质量成本是指企业为了保证产品达到一定质量标准而发生的成本,这一概念联系了企业管理中的生产技术与经济效益两个层面。

质量管理专家对质量成本的定义和划分都提出了不同的意见,但普遍认为质量成本可划分为以下四类:

(1) 预防成本。预防成本是为了防止产品质量达不到预定标准而发生的成本,是为防止质量事故的发生,最大限度降低质量事故所造成的损失而发生的费用。一般地,预防成本发生在产品生产之前的各阶段。这类成本包括:

① 质量工作费用。质量工作费用是指质量管理体系中,为预防、保证和控制产品质量而制订的质量政策、目标、标准,开展质量管理所发生的办公费、宣传费、搜集情报费,以及编制手册、制订全面质量管理计划、开展质量控制(quality control,简称 QC)小组活动、组织质量管理工作和工序能力研究等所发生的费用。

② 标准制订费用。质量管理需要制订相应的质量标准,而作业标准的评估,标准的测试审查等环节都会产生一定的费用。

③ 教育培训费用。质量管理的实施,最后都要落实到管理者和员工身上。对企业员工进行质量管理方面知识的教育,对员工作业水平的提升以及相关的后续培训形成的系列费用可视为预防成本中的教育培训费用。

④ 质量奖励费用。质量奖励费用是指在生产或服务过程中,为了激励员工达到质量标准而实行的奖励措施所带来的费用。

(2) 鉴定成本。鉴定成本是为了保证产品质量达到预定标准而对产品进行检测所发生的成本,如原材料或半成品的检测、作业的鉴定、流程验收、检测设备以及外部批准方面发生的检验费用,具体可细分为:

① 检测工作的费用。某些检验需要送到外部单位进行,此时需要支付一定的检测费用。

② 检测设备的折旧。这类费用不仅包括了检测所需仪器的折旧或维护费用,还包括检测场所建筑的折旧或维护费用。

③ 检测人员的费用。此费用包括对原材料、产品或流程进行检验的员工的工资福利费用。

(3) 内部失败成本。内部失败成本是指产品进入市场之前由于产品不符合质量标准而发生的成本,这部分成本包括:废料、返工、修复、重新检测、停工整修或变更设计等。鉴定成本以及内部失败成本都是发生在产品未到达顾客之前的所有阶段中。

(4) 外部失败成本。外部失败成本是指存在缺陷的产品流入市场以后发生的成本,如产品因存在缺陷而错失的销售机会,问题产品的退还、返修,处理顾客的不满和投诉发生的成本。外部失败成本一般发生在产品被消费者接受以后的阶段中。

一般来说,企业能够控制预防成本和鉴定成本的支出,因此这两种成本属于可控质量成本;而无论是内部还是外部失败成本,企业往往无法预料其发生,并且一旦产生失败成本,其费用的多少往往不能在事前得到确定,因此失败成本属于不可控质量成本。

质量成本报告和质量绩效报告承担了如何将质量成本信息传递给企业经营管理者的

重任。

2. 质量成本报告的编制

质量成本报告是企业组织完善质量成本控制的必要措施。通过质量成本报告,企业组织的经理人可以全面地评价企业组织当前的质量成本情况。质量成本报告按质量成本的分类详细列示实际质量成本,并向企业组织的经理人提供以下两个方面的重要信息:

(1) 显示各类质量成本的支出情况以及财务影响。

(2) 显示各类质量成本的分布情况,以便企业组织的经理人判断各类质量成本的重要性。

通过了解这些信息,企业组织的经营管理人员就可以更有针对性地控制质量成本,改善成本结构。质量成本报告可以按各类质量成本项目分别列示。某公司的质量成本报告如表9-9所示。

表 9-9 质量成本报告

项 目	实际成本支出/元	占质量成本总额比例/%	占销售额比例/%
预防成本:			
变动成本	20 000	28.45	5.69
边际贡献	12 000	17.07	3.41
预防成本合计	32 000	45.52	9.10
鉴定成本:			
产品验收	12 000	17.07	3.41
包装物检查	8 000	11.38	2.28
鉴定成本合计	20 000	28.45	5.69
内部失败成本:			
返工	11 000	15.65	3.13
内部失败成本合计	11 000	15.65	3.13
外部失败成本:			
顾客投诉处理	7 300	10.38	2.08
外部失败成本合计	7 300	10.38	2.08
质量成本合计	70 300	100	20

从表9-9可知,各质量成本项目占质量成本总额的比例,有助于该公司的经理人了解各成本项目分布情况及其重要性;而各成本项目占销售额的比例,则可以帮助该公司的经理人了解质量成本的财务重要性。

当然,企业组织也可以采用绘制统计图(如饼形图、柱形图)或文字陈述的方式编制质量成本报告。

从表9-9可以看出,该企业的预防成本无论是占总质量成本的比重,还是占销售额的比重都是最大的,其次是鉴定成本,再其次是内部失败成本,最后是外部失败成本,质量成本的结构还算合理。

3. 质量绩效报告

为了反映企业在质量管理方面所取得的进展及绩效,企业还需要编制质量绩效报告。

企业质量绩效报告包括中期报告、长期报告、多期质量趋势报告三种类型。

（1）中期报告。中期报告根据当期的质量目标列示质量管理的成效。企业要实现产品"零缺陷"目标是一项长期任务，不可能一蹴而就。这就需要制订一些短期（通常为1年）应该达到的质量成本控制目标，一方面可供企业的经理人报告当期质量管理取得的成效；另一方面也可以增强员工的信心，为最终达到"零缺陷"目标而努力。企业期末编制质量绩效报告时，将实际质量成本与预算质量成本目标进行比较，确定其差异，分析差异产生的原因，明确应采取的改进措施。某公司的中期质量绩效报告如表9-10所示。

表9-10　　　　　　　　　　　　　　中期质量绩效报告　　　　　　　　　　　　金额单位：元

项　　目	实 际 成 本	预 算 成 本	差　　异
预防成本：			
质量培训	40 000	40 000	0
质量审核	80 000	80 000	0
产品设计方案评审	35 000	30 000	5 000(U)
预防成本合计	155 000	150 000	5 000(U)
鉴定成本：			
原料检验	38 000	42 000	4 000(F)
产品验收	20 000	20 000	0
流程验收	40 000	35 000	5 000(U)
鉴定成本合计	98 000	97 000	1 000(U)
内部失败成本：			
返工	28 000	22 000	6 000(U)
废料	66 000	55 000	11 000(U)
内部失败成本合计	94 000	77 000	17 000(U)
外部失败成本：			
顾客投诉处理	33 000	33 000	0
保修	47 500	37 000	10 500(U)
外部失败成本合计	80 500	70 000	10 500(U)
质量成本合计	427 500	394 000	33 500(U)
质量成本占实际销售比例合计	15.32%	14.12%	1.2%(U)

注：实际销售额为2 790 000元。U表示不利差异，F表示有利差异。

从表9-10可知，该公司当期的质量管理成效并不理想。除原料检验这个项目属于有利差异之外，其他项目的差异都属于不利差异。整体绩效与预期目标相差33 500元，该公司质量成本管理的改善空间还很大。

（2）长期报告。长期报告根据长期质量目标列示企业质量管理成效。某公司的长期质量绩效报告如表9-11所示。

表 9-11	长期质量绩效报告		金额单位：元
项　　目	2018年实际成本	2019年实际成本	差　　异
预防成本：			
质量培训	40 000	43 000	3 000(F)
质量审核	80 000	80 000	0
产品设计方案评审	35 000	36 000	1 000(F)
预防成本合计	155 000	159 000	4 000(F)
鉴定成本：			
原料检验	38 000	42 000	4 000(F)
产品验收	20 000	20 000	0
流程验收	40 000	45 000	5 000(F)
鉴定成本合计	98 000	107 000	9 000(F)
内部失败成本：			
返工	28 000	30 000	2 000(F)
废料	66 000	66 000	0
内部失败成本合计	94 000	96 000	2 000(F)
外部失败成本：			
顾客投诉处理	33 000	36 000	3 000(F)
保修	47 500	49 000	1 500(F)
外部失败成本合计	80 500	85 000	4 500(F)
质量成本合计	427 500	447 000	19 500(U)
质量成本占实际销售比例合计	15.32%	16.02%	0.7%(U)

注：实际销售额为 2 790 000 元。U 表示不利差异，F 表示有利差异。

从表 9-11 可知，该公司 2018 年度的质量管理成效与 2019 年度相比，成本总额下降了，各项成本差异都表现为有利差异，说明该公司在质量管理方面取得了明显的成效。

（3）多期质量趋势报告。多期质量趋势报告（multiple-period trend report）列示了企业实施质量管理以来所取得的成效。多期质量趋势报告的编制必须以多个期间企业组织的质量成本相关数据为基础，并绘制出质量趋势图。趋势图可以采用坐标分析图、柱形比较图等多种方式，旨在向企业的经理人员评估其发展趋势是否合理，质量成本控制是否有效，以便作出相应的决策。某企业的多期质量趋势折线图如图 9-1 所示。图 9-1 显示该企业质量成本占销售额的百分比在逐年下降。2019 年与 2015 年相比较，下降了一半，说明该企业质量成本管理水平在不断提升。

在企业管理实践中，质量、成本、交货期（工期）成为紧密相关的三个要素。提高质量，在短期会增加成本，尤其是预防成本和鉴定成本，但在长期会降低成本，给企业带来好的市场声誉和长期经济效益。严格控制质量，也会影响交货期（工期）。很多企业为了赶交货期（工期），损害了产品或劳务（工程）的质量，影响了企业的声誉和市场份额。成本与交货期（工期）也存在需要权衡的矛盾，交货期（紧）会增加成本，比如加班工资。

质量成本占销售百分比

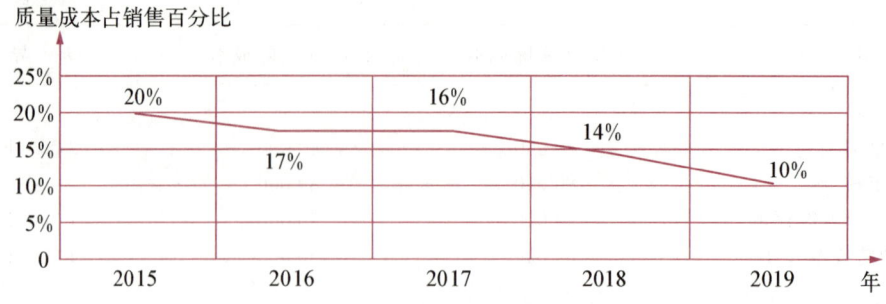

[图表：某企业多期质量趋势折线图，显示2015年20%、2016年17%、2017年16%、2018年14%、2019年10%]

图 9-1　某企业多期质量趋势折线图

总之，管理会计报告需要根据企业（或组织）所面临的管理问题，运用管理会计的工具和方法，融合业务与财务，整合财务信息和非财务信息，形成对企业（或组织）内部管理决策有用的报告信息。

任务二　管理会计信息系统

一、管理会计信息系统的概念

管理会计信息系统，是指以财务和业务信息为基础，借助计算机、网络通信等现代信息技术手段，对管理会计信息进行收集、整理、加工、分析和报告等操作处理，为企业有效开展管理会计活动提供全面、及时、准确信息支持的各功能模块的有机集合。

二、建设和应用管理会计信息系统应遵循的原则

企业建设和应用管理会计信息系统，一般应遵循以下原则。

（一）系统集成原则

管理会计信息系统各功能模块应集成在企业整体信息系统中，与财务和业务信息系统紧密结合，实现信息的集中统一管理，以及财务和业务信息到管理会计信息的自动生成。

（二）数据共享原则

企业建设管理会计信息系统应实现系统间的无缝对接，通过统一的规则和标准，实现数据的一次采集，全程共享，避免产生信息孤岛。

（三）规则可配原则

管理会计信息系统各功能模块应提供规则配置功能，实现其他信息系统与管理会计信息系统相关内容的映射和自定义配置。

（四）灵活扩展原则

管理会计信息系统应具备灵活扩展性，通过及时补充有关参数或功能模块，对环境、业务、产品、组织和流程等的变化及时作出响应，满足企业内部管理需要。

（五）安全可靠原则

应充分保障管理会计信息系统的设备、网络、应用及数据安全，严格控制授权，做好数据灾备建设，具备良好的抵御外部攻击能力，保证系统的正常运行并确保信息的安全、保密、完整。

三、管理会计信息系统的应用环境

企业建设管理会计信息系统，一般应具备以下条件：

（1）对企业战略、组织结构、业务流程、责任中心等有清晰的定义。

（2）设有具备管理会计职能的相关部门或岗位，具有一定的管理会计工具方法的应用基础以及相对清晰的管理会计应用流程。

（3）具备一定的财务和业务信息系统应用基础，包括已经实现了相对成熟的财务会计系统的应用，并在一定程度上实现了经营计划管理、采购管理、销售管理、库存管理等基础业务管理职能的信息化。

四、管理会计信息系统建设和应用程序

管理会计信息系统的建设和应用程序既包括系统的规划和建设过程；也包括系统的应用过程，即输入、处理和输出过程。

（一）管理会计信息系统规划和建设

管理会计信息系统规划和建设过程一般包括系统规划、系统实施和系统维护等环节。

1. 系统规划环节

在管理会计信息系统的规划环节，企业应将管理会计信息系统规划纳入企业信息系统建设的整体规划中，遵循整体规划、分步实施的原则，根据企业的战略目标和管理会计应用目标，形成清晰的管理会计应用需求，因地制宜逐步推进。

2. 系统实施环节

在管理会计信息系统实施环节，企业应制订详尽的实施计划，清晰划分实施的主要阶段、有关活动和详细任务的时间进度。实施阶段一般包括项目准备、系统设计、系统实现、测试和上线、运维及支持等过程。

（1）在项目准备阶段，企业主要应完成系统建设前的基础工作，一般包括确定实施目标、实施组织范围和业务范围，调研信息系统需求，进行可行性分析，制订项目计划、资源安排和项目管理标准，开展项目动员及初始培训等。

（2）在系统设计阶段，企业主要应对组织现有的信息系统应用情况、管理会计工作现状和信息系统需求进行调查，梳理管理会计应用模块和应用流程，据此设计管理会计信息系统的实施方案。

（3）在系统实现阶段，企业主要应完成管理会计信息系统的数据标准化建设、系统配置、功能和接口开发及单元测试等工作。

（4）在测试和上线阶段，企业主要应实现管理会计信息系统的整体测试、权限设置、系统部署、数据导入、最终用户培训和上线切换过程。必要时，企业还应根据实际情况进行预上线演练。

3. 系统维护环节

企业应做好管理会计信息系统的运维和支持，实现日常运行维护支持及上线后持续培训和系统优化。

（二）管理会计信息系统的应用程序

管理会计信息系统的应用程序一般包括输入、处理和输出三个环节。

1. 输入环节

输入环节，是指管理会计信息系统采集或输入数据的过程。管理会计信息系统需提供已定义清楚数据规则的数据接口，以自动采集财务和业务数据。同时，系统还应支持本系统其他数据的手工录入，以利于相关业务调整和补充信息的需要。

2. 处理环节

处理环节，是指借助管理会计工具模型进行数据加工处理的过程。管理会计信息系统可以充分利用数据挖掘、在线分析处理等商业智能技术，借助相关工具对数据进行综合查询、分析统计，挖掘出有助于企业管理活动的信息。

3. 输出环节

输出环节，是指提供丰富的人机交互工具、集成通用的办公软件等成熟工具，自动生成或导出数据报告的过程。数据报告的展示形式应注重易读性和可视性。

最终的系统输出结果不仅可以采用独立报表或报告的形式展示给用户，也可以输出或嵌入到其他信息系统中，为各级管理部门提供管理所需的相关的、及时的信息。

五、管理会计信息系统的模块

管理会计信息系统的模块包括成本管理、预算管理、绩效管理、投资管理、管理会计报告以及其他功能模块。管理会计信息系统的框架如图9-2所示。

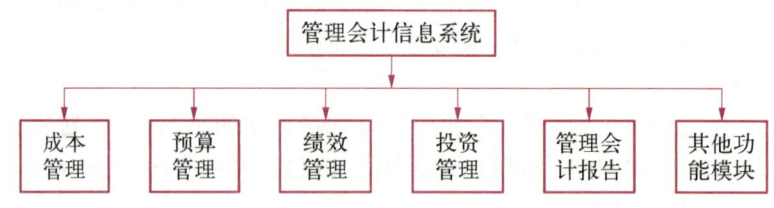

图9-2 管理会计信息系统框架图

（一）成本管理模块

成本管理模块应实现成本管理的各项主要功能，包括对成本要素、成本中心、成本对象等参数的设置，以及成本核算方法的配置，从财务会计核算模块、业务处理模块以及人力资源模块等抽取所需数据，进行精细化成本核算，生成分产品、分批次（订单）、分环节、分区域等多维度的成本信息，以及基于成本信息进行成本分析，实现成本的有效控制，为全面成本管理的事前计划、事中控制、事后分析提供有效的支持。

成本管理模块应提供基于指标分摊、基于作业分摊等多种成本分摊方法，利用预定义的规则，按要素、期间、作业等进行分摊。

1. 成本核算

成本核算主要完成对企业生产经营过程各个交易活动或事项的实际成本信息的收集、归纳、整理，并计算出实际发生的成本数据，支持多种成本计算和分摊方法，准确地度量、分摊和分配实际成本。

成本核算的输入信息一般包括业务事项的记录和货币计量数据等。企业应使用具体成本工具方法（如完全成本法、变动成本法、作业成本法、目标成本法、标准成本法），建立相应的计算模型，以各级成本中心为核算主体，完成成本核算的处理过程。成本核算处理过程结束后,应能够输出实际成本数据、管理层以及各个业务部门所需要的成本核算报告等。

2. 成本分析

成本分析主要实现对实际成本数据的分类比较、因素分析比较等,发现成本和利润的驱动因素,形成评价结论,编制成各种形式的分析、评价指标报告等。

成本分析的输入信息一般包括成本标准或计划数据、成本核算子模块生成的成本实际数据等。企业应根据输入数据和规则,选择具体分析评价方法(如差异分析法、趋势分析法、结构分析法),对各个成本中心的成本绩效进行分析比较,汇总形成各个责任中心及企业总体成本的绩效报告,并输出成本分析报告、成本绩效评价报告等。

3. 成本预测

成本预测主要实现不同成本对象的成本估算预测。

成本预测的输入信息一般包括业务计划数据、成本评价结果、成本预测假设条件以及历史数据、行业对标数据等。企业应运用成本预测模型(如算术平均法、加权平均法、平滑指数法)对下一个工作周期的成本需求进行预测,根据经验或行业可比数据对模型预测结果进行调整,并输出成本预测报告。

4. 成本控制

成本控制主要按照既定的成本费用目标,对构成成本费用的诸要素进行规划、限制和调节,及时纠正偏差,控制成本费用超支,把实际耗费控制在成本费用计划范围内。

成本控制的输入信息一般包括成本费用目标和政策、成本分析报告、预算控制等。企业应建立工作流程审批授权机制,以实现费用控制过程,通过成本预警机制实现成本控制的处理过程,输出费用支付清单、成本控制报告等。

(二)预算管理模块

预算管理模块应实现的主要功能包括预算目标制订和计划制订、预算编制、预算执行控制、预算调整、预算分析和评价等全过程的信息化管理。预算管理模块应能提供给企业根据业务需要编制多期间、多情景、多版本、多维度预算计划的功能,以满足预算编制的要求。

1. 预算目标和计划制订

预算目标和计划制订主要完成企业目标设定和业务计划的制订,实现预算的启动和准备过程。

预算目标和计划制订的输入信息一般包括企业远景与战略规划、内外部环境信息、投资者和管理者期望、往年绩效数据、经营状况预测以及公司战略举措、各业务板块主要业绩指标等。企业应对内外部环境和问题进行分析,评估预算备选方案,制订详细的业务计划,输出企业与各业务板块主要绩效指标和部门业务计划等。

2. 预算编制

预算编制主要完成预算目标设定、预算分解和目标下达、预算编制和汇总以及预算审批过程,实现自上而下、自下而上等多种预算编制流程,并提供固定预算、弹性预算、零基预算、滚动预算、作业预算等一种或多种预算编制方法的处理机制。

预算编制的输入信息一般包括历史绩效数据、关键绩效指标、预算驱动因素、管理费用标准等。企业应借助适用的预测方法(如趋势预测、平滑预测、回归预测)建立预测模型,辅助企业制订预算目标,依据预算管理体系,自动分解预算目标,辅助预算的审批流程,自动汇总预算。最终输出结果应为各个责任中心的预算方案等。

3. 预算执行控制

预算执行控制主要实现预算信息模块与各财务和业务系统的及时数据交换,实现对财务和业务预算执行情况的实时控制等。

预算执行控制的输入信息一般包括企业各业务板块及部门的主要绩效指标、业务计划、预算执行控制标准及预算执行情况等。企业应通过对数据的校验、比较和查询汇总,比对预算目标和执行情况的差异;建立预算监控模型,预警和冻结超预算情形,形成预算执行情况报告;执行预算控制审核机制以及例外预算管理等。最终输出结果为预算执行差异分析报告、经营调整措施等。

4. 预算调整

预算调整主要实现对部分责任中心的预算数据进行调整,完成调整的处理过程等。

预算调整的输入信息一般包括企业各业务板块及部门的主要绩效指标、预算执行差异分析报告等。企业对预算数据进行调整,并依据预算管理体系,自动分解调整后的预算目标,辅助调整预算的审批流程,自动汇总预算。最终输出结果为各个责任中心的预算调整报告、调整后的绩效指标等。

5. 预算分析和评价

预算分析和评价主要提供多种预算分析模型,实现在预算执行的数据基础上,对预算数和实际发生数进行多期间、多层次、多角度的预算分析,最终完成预算的业绩评价,为绩效考核提供数据基础。

预算分析和评价的输入信息一般包括预算指标及预算执行情况,以及业绩评价的标准与考核办法等数据。企业应建立差异计算模型,实现预算差异的计算,辅助实现差异成因分析过程,最终输出部门、期间、层级等多维度的预算差异分析报告等。

(三)绩效管理模块

绩效管理模块主要实现业绩评价和激励管理过程中各要素的管理功能,一般包括业绩计划和激励计划的制订、业绩计划和激励计划的执行控制、业绩评价与激励实施管理等,为企业的绩效管理提供支持。

绩效管理模块应提供企业各项关键绩效指标的定义和配置功能,并可从其他模块中自动获取各业务单元或责任中心相应的实际绩效数据,进行计算处理,形成绩效执行情况报告及差异分析报告。

1. 业绩计划和激励计划制订

业绩计划和激励计划制订,主要完成绩效管理目标和标准的设定、绩效管理目标的分解和下达、业绩计划和激励计划的编制过程,以及计划的审批流程。

业绩计划和激励计划制订的输入信息一般包括企业及各级责任中心的战略关键绩效指标和年度经营关键绩效指标,以及企业绩效评价考核标准、绩效激励形式、条件等基础数据。处理过程一般包括构建指标体系、分配指标权重、确定业绩目标值、选择业绩评价计分方法以及制订薪酬激励、能力开发激励、职业发展激励等多种激励计划输出各级考核对象的业绩计划、绩效激励计划等。

2. 业绩计划和激励计划的执行控制

业绩计划和激励计划的执行控制,主要实现预算系统与各业务系统的及时数据交换,实现对业绩计划与激励计划执行情况的实时控制等。

业绩计划和激励计划执行控制的输入信息一般包括绩效实际数据以及业绩计划和激励计划等。企业应建立指标监控模型,根据指标计算办法计算指标实际值,比对实际值与目标值的偏差,输出业绩计划和激励计划执行差异报告等。

3. 业绩评价和激励实施管理

业绩评价和激励实施管理主要实现对计划的执行情况进行评价,形成综合评价结果,向被评价对象反馈改进建议及措施等。

业绩评价和激励实施管理的输入信息一般包括被评价对象的业绩指标实际值和目标值、指标计分方法和权重等。企业应选定评分计算方法计算评价分值,形成被评价对象的综合评价结果,输出业绩评价结果报告和改进建议等。

(四) 投资管理模块

投资管理模块主要实现对企业投资项目进行计划和控制的系统支持过程,一般包括投资计划的制订和对每个投资项目进行的及时管控等。

投资管理模块应与成本管理模块、预算管理模块、绩效管理模块和管理会计报告模块等进行有效集成和数据交换。企业可以根据实际情况,将项目管理功能集成到投资管理模块中去,可以实施单独的项目管理模块来实现项目的管控过程。

项目管理模块主要实现对投资项目的系统化管理过程,一般包括项目设置、项目计划与预算、项目执行、项目结算与关闭、项目报告以及项目后审计等功能。

(1) 项目设置。主要完成项目定义(如项目名称、项目期间、成本控制范围、利润中心等参数),以及工作分解定义、作业和项目文档等的定义和设置,为项目管理提供基础信息。

(2) 项目计划与预算。主要完成项目里程碑计划、项目实施计划、项目概算、项目利润及投资测算、项目详细预算等过程,并帮助实现投资预算的审核和下达过程。

项目里程碑计划,一般包括对项目的关键节点进行定义,在关键节点对项目进行检查和控制,以及确定项目各阶段的开始和结束时间等。

(3) 项目执行。主要实现项目的拨款申请,投资计量,项目实际发生值的确定、计算和汇总,以及与目标预算进行比对,对投资进行检查和成本管控。

(4) 项目结算与关闭。通过定义的结算规则,运用项目结算程序,对项目实现期末结账处理。结算完成后,对项目执行关闭操作,保证项目的可控性。

(5) 项目报告。项目管理模块应向用户提供关于项目数据的各类汇总报表及明细报表,主要包括项目计划、项目投资差异分析报告等。

(6) 项目后审计。企业可以根据实际需要,在项目管理模块中提供项目后辅助审计功能,依据项目计划和过程建立工作底稿,对项目的实施过程、成本、绩效等进行审计和项目后评价。

(五) 管理会计报告模块

管理会计报告模块应实现基于信息系统中财务数据、业务数据自动生成管理会计报告,支持企业有效实现各项管理会计活动。管理会计报告应具备以下功能:

(1) 管理会计报告模块应为用户生成报告提供足够丰富、高效、及时的数据源,必要时应建立数据仓库和数据集市,形成统一规范的数据集,并在此基础上,借助数据挖掘等商务智能工具方法,自动生成多维度报表。

(2) 管理会计报告模块应为企业战略层、经营层和业务层提供丰富的通用报告模板。

(3) 管理会计报告模块应为企业提供灵活的自定义报告功能。企业可以借助报表工具自定义管理会计报表的报告主体、期间（定期或不定期）、结构、数据源、计算公式以及报表展现形式等。系统可以根据企业自定义报表的模板自动获取数据进行计算加工，并以预先定义的展现形式输出。

(4) 管理会计报告模块应提供用户追溯数据源的功能。用户可以在系统中对报告的最终结果数据进行追溯，可以层层追溯其数据来源和计算方法，直至业务活动。

(5) 管理会计模块可以以独立的模块形式存在于信息系统中，从其他管理会计模块中获取数据生成报告；也可内嵌到其他管理会计模块中，作为其他管理会计模块重要的输出环节。

(6) 管理会计报告模块应与财务报告系统相关联，既能有效生成企业整体报告，也能生成分部报告，并实现整体报告和分部报告的联查。

习 题 与 实 训

任务一　管理会计报告的编制

一、判断题

1. 企业管理会计报告，是根据财务和业务的基础信息加工整理形成的。　　（　　）
2. 管理会计报告是一种为企业价值管理和决策支持所需要的内部报告。　　（　　）
3. 战略层管理会计报告是为战略层开展战略规划、决策、控制和评价以及其他方面的管理活动提供相关信息的对内报告。　　（　　）
4. 管理会计报告是基于因果关系链的管理活动各环节的结果报告和原因报告。（　　）
5. 因管理会计报告属于对内报告，很少对外提供，因此责任者编制完成即可报送。
　　　　　　　　　　　　　　　　　　　　　　　　　　　　　　　　　（　　）
6. 企业管理会计报告的编制、审批、报送、使用等应与企业组织架构相适应。（　　）
7. 经营层管理会计报告的报告对象是企业的业务部门、职能部门以及车间、班组等。
　　　　　　　　　　　　　　　　　　　　　　　　　　　　　　　　　（　　）
8. 同财务报告一样，管理会计报告的形式、内容等，全部由会计准则来确定。（　　）
9. 企业管理会计报告按照报告主体整体性程度可分为整体报告和分部报告。（　　）
10. 企业管理会计报告由财务会计信息归集、处理并报送的责任部门编制。（　　）

二、单项选择题

1. 下列关于管理会计报告的说法中，正确的是（　　）。
   A. 管理会计报告的内容是根据会计准则确定的
   B. 管理会计报告的内容是根据企业需要确定的
   C. 管理会计报告的内容是根据企业管理制度确定的
   D. 管理会计报告的内容是根据外部使用的需要确定的
2. 下列关于管理会计报告工作流程的说法中，正确的是（　　）。
   A. 管理会计报告工作流程是由法律规定的
   B. 管理会计报告工作流程与企业的组织框架相适应

C. 管理会计报告的工作流程由管理者确定

D. 各企业的管理会计报告内容不同,但工作流程相同

3. 下列各项中,属于企业战略管理报告中内部环境的是(　　)。

　　A. 客户　　　　　B. 竞争者　　　　C. 供应商　　　　D. 员工

4. 下列各项中,属于企业战略管理报告内容的是(　　)。

　　A. 内外部环境分析　　B. 价值分析　　C. 价值创造目标　　D. 重大事项

5. 按企业使用报告的层级,可以将管理会计报告分为(　　)。

　　A. 战略管理报告、战略层报告和分部报告

　　B. 战略层报告、经营层报告和业务层报告

　　C. 战略层报告、经营层报告和整体报告

　　D. 战略层报告、业务层报告和专项报告

6. 下列关于管理会计报告的说法中,正确的是(　　)。

　　A. 管理会计报告是一种为企业价值管理和决策支持所需要的内部报告

　　B. 管理会计报告是一种为利益相关者提供决策支持所需要的报告

　　C. 管理会计报告很少对内报告,而主要是对外提供信息

　　D. 管理会计报告是对内的一种报告,因而它在报告的形式要件上没有什么规定

7. 下列各项中,属于管理会计信息的是(　　)。

　　A. 财务与非财务信息　　　　B. 财务与人力资源信息

　　C. 非财务与环境信息　　　　D. 业务基础与非财务信息

8. 下列各项中,不属于战略层管理会计报告的报告对象的是(　　)。

　　A. 股东大会　　　B. 董事会　　　C. 监事会　　　D. 总经理

9. 下列各项中,不属于经营层管理会计报告的是(　　)。

　　A. 采购业务报告　　　　B. 全面预算管理报告

　　C. 融资分析报告　　　　D. 盈利分析报告

10. 下列各项中,属于业务层管理会计报告的是(　　)。

　　A. 资金管理报告　B. 投资分析报告　C. 成本管理报告　D. 人力资源报告

三、多项选择题

1. 全面预算管理报告的内容有(　　)。

　　A. 预算目标制订　　　　B. 预算目标的分解

　　C. 预算执行差异分析　　D. 预算考评

2. 下列各项中,属于企业管理会计报告的工作环节的有(　　)。

　　A. 编制　　　　B. 审批　　　　C. 报送　　　　D. 使用与评价

3. 按报告内容分,管理会计报告可分为(　　)。

　　A. 综合报告　　B. 专项报告　　C. 整体报告　　D. 分部报告

4. 企业的成本管理报告中主要包括的信息有(　　)。

　　A. 成本预算　　　　　　B. 实际成本及其差异

　　C. 成本差异形成原因　　D. 改进措施

5. 管理会计报告按其功能可分为(　　)。

　　A. 管理规划报告　B. 管理决策报告　C. 管理控制报告　D. 管理评价报告

283

6. 下列各项中,属于战略层管理会计报告的有(　　　)。
　A. 综合业绩报告　　　　　　　　B. 全面预算管理报告
　C. 融资分析报告　　　　　　　　D. 价值创造报告

7. 下列各项中,属于经营层管理会计报告的有(　　　)。
　A. 成本管理报告　　　　　　　　B. 全面预算管理报告
　C. 融资分析报告　　　　　　　　D. 盈利分析报告

8. 下列各项中,属于业务层管理会计报告的有(　　　)。
　A. 资金管理报告　　　　　　　　B. 研究开发报告
　C. 采购业务报告　　　　　　　　D. 售后服务业务报告

9. 下列各项中,属于业务层管理会计报告对象的有(　　　)。
　A. 总经理　　　B. 业务部门　　　C. 职能部门　　　D. 生产车间或班组

10. 下列各项中,属于业绩评价报告内容的有(　　　)。
　A. 绩效目标或关键绩效目标　　　B. 实际执行结果
　C. 差异分析与考评结果　　　　　D. 相关建议

四、实训题

实训一

(一)实训目的

掌握管理会计报告的编制方法。

(二)实训资料

某电子仪器公司是一家主要生产迷你型微型电风扇的企业。2019 年发生销售收入 8 640 万元。作为质量改进的第一步,该企业收集了 2019 年的业务数据,如表 9-12 所示。

表 9-12　　　　　　　　　　　成本项目数据　　　　　　　　　　单位:万元

成　本　项　目	金　　额
生产线检查	55
质量培训	120
退货	100
保修	68
预防性设备维修	20
回收已售产品	157
质量标准制订与激励	67
废弃产品	30
作业中断	40
产品检测设备	88
产品责任赔偿	20
供应商评估	15

续 表

成 本 项 目	金 额
返工	35
到货原材料检测	25
因缺陷产品而发生诉讼费用	240

（三）实训要求

根据以上资料，编制一份质量成本报告，填制表9-13。

表9-13　　　　　　　　　　　质量成本报告

质量成本项目	实际成本支出/万元	占质量成本总额比例	占销售额比例
预防成本：	—	—	—
预防成本合计			
鉴定成本：	—	—	—
鉴定成本合计			
内部失败成本：	—	—	—
内部失败成本合计			
外部失败成本：	—	—	—

续 表

质量成本项目	实际成本支出/万元	占质量成本总额比例	占销售额比例
外部失败成本合计			
质量成本合计			

实训二

(一) 实训目的

通过案例分析,熟悉管理会计报告框架。

(二) 实训资料

得力集团有限公司(简称"得力文具")成立于1988年,经过20余年的发展,现已是一家专业从事办公文具制造的中国民营企业500强公司,在国内轻工文教行业排名第一。得力文具的管理层提出了"创建世界一流的文具企业"的愿景,以"为消费者提供性价比最优的产品,让办公学习更得力"为使命。经过多年的经营,得力文具已经在研发、生产、产品、渠道、物流等方面引领行业的发展,现主要以品牌经营为主,为消费者提供办公采购一站式服务。

得力文具借助阿米巴管理模式,构建了战略层、管理层、操作层的三级内部管理报告体系。其主要做法是:

一是公司中高层管理人员系统学习了阿米巴经营理念,并在相关业务部门引入了阿米巴管理模式。阿米巴经营理念根据管理的需要,把业务单位分割成细小的独立单元进行管理与财务核算,实质上就是一个特殊的管理会计系统。

二是对财务组织架构进行重构,使财务会计与管理会计彻底分离,并在此基础上,构建了涵盖战略层、管理层和操作层三个层级的基于管理会计主体的组织架构,又称为构建内生动力的阿米巴组织。就如动车组的特点一样,经营动力结构多元化、分散化、均衡化,每一个节点都是动力制动点。

三是基于管理会计主体的组织架构,构建相应的内部管理报告体系。综合考虑了营销渠道、材料供应来源与企业自身的组织架构等重要因素,得力文具自上而下制定了包含战略层、管理层、操作层及专题项目等的完整的报告体系。

四是确定内部管理报告的具体内容和模板。得力文具在管理报告体系中不仅纳入了财务指标,还纳入了人力资本、顾客与市场、过程管理、学习成长等非财务指标。具体内容由财务负责人与管理主体负责人一起讨论确定。

五是完善内部管理报告的运行环境。首先,完善信息化建设,实现财务业务一体化管理,导入外延专业管理信息化系统和商务智能系统;其次,构建涵盖战略财务、共享财务、业务财务的财务组织架构;最后,与地方高等院校合作,创办得力管理学院,除每月开设营销、生产、品质和财务等管理类课程外,加大管理会计知识的培训,由集团分管财务的副总经理牵头,制订了适合管理人员的管理会计课程,为内部管理报告的准确、及时、有效执行提供了人才保障。

(三) 实训要求

(1) 分析得力文具的管理会计报告基本内容,总结出管理会计的特征。

(2) 得力文具成功的内部管理会计报告的秘诀是什么?

{资料来源：吴富中.基于管理会计的内部管理报告体系构建——以得力文具为例[J].财会月刊,2016(04)}

任务二　管理会计信息系统

一、判断题

1. 系统集成性要求企业各信息功能模块集成于单位的整体管理信息系统中，以保证财务信息系统和业务信息系统紧密结合。（　　）

2. 管理会计信息系统的建设和应用程序既包括系统的规划和建设过程，也包括系统的应用过程。（　　）

3. 管理会计信息系统的应用程序包括输入、处理和输出三个环节。（　　）

4. 投资管理模块与成本管理、预算管理、绩效管理和管理会计报告等模块之间不存在数据交换问题。（　　）

5. 成本管理模块可以生成分产品、分批次（订单）、分环节、分区域等多维度的成本信息。（　　）

6. 成本分析的输入信息一般包括成本标准或计划数据、成本核算子模块生成的成本实际数据等。（　　）

7. 预算管理模块应能提供给企业根据业务需要编制多期间、多场景、多版本、多维度预算计划的功能，以满足预算编制的要求。（　　）

8. 预算调整主要实现对全部责任中心的预算数据进行调整、完成调整的处理过程等。（　　）

9. 业绩评价和激励实施管理主要实现对计划执行情况的评价。（　　）

10. 投资管理模块应实现对企业具体投资项目的管控过程。（　　）

11. 管理会计报告模块应为企业战略层、经营层和业务层提供丰富的通用报告模板。（　　）

12. 管理会计报告模块应实现基于信息系统中财务数据、业务数据自动生成管理会计报告的功能。（　　）

二、单项选择题

1. 下列各项中，属于管理会计信息系统安全性原则的是（　　）。

　　A. 严格控制授权　　B. 设置功能模块　　C. 补充参数　　D. 统一标准

2. 下列各项中，正确的是（　　）。

　　A. 数据处理就是数据挖掘

　　B. 数据处理就是在线分析

　　C. 数据处理就是通过商业智能技术对数据进行加工处理，并能提供综合查询和分析统计的过程

　　D. 数据处理就是综合查询和分析统计

3. 下列各项中，不属于管理会计信息系统的规划与建立子系统的要素的是（　　）。

　　A. 输入　　B. 处理　　C. 实施　　D. 输出

4. 管理会计信息系统，是指以（　　）为基础，借助计算机、网络通信等现代信息技术手段，对管理会计信息进行收集、整理、加工、分析和报告等操作处理，为企业有效开展管理会计活动提供全面、及时、准确信息支持的各功能模块的有机集合。

A. 财务信息　　　　B. 业务信息　　　　C. 财务和业务信息　　D. 会计信息

5. 在管理会计信息系统的规划环节应遵循的原则是(　　)。

A. 整体规划　　　　　　　　　　　　B. 分步实施

C. 整体规划、分步实施　　　　　　　D. 因地制宜、逐步推进

6. 下列各项中,不属于预算编制的输入信息的是(　　)。

A. 历史绩效数据　　B. 关键绩效指标　　C. 预算驱动因素　　D. 制造费用标准

7. 下列各项中,不属于项目管理模块功能的是(　　)。

A. 项目计划与预算　B. 项目核算　　　　C. 项目结算与关闭　D. 项目后审计

8. 下列各项中,关于管理会计报告模块的表述不正确的是(　　)。

A. 管理会计报告模块应为用户生成报告提供足够丰富、高效、及时的数据源

B. 管理会计报告模块应为企业战略层、经营层和业务层提供丰富的专用报告模板

C. 管理会计报告模块应为企业提供灵活的自定义报告功能

D. 管理会计报告模块应提供用户追溯数据源的功能

三、多项选择题

1. 从信息论的角度看,下列各项中,属于管理会计信息系统信息模块的有(　　)。

A. 成本模块　　　　B. 预算模块　　　　C. 绩效模块　　　　D. 报告模块

2. 企业在构建管理会计信息系统时应描述的内容有(　　)。

A. 企业战略　　　　B. 组织结构　　　　C. 业务流程　　　　D. 责任中心

3. 从信息的电子处理角度看,组织管理会计报告应用子系统的方式有(　　)。

A. 输入　　　　　　B. 输出　　　　　　C. 处理　　　　　　D. 建设

4. 企业建设和应用管理会计信息系统,一般应遵循的原则有(　　)。

A. 系统集成原则　　B. 数据共享原则　　C. 规则可配原则　　D. 灵活扩展原则

5. 企业建设管理会计信息系统,一般应具备的条件有(　　)。

A. 对企业战略、组织结构、业务流程、责任中心等有清晰的定义

B. 具有一定的管理会计工具方法的应用基础

C. 具有相对清晰的管理会计应用流程

D. 具备一定的财务和业务信息系统应用基础

6. 管理会计信息系统规划和建设过程一般包括(　　)环节。

A. 系统规划　　　　B. 系统实施　　　　C. 系统维护　　　　D. 系统升级

7. 管理会计信息系统实施环节一般包括(　　)。

A. 项目准备　　　　B. 系统设计　　　　C. 系统实现　　　　D. 测试和上线

8. 预算管理模块应实现的主要功能包括(　　)。

A. 预算参数设置　　B. 预算管理模型搭建　C. 预算目标制订　　D. 预算执行控制

9. 预算管理模块应实现的主要功能包括(　　)。

A. 预算参数设置　　　　　　　　　　B. 预算管理模型搭建

C. 预算目标制订　　　　　　　　　　D. 预算执行控制

四、实训题

(一)实训目的

通过案例分析,熟悉管理会计信息化的建设经验。

(二) 实训资料

T集团在集团战略转型的新形势下,借助财务共享中心,形成了未来大财务体系下的三大财务组织架构(业务财务、共享财务、战略财务),有力地支持了业务进一步扩张。其主要做法是:

一是在整体规划上,T集团采取了业务集中试点、设计规划蓝图和分板块进行系统平台建设这一"三步走"的建设路径,分期建设、循序渐进,有力确保了财务共享建设的顺利进行和成功实施。

二是在共享模式上,基于组织架构和管控特点,T集团选择了联邦制共享中心模式,即在集中部署、集中数据存储模式下,每个共享中心"联邦"(即不同业务板块的各个分公司、子公司)都可以独立设计主数据内容、核算账套、报账单据、审批流程、用户及权限。

三是在财务角色上,T集团以财务共享为切入点实施财务转型,将财务人员分成三类角色:业务财务、共享财务、战略财务,使每位财务人员都能充分认识到个人的发展路径和所需要掌握的业务能力,以更好地为公司创造价值,并实现自我提升与发展。

四是在职能架构上,T集团坚持专业化分工,按财务管理线条明细分布,依据会计核算职能、增值服务职能和内部管理职能这三大职能,在共享中心内部设立了9大职能部门,实现了对同类单据的集中审核、同类工作的集中处理,提高了财务共享中心的业务处理效率。

五是在业务流程上,T集团对总账、应收账款、应付账款、固定资产、费用报销、资金、税务、运营支持、主数据这9个大流程、62个一级自流程、143个二级自流程逐一梳理和筛选,明确事前预算控制、事中信息共享、事后同步入账等三个关键节点,建立了统一、优化的交易处理流程和财务核算流程。

六是在系统架构上,T集团基于共享平台,整合了一系列并行的功能系统,形成了多系统一体化的数据共享服务平台,实现了电子流、实物流、审批流这"三流"的集中管控、集中存储和集中应用。

(三) 实训要求

请查阅网络相关资料,了解T集团管理会计信息化的成功经验,结合上述资料思考并回答以下问题:

(1) T集团财务信息化建设的原则是什么?
(2) T集团"联邦制共享中心模式"的基本含义是什么?
(3) T集团对财务人员是如何分工的?

管理会计报告与管理会计信息系统
在线测试

2019年高职会计技能大赛
——管理会计环节试题(节选)

附录 资金时间价值系数表

附表一 复利终值系数表

期数	1%	2%	3%	4%	5%	6%	7%	8%	9%	10%
1	1.010 0	1.020 0	1.030 0	1.040 0	1.050 0	1.060 0	1.070 0	1.080 0	1.090 0	1.100 0
2	1.020 1	1.040 4	1.060 9	1.081 6	1.102 5	1.123 6	1.144 9	1.166 4	1.188 1	1.210 0
3	0.000 0	1.061 2	1.092 7	1.124 9	1.157 6	1.191 0	1.225 0	1.259 7	1.295 0	1.331 0
4	1.040 6	1.082 4	1.125 5	1.169 9	1.215 5	1.262 5	1.310 8	1.360 5	1.411 6	1.464 1
5	1.051 0	1.104 1	1.159 3	1.216 7	1.276 3	1.338 2	1.402 6	1.469 3	1.538 6	1.610 5
6	1.061 5	1.126 2	1.194 1	1.265 3	1.340 1	1.418 5	1.500 7	1.586 9	1.677 1	1.771 6
7	1.072 1	1.148 7	1.229 9	1.315 9	1.407 1	1.503 6	1.605 8	1.713 8	1.828 0	1.948 7
8	1.082 9	1.171 7	1.266 8	1.368 6	1.477 5	1.593 8	1.718 2	1.850 9	1.992 6	2.143 6
9	1.093 7	1.195 1	1.304 8	1.423 3	1.551 3	1.689 5	1.838 5	1.999 0	2.171 9	2.357 9
10	1.104 6	1.219 0	1.343 9	1.480 2	1.628 9	1.790 8	1.967 2	2.158 9	2.367 4	2.593 7
11	1.115 7	1.243 4	1.384 2	1.539 5	1.710 3	1.898 3	2.104 9	2.331 6	2.580 4	2.853 1
12	1.126 8	1.268 2	1.425 8	1.601 0	1.795 9	2.012 2	2.252 2	2.518 2	2.812 7	3.138 4
13	1.138 1	1.293 6	1.468 5	1.665 1	1.885 6	2.132 9	2.409 8	2.719 6	3.065 8	3.452 3
14	1.149 5	1.319 5	1.512 6	1.731 7	1.979 9	2.260 9	2.578 5	2.937 2	3.341 7	3.797 5
15	1.161 0	1.345 9	1.558 0	1.800 9	2.078 9	2.396 6	2.759 0	3.172 2	3.642 5	4.177 2
16	1.172 6	1.372 8	1.604 7	1.873 0	2.182 9	2.540 4	2.952 2	3.425 9	3.970 3	4.595 0
17	1.184 3	1.400 2	1.652 8	1.947 9	2.292 0	2.692 8	3.158 8	3.700 0	4.327 6	5.054 5
18	1.196 1	1.428 2	1.702 4	2.025 8	2.406 6	2.854 3	3.379 9	3.996 0	4.717 1	5.559 9
19	1.208 1	1.456 8	1.753 5	2.106 8	2.527 0	3.025 6	3.616 5	4.315 7	5.141 7	6.115 9
20	1.220 2	1.485 9	1.806 1	2.191 1	2.653 3	3.207 1	3.869 7	4.661 0	5.604 4	6.727 5
21	1.232 4	1.515 7	1.860 3	2.278 8	2.786 0	3.399 6	4.140 6	5.033 8	6.108 8	7.400 2
22	1.244 7	1.546 0	1.916 1	2.369 9	2.925 3	3.603 5	4.430 4	5.436 5	6.658 6	8.140 3
23	1.257 2	1.576 9	1.973 6	2.464 7	3.071 5	3.819 7	4.740 5	5.871 5	7.257 9	8.954 3
24	1.269 7	1.608 4	2.032 8	2.563 3	3.225 1	4.048 9	5.072 4	6.341 2	7.911 1	9.849 7
25	1.282 4	1.640 6	2.093 8	2.665 8	3.386 4	4.291 9	5.427 4	6.848 5	8.623 1	10.834 7

（续表）

期数	1%	2%	3%	4%	5%	6%	7%	8%	9%	10%
26	1.295 3	1.673 4	2.156 6	2.772 5	3.555 7	4.549 4	5.807 4	7.396 4	9.399 2	11.918 2
27	1.308 2	1.706 9	2.221 3	2.883 4	3.733 5	4.822 3	6.213 9	7.988 1	10.245 1	13.110 0
28	1.321 3	1.741 0	2.287 9	2.998 7	3.920 1	5.111 7	6.648 8	8.627 1	11.167 1	14.421 0
29	1.334 5	1.775 8	2.356 6	3.118 7	4.116 1	5.418 4	7.114 3	9.317 3	12.172 2	15.863 1
30	1.347 8	1.811 4	2.427 3	3.243 4	4.321 9	5.743 5	7.612 3	10.062 7	13.267 7	17.449 4
35	1.416 6	1.999 9	2.813 9	3.946 1	5.516 0	7.686 1	10.676 6	14.785 3	20.414 0	28.102 4
40	1.488 9	2.208 0	3.262 0	4.801 0	7.040 0	10.285 7	14.974 5	21.724 5	31.409 4	45.259 3
45	1.564 8	2.437 9	3.781 6	5.841 2	8.985 0	13.764 6	21.002 5	31.920 4	48.327 3	72.890 5
50	1.644 6	2.691 6	4.383 9	7.106 7	11.467 4	18.420 2	29.457 0	46.901 6	74.357 5	117.391
55	1.728 5	2.971 7	5.082 1	8.646 4	14.635 6	24.650 3	41.315 0	68.913 9	114.408 3	189.060

期数	11%	12%	13%	14%	15%	16%	18%	20%	24%	28%
1	1.110 0	1.120 0	1.130 0	1.140 0	1.150 0	1.160 0	1.180 0	1.200 0	1.240 0	1.280 0
2	1.232 1	1.254 4	1.276 9	1.299 6	1.322 5	1.345 6	1.392 4	1.440 0	1.537 6	1.638 4
3	1.367 6	1.404 9	1.442 9	1.481 5	1.520 9	1.560 9	1.643 0	1.728 0	1.906 6	2.097 2
4	1.518 1	1.573 5	1.630 5	1.689 0	1.749 0	1.810 6	1.938 8	2.073 6	2.364 2	2.684 4
5	1.685 1	1.762 3	1.842 4	1.925 4	2.011 4	2.100 3	2.287 8	2.488 3	2.931 6	3.436 0
6	1.870 4	1.973 8	2.082 0	2.195 0	2.313 1	2.436 4	2.699 6	2.986 0	3.635 2	4.398 0
7	2.076 2	2.210 7	2.352 6	2.502 3	2.660 0	2.826 2	3.185 5	3.583 2	4.507 7	5.629 5
8	2.304 5	2.476 0	2.658 4	2.852 6	3.059 0	3.278 4	3.758 9	4.299 8	5.589 5	7.205 8
9	2.558 0	2.773 1	3.004 0	3.251 9	3.517 9	3.803 0	4.435 5	5.159 8	6.931 0	9.223 4
10	2.839 4	3.105 8	3.394 6	3.707 2	4.045 6	4.411 4	5.233 8	6.191 7	8.594 4	11.806
11	3.151 8	3.478 5	3.835 9	4.226 2	4.652 4	5.117 3	6.175 9	7.430 1	10.657	15.112
12	3.498 5	3.896 0	4.334 5	4.817 9	5.350 3	5.936 0	7.287 6	8.916 1	13.215	19.343
13	3.883 3	4.363 5	4.898 0	5.492 4	6.152 8	6.885 8	8.599 4	10.699	16.386	24.759
14	4.310 4	4.887 1	5.534 8	6.261 3	7.075 7	7.987 5	10.147 2	12.839	20.319	31.691
15	4.784 6	5.473 6	6.254 3	7.137 9	8.137 1	9.265 5	11.973 7	15.407	25.196	40.565
16	5.310 9	6.130 4	7.067 3	8.137 2	9.357 6	10.748 0	14.129 0	18.488	31.243	51.923
17	5.895 1	6.866 0	7.986 1	9.276 5	10.761 3	12.467 7	16.672 2	22.186	38.741	66.461
18	6.543 6	7.690 0	9.024 3	10.575 2	12.375 5	14.462 5	19.673 3	26.623	48.039	85.071
19	7.263 3	8.612 8	10.197	12.056	14.232	16.777	23.214	31.948	59.568	108.890
20	8.062 3	9.646 3	11.523	13.743	16.367	19.461	27.393	38.338	73.864	139.380
21	8.949 2	10.804	13.021	15.668	18.822	22.575	32.324	46.005	91.592	178.406
22	9.933 6	12.100	14.714	17.861	21.645	26.186	38.142	55.206	113.574	228.360
23	11.026	13.552	16.627	20.362	24.891	30.376	45.008	66.247	140.831	292.300
24	12.239	15.179	18.788	23.212	28.625	35.236	53.109	79.497	174.631	374.144
25	13.585	17.000	21.231	26.462	32.919	40.874	62.669	95.396	216.542	478.905

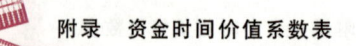

(续表)

期数	11%	12%	13%	14%	15%	16%	18%	20%	24%	28%
26	15.080	19.040	23.991	30.167	37.857	47.414	73.949	114.48	268.512	612.998
27	16.739	21.325	27.109	34.390	43.535	55.000	87.260	137.37	332.95	784.64
28	18.580	23.884	30.633	39.204	50.066	63.800	102.967	164.84	412.86	1 004.3
29	20.624	26.750	34.616	44.693	57.575	74.009	121.501	197.81	511.95	1 285.6
30	22.892	29.960	39.116	50.950	66.212	85.850	143.371	237.38	634.82	1 645.5
35	38.575	52.800	72.069	98.100	133.18	180.31	328.00	590.67	1 861.1	5 653.9
40	65.001	93.051	132.782	188.884	267.86	378.72	750.38	1 469.8	5 455.9	19 427
45	109.53	163.99	244.641	363.679	538.77	795.44	1 716.7	3 657.3	15 995	66 750
50	184.56	289.00	450.736	700.233	1 083.7	1 670.7	3 927.4	9 100.4	46 890	229 350
55	311.00	509.32	830.452	1 348.2	2 179.6	3 509.0	8 984.8	22 645	137 465	788 040

附表二 复利现值系数表

期数	1%	2%	3%	4%	5%	6%	7%	8%	9%	10%
1	0.990 1	0.980 4	0.970 9	0.961 5	0.952 4	0.943 4	0.934 6	0.925 9	0.917 4	0.909 1
2	0.980 3	0.961 2	0.942 6	0.924 6	0.907 0	0.890 0	0.873 4	0.857 3	0.841 7	0.826 4
3	0.970 6	0.942 3	0.915 1	0.889 0	0.863 8	0.839 6	0.816 3	0.793 8	0.772 2	0.751 3
4	0.961 0	0.923 8	0.888 5	0.854 8	0.822 7	0.792 1	0.762 9	0.735 0	0.708 4	0.683 0
5	0.951 5	0.905 7	0.862 6	0.821 9	0.783 5	0.747 3	0.713 0	0.680 6	0.649 9	0.620 9
6	0.942 0	0.888 0	0.837 5	0.790 3	0.746 2	0.705 0	0.666 3	0.630 2	0.596 3	0.564 5
7	0.932 7	0.870 6	0.813 1	0.759 9	0.710 7	0.665 1	0.622 7	0.583 5	0.547 0	0.513 2
8	0.923 5	0.853 5	0.789 4	0.730 7	0.676 8	0.627 4	0.582 0	0.540 3	0.501 9	0.466 5
9	0.914 3	0.836 8	0.766 4	0.702 6	0.644 6	0.591 9	0.543 9	0.500 2	0.460 4	0.424 1
10	0.905 3	0.820 3	0.744 1	0.675 6	0.613 9	0.558 4	0.508 3	0.463 2	0.422 4	0.385 5
11	0.896 3	0.804 3	0.722 4	0.649 6	0.584 7	0.526 8	0.475 1	0.428 9	0.387 5	0.350 5
12	0.887 4	0.788 5	0.701 4	0.624 6	0.556 8	0.497 0	0.444 0	0.397 1	0.355 5	0.318 6
13	0.878 7	0.773 0	0.681 0	0.600 6	0.530 3	0.468 8	0.415 0	0.367 7	0.326 2	0.289 7
14	0.870 0	0.757 9	0.661 1	0.577 5	0.505 1	0.442 3	0.387 8	0.340 5	0.299 2	0.263 3
15	0.861 3	0.743 0	0.641 9	0.555 3	0.481 0	0.417 3	0.362 4	0.315 2	0.274 5	0.239 4
16	0.852 8	0.728 4	0.623 2	0.533 9	0.458 1	0.393 6	0.338 7	0.291 9	0.251 9	0.217 6
17	0.844 4	0.714 2	0.605 0	0.513 4	0.436 3	0.371 4	0.316 6	0.270 3	0.231 1	0.197 8
18	0.836 0	0.700 2	0.587 4	0.493 6	0.415 5	0.350 3	0.295 9	0.250 2	0.212 0	0.179 9
19	0.827 7	0.686 4	0.570 3	0.474 6	0.395 7	0.330 5	0.276 5	0.231 7	0.194 5	0.163 5
20	0.819 5	0.673 0	0.553 7	0.456 4	0.376 9	0.311 8	0.258 4	0.214 5	0.178 4	0.148 6

附录 资金时间价值系数表

（续表）

期数	1%	2%	3%	4%	5%	6%	7%	8%	9%	10%
21	0.811 4	0.659 8	0.537 5	0.438 8	0.358 9	0.294 2	0.241 5	0.198 7	0.163 7	0.135 1
22	0.803 4	0.646 8	0.521 9	0.422 0	0.341 8	0.277 5	0.225 7	0.183 9	0.150 2	0.122 8
23	0.795 4	0.634 2	0.506 7	0.405 7	0.325 6	0.261 8	0.210 9	0.170 3	0.137 8	0.111 7
24	0.787 6	0.621 7	0.491 9	0.390 1	0.310 1	0.247 0	0.197 1	0.157 7	0.126 4	0.101 5
25	0.779 8	0.609 5	0.477 6	0.375 1	0.295 3	0.233 0	0.184 2	0.146 0	0.116 0	0.092 3
26	0.772 0	0.597 6	0.463 7	0.360 7	0.281 2	0.219 8	0.172 2	0.135 2	0.106 4	0.083 9
27	0.764 4	0.585 9	0.450 2	0.346 8	0.267 8	0.207 4	0.160 9	0.125 2	0.097 6	0.076 3
28	0.756 8	0.574 4	0.437 1	0.333 5	0.255 1	0.195 6	0.150 4	0.115 9	0.089 5	0.069 3
29	0.749 3	0.563 1	0.424 3	0.320 7	0.242 9	0.184 6	0.140 6	0.107 3	0.082 2	0.063 0
30	0.741 9	0.552 1	0.412 0	0.308 3	0.231 4	0.174 1	0.131 4	0.099 4	0.075 4	0.057 3
35	0.705 9	0.500 0	0.355 4	0.253 4	0.181 3	0.130 1	0.093 7	0.067 6	0.049 0	0.035 6
40	0.671 7	0.452 9	0.306 6	0.208 3	0.142 0	0.097 2	0.066 8	0.046 0	0.031 8	0.022 1
45	0.639 1	0.410 2	0.264 4	0.171 2	0.111 3	0.072 7	0.047 6	0.031 3	0.020 7	0.013 7
50	0.608 0	0.371 5	0.228 1	0.140 7	0.087 2	0.054 3	0.033 9	0.021 3	0.013 4	0.008 5
55	0.578 5	0.336 5	0.196 8	0.115 7	0.068 3	0.040 6	0.024 2	0.014 5	0.008 7	0.005 3

期数	11%	12%	13%	14%	15%	16%	18%	20%	24%	28%
1	0.900 9	0.892 9	0.885 0	0.877 2	0.869 6	0.862 1	0.847 5	0.833 3	0.806 5	0.781 3
2	0.811 6	0.797 2	0.783 1	0.769 5	0.756 1	0.743 2	0.718 2	0.694 4	0.650 4	0.610 4
3	0.731 2	0.711 8	0.693 1	0.675 0	0.657 5	0.640 7	0.608 6	0.578 7	0.524 5	0.476 8
4	0.658 7	0.635 5	0.613 3	0.592 1	0.571 8	0.552 3	0.515 8	0.482 3	0.423 0	0.372 5
5	0.593 5	0.567 4	0.542 8	0.519 4	0.497 2	0.476 1	0.437 1	0.401 9	0.341 1	0.291 0
6	0.534 6	0.506 6	0.480 3	0.455 6	0.432 3	0.410 4	0.370 4	0.334 9	0.275 1	0.227 4
7	0.481 7	0.452 3	0.425 1	0.399 6	0.375 9	0.353 8	0.313 9	0.279 1	0.221 8	0.177 6
8	0.433 9	0.403 9	0.376 2	0.350 6	0.326 9	0.305 0	0.266 0	0.232 6	0.178 9	0.138 8
9	0.390 9	0.360 6	0.332 9	0.307 5	0.284 3	0.263 0	0.225 5	0.193 8	0.144 3	0.108 4
10	0.352 2	0.322 0	0.294 6	0.269 7	0.247 2	0.226 7	0.191 1	0.161 5	0.116 4	0.084 7
11	0.317 3	0.287 5	0.260 7	0.236 6	0.214 9	0.195 4	0.161 9	0.134 6	0.093 8	0.066 2
12	0.285 8	0.256 7	0.230 7	0.207 6	0.186 9	0.168 5	0.137 2	0.112 2	0.075 7	0.051 7
13	0.257 5	0.229 2	0.204 2	0.182 1	0.162 5	0.145 2	0.116 3	0.093 5	0.061 0	0.040 4
14	0.232 0	0.204 6	0.180 7	0.159 7	0.141 3	0.125 2	0.098 5	0.077 9	0.049 2	0.031 6
15	0.209 0	0.182 7	0.159 9	0.140 1	0.122 9	0.107 9	0.083 5	0.064 9	0.039 7	0.024 7
16	0.188 3	0.163 1	0.141 5	0.122 9	0.106 9	0.093 0	0.070 8	0.054 1	0.032 0	0.019 3
17	0.169 6	0.145 6	0.125 2	0.107 8	0.092 9	0.080 2	0.060 0	0.045 1	0.025 8	0.015 0
18	0.152 8	0.130 0	0.110 8	0.094 6	0.080 8	0.069 1	0.050 8	0.037 6	0.020 8	0.011 8
19	0.137 7	0.116 1	0.098 1	0.082 9	0.070 3	0.059 6	0.043 1	0.031 3	0.016 8	0.009 2
20	0.124 0	0.103 7	0.086 8	0.072 8	0.061 1	0.051 4	0.036 5	0.026 1	0.013 5	0.007 2

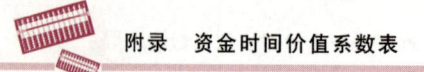

（续表）

期数	11%	12%	13%	14%	15%	16%	18%	20%	24%	28%
21	0.111 7	0.092 6	0.076 8	0.063 8	0.053 1	0.044 3	0.030 9	0.021 7	0.010 9	0.005 6
22	0.100 7	0.082 6	0.068 0	0.056 0	0.046 2	0.038 2	0.026 2	0.018 1	0.008 8	0.004 4
23	0.090 7	0.073 8	0.060 1	0.049 1	0.040 2	0.032 9	0.022 2	0.015 1	0.007 1	0.003 4
24	0.081 7	0.065 9	0.053 2	0.043 1	0.034 9	0.028 4	0.018 8	0.012 6	0.005 7	0.002 7
25	0.073 6	0.058 8	0.047 1	0.037 8	0.030 4	0.024 5	0.016 0	0.010 5	0.004 6	0.002 1
26	0.066 3	0.052 5	0.041 7	0.033 1	0.026 4	0.021 1	0.013 5	0.008 7	0.003 7	0.001 6
27	0.059 7	0.046 9	0.036 9	0.029 1	0.023 0	0.018 2	0.011 5	0.007 3	0.003 0	0.001 3
28	0.053 8	0.041 9	0.032 6	0.025 5	0.020 0	0.015 7	0.009 7	0.006 1	0.002 4	0.001 0
29	0.048 5	0.037 4	0.028 9	0.022 4	0.017 4	0.013 5	0.008 2	0.005 1	0.002 0	0.000 8
30	0.043 7	0.033 4	0.025 6	0.019 6	0.015 1	0.011 6	0.007 0	0.004 2	0.001 6	0.000 6
35	0.025 9	0.018 9	0.013 9	0.010 2	0.007 5	0.005 5	0.003 0	0.001 7	0.000 5	0.000 2
40	0.015 4	0.010 7	0.007 5	0.005 3	0.003 7	0.002 6	0.001 3	0.000 7	0.000 2	0.000 1
45	0.009 1	0.006 1	0.004 1	0.002 7	0.001 9	0.001 3	0.000 6	0.000 3	0.000 1	*
50	0.005 4	0.003 5	0.002 2	0.001 4	0.000 9	0.000 6	0.000 3	0.000 1	*	*
55	0.003 2	0.002 0	0.001 2	0.000 7	0.000 5	0.000 3	0.000 1	*	*	*

附表三 年金终值系数表

期数	1%	2%	3%	4%	5%	6%	7%	8%	9%	10%
1	1.000 0	1.000 0	1.000 0	1.000 0	1.000 0	1.000 0	1.000 0	1.000 0	1.000 0	1.000 0
2	2.010 0	2.020 0	2.030 0	2.040 0	2.050 0	2.060 0	2.070 0	2.080 0	2.090 0	2.100 0
3	3.030 1	3.060 4	3.090 9	3.121 6	3.152 5	3.183 6	3.214 9	3.246 4	3.278 1	3.310 0
4	4.060 4	4.121 6	4.183 6	4.246 5	4.310 1	4.374 6	4.439 9	4.506 1	4.573 1	4.641 0
5	5.101 0	5.204 0	5.309 1	5.416 3	5.525 6	5.637 1	5.750 7	5.866 6	5.984 7	6.105 1
6	6.152 0	6.308 1	6.468 4	6.633 0	6.801 9	6.975 3	7.153 3	7.335 9	7.523 3	7.715 6
7	7.213 5	7.434 3	7.662 5	7.898 3	8.142 0	8.393 8	8.654 0	8.922 8	9.200 4	9.487 2
8	8.285 7	8.583 0	8.892 3	9.214 2	9.549 1	9.897 5	10.259 8	10.636 6	11.028 5	11.435 9
9	9.368 5	9.754 6	10.159 1	10.582 8	11.026 6	11.491 3	11.978 0	12.487 6	13.021 0	13.579 5
10	10.462 2	10.949 7	11.463 9	12.006 1	12.577 9	13.180 8	13.816 4	14.486 6	15.192 9	15.937 4
11	11.566 8	12.168 7	12.807 8	13.486 4	14.206 8	14.971 6	15.783 6	16.645 5	17.560 3	18.531 2
12	12.682 5	13.412 1	14.192 0	15.025 8	15.917 1	16.869 9	17.888 5	18.977 1	20.140 7	21.384 3
13	13.809 3	14.680 3	15.617 8	16.626 8	17.713 0	18.882 1	20.140 6	21.495 3	22.953 4	24.522 7
14	14.947 4	15.973 9	17.086 3	18.291 9	19.598 6	21.015 1	22.550 5	24.214 9	26.019 2	27.975 0
15	16.096 9	17.293 4	18.598 9	20.023 6	21.578 6	23.276 0	25.129 0	27.152 1	29.360 9	31.772 5

（续表）

期数	1%	2%	3%	4%	5%	6%	7%	8%	9%	10%
16	17.257 9	18.639 3	20.156 9	21.824 5	23.657 5	25.672 5	27.888 1	30.324 3	33.003 4	35.949 7
17	18.430 4	20.012 1	21.761 6	23.697 5	25.840 4	28.212 9	30.840 2	33.750 2	36.973 7	40.544 7
18	19.614 7	21.412 3	23.414 4	25.645 4	28.132 4	30.905 7	33.999 0	37.450 2	41.301 3	45.599 2
19	20.810 9	22.840 6	25.116 9	27.671 2	30.539 0	33.760 0	37.379 0	41.446 3	46.018 5	51.159 1
20	22.019 0	24.297 4	26.870 4	29.778 1	33.066 0	36.785 6	40.995 5	45.762 0	51.160 1	57.275 0
21	23.239 2	25.783 3	28.676 5	31.969 2	35.719 3	39.992 7	44.865 2	50.422 9	56.764 5	64.002 5
22	24.471 6	27.299 0	30.536 8	34.248 0	38.505 2	43.392 3	49.005 7	55.456 8	62.873 3	71.402 7
23	25.716 3	28.845 0	32.452 9	36.617 9	41.430 5	46.995 8	53.436 1	60.893 3	69.531 9	79.543 0
24	26.973 5	30.421 9	34.426 5	39.082 6	44.502 0	50.815 6	58.176 7	66.764 8	76.789 8	88.497 3
25	28.243 2	32.030 3	36.459 3	41.645 9	47.727 1	54.864 5	63.249 0	73.105 9	84.700 9	98.347 1
26	29.525 6	33.670 9	38.553 0	44.311 7	51.113 5	59.156 4	68.676 5	79.954 4	93.324 0	109.182
27	30.820 9	35.344 3	40.709 6	47.084 2	54.669 1	63.705 8	74.483 8	87.350 8	102.723	121.100
28	32.129 1	37.051 2	42.930 9	49.967 6	58.402 6	68.528 1	80.697 7	95.338 8	112.968	134.210
29	33.450 4	38.792 2	45.218 9	52.966 3	62.322 7	73.639 8	87.346 5	103.966	124.135	148.631
30	34.784 9	40.568 1	47.575 4	56.084 9	66.438 8	79.058 2	94.460 8	113.283	136.308	164.494
35	41.660 3	49.994 5	60.462 1	73.652 2	90.320 3	111.435	138.237	172.317	215.711	271.024
40	48.886 4	60.402 0	75.401 3	95.025 5	120.800	154.762	199.635	259.057	337.882	442.593
45	56.481 1	71.892 7	92.719 9	121.029	159.700	212.744	285.749	386.506	525.859	718.905
50	64.463 2	84.579 4	112.797	152.667	209.348	290.336	406.529	573.770	815.084	1 163.91
55	72.852 5	98.586 5	136.072	191.159	272.713	394.172	575.929	848.923	1 260.09	1 880.59

期数	11%	12%	13%	14%	15%	16%	18%	20%	24%	28%
1	1.000 0	1.000 0	1.000 0	1.000 0	1.000 0	1.000 0	1.000 0	1.000 0	1.000 0	1.000 0
2	2.110 0	2.120 0	2.130 0	2.140 0	2.150 0	2.160 0	2.180 0	2.200 0	2.240 0	2.280 0
3	3.342 1	3.374 4	3.406 9	3.439 6	3.472 5	3.505 6	3.572 4	3.640 0	3.777 6	3.918 4
4	4.709 7	4.779 3	4.849 8	4.921 1	4.993 4	5.066 5	5.215 4	5.368 0	5.684 2	6.015 6
5	6.227 8	6.352 8	6.480 3	6.610 1	6.742 4	6.877 1	7.154 2	7.441 6	8.048 4	8.699 9
6	7.912 9	8.115 2	8.322 7	8.535 5	8.753 7	8.977 5	9.442 0	9.929 9	10.980 1	12.135 9
7	9.783 3	10.089 0	10.404 7	10.730 5	11.066 8	11.413 9	12.141 5	12.915 9	14.615 3	16.533 9
8	11.859 4	12.299 7	12.757 3	13.232 8	13.726 8	14.240 1	15.327 0	16.499 1	19.122 9	22.163 4
9	14.164 0	14.775 7	15.415 7	16.085 3	16.785 8	17.518 5	19.085 9	20.798 9	24.712 5	29.369 2
10	16.722 0	17.548 7	18.419 7	19.337 3	20.303 7	21.321 5	23.521 3	25.958 7	31.643 4	38.592 6
11	19.561 4	20.654 6	21.814 3	23.044 5	24.349 3	25.732 9	28.755 1	32.150 4	40.237 9	50.398 5
12	22.713 2	24.133 1	25.650 2	27.270 7	29.001 7	30.850 2	34.931 1	39.580 5	50.895 0	65.510 0
13	26.211 6	28.029 1	29.984 7	32.088 7	34.351 9	36.786 2	42.218 7	48.496 6	64.109 7	84.852 9
14	30.094 9	32.392 6	34.882 7	37.581 1	40.504 7	43.672 0	50.818 0	59.195 9	80.496 1	109.612
15	34.405 4	37.279 7	40.417 5	43.842 4	47.580 4	51.659 5	60.965 3	72.035 1	100.815	141.303

(续表)

期数	11%	12%	13%	14%	15%	16%	18%	20%	24%	28%
16	39.189 9	42.753 3	46.671 7	50.980 4	55.717 5	60.925 0	72.939 0	87.442 1	126.011	181.868
17	44.500 8	48.883 7	53.739 1	59.117 6	65.075 1	71.673 0	87.068 0	105.931	157.253	233.791
18	50.395 9	55.749 7	61.725 1	68.394 1	75.836 4	84.140 7	103.740	128.117	195.994	300.252
19	56.939 5	63.439 7	70.749 4	78.969 2	88.211 8	98.603 2	123.414	154.740	244.033	385.323
20	64.202 8	72.052 4	80.946 8	91.024 9	102.444	115.380	146.628	186.688	303.601	494.213
21	72.265 1	81.698 7	92.469 9	104.768	118.810	134.841	174.021	225.026	377.465	633.593
22	81.214 3	92.502 6	105.491	120.436	137.632	157.415	206.345	271.031	469.056	811.999
23	91.147 9	104.603	120.205	138.297	159.276	183.601	244.487	326.237	582.630	1 040.36
24	102.174	118.155	136.831	158.659	184.168	213.978	289.495	392.484	723.461	1 332.66
25	114.413	133.334	155.620	181.871	212.793	249.214	342.604	471.981	898.092	1 706.80
26	127.999	150.334	176.850	208.333	245.712	290.088	405.272	567.377	1 114.63	2 185.71
27	143.079	169.374	200.841	238.499	283.569	337.502	479.221	681.853	1 383.15	2 798.71
28	159.817	190.699	227.950	272.889	327.104	392.503	566.481	819.223	1 716.10	3 583.34
29	178.397	214.583	258.583	312.094	377.170	456.303	669.447	984.068	2 128.96	4 587.68
30	199.021	241.333	293.199	356.787	434.745	530.312	790.948	1 181.88	2 640.92	5 873.23
35	341.590	431.663	546.681	693.573	881.170	1 120.71	1 816.65	2 948.34	7 750.23	20 189.0
40	581.826	767.091	1 013.70	1 342.03	1 779.09	2 360.76	4 163.21	7 343.86	22 728.8	69 377.5
45	986.639	1 358.23	1 874.16	2 590.56	3 585.13	4 965.27	9 531.58	18 281.3	66 640.4	238 388
50	1 668.77	2 400.02	3 459.51	4 994.52	7 217.72	10 435.6	21 813.1	45 497.2	195 373	819 103
55	2 818.20	4 236.01	6 380.40	9 623.13	14 524.1	21 925.3	49 910.2	113 219	572 767	2 814 425

附表四　年金现值系数表

期数	1%	2%	3%	4%	5%	6%	7%	8%	9%	10%
1	0.990 1	0.980 4	0.970 9	0.961 5	0.952 4	0.943 4	0.934 6	0.925 9	0.917 4	0.909 1
2	1.970 4	1.941 6	1.913 5	1.886 1	1.859 4	1.833 4	1.808 0	1.783 3	1.759 1	1.735 5
3	2.941 0	2.883 9	2.828 6	2.775 1	2.723 2	2.673 0	2.624 3	2.577 1	2.531 3	2.486 9
4	3.902 0	3.807 7	3.717 1	3.629 9	3.546 0	3.465 1	3.387 2	3.312 1	3.239 7	3.169 9
5	4.853 4	4.713 5	4.579 7	4.451 8	4.329 5	4.212 4	4.100 2	3.992 7	3.889 7	3.790 8
6	5.795 5	5.601 4	5.417 2	5.242 1	5.075 7	4.917 3	4.766 5	4.622 9	4.485 9	4.355 3
7	6.728 2	6.472 0	6.230 3	6.002 1	5.786 4	5.582 4	5.389 3	5.206 4	5.033 0	4.868 4
8	7.651 7	7.325 5	7.019 7	6.732 7	6.463 2	6.209 8	5.971 3	5.746 6	5.534 8	5.334 9
9	8.566 0	8.162 2	7.786 1	7.435 3	7.107 8	6.801 7	6.515 2	6.246 9	5.995 2	5.759 0
10	9.471 3	8.982 6	8.530 2	8.110 9	7.721 7	7.360 1	7.023 6	6.710 1	6.417 7	6.144 6

附录　资金时间价值系数表

（续表）

期数	11%	12%	13%	14%	15%	16%	18%	20%	24%	28%
11	10.367 6	9.786 8	9.252 6	8.760 5	8.306 4	7.886 9	7.498 7	7.139 0	6.805 2	6.495 1
12	11.255 1	10.575 3	9.954 0	9.385 1	8.863 3	8.383 8	7.942 7	7.536 1	7.160 7	6.813 7
13	12.133 7	11.348 4	10.635 0	9.985 6	9.393 6	8.852 7	8.357 7	7.903 8	7.486 9	7.103 4
14	13.003 7	12.106 2	11.296 1	10.563 1	9.898 6	9.295 0	8.745 5	8.244 2	7.786 2	7.366 7
15	13.865 1	12.849 3	11.937 9	11.118 4	10.379 7	9.712 2	9.107 9	8.559 5	8.060 7	7.606 1
16	14.717 9	13.577 7	12.561 1	11.652 3	10.837 8	10.105 9	9.446 6	8.851 4	8.312 6	7.823 7
17	15.562 3	14.291 9	13.166 1	12.165 7	11.274 1	10.477 3	9.763 2	9.121 6	8.543 6	8.021 6
18	16.398 3	14.992 0	13.753 5	12.659 3	11.689 6	10.827 6	10.059 1	9.371 9	8.755 6	8.201 4
19	17.226 0	15.678 5	14.323 8	13.133 9	12.085 3	11.158 1	10.335 6	9.603 6	8.950 1	8.364 9
20	18.045 6	16.351 4	14.877 5	13.590 3	12.462 2	11.469 9	10.594 0	9.818 1	9.128 5	8.513 6
21	18.857 0	17.011 2	15.415 0	14.029 2	12.821 2	11.764 1	10.835 5	10.016 8	9.292 2	8.648 7
22	19.660 4	17.658 0	15.936 9	14.451 1	13.163 0	12.041 6	11.061 2	10.200 7	9.442 4	8.771 5
23	20.455 8	18.292 2	16.443 6	14.856 8	13.488 6	12.303 4	11.272 2	10.371 1	9.580 2	8.883 2
24	21.243 4	18.913 9	16.935 5	15.247 0	13.798 6	12.550 4	11.469 3	10.528 8	9.706 6	8.984 7
25	22.023 2	19.523 5	17.413 1	15.622 3	14.093 9	12.783 4	11.653 6	10.674 8	9.822 6	9.077 0
26	22.795 2	20.121 0	17.876 8	15.982 8	14.375 2	13.003 2	11.825 8	10.810 0	9.929 0	9.160 9
27	23.559 6	20.706 9	18.327 0	16.329 6	14.643 0	13.210 5	11.986 7	10.935 2	10.026 6	9.237 2
28	24.316 4	21.281 3	18.764 1	16.663 1	14.898 1	13.406 2	12.137 1	11.051 1	10.116 1	9.306 6
29	25.065 8	21.844 4	19.188 5	16.983 7	15.141 1	13.590 7	12.277 7	11.158 4	10.198 3	9.369 6
30	25.807 7	22.396 5	19.600 4	17.292 0	15.372 5	13.764 8	12.409 0	11.257 8	10.273 7	9.426 9
35	29.408 6	24.998 6	21.487 2	18.664 6	16.374 2	14.498 2	12.947 7	11.654 6	10.566 8	9.644 2
40	32.834 7	27.355 5	23.114 8	19.792 8	17.159 1	15.046 3	13.331 7	11.924 6	10.757 4	9.779 1
45	36.094 5	29.490 2	24.518 7	20.720 0	17.774 1	15.455 8	13.605 5	12.108 4	10.881 2	9.862 8
50	39.196 1	31.423 6	25.729 8	21.482 2	18.255 9	15.761 9	13.800 7	12.233 5	10.961 7	9.914 8
55	42.147 2	33.174 8	26.774 4	22.108 6	18.633 5	15.990 5	13.939 9	12.318 6	11.014 0	9.947 1

期数	11%	12%	13%	14%	15%	16%	18%	20%	24%	28%
1	0.900 9	0.892 9	0.885 0	0.877 2	0.869 6	0.862 1	0.847 5	0.833 3	0.806 5	0.781 3
2	1.712 5	1.690 1	1.668 1	1.646 7	1.625 7	1.605 2	1.565 6	1.527 8	1.456 8	1.391 6
3	2.443 7	2.401 8	2.361 2	2.321 6	2.283 2	2.245 9	2.174 3	2.106 5	1.981 3	1.868 4
4	3.102 4	3.037 3	2.974 5	2.913 7	2.855 0	2.798 2	2.690 1	2.588 7	2.404 3	2.241 0
5	3.695 9	3.604 8	3.517 2	3.433 1	3.352 2	3.274 3	3.127 2	2.990 6	2.745 4	2.532 0
6	4.230 5	4.111 4	3.997 5	3.888 7	3.784 5	3.684 7	3.497 6	3.325 5	3.020 5	2.759 4
7	4.712 2	4.563 8	4.422 6	4.288 3	4.160 4	4.038 6	3.811 5	3.604 6	3.242 3	2.937 0
8	5.146 1	4.967 6	4.798 8	4.638 9	4.487 3	4.343 6	4.077 6	3.837 2	3.421 2	3.075 8
9	5.537 0	5.328 2	5.131 7	4.946 4	4.771 6	4.606 5	4.303 0	4.031 0	3.565 5	3.184 2
10	5.889 2	5.650 2	5.426 2	5.216 1	5.018 8	4.833 2	4.494 1	4.192 5	3.681 9	3.268 9

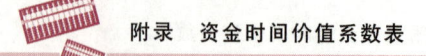

(续表)

期数	11%	12%	13%	14%	15%	16%	18%	20%	24%	28%
11	6.206 5	5.937 7	5.686 9	5.452 7	5.233 7	5.028 6	4.656 0	4.327 1	3.775 7	3.335 1
12	6.492 4	6.194 4	5.917 6	5.660 3	5.420 6	5.197 1	4.793 2	4.439 2	3.851 4	3.386 8
13	6.749 9	6.423 5	6.121 8	5.842 4	5.583 1	5.342 3	4.909 5	4.532 7	3.912 4	3.427 2
14	6.981 9	6.628 2	6.302 5	6.002 1	5.724 5	5.467 5	5.008 1	4.610 6	3.961 6	3.458 7
15	7.190 9	6.810 9	6.462 4	6.142 2	5.847 4	5.575 5	5.091 6	4.675 5	4.001 3	3.483 4
16	7.379 2	6.974 0	6.603 9	6.265 1	5.954 2	5.668 5	5.162 4	4.729 6	4.033 3	3.502 6
17	7.548 8	7.119 6	6.729 1	6.372 9	6.047 2	5.748 7	5.222 3	4.774 6	4.059 1	3.517 7
18	7.701 6	7.249 7	6.839 9	6.467 4	6.128 0	5.817 8	5.273 2	4.812 2	4.079 9	3.529 4
19	7.839 3	7.365 8	6.938 0	6.550 4	6.198 2	5.877 5	5.316 2	4.843 5	4.096 7	3.538 6
20	7.963 3	7.469 4	7.024 8	6.623 1	6.259 3	5.928 8	5.352 7	4.869 6	4.110 3	3.545 8
21	8.075 1	7.562 0	7.101 6	6.687 0	6.312 5	5.973 1	5.383 7	4.891 3	4.121 2	3.551 4
22	8.175 7	7.644 6	7.169 5	6.742 9	6.358 7	6.011 3	5.409 9	4.909 4	4.130 0	3.555 8
23	8.266 4	7.718 4	7.229 7	6.792 1	6.398 8	6.044 2	5.432 1	4.924 5	4.137 1	3.559 2
24	8.348 1	7.784 3	7.282 9	6.835 1	6.433 8	6.072 6	5.450 9	4.937 1	4.142 8	3.561 9
25	8.421 7	7.843 1	7.330 0	6.872 9	6.464 1	6.097 1	5.466 9	4.947 6	4.147 4	3.564 0
26	8.488 1	7.895 7	7.371 7	6.906 1	6.490 6	6.118 2	5.480 4	4.956 3	4.151 1	3.565 6
27	8.547 8	7.942 6	7.408 6	6.935 2	6.513 5	6.136 4	5.491 9	4.963 6	4.154 2	3.566 9
28	8.601 6	7.984 4	7.441 2	6.960 7	6.533 5	6.152 0	5.501 6	4.969 7	4.156 6	3.567 9
29	8.650 1	8.021 8	7.470 1	6.983 0	6.550 9	6.165 6	5.509 8	4.974 7	4.158 5	3.568 7
30	8.693 8	8.055 2	7.495 7	7.002 7	6.566 0	6.177 2	5.516 8	4.978 9	4.160 1	3.569 3
35	8.855 2	8.175 5	7.585 6	7.070 0	6.616 6	6.215 3	5.538 6	4.991 5	4.164 4	3.570 8
40	8.951 1	8.243 8	7.634 4	7.105 0	6.641 8	6.233 5	5.548 2	4.996 6	4.165 9	3.571 2
45	9.007 9	8.282 5	7.660 9	7.123 2	6.654 3	6.242 1	5.552 3	4.998 6	4.166 4	3.571 4
50	9.041 7	8.304 5	7.675 2	7.132 7	6.660 5	6.246 3	5.554 1	4.999 5	4.166 6	3.571 4
55	9.061 7	8.317 0	7.683 0	7.137 6	6.663 6	6.248 2	5.554 9	4.999 8	4.166 6	3.571 4

参考文献

[1] 财政部会计资格评价中心.初级会计实务[M].北京：经济科学出版社,2019.
[2] 财政部会计资格评价中心.中级会计实务[M].北京：经济科学出版社,2019.
[3] 中国注册会计师协会.会计[M].北京：中国财政经济出版社,2020.
[4] 中国注册会计师协会.财务成本管理[M].北京：中国财政经济出版社,2020.
[5] 周阅,丁增稳.管理会计基础[M].北京：高等教育出版社,2019.
[6] 高翠莲.管理会计基础[M].北京：高等教育出版社,2018.
[7] 潘飞,吕长江.管理会计概论[M].上海：上海财经大学出版社,2017.
[8] 丁增稳,牛秀粉.管理会计实务[M].北京：高等教育出版社,2019.
[9] 潘飞.成本管理[M].上海：上海财经大学出版社,2017.
[10] 吴大军.管理会计[M].大连：东北财经大学出版社,2018.
[11] 孙茂竹,文光伟,杨万贵.管理会计学[M].7版.北京：中国人民大学出版社,2015.
[12] 闫华红.财务成本管理(下册)[M].北京：北京科学技术出版社,2018.

郑重声明

高等教育出版社依法对本书享有专有出版权。任何未经许可的复制、销售行为均违反《中华人民共和国著作权法》，其行为人将承担相应的民事责任和行政责任；构成犯罪的，将被依法追究刑事责任。为了维护市场秩序，保护读者的合法权益，避免读者误用盗版书造成不良后果，我社将配合行政执法部门和司法机关对违法犯罪的单位和个人进行严厉打击。社会各界人士如发现上述侵权行为，希望及时举报，我社将奖励举报有功人员。

反盗版举报电话　（010）58581999　58582371
反盗版举报邮箱　dd@hep.com.cn
通信地址　北京市西城区德外大街4号　高等教育出版社法律事务部
邮政编码　100120

教学资源服务指南

仅限教师索取

感谢您使用本书。为方便教学，我社为教师提供资源下载、样书申请等服务，如贵校已选用本书，您只要关注微信公众号"高职财经教学研究"，或加入下列教师交流QQ群即可免费获得相关服务。

"高职财经教学研究"公众号

最新目录
样书申请
资源下载
试卷下载
云书展

师资培训　教学服务　教材样章

资源下载：点击"**教学服务**"—"**资源下载**"，或直接在浏览器中输入网址（http://101.35.126.6/），注册登录后可搜索相应的资源并下载。（建议用电脑浏览器操作）
样书申请：点击"**教学服务**"—"**样书申请**"，填写相关信息即可申请样书。
试卷下载：点击"**教学服务**"—"**试卷下载**"，填写相关信息即可下载试卷。
样章下载：点击"**教材样章**"，即可下载在供教材的前言、目录和样章。
师资培训：点击"**师资培训**"，获取最新会议信息、直播回放和往期师资培训视频。

🎯 联系方式

会计QQ3群：473802328　　会计QQ2群：370279388　　会计QQ1群：554729666

（以上3个会计QQ群，加入任何一个即可获取教学服务，请勿重复加入）

联系电话：（021）56961310　　电子邮箱：3076198581@qq.com

🎯 在线试题库及组卷系统

我们研发有10余门课程试题库："基础会计""财务会计""成本计算与管理""财务管理""管理会计""税务会计""税法""审计基础与实务"等，平均每个题库近3000题，知识点全覆盖，题型丰富，可自动组卷与批改。如贵校选用了高教社沪版相关课程教材，我们可免费提供给教师每个题库生成的各6套试卷及答案（Word格式难中易三档，索取方式见上述"试卷下载"），教师也可与我们联系咨询更多试题库详情。